Dynamics of Rail Transit Tunnel System
轨道交通隧道系统动力学

周顺华 著

人民交通出版社股份有限公司
China Communications Press Co.,Ltd.

内 容 提 要

本书共分为8章，内容包括绪论、饱和全空间土体－隧道振动响应壳柱法半解析模型、基于壳柱模型的车辆-轨道-隧道-土体车致振动响应解、饱和分层半空间问题的2.5维动力Green函数、饱和土-隧道系统车致振动响应的2.5维有限元-边界元法、饱和半空间中圆形隧道车致动力响应的子结构法、时域内隧道-土体振动的半解析动力子结构法、时域内车辆-轨道-隧道-土体耦合动力子结构方法。

本书在追踪国际隧道动力学研究方法的基础上，以车辆-轨道耦合和饱和软土地层作为切入点，力求建立便捷可靠的计算方法，以便厘清服役轨道交通隧道的结构病害和环境振动问题，为改进设计与施工措施提供借鉴与参考。本书可供隧道科研、设计及施工人员学习参考，亦可供高等院校研究生教学参考。

图书在版编目(CIP)数据

轨道交通隧道系统动力学 / 周顺华著，— 北京：人民交通出版社股份有限公司，2018.12

ISBN 978-7-114-15269-6

Ⅰ.①轨… Ⅱ.①周… Ⅲ.①城市铁路—铁路隧道—系统动态学 Ⅳ.①U239.5 ②U459.1

中国版本图书馆CIP数据核字(2018)第294076号

书　　名：轨道交通隧道系统动力学
著 作 者：周顺华
责任编辑：刘永超　石　遥
责任校对：刘　芹
责任印制：张　凯
出版发行：人民交通出版社股份有限公司
地　　址：(100011)北京市朝阳区安定门外外馆斜街3号
网　　址：http://www.ccpress.com.cn
销售电话：(010)59757973
总 经 销：人民交通出版社股份有限公司发行部
经　　销：各地新华书店
印　　刷：北京虎彩文化传播有限公司
开　　本：787×1092　1/16
印　　张：13.25
字　　数：281千
版　　次：2018年12月　第1版
印　　次：2018年12月　第1次印刷
书　　号：ISBN 978-7-114-15269-6
定　　价：70.00元
(有印刷、装订质量问题的图书由本公司负责调换)

前　言

Contents

1863 年伦敦地下铁道的建成改变了工程界对隧道工程的认识，隧道逐渐成为城市立体综合交通的主流选项。真正促使城市隧道得到快速发展的原因是土压平衡式盾构机的研发和普及，尤其在进入 21 世纪之后，我国每年有数百台盾构机在数十个城市修建城市轨道交通隧道，在短短的 20 年时间内，我国已成为世界上城市轨道交通隧道运营里程最长的国家。与此同时，大量隧道结构病害和环境振动问题也随之迅速增加，尤其在饱和软土地层中，由于土层强度低且易于变形，这些问题更为突出。

隧道服役期所发生的问题，有的源于设计方案不尽合适，有的则因为施工措施选择不当，还有的是受环境变化的影响很大，但列车动荷载作用始终是绕不过去的一大因素。鉴于此，作者研究团队从十多年前即着手研究行车对隧道及环境的影响。初期采用传统的拟静力方法对服役隧道进行分析，发现有许多现象无法通过拟静力法进行解释，于是开始尝试采用动力有限元法，但动力有限元法存在计算效率偏低等问题。于是课题组调整研究思路，在追踪国际隧道动力学研究方法的基础上，以车辆-轨道耦合和饱和软土地层作为切入点，希望能够建立便捷可靠的计算方法，以便厘清服役隧道的技术问题和影响因素，为改进设计和施工措施提供指导性意见。

在此期间，博士研究生狄宏规、张小会、何超等一批优秀学生加入了课题组，他们分别从全空间频域、半空间频域和子结构时域三个方面对饱和地层中隧道车致动力问题进行了解析，形成了较为完整的轨道交通隧道系统动力学分析方法，能够较为准确地反映这一复杂系统的动力特征。

本书的成稿还得益于团队中的其他成员：王炳龙和宫全美二位教授长期对团队的无私支持；李尧臣、肖军华、杨龙才、刘建国、杨新文、王长丹、陕耀、金浩、季昌、付龙龙、王培鑫、宋福贵、吴挺等所参与的各项研究工作，加深了我对工程和理论问题的认识；加拿大 McMaster 大学的 Guo Peijun 教授长期给团队提供了有益的帮助。正是这个团队支撑着我在学术上不停地前进。

本书共分为八章，第一章为绪论，第二、三章为以壳柱法为基础的全空间频域解，第四、五、六章为半空间频域解，第七、八章为时域子结构法。希望本书能够为轨道交通隧道由注重建造到关注建养一体化发挥有益的作用。

周顺华

2018 年 6 月于同济嘉定园

目 录

Contents

第1章 绪 论

1.1 轨道交通的发展概况

截至2017年末,我国铁路运营里程达12.7万km,其中高速铁路运营里程为2.5万km,位居世界第一;我国城市轨道交通的运行城市达34座,运营里程达5021km,同样位居世界第一。在5021km运营线路中,地铁3882km,占线路总长的77.3%;轻轨233km,占线路总长的4.6%;单轨99km,占线路总长2.0%;市域快轨502km,占线路总长的10.0%;现代有轨电车243km,占线路总长的4.8%;磁浮交通59km,占线路总长的1.2%;APM线4.0km,占线路总长的0.1%。今后10年,我国的城市轨道交通建设速度还会大大加快。2020年规划总里程将超过8500km,超过其他国家和地区城市轨道交通的总和,平均每年新开通运营里程约1100km。到2020年,全国开通运营城市轨道交通的城市将达到40座。我国已成为世界上城市轨道交通建设里程最长、建设速度最快的国家。

随着以高速铁路、城市轨道交通为代表的轨道交通工程规模的快速增长,线路的赋存环境也越来越复杂。总体而言,我国普通铁路和高速铁路隧道占线路总长超过5%,其中宜万铁路隧道里程为338km,占线路长度的89.7%;南三龙城际铁路正线新建隧道75座,占线路长度的75.33%;成兰铁路中隧道占比72%;云桂铁路中隧道占比71%。城市轨道交通由于其特殊的区位特点,线路通常建设于繁华的市区,其地下线路里程占比超过70%,部分线路达到100%。数量众多的轨道交通隧道运营线路在服役期中逐渐暴露了环境振动、隧道结构的长期服役性能劣化等工程问题,为了保障轨道交通隧道的服役性能,有必要对隧道系统在行车作用下的动力学问题开展系统的研究。

1.2 轨道交通地下结构与车辆荷载特征

1.2.1 轨道交通振源特征

车辆-轨道系统间的相互作用是轨道交通振动产生的源头。如图1-1所示,车辆与轨道间的相互作用在轮轨接触点处产生作用力,即轮轨力。轮轨力向上传递到车辆,从而引起车辆振动,影响行车的舒适性和安全性;向下通过轨道和隧道结构传至土体和周边建筑物中,不仅影响轨道和隧道结构的服役性能,还会造成周边建筑的二次振动,引发环境振动和噪声问题。

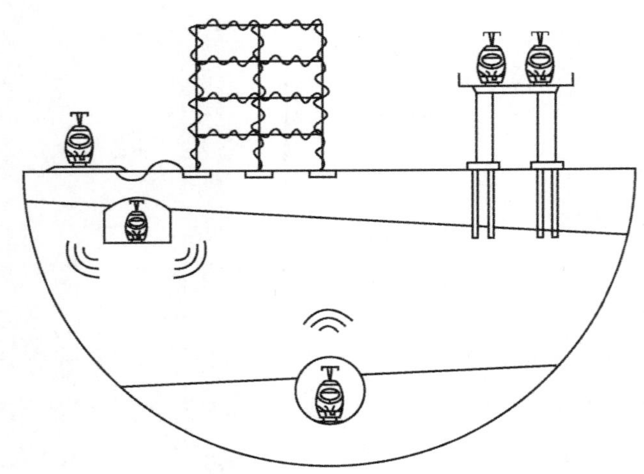

图 1-1　轨道交通振动的产生及其传播示意图

从形成机理上可将轮轨力分为准静态力和动态力两部分。准静态力是指车辆通过时产生的常荷载,其大小主要由车辆的总载重决定,同时也会受到行车速度的影响。尤其是当行车速度达到地表的瑞丽波速时,会产生系统共振,导致系统振动急剧增加。动态力是由于车轮和钢轨表面的不平顺所产生的,相对于准静态力,其更为复杂,涉及的频率范围为 20 ~ 1 000Hz。按行车作用机理的不同,轮轨间的不平顺可分为线路接头不平顺、波形不平顺、波磨不平顺、车轮擦伤和车轮不圆顺等,而按照激扰类型,又可分为脉冲型、谐波型和动力型不平顺。

1.2.2　轨道结构特征

轨道交通地下结构可分为隧道和轨道两部分,其直接承受车产生的荷载,并将其传递至土体中。其中,轨道由钢轨、扣件、轨枕和道床等部件组成,根据不同的轨道类型,其部件也略有区别。图 1-2 为地铁中常用的整体式无砟轨道,包括:钢轨、扣件、弹性支撑块和混凝土道床。

针对振动控制十分严格或者振动超标的区段,通常需采用减振型轨道结构。几类常用的地铁区间隧道减振措施如图 1-3 ~ 图 1-5 所示。

阻尼钢轨的工作原理为使用高阻尼复合板吸收钢轨的振动能量,可以很大限度地减小钢轨腹板振动引起的噪声,相关现场试验数据表明,在线路直线段阻尼钢轨可以降低噪声达 6dB,该类型钢轨首先在日本地铁高架线路投入使用,取得了理想的效果。扣件减振是我国地铁线路常用的减振措施,减振扣件类型包括 Vanguard 扣件、Cologne-Egg 扣件、Lord 扣件、Z 系列扣件等,根据其不同的减振机理,其减振效果从 5 ~ 20dB 不等,扣件减振的机理为降低扣件支承刚度,提高垫板弹性,其弊端在于荷载作用下钢轨的振动位移加剧。

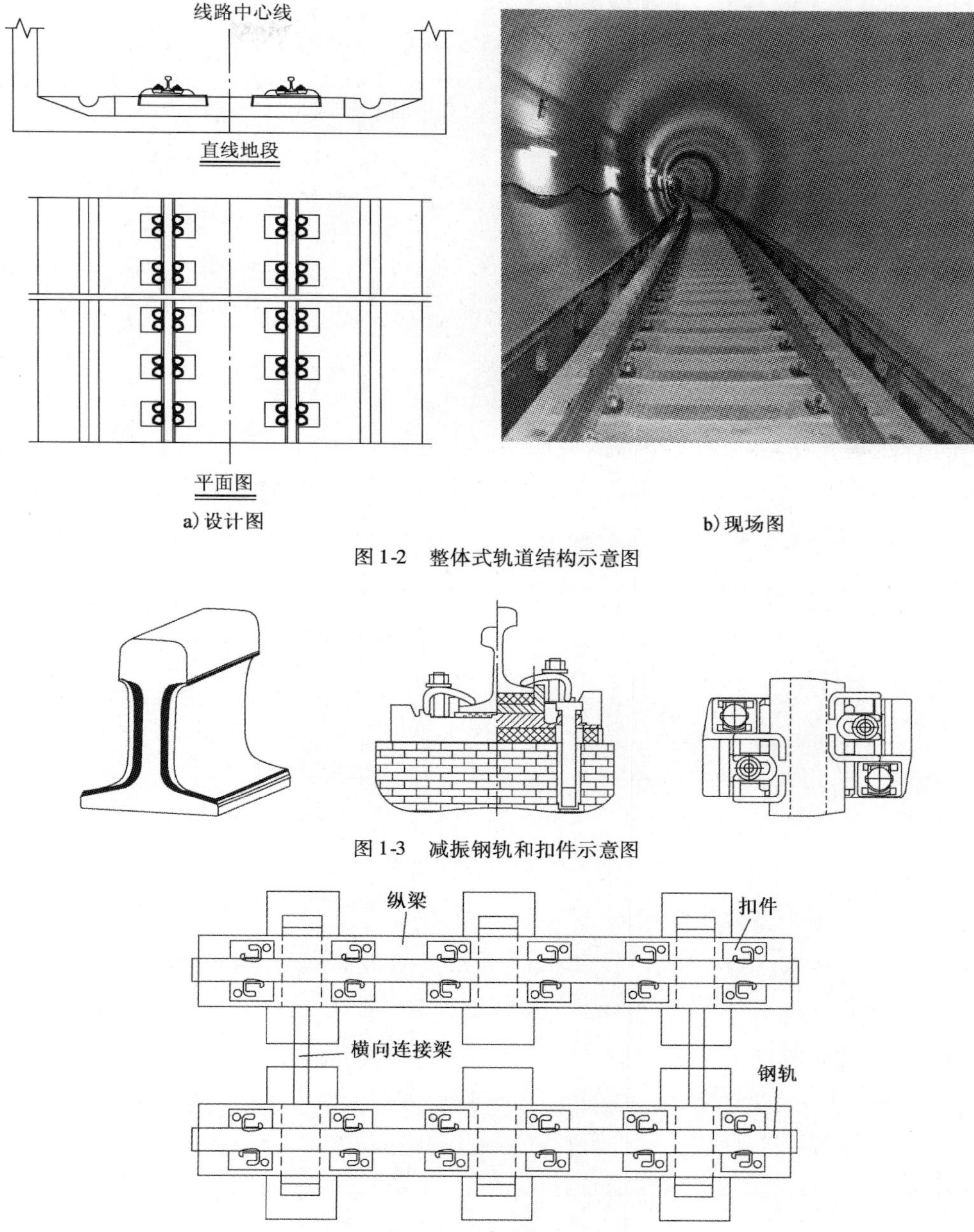

a) 设计图　　b) 现场图

图 1-2 整体式轨道结构示意图

图 1-3 减振钢轨和扣件示意图

图 1-4 梯形轨道示意图

梯形轨枕是在轨枕块四周增加橡胶套靴、在轨枕底部增加橡胶垫板,其减振思路与减振型扣件相似,即减小轨道结构的支承刚度、增加轨枕弹性,根据弹性短轨枕和弹性长轨枕的设计情况,弹性轨枕可减低振动 10 ~ 12dB。

浮置板轨道结构是迄今为止最为有效的道床减振措施,可以分为钢弹簧浮置板结构和橡胶浮置板结构两种(图 1-5),其结构包括混凝土浮置板和钢弹簧或橡胶支承块组成,根据橡胶支承块的分布不同,橡胶浮置板结构又可以分为整体支承、线性支承和离散支承三种。浮置板轨道结构的减振思路为通过大质量浮置板结构的振动吸收振动能量，使得车致振动经过很大程度的衰减后，再传递给隧道主体结构，达到减振目的，其减振效果可达到 10～20dB。

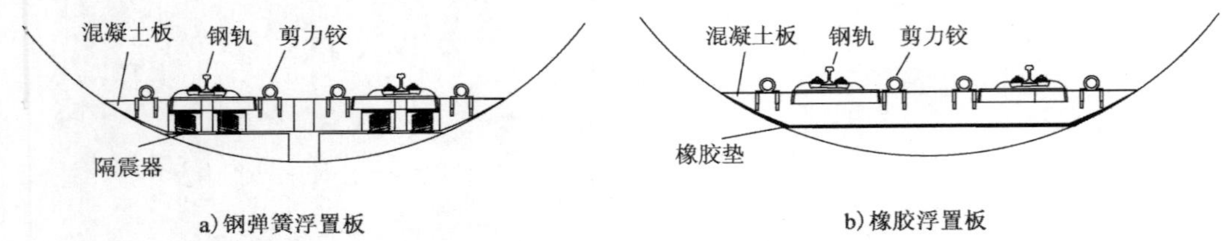

a）钢弹簧浮置板　　b）橡胶浮置板

图 1-5　浮置板轨道示意图

1.2.3　隧道结构特征

地铁隧道多采用盾构法进行修建，盾构隧道为拼装式结构，根据拼装方式的不同可分为通缝结构和错缝结构（图 1-6）。两者均呈现出多接头和纵、横向刚度差异大的特点，均会影响其动力响应特性。

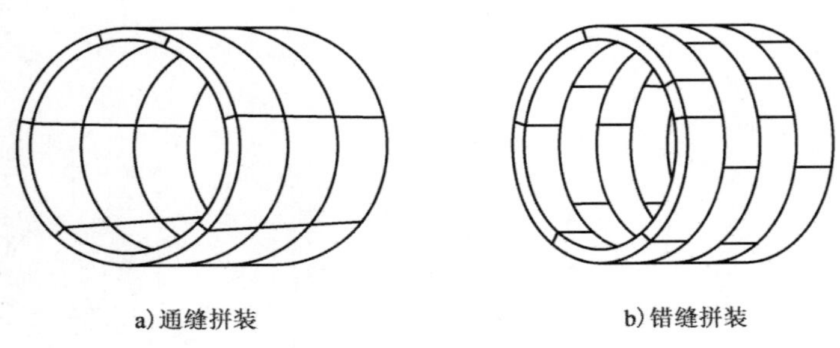

a）通缝拼装　　b）错缝拼装

图 1-6　盾构隧道示意图

此外，地铁隧道大多为双线隧道，即双洞双线的形式（图 1-7）。研究表明[4]：当双线隧道的间距较小时，相邻隧道的存在对系统动力响应具有较大影响，会放大地表某些区域的振动，且与振动频率关系密切。另外，在一些特殊区段，地铁会采用单洞双线大断面隧道。图 1-8为南京轨道交通三、十号线穿越长江区间所采用的大断面盾构隧道示意图，其隧道外径为 11.2m。据研究表明：圆形隧道的尺寸改变会影响垂直于隧道径向波的传播。当隧道尺寸明显小于土中波长时，尺寸效应并不明显；随着隧道尺寸的增大，不同隧道模态的贡献会引起较高频率的差异。而隧道截面形状则会引起地表近场振动的差异，但对远场的影响较小。

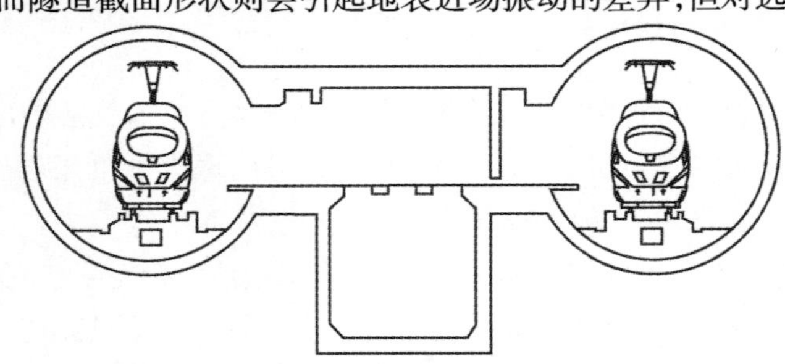

图 1-7　双洞双线地铁隧道示意图

除圆形隧道外，地铁领域还存在着各种异性断面隧道，如应用于上海轨道交通杨浦线的双圆盾构隧道（图 1-9）、应用于宁波轨道交通 3 号线的类矩形盾构隧道（图 1-10）、应用于南京轨道交通 10 号线的矩形明挖隧道（图 1-11）应用于重庆轨道交通 1 号线的马蹄形隧道（图 1-12）。断面形状的差异会导致隧道振动特性的差异，进而引起系统动力响应的差异。

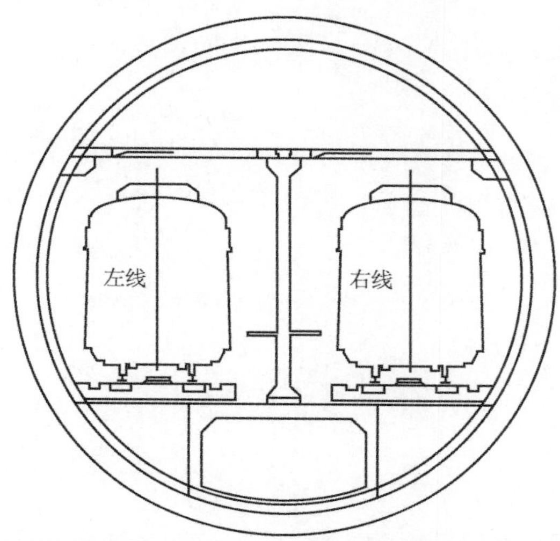

图 1-8　南京轨道交通三号、十号线穿越长江区间大断面盾构隧道示意图

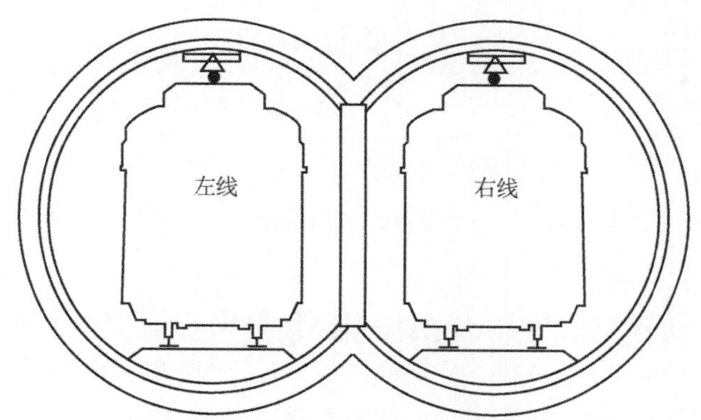

图 1-9　双圆隧道示意图（上海轨道交通杨浦线）

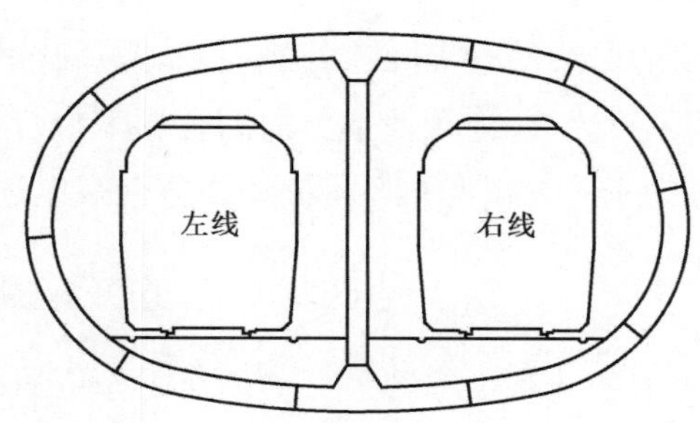

图 1-10　类矩形盾构隧道（宁波轨道交通 3 号线）

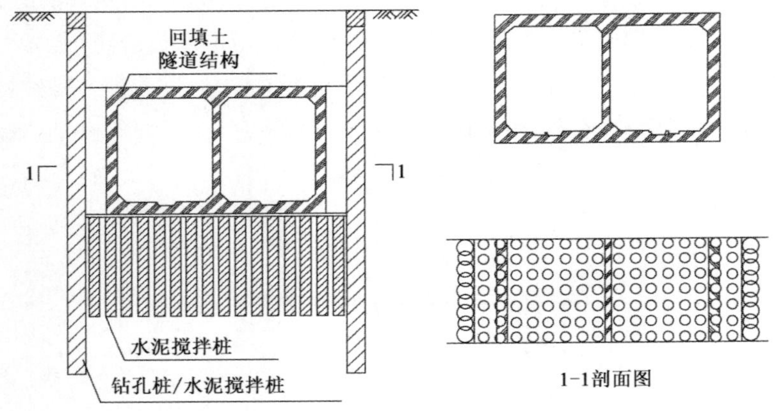

图 1-11　矩形明挖隧道(南京轨道交通 10 号线)

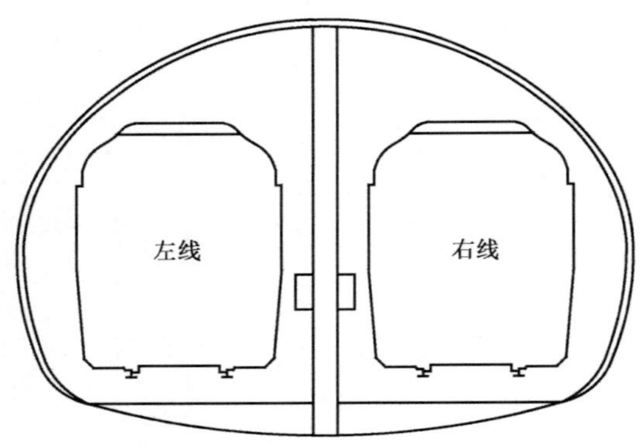

图 1-12　马蹄形隧道(重庆轨道交通 1 号线)

1.3　轨道交通隧道系统振动引发的典型工程问题

轨道交通隧道因行车引起的振动问题在早期并未引起重视,原因为早期的铁路隧道大多修建在山区的岩石地层之中,岩石吸收了主要的振动能量,而且在隧道的周边没有重要的建筑物。但随着城市轨道交通工程数量的增加,特别是在软弱地基中的隧道越来越多,行车引起的振动问题也随之凸显出来,尤其在饱和地基中,车振容易引起地基土的弱化并发生固结沉降,此外,饱和地基土的固有频率与行车荷载的主频比较接近,容易引发振动放大现象。为此,分结构病害和环境振动二方面来阐述轨道交通隧道因车振引发的工程问题。

1.3.1　软土地区地铁隧道沉降及结构病害问题

饱和地基中的隧道所受的浮力作用通常大于行车荷载,所以在设计中需以抗浮为主要的控制指标,但非常遗憾的是,迄今为止观测到隧道上浮的例子极少,而大量的隧道均以沉降为主，如上海地铁 1 号线和南京地铁一号线运营多年后沉降均接近 300mm，如图 1-13 所示。对于软土地区的地铁隧道而言，修建时通常并无地基预处理措施，由于软土的高压缩性、高灵敏性等特点，再加上隧道自身的构造特性（狭长的管状结构或箱形结构），通车后容易产生因行车振动所引起的沉降。饱和软土地层中的工程实践表明，地铁行车振动引起的沉降不容忽视，如上海地铁 1 号线在隧道贯通至通车前的 2 年零 3 个月内（1993.1—1995.4），沿线绝大部分沉降点的总沉降量在 2 ~ 6mm，但自 1995 年 4 月试运营以后，沉降速率急剧加大，在 8 个月内，陕西南路站以北的总沉降量达到了 30 ~ 60mm，到 1999 年部分沉降点的累计沉降甚至达到了 140mm。除了与地层因素有关之外，还与隧道结构有一定的关系。

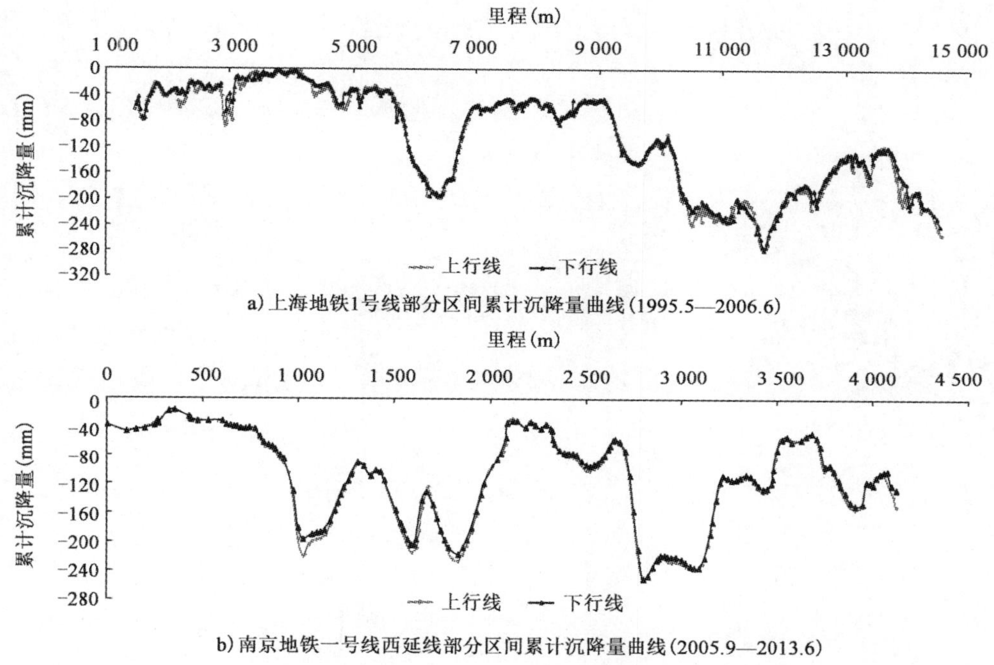

a) 上海地铁1号线部分区间累计沉降量曲线(1995.5—2006.6)

b) 南京地铁一号线西延线部分区间累计沉降量曲线(2005.9—2013.6)

图 1-13 城市轨道交通结构长期沉降实测曲线

当隧道的沉降量超过一定的数值之后，将诱发结构产生病害，主要体现在以下几个方面：①过大的不均匀沉降会导致线路纵向曲率加大，引起轨道变形超标、轮轨磨耗加大，加大行车荷载；②导致隧道结构与道床脱空；③引起隧道管片错台与张开、结构开裂与破损，引发结构渗漏水，造成接缝防水失效（图 1-14）。这些病害的出现既增加了结构的养护维修费用，又影响到地下铁路的行车安全。

1.3.2 环境振动问题

城市轨道交通在方便市民出行的同时，列车运行引起的振动会对环境造成一定的影响。地铁、轻轨等交通设施通常建于人流稠密、建筑物林立的闹市区，除居民楼、民宅外，还可能遇到医院、博物馆、实验室(精密仪器)和古建筑等对振动和噪声控制十分严格的场所。当列车通过这些区域时,建筑物、仪器和居民等会受到列车运行所引起的振动和噪声影响(图 1-15),乃致干扰精密仪器的使用以及影响沿线居民的正常生活。地铁隧道内的行车振动还会引起附近民房建筑开裂以及邻近古建筑物损伤等[7],如北京地铁5 号线开通运营后,周围民房原有裂缝不断延伸;捷克的许多砖石结构古代建筑物受周围地铁线路运行的影响开始出现裂缝并不断扩展(图 1-16)。

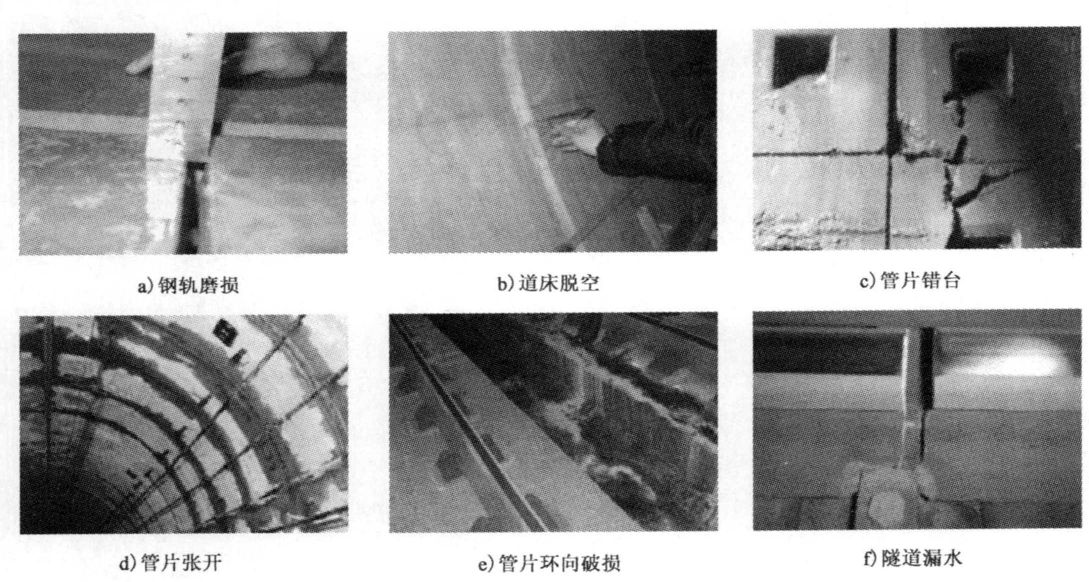

a)钢轨磨损　b)道床脱空　c)管片错台

d)管片张开　e)管片环向破损　f)隧道漏水

图 1-14　地体隧道长期沉降引发的结构病害

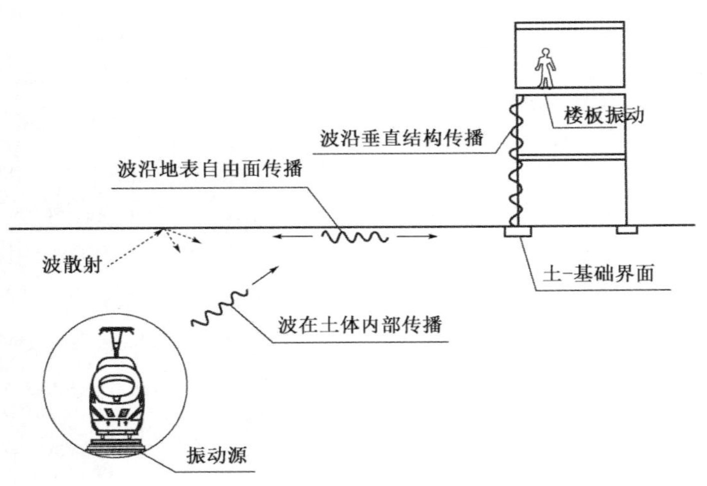

图 1-15　地铁列车引起的振动及传播示意

a)北京地铁5号线邻近民房裂缝延展

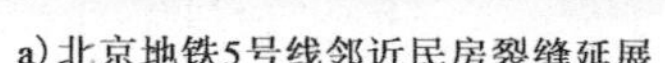

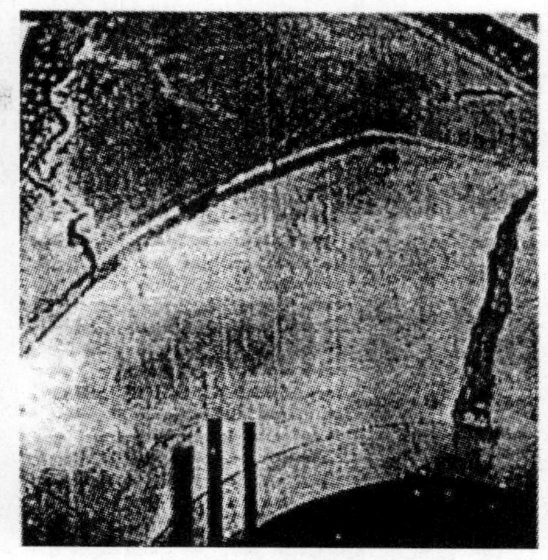

b)捷克邻近地铁古教堂开裂

图1-16 地铁振动引起民房及古建筑开裂

1.4 轨道交通隧道系统动力学的研究方法

轨道交通隧道系统振动引发的工程问题逐步受到人们的关注,国内外研究人员使用各种方法去认识车致振动对隧道系统的影响,并尝试预测隧道系统的车致振动结果,希望借此提出合理的隧道系统减振措施。分析方法可大致分为以下五类:现场测试、室内试验、经验法、数值方法和解析法与半解析法。

1.4.1 现场测试

长期以来,国内外学者尝试通过现场测试的方法去直观地认识车辆、轨道、隧道、土体体系的振动状态和规律。Rucker(1977)对德国柏林地铁以及伦敦交通局(1982)对Jubilee line都进行过现场振动测试研究。Fujiwara(1990)通过对东京地铁隧道安装减振垫,并对安装前后隧道底部和侧壁的振动进行实测研究,证明了减振垫在减轻隧道结构振动上的有效性。Cox(2003)通过对米兰地铁线路安装Vanguard扣件系统,并对安装前后隧道结构的现场进行测试分析,证明了该扣件系统在减振方面的卓越性能。Chatterjee(2003)对法国巴黎RER B线某区间进行了锤击实验和试验列车现场试验,其关注对象包括轨枕、隧道和周边建筑在列车不同行驶速度作用下的振动响应。Degrande(2006)针对伦敦地铁某深埋隧道进行了不同行车速度下振动响应的实地测试,基于钢轨动柔度、表面不平顺等状况评估,详尽地测试了包括车辆轮轴、轨道结构、隧道结构和周边土体自由场的动力响应情况。

国内学者也进行了一定的现场实测研究。潘昌实(1990)、高峰(1998)、张玉娥(2000)等对北京地铁区间隧道的轨道加速度进行了现场测试和频谱分析,采用数定法得到了列车模拟荷载,并建立有限元模型分析了地铁行车对隧道-地基系统的动力响应。张璞、孙钧

(2001)以实测的轨道振动加速度数据计算列车模拟荷载,分别建立二维和三维弹塑性动力有限元模型,对上海地铁某交叠隧道的车致隧道振动响应进行了研究。张曦、唐益群(2007)以上海地铁2号线某区间隧道为测试工点,通过在不同位置布置土压力盒、孔压计等测试原件,对不同时段(早高峰、中午、晚高峰)内地铁列车通过时地基土中的动应力、孔隙水压力进行了测试,并分析了地基动应力幅值的衰减规律。但由于受测试条件的限制,未能对隧道底部地基土动应力进行测试。田薇(2007)对上海某地铁隧道车致振动响应进行测试,通过对轨道板振动的加速度数据的分析,建立车辆-隧道耦合模型,进一步分析了隧道截面上各典型点位的位移响应规律。侯晋(2014)针对苏州地铁1号线某区间隧道,采用锤击法分别测试了钢轨上激励点至钢轨、轨枕、道床以及隧道侧壁的振动传递效率。范思婷(2015)针对宁波轨道交通1号线运营对钢轨、轨枕和隧道壁振动进行实测分析,得到了相关结构振动的主要频率范围。

1.4.2 室内试验

相比实地测量试验,室内试验更容易控制实验条件,便于多工况分析,且方便布设测量元件,其缺点为不能完全真实地反映实际工程状况。Thusyanthan (2003)设计模型试验研究了在地表冲击荷载和循环荷载作用下隧道结构的响应规律,结果表明不同的隧道材料吸振的能力有较大差别。Tsuno (2005)总结了前述学者的研究,设计了离心模型试验,研究了地铁引起的振动加速度场,并将离心实验结果与现场试验结果进行了对比,结果显示高频的激振荷载引起的振动响应更大。Yang (2013)设计离心振动试验(490mm$D\times$500mm$H$),通过在容器底部和侧壁施加吸振材料来降低边界效应,隧道采用160mm直径的PVC管材,厚度为4mm,隧道内部安装激振装置来模拟列车振动荷载,加速度拾振器分别安置在隧道、土体和地表。使用该实验装置,Yang研究了列车荷载作用下隧道和周边土体的振动加速度特征,并与数值模拟结果进行了对比,结果验证了数值模型的可靠性。Huang (2015)通过1∶4的模型试验研究了列车以不同速度通过隧道结构时隧道与周边土体的动力响应,其测试对象包括振动加速度与动应力等。

在国内,吴江敏(1997)对隧道基底结构在振动荷载作用下的响应进行了室内模型试验,并模拟了隧道底部存在空洞情况,从动应变角度观测隧道基底和边墙的动力学性能,但是该试验只给出隧道基底结构振动受力状态的定性结论。陈国兴(2006,2007)等建立的大型振动台试验用以研究土和地铁隧道动力相互作用关系,先后对地震作用下的土和地铁地下车站、土和地铁区间隧道的动力响应进行了细致研究,并将测试结果与数值模拟结果进行了对比分析。针对上海地铁隧道周边软黏土在列车荷载作用下的动力响应问题,唐益群(2007)等研究了饱和软黏土的动力特性,对饱和软黏土经历循环荷载作用前后的微观结构变化进行了分析,提出了铁行车荷载作用下隧道周围饱和软黏土的变形计算模型,并与实测结果进行了对比分析。高峰等(2011)进行双层隧道列车振动模型试验,测试并分析了上行动载、下行动载和上下交会动载3种工况隧道结构的受力状态。

1.4.3　经验法

现场测试和室内试验帮助人们对隧道系统的振动有了直观的认识,然而在进行振动评估时频繁的测试和试验将耗费大量的人力、物力和财力,为此研究人员通过对大量测试数据的总结,提出了以经验法为基础的计算公式,并用于类似工程的分析预测,形成了振动评估的经验法。针对轨道交通产生的环境振动和噪声,Kuppelwieser 和 Ziegler(1996)依据瑞士联邦铁路的实测数据、Madshus (1996)依据挪威和瑞士铁路的实测数据以及 Hood(1996)根据英国铁路的实测数据均提出了相应的经验模型,该经验模型可统一表示为:

$$A(r,f)=A(r_0,f)\frac{P(r,f)}{P(r_0,f)} \tag{1-1}$$

式中,$A(r,f)$为大地振动的量级;比率$P(r,f)/P(r,f)$通过假设波的传播随距离呈$r-n$衰减进行计算,其中n由波的传播频率决定。其中 Kuppelwieser 和 Ziegler 提供了参考距离$r_0=3\text{m}$的经验计算模型,而 Madshus 则提供了参考距离$r_0=15\text{m}$的经验计算模型。

目前国内的经验预测模型也基本上是基于上述方法进行的。马蒙(2012)和刘维宁等(2013,2016)在此基础上,提出了分区、分类、分阶段进行动态预测及环评的理论与方法。

随后,ISO 14837-1 标准为轨道交通环境振动和噪声的经验预测提供了如下基本模型框架:

$$A(f)=S(f)P(f)R(f) \tag{1-2}$$

式中,$S(f)$为振源强度;$P(f)$为表征传播途径的函数,由传播距离r决定;$R(f)$为表征受振体特性的函数。

经验模型的应用前提是需对振源特性和波的传播媒介具有足够了解。为了克服这一限制,相关学者提出了将经验法和数值模型结合起来对环境振动进行预测,即所谓的半经验法。半经验法特别适合于新的轨道结构或者新的车辆应用的情况。此时,可采用数值模型分析研究车辆特性和轨道结构特性对大地振动的影响,避免了不能进行实地测量的缺陷。Verbraken(2012)利用相关实测数据对半经验预测模型的有效性进行了验证。

1.4.4　数值方法

经验法与半经验法综合考虑了研究人员对于隧道系统车致振动的认识,然而在处理实际工程项目时往往缺少针对性,只能用于整体判断,往往难以依据每个工程的特点给出准确的振动预测,相比之下,数值方法则能够做到针对性、定量性分析,根据其关注对象的不同,数值方法又可以分为侧重车辆-轨道动力响应的数值方法和侧重隧道-土体动力响应的数值方法。

1. 侧重车辆-轨道动力响应的研究

对于侧重车辆和轨道结构动力响应的研究往往会对隧道结构和周边土体进行适当的简

化,重点放在车辆系统的细化、轮轨接触的计算和轨道结构的模拟上。耿传智(2011)考虑了弹性支承块式和浮置板式道床结构的振动响应,建立了车辆-钢轨-道床耦合振动方法,研究了两种减振式道床结构对系统振动以及行车安全性和舒适性的影响,然而在他的模型中隧道被简化为固定边界,不考虑隧道周边土体对振动的影响。杨新文(2012,2015)则分别建立了地铁列车-梯形轨枕耦合动力计算模型和添加 MTMDs 的地铁列车-浮置板计算模型,分析了相关结构对于减振的作用。熊嘉阳(2015)针对地铁车辆直线电机装置的实际情况建立了改进的地铁车辆-轨道耦合系统动力学模型,在其模型里,整体道床和隧道结构被简化为固定边界。李伟(2015)分别建立了车辆-轨道耦合的空间动力学模型和垂向动力学模型,同样将整体道床和隧道结构视为固定边界,结合实测地铁轨道波浪形磨耗,研究了不同程度的钢轨波浪形磨耗对于轮轨力、扣件力以及车辆运行安全性和舒适性的影响。然而在上述模型中均无法考虑到隧道结构和周边土体的动力响应,因此所谓的减振效果评价只能以轨道结构或道床结构的响应为指标,不能直接使用隧道结构和周边土体振动作为评价指标,也无法考虑隧道参振质量和土体动力特性对系统振动的影响。在此基础上,韦凯(2016)将整体道床与地铁隧道视为双层叠合欧拉梁,将非线性土体使用等效线性弹簧模拟,车辆视为多刚体系统,建立了车辆-轨道-隧道-土体耦合动力学模型。

2. 侧重隧道-土体动力响应的研究

对于侧重隧道和周边土体动力响应的研究往往会对车辆、轨道结构和轮轨接触进行适当的简化,重点放在隧道与土的动力相互作用、土体的自然特性(分层、多相、半空间等)和振动特性(非线性动力特征)的求解上。常用的隧道-地层数值模型有:有限元模型、有限元与边界元耦合模型、有限元与无限元耦合模型和有限差分法模型等。

(1)有限单元法

有限单元法是目前国内外使用最为广泛的数值模型,其突出优点是能适应复杂的几何形状和边界条件,对于非线性求解和非均质问题,有限单元法更适应于计算机操作。Chua(1992,1995)建立了隧道-土层－结构有限元模型,采用车辆-轨道耦合动力学计算得到的荷载施加于隧道结构,研究了隧道内整体道床和浮置板轨道所引起的周边土体及邻近建筑的振动问题。Gardien (2003)建立了静挠度模型、轨道模型、传播模型 3 个子模型,从振动的产生到振动的传播方面进行了考虑,研究了日本地铁隧道振动问题。宫全美(2005)采用有限元法分析了地铁列车荷载作用下地基土动剪应力的影响范围、分布规律及与列车运行次数的关系,探讨了轨面高低不平顺对土体动剪应力的影响。和振兴(2008)对地铁行车引起的地面振动问题进行了三维有限元模拟,重点分析了地基土体弹性模量和隧道埋深变化对车致地面振动响应的影响。贾颖绚、刘维宁(2009)以北京某地铁交叠隧道为背景建立了三维有限元模型,分别采用数定法和解析法确定激励荷载,研究地铁列车振动对周边环境的影响。刘卫丰(2013)针对地铁周边精密仪器的振动响应问题,建立动力有限元模型,提出了网格划分、边界条件、阻尼施加等建模原则,采用实测的地铁动态轮轨力作为模型输入,分析了地铁列车对精密仪器正常工作的影响，并提出了相应的减振隔振措施。

总体而言，有限单元法的主要缺点是研究高频响应或计算大型的三维模型时，占用的计算机资源较大，且计算耗时长。为解决有限元法计算效率的问题，相关研究人员提出了2.5维有限元法的概念。2.5维有限元法又称波数有限元法，其基本思想是基于结构在一个方向几何尺寸的不变性，先利用Fourier变换沿该方向进行波数离散，再将垂直于该方向的结构截面进行二维平面分析，最后在几何尺寸不变方向进行波数域内的分析，将频域内求解的结果通过Fourier逆变换得到三维空间的解答。Hwang和Lysmer（1981）在研究地震波作用下地基结构的动力响应时提出2.5维有限元的方法。国内谢伟平（2003）将地铁列车荷载简化为一系列的移动荷载，研究了地铁运行引起的土的波动特性。Bian等（2006，2012）基于2.5维有限元法研究了地面线和地下线在地铁行车时的车致振动响应问题。高广运（2010，2011）基于Biot波动理论，推导了频域内的u-p格式的有限元方程及适合饱和多孔介质的2.5维有限元黏弹性人工边界，研究了地面线和地铁隧道在行车荷载作用下地基的动力响应。袁宗浩（2015）进一步考虑地铁隧道中的浮置板轨道系统，将钢轨和浮置板均简化为无限长的Euler梁，利用2.5维有限元法模拟衬砌和饱和土体，结合轨道、隧道和地基界面处位移和力的协调条件，建立频率～波数域内的车辆-轨道-隧道-饱和地基耦合分析模型，并通过快速Fourier逆变换进行波数展开，获得三维时域～空间域内的动力响应。相对于3维有限元，2.5维有限元效率有所提高，但仍需对整个平面划分网格，且需要采用人工边界截断无线域，不仅处理复杂，且无法考虑波在无线域内的传播，存在一定的计算误差。

（2）有限元与边界元耦合方法

边界元模型的求解对边界条件有着严格的要求，对于复杂的边界条件的适用性较低，而有限元-边界元耦合方法则完美地解决了有限元模型尺寸影响与边界元边界适用性差的缺点。Mohammadi（1995）通过建立频率域的三维有限元-边界元耦合模型，研究了不同类型荷载作用下的轨道动态响应。其中，边界元模型用于弹性半无限空间的模拟，有限元用于模拟刚性基础以及轨道上部结构。Bode（2002）提出了用于进行动力分析的时域算法，该算法建立于弹性半无限空间结构的三维有限元模型，而土体的行为仅需要在接触面上依据边界元法进行离散，使用该算法，可以对移动轮施压到其下的钢轨产生的响应进行分析。Andersen（2005，2006）使用有限元与边界元耦合方法分别建立了二维和三维模型，对不同类型的隧道结构进行了研究。

周期性有限元-边界元方法最早由鲁汶大学（KU Leuven）发展建立，该模型的基本思路是：假定隧道-地基系统沿线路轴向为无限长的周期性结构，基于此，分别采用有限元和边界元模拟隧道衬砌和土体自由场，基于Floquet变换把无限长的周期性隧道-地基系统的网格划分减至一个基本单元内，只需计算一个基本元的响应，再利用Floquet逆变换计算出整个系统的动力响应。相比于传统的三维计算模型，该模型的网格划分数和计算量大大减少，计算效率得到了明显提高。Clouteau、Degrande（2005，2006）首先利用该模型预测和研究了地铁行车条件引起的环境振动响应问题。随后 Gupta（2009,2010）进一步完善了这一模型；国内刘维宁(2009)基于该模型计算了在隧道底部作用固定单位谐载时隧道-地基系统的动力响应(即传递函数),若要得到真实的地铁行车车致振动响应,只需在频域内对地铁行车在轨道板上产生的荷载乘以上述传递函数即可,因此该模型可用于地铁行车引起的环境振动响应预测。

为解决三维有限元-边界元方法计算量大的弊端,Galvín（2010）和 François（2010）建立了2.5维有限元-边界元耦合计算模型,在该模型中使用了半空间分层土体的 Green 函数,基于此耦合计算模型,计算比较了有砟轨道结构的两种数学模型:2.5维实体单元和简支梁单元。结果显示两种模型的计算结果在土体响应中有着一定的差别,使用该模型,对隧道附近隔振沟的隔振效果进行了评估。

(3)有限元与无限元耦合方法

有限元-无限元耦合方法与有限元-边界元耦合方法类似,其区别在于对远场区域的处理上,然而都能够在保证模型适用性的前提下减小模型截断边界的影响。Yang（2001）和 Hung（2013）建立了2.5维有限元-无限元耦合模型,在该模型中隧道的近场区域使用有限元进行模拟,远场区域使用无限元进行模拟,使用基于多刚体动力学的车辆-轨道动力计算模型得到的轮轨动荷载作为耦合模型的系统激励。Kouroussis（2010）采用多体有限元-无限元模型在时域内求解了高速列车运行引起的隧道和自由场的振动响应问题,其计算结果与实测结果有较好的一致性。国内姜忻良(1999,2004)开展了隧道-土体的有限元-无限元耦合研究,使用该耦合模型研究了在地震荷载作用下独立隧道和交叉隧道的动力响应,并基于此模型分析了有限元区域的范围大小以及无限元区域节点的位置对荷载作用下系统动力响应的影响。

(4)有限差分法

Thornely-Taylor(2004)采用有限差分法对地下铁路车致振动问题进行了研究。莫海鸿(2006)采用三维动力有限差分法,研究了广州某软土地铁盾构隧道运营期的动力响应问题,分析认为建模时是否考虑隧道接缝应依分析的问题而定,当着重分析隧道的振动响应时需要考虑隧道接缝的影响。陈海忠(2009)使用 FLAC3D 软件建立了地基结构的空间模型,探讨了地铁隧道地基土沉降在不同加载次数下的动力反应和沉降规律。Nejati（2011）采用差分法研究了德黑兰地铁四号线隧道内行车时地表的振动响应。与其他传统数值方法(如有限元-边界元)相比,有限差分法的一大优点是编程工作量更小,但缺点是对不规则区域的适应性差。

1.4.5 解析法与半解析法

相比数值方法而言,解析法与半解析法为进一步解决计算效率问题,从隧道系统振动的本质出发,经过严格的推导,建立简化的计算模型,往往能够快速获取分析结果。

使用弹性波动理论研究地铁隧道列车车致振动响应始于 20 世纪 90 年代，Balendra (1991)基于二维波动理论，采用子结构法建立了埋置在黏弹性半空间的刚性隧道和长条地基的平面计算模型；Guan (1994)采用建立局部坐标系和坐标转换的方法研究了黏弹性地基中深埋平行隧洞在移动作用下的动力相关问题，分析了荷载移动速度、隧道间距等对振动响应的影响。Kiylov (1994)基于格林函数法研究了地表和地下铁路行车时产生的地基土振动谱，模型中将移动车辆荷载简化为准静态轴重，并考虑了土体-轨道的非线性接触问题。Metrikine (2000)将隧道视为置于地基中的欧拉梁，建立简化模型来研究地下隧道的振动响应问题，探讨了梁在恒定、谐波和随机荷载下频率-波数域内地表振动响应解。Haak (2004)基于 Metrikine 类似的思路，将等代梁嵌入三维地层中，研究隧道内行车引起的地基振动响应问题。由于地铁隧道车致振动响应的复杂性，上述模型往往建立在大量简化和假设基础上。因此，解析法在进行环境振动响应计算与预测时精度仍有所欠缺，但解析法推导过程严谨，可以从本质上深入了解车致振动传播的一般规律，且方便进行参数分析。

基于严格的解析表达式并借助数值法求解，称为半解析法。PiP(管中管)模型是地铁隧道车致振动响应分析中较著名的半解析法。管中管思想最早由剑桥大学 Köpke 博士于 1993 年提出，最初用于计算埋置管线的振动响应问题。随后，Forrest 和 Hunt(2006)借助管中管思想来研究地铁隧道内列车引起的环境振动响应问题，采用无限长的薄壁圆柱壳模拟隧道衬砌，中空圆形土柱体模拟地基，提出了三维圆形衬砌隧道-地基全空间动力响应分析模型，即 PiP 模型。为了考虑上部轨道结构对振动响应的影响，Forrest 和 Hunt(2006)以及 Hussein 和 Hunt(2006,2007,2009)进一步将浮置板轨道模型与隧道-地基模型在波数域内进行耦合求解，研究了波在轨道、隧道、地基土体中的传播与环境振动响应问题。考虑地表的自由边界和地基的半空间特征，Hussein 和 Hunt(2007)对 PiP 模型进一步完善，先采用全空间 PiP 模型计算隧道与土体接触面力，并将其作为荷载施加于隧-土交接面的弹性土体上，结合半空间弹性地基的 Green 函数，计算半空间地铁隧道-地基的振动响应。Gupta 和 Hussein (2007)对周期性有限元-边界元模型(Periodic Finite Element-Boundary Element Model)和 PiP 模型的优缺点展开了分析，结果表明 PiP 模型计算效率更高、更节约计算机内存，而周期性有限元-边界元模型能考虑地基的成层性等特征，更能反映实际情况。Hussein (2009)结合前期研究成果，编写了相关的 PiP 模型计算软件，该软件计算效率较高，且方便在个人计算机上运行。Jones 和 Hunt (2011)考虑了隧道与地基之间的间隙，分析接触间隙对地铁振动环境响应的影响。Jones 和 Hunt (2011)还考虑了土层的斜向空间分布特征，分析了位于斜向地层中地铁隧道引起的振动响应问题及斜向土层对地表振动响应的影响。Kuo 和 Hunt (2010,2011)进一步推导了平行双圆洞隧道和桩基础同时存在时系统的地表振动响应解。此后，Hussein (2014)进一步考虑地基土体的分层特性，假定隧道位移不受地表自由边界和土体成层性的影响，结合全空间 PiP 模型与半空间分层地基的 Green 函数，获得了成层地基圆形地铁隧道-地基动力响应分析模型。

针对饱和地基地铁盾构隧道车致振动问题，Lu（2006）推导了饱和多孔介质中圆形孔洞内作用移动荷载时的动力响应解，讨论了荷载的移动速度、振动频率等对隧洞动力响应的影响。丁伯阳（2009）以解析积分法推导了饱和地基中圆形隧道内作用集中冲击荷载与简谐荷载时隧道的振动位移表达式。王鑫、刘增荣（2011）利用中厚圆柱壳模拟隧道衬砌，进而建立隧道衬砌和土体振动控制方程，通过隧道-土体接触面连续条件建立了考虑土层－隧道结构动力相互作用的耦合模型，研究系统的振动响应，并与基于薄壳理论、有限元理论的相应结果进行了对比分析。黄晓吉（2012）研究了饱和地基圆形衬砌隧洞在移动环形荷载下系统的动力响应问题。

刘林超和杨骁（2009）基于 Biot 饱和多孔介质理论，将土体视为液固饱和两相介质，推导了黏弹性饱和地基中圆形隧道在轴对称荷载作用下的稳态响应解，研究了渗透系数、阻尼系数对隧道稳态响应的影响。高华喜、闻敏杰（2012）基于 Biot 理论和黏弹性理论，将土体视为饱和多孔黏弹性介质，隧道衬砌视为和具有分数阶导数本构的黏弹性体，推导获得了简谐荷载作用下隧道-地基系统的位移、应力和孔压表达式，并考察了饱和土和衬砌各参数对系统动力特性的影响。蔡袁强（2011）就饱和地基中圆形衬砌隧道在爆炸荷载作用下的振动响应展开了研究。Gao（2009，2013）获得了饱和地基圆形衬砌隧洞内作用轴对称荷载时的瞬态动力响应解。陈学丽（2012）假定衬砌和土骨架都为 Kelvin-Voigt 黏弹性体，在频率域内采用解析方法研究了圆柱形半封闭衬砌结构在轴对称荷载和流体压力作用下的稳态振动问题，分析了渗透系数、流体压缩性系数及衬砌的黏性阻尼系数对饱和土和衬砌结构动力响应的影响，并与已有的解析结果进行了对比。王滢、高广运（2015）分别视衬砌结构和周围土体为弹性材料和准饱和多孔介质（饱和度≥95%），根据牛顿第二定律、达西定律和 Biot 波动理论推导出准饱和土体的控制方程。根据边界条件导出衬砌和土体的位移、应力和孔隙压力的 Laplace 变换空间的解答。杨骁（2015）假定土骨架服从标准线性固体黏弹性本构关系，研究了饱和黏弹性地基中深埋圆形隧洞在轴对称爆炸作用下系统的瞬态动力响应。曾晨（2014）在 Forrest 等的基础上，进一步考虑地基土的多孔饱和特性和轨道结构，探讨了饱和地基圆形衬砌隧道在地铁荷载作用下的动力响应问题。

国内外学者建立了一系列隧道-土体动力响应分析模型，主要包括：嵌入的欧拉梁模型、PiP 模型、有限元模型、2.5 维有限元模型、2.5 维有限元-边界元模型、周期性有限元-边界元模型及 2.5 维有限元-无限元模型。然而，上述模型均存在各自的局限性。如欧拉梁模型解析程度虽高，但模型太过简化，计算精度不足。有限元模型需要采用人工边界截断无限域，存在一定的计算误差。较为经典的 PiP 模型虽然计算效率高，但仅适用于圆形断面隧道，且无法考虑盾构隧道的壁后注浆层、单洞双线隧道行车问题、饱和半空间问题和饱和土体分层特性。目前的 2.5 维有限元-边界元模型、周期性有限元-边界元模型和 2.5 维有限元-无限元模型虽能考虑异形断面隧道，但计算效率不及 PiP 模型，且尚未考虑土体的饱和多孔特性。此外，上述模型均未深入考虑轮轨非线性接触和钢轨不平顺问题。为此，本书力求进一步发展和完善现有的理论方法，提出改进的、新的隧道-土体系统动力响应分析模型，以解决上述工程中遇到的新问题。

1.5 本书研究内容及范围

本书从频域和时域两个角度出发，构建了三类隧道-土体系统动力响应分析方法。具体如下：

1. 全空间频域求解

分别将隧道和壁后注浆层视为双层圆柱壳，土体视为饱和多孔介质，采用半解析法，在频域-波数域内建立谐载作用下隧道-土体系统动力响应壳柱法计算模型，进一步将轨道板和钢轨视为 Euler-Bernoulli 梁，地铁列车荷载视为一系列移动的轮载，建立车辆荷载-轨道-衬砌-注浆层-土体全空间耦合分析模型，模型能够考虑单洞单线、单洞双线行车时荷载不对称条件下系统的车致振动响应。

2. 半空间频域求解

推导了饱和半空间内和饱和分层半空间内作用单位集中简谐荷载和单位简谐流相点源的2.5维动力 Green 函数，建立了车辆-轨道-隧道-饱和土地基半空间耦合系统动力响应的2.5维有限元-边界元耦合方法，该方法不仅能够考虑隧道断面的任意几何形状，还能考虑地表边界和土体分层特性。结合全空间壳柱法模型饱和半空间2.5维动力 Green 函数，提出了地铁盾构隧道-饱和半空间耦合系统动力响应的快速算法。

3. 时域有限空间求解

使用动态子结构法和半解析法，建立了隧道-土体动力计算的环状层单元和壳单元模型，将轨道结构简化为空间振动的梁单元，车辆视为垂向或空间振动的多刚体系统，并考虑轮轨非线性接触特性，在时域内建立了车辆-轨道-隧道-土体空间耦合分析模型，模型能够考虑钢轨表面不平顺及其他非线性激扰下系统的振动响应。

主要参考文献

[1] Rucker W. Measurement and evaluation of random vibrations Proc. DMSR77/Karlsruhe, 1977, 407-421.

[2] Jubilee Line, London transport office of the scientific advisor vibration measurement at baker street, 1982.

[3] Fujiwara T, Nakamura S, Kazamaki T. Vibration reduction by vibration-proof mats in Tokyo subway[J]. Permanent Way, 1900, 15(56).

[4] Cox S. Installation and testing of vibration reducing track fastenings within the CONVURT project[C]. Proceedings of the Tenth International Congress on Sound and Vibration, Stockholm, Sweden. 2003: 379-386.

[5] Chatterjee P, Degrande G, Jacobs S, et al. Experimental results of free field and structural vibrations due to underground railway traffic[C] Tenth International Congress on Dound and Vibration. 2003: 7-10.

[6] Degrande G, Schevenels M. Chatterjee P, et al. Vibrations due to a test train at variable speeds in a deep bored tunnel embedded in London clay[J]. Journal of Sound and Vibration, 2006, 293(3-5): 626-641.

[7] 潘昌实,谢正光. 地铁区间隧道列车振动测试与分析[J]. 土木工程学报,1990(2):21-28.

[8] 高峰. 铁路隧道列车振动响应分析[J]. 兰州铁道学院学报,1998,17(2):6-12.

[9] 张玉娥,白宝鸿等. 地铁列车振动对隧道结构激振荷载的模拟[J]. 振动与冲击,2000,19(3):68-70.

[10] 张璞. 列车振动荷载作用下上下近距离地铁区间交叠隧道的动力响应分析[D]. 同济大学,2001.

[11] 张曦,唐益群,周念清等. 地铁振动荷载作用下隧道周围饱和软黏土动力响应研究[J]. 土木工程学报,2007,40(2):85-88.

[12] 田薇. 车辆动载作用下轨道结构和隧道结构的动力分析[D]. 同济大学,2007.

[13] 侯晋,李双,袁国清,蒋伟康. 苏州轨交 1 号线隧道内振动传递测试与分析[J]. 噪声与振动控制,2014,05:82-85.

[14] 范思婷,刘干斌,黄力等. 轨道交通运行引起的隧道结构振动测试研究[J]. 土木工程学报,2015,S2:298-303.

[15] Thusyanthan N, Madabhushi S. Experimental study of vibrations in underground structures[J]. Proceedings of the Institution of Civil Engineers-Geotechnical Engineering, 2003, 156(2): 75-81.

[16] Tsuno K, Morimoto W, Itoh K, et al. Centrifugal modelling of subway-induced vibration[J]. International Journal of Physical Modelling in Geotechnics, 2005, 5(4): 15-26.

[17] Yang W, Hussein M F M, Marshall A M. Centrifuge and numerical modelling of ground-borne vibration from an underground tunnel[J]. Soil Dynamics and Earthquake Engineering, 2013, 51: 23-34.

[18] Huang J, Yuan T, Peng L, et al. Model test on dynamic characteristics of invert and foundation soils of high-speed railway tunnel[J]. Earthquake Engineering and Engineering Vibration, 2015, 14(3): 549-559.

[19] 吴江敏. 隧道基底结构的动载模型试验[J]. 隧道与地下工程,1997,18(4):18-24.

[20] 陈国兴,庄海洋,程绍革,杜修力,李亮. 土-地铁隧道动力相互作用的大型振动台试验:试验方案设计[J]. 地震工程与工程振动,2006,06:178-183.

[21] 陈国兴,庄海洋,杜修力,李亮,程绍革. 土-地铁隧道动力相互作用的大型振动台试验--试验结果分析[J]. 地震工程与工程振动,2007,01:164-170.

[22] 唐益群,张曦,赵书凯,王建秀,周念清. 地铁振动荷载下隧道周围饱和软黏土的孔压发展模型[J]. 土木工程学报,2007,04:82-86.

[23] 唐益群,张曦,赵书凯,王建秀,周念清. 地铁振动荷载作用下隧道周围饱和软黏土分形研究[J]. 土木工程学报,2007,11:86-91.

[24] 高峰,郭剑勇. 列车荷载作用下地铁区间双层隧道模型试验研究[J]. 铁道学报,2011,33(12):93 -100.

[25] Kuppelwiese, H, Ziegler A. A tool for predicting vibration and structure-borne noise immissions caused by railways[J]. Journal of Sound and Vibration, 1996, 193(1): 261-267.

[26] Madshus C, Bessason B, H? rvik L. Prediction model for low frequency vibration from high speed railways on soft ground[J]. Journal of Sound and Vibration, 1996, 193(1): 195-203.

[27] Hood R, Greer R, Breslin M, et al. The calculation and assessment of groundborne noise and perceptible vi-

bration from trains in tunnels[J]. Journal of Sound and Vibration,1996,193(1):215-225.

[28] 中华人民共和国环境保护部. HJ453-2008 环境影响评价技术导则城市轨道交通. 北京:中国环境科学出版社,2008.

[29] 马蒙,刘维宁,王文斌. 基于敏感度的地铁振动动态预测评价体系[J]. 都市快轨交通,2012,25:65-69.

[30] 刘维宁,马蒙,王文斌. 地铁列车振动环境响应预测方法[J]. 中国铁道科学,2013,34:110-117.

[31] 刘维宁,马蒙,刘卫丰,等. 我国城市轨道交通环境振动影响的研究现况[J]. 中国科学:技术科学,2016,46:547-559.

[32] International Organization for Standardization. ISO 14837-1:2005 Mechanical vibration-Ground-borne noise and vibration arising from rail systems - Part 1:General guidance,2005.

[33] Verbraken H,Lombaert G,Degrande G. Verification of an empirical prediction method for railway induced vibrations by means of numerical simulations[J]. Journal of Sound and Vibration, 2011, 330(8):1692-1703.

[34] 耿传智,余庆. 地铁轨道结构减振性能的仿真分析[J]. 同济大学学报(自然科学版),2011,39(1):85-89.

[35] 杨新文,杨建近. MTMDs 对浮置板轨道结构隔振性能的影响分析[J]. 铁道学报,2015,37(4):87-93.

[36] 杨新文,和振兴. 梯形轨枕轨道振动特性研究[J]. 振动工程学报,2012,25(4):388-393.

[37] 熊嘉阳,曹亚博,吴磊,等. 轮轨轴向几何不平顺对直线电机地铁车辆动态行为的影响[J]. 西南交通大学学报,2015,50(6):1074-1081.

[38] 李伟,曾全君,朱士友,等. 地铁钢轨波磨对车辆和轨道动态行为的影响[J]. 交通运输工程学报,2015,15(001):34-42.

[39] 韦凯,周昌盛,王平,等. 扣件胶垫刚度的温变性对轮轨耦合随机频响特征的影响[J]. 铁道学报,2016,38(1):111-116.

[40] Wei K,Zhang P,Wang P,et al. The Influence of Amplitude-and Frequency-Dependent Stiffness of Rail Pads on the Random Vibration of a Vehicle-Track Coupled System[J]. Shock and Vibration,2016,2016.

[41] Chua K H,Balendra T,Lo K W. Groundborne vibrations due to trains in tunnels[J]. Earthquake Engineering & Structural Dynamics,1992,21(5):445-460.

[42] Chua K H,Lo K W,Balendra T. Building response due to subway train traffic[J]. Journal of Geotechnical Engineering,1995,121(11):747-754.

[43] Gardien W,Stuit H G. Modelling of soil vibrations from railway tunnels[J]. Journal of Sound and Vibration,2003,267(3):605-619.

[44] 宫全美,徐勇,周顺华. 地铁运行荷载引起的隧道地基土动力响应分析[J]. 中国铁道科学,2005,26(5):47-50.

[45] 和振兴,翟婉明,罗震. 地铁列车引起的地面振动[J]. 西南交通大学学报,2008,43(2):218-221,247.

[46] 贾颖绚,刘维宁,孙晓静,等. 三维交叠隧道列车运营对环境的振动影响[J]. 铁道学报,2009,31(2):104-109.

[47] 刘卫丰,刘维宁,聂志理,等. 地铁列车运行引起的振动对精密仪器影响的预测研究[J]. 振动与冲击,

2013,32(8):18-23.

[48] Hwang R N, Lysmer J. Response of buried structures to traveling waves[J]. Journal of the Geotechnical Engineering Division, 1981, 107(2):183-200.

[49] 谢伟平,孙洪刚. 地铁运行时引起的土的波动分析[J]. 岩石力学与工程学报,2003,22(7):1180-1184.

[50] 边学成,陈云敏. 基于2.5维有限元方法分析列车荷载产生的地基波动[J]. 岩石力学与工程学报,2006,25(11),2335-2342.

[51] Bian X C, Jin W F, Jiang H G. Ground-borne vibrations due to dynamic loadings from moving trains in subway tunnels[J]. Journal of Zhejiang University-SCIENCE A (Applied Physics and Engineering), 2012, 13(11):870-876.

[52] 高广运,何俊峰,李佳. 地铁运行引起的饱和土地基动力响应[J]. 浙江大学学报(工学版),2010,44(10):1 925-1 930.

[53] 高广运,何俊峰,杨成斌,等. 2.5 维有限元分析饱和土地基列车运行引起的地面振动[J]. 岩土工程学报,2011,33(2):234-241.

[54] 袁宗浩,蔡袁强,曾晨. 地铁列车荷载作用下轨道系统及饱和土体动力响应分析[J]. 岩石力学与工程学报,2015,34(7):1470-1479.

[55] Mohammadi M, Karabalis D L. Dynamic 3 - D soil-railway track interaction by BEM-FEM[J]. Earthquake Engineering & Structural Dynamics, 1995, 24(9):1177-1193.

[56] Bode C, Hirschauer R, Savidis S A. Soil-structure interaction in the time domain using halfspace Green´s functions[J]. Soil Dynamics and Earthquake Engineering, 2002, 22(4):283-295.

[57] Andersen L, Nielsen S R K. Reduction of ground vibration by means of barriers or soil improvement along a railway track[J]. Soil Dynamics and Earthquake Engineering, 2005, 25(7):701-716.

[58] Andersen L, Jones C J C. Coupled boundary and finite element analysis of vibration from railway tunnels-a comparison of two-and three-dimensional models[J]. Journal of Sound and Vibration, 2006, 293(3):611-625.

[59] Clouteau D, Arnstm A, Hussaini T M, et al. Free field vibrations due to dynamic loading on a tunnel embedded in a stratified medium[J]. Journal of Sound and Vibration, 2005, 283(1/2):173-199.

[60] Degrande G, Clouteau D, Othman R, et al. A numerical model for ground-borne vibrations from underground railway traffic based on a periodic finite element-boundary element formulation[J]. Journal of Sound and Vibration 293(3-5), 645-666 (2006).

[61] Gupta S, Stanus Y, Lombaert G, et a1. Influence of tunnel and soil parameters on vibrations from underground railways[J]. Journal of Sound and Vibration, 2009, 327(1/2):70-91.

[62] Gupta S, VandenBerghe H, Lombaert G, et al. Numerical modelling of vibrations from a Thalys high speed train in the Groene Hart tunnel[J] Soil Dynamics and Earthquake Engineering, 2010, 30:82-97.

[63] 刘维宁,Gupta S,Degrande G. 地铁振动预测的周期性有限元-边界元耦合模型[J]. 振动工程学报,2009,22(5):480-485.

[64] Galvin P, Fran? ois S, Schevenels M, et al. A 2.5 D coupled FE-BE model for the prediction of railway in-

duced vibrations[J]. Soil Dynamics and Earthquake Engineering,2010,30(12):1500-1512.

[65] Fran? ois S,Schevenels M,Galvín P,et al. A 2.5 D coupled FE-BE methodology for the dynamic interaction between longitudinally invariant structures and a layered halfspace[J]. Computer Methods in Applied Mechanics and Engineering,2010,199(23):1536-1548.

[66] Yang Y B,Hung H H. A 2.5 D finite/infinite element approach for modellingvisco - elastic bodies subjected to moving loads[J]. International Journal for Numerical Methods in Engineering,2001,51(11):1317-1336.

[67] Hung H H,Chen G H,Yang Y B. Effect of railway roughness on soil vibrations due to moving trains by 2.5 D finite/infinite element approach[J]. Engineering Structures,2013,57:254-266.

[68] Kouroussis G,Verlinden O,Conti C. Free field vibrations caused by high-speed lines:Measurement and time domain simulation[J]. Soil Dynamics and Earthquake Engineering,31(2011),692-707.

[69] 姜忻良,徐余. 地下隧道-土体系地震反应分析的有限元与无限元耦合法[J]. 地震工程与工程振动,1999,19(3):22-26.

[70] 姜忻良,谭丁,姜南. 交叉隧道地震反应三维有限元和无限元分析[J]. 天津大学学报:自然科学与工程技术版,2004,37(4):307-311.

[71] Thornely-Taylor R M. The prediction of vibration,ground-borne and structure-radiated noise from railways using finite difference method- Part1- theory. Proceeding of the Institute of Acoustics,2004,26(2):69-79.

[72] 莫海鸿,邓飞皇,王军辉. 营运期地铁盾构隧道动力响应分析[J]. 岩石力学与工程学报,2006,25(增2):3507-3512.

[73] 陈海忠,何波,阁东东. 地铁移动荷载作用下地基沉降的弹塑性分析[J]. 华中科技大学学报(城市科学版),2009,26(3):13-17.

[74] Nejati H R,Ahmadi M,Hashemolhosseini H. Numerical analysis of ground surface vibration induced by underground train movement[J]. Tunneling and Underground Space Technology,2012,(29):1-9.

[75] Balendra T,Koh C G,Ho Y C. Dynamic response of buildings due to trains in underground tunnels[J]. Earthquake Engineering and Structural Dynamics,1991,20:275-291.

[76] Guan F,Moore I D,Three-dimensional dynamic response of twin cavities due to traveling loads[J]. Journal of Engineering Mechanics,ASCE,1994,120(3):637-651.

[77] Krylov V V,Ferguson C C. Calculation of low-frequency ground vibrations from railway trains[J]. Applied Acoustics,1994,42:199-213.

[78] Metrikine A V,Vrouwenvelder A C W M. Surface ground vibration due to a moving train in a tunnel:two-dimensional model[J]. Journal of Sound and Vibration,2000,234(1):43-66.

[79] Haak D. Simplified 3D modeling of soil vibrations induced by a high-speed train in a tunnel[D]. Delft,the Netherlands:Delft University of Technology,2004.

[80] K? pke U G. Transverse vibration of buried pipelines due to internal excitation at a point[J]. Journal of Process Mechanical Engineering,1993,207(1):41-59.

[81] Forrest J A,Hunt H E M. A three-dimensional model for calculation of train-induced ground vibration[J]. Journal of Sound and Vibration,2006,294(4/5):678-705.

[82] Forrest J A, Hunt H E M. Ground vibration generated by trains in underground tunnels[J]. Journal of Sound and Vibration, 2006, 294(4/5): 706-736.

[83] Hussein M F M, Hunt H E M. Modelling of floating-slab tracks with continuous slabs under oscillating moving loads[J]. Journal of Sound and Vibration, 2006, 297: 37-54.

[84] Hussein M F M, Hunt H E M. Modelling of floating-slab track with discontinuous slab - part 1: response to oscillating moving loads. Journal of Low Frequency Noise Vibration and Active Control, 2006b, 25(1): 23-39.

[85] Hussein M F M, Hunt H E M. Modelling of floating-slab track with discontinuous slab-Part 2: response to moving trains. Journal of Low Frequency Noise Vibration and Active Control, 2006c, 25(2): 111-118.

[86] Hussein M F M, Hunt H E M. A numerical model for calculating vibration due to a harmonic moving load on a floating-slab track with discontinuous slabs in an underground railway tunnel[J]. Journal of Sound and Vibration, 2009, 321(1-2): 363-374.

[87] Hussein M F M, Hunt H E M. A numerical model for calculating vibration from a railway tunnel embedded in a full-space[J]. Journal of Sound and Vibration, 2007, 305: 401-431.

[88] Gupta S, Hussein M F M, Degrande G. A comparison of two numerical models for the prediction of vibrations from underground railway traffic[J]. Soil Dynamics and Earthquake Engineering, 2007, 27: 608-624.

[89] Hussein M F M, Hunt H E M. A software application for calculating vibration due to moving trains in underground railway tunnels[J]. Noise and Vibration: Emerging Methods, 2009, 0951-095.

[90] Jones S, Hunt H. Voids at the tunnel-soil interface for calculation of ground vibration from underground railways[J]. Journal of Sound and Vibration, 2011, 330: 245-270.

[91] Jones S, Hunt H. The effect of inclined soil layers on surface vibration from underground railways using the thin layer method[J]. ASCE, Journal of Engineering Mechanics, 2011 137(12): 887-900.

[92] Kuo K A, Hunt H E M, Hussein M F M. The effect of a twin tunnel on the propagation of ground-borne vibration from an underground railway[J]. Journal of Sound and Vibration, 2011, 330(25): 6203-6222.

[93] Kuo K. Vibration from underground railways: considering piled foundations and twin tunnels[D]. Cambridge: University of Cambridge, 2010.

[94] Hussein M F M, Hunt H E M, Kuo K A, et al. A numerical model for calculating vibration in a building with pile-foundation from underground railway trains[C]. 11th International Conference on Vibration Problems, Lisbon, Portugal, 9-12 September 2013.

[95] Hussein M F M, Fran? ois S, Schevenels M, et al. The fictitious force method for efficient calculation of vibration from a tunnel embedded in a multi-layered half-space[J]. Journal of Sound and Vibration, 2014, 333: 6996-7018.

[96] Lu J F, Jeng D S. Dynamic response of a circular tunnel embedded in a saturated poroelastic medium due to a moving load[J]. Journal of Vibration and Acoustics, 2006a, 128(6): 750-756.

[97] Lu J F, Jeng D S. Dynamic analysis of an infinite cylindrical hole in a saturated poroelastic medium[J]. Archive of Applied Mechanics, 2006b, 76(5-6): 263-276.

[98] 丁伯阳，党改红，袁金华. Green 函数对饱和土隧道内集中荷载作用振动位移反应的计算. 振动与冲

击,2009,28(11):110-114.

[99] 王鑫,刘增荣. 基于中厚圆柱壳理论的地铁隧道结构振动特性分析[J]. 岩土工程学报,2011,33(5):762-768.

[100] 黄晓吉,扶明福,徐斌,等. 简谐环形荷载作用下饱和土体中圆形衬砌隧洞的动力响应研究[J]. 铁道建筑,2011,(1):29-32.

[101] 黄晓吉,扶名福,徐斌. 移动环形荷载作用下饱和土中圆形衬砌隧洞动力响应研究[J]. 岩土力学,2012,33(3):892-898.

[102] 刘林超,杨骁. 基于多孔介质理论的饱和土体中圆形隧道洞稳态响应分析[J]. 应用力学学报,2009,26(1):12-16.

[103] 高华喜,闻敏杰. 具有黏弹性衬砌的深埋圆形隧洞饱和土动力响应[J]. 岩石力学与工程学报,2012,31(2):413-420.

[104] 蔡袁强,陈成振,孙宏磊. 爆炸荷载作用下饱和土中隧道的瞬态动力响应[J]. 岩土工程学报,2011,33(3):361-367.

[105] 高盟,高广运,王滢,等. 饱和土与衬砌动力相互作用的圆柱形孔洞内源问题解答[J]. 固体力学学报,2009,30(5):481-488.

[106] Gao M, Wang Y, Gao G Y, et al. An analytical solution for the transient response of a cylindrical lined cavity in a poro-elastic medium[J]. Soil Dynamics and Earthquake Engineering, 2013, 46:30-40.

[107] 陈学丽,闻敏杰,张斌. 半封闭圆柱形衬砌结构振动响应的解析解[J]. 郑州大学学报(工学版),2012,33(5):39-44.

[108] 王滢,高广运. 准饱和土中圆柱形衬砌的瞬态动力响应分析[J]. 岩土力学,2015,36(12):3400-3409.

[109] 杨骁,周磊,张敏. 爆炸荷载作用下深埋圆形隧洞的饱和黏弹性土-衬砌系统动力响应[J]. 岩土力学,2015,36(7):2013-2020.

[110] 曾晨,孙宏磊,蔡袁强,等. 简谐荷载作用下饱和土体中圆形衬砌隧道三维动力响应分析[J]. 岩土力学,2014,35(4):1147-1157.

[111] 曾晨. 地铁荷载作用下饱和土体衬砌隧道与轨道系统的动力响应[D]. 杭州:浙江大学,2014.

第 2 章　饱和全空间土体-隧道振动响应壳柱法半解析模型

轨道交通隧道-土体系统动力相互作用的求解非常困难，但通过适当的简化，采用解析或半解析模型可以提高计算效率，进而便于深入了解振动传播的一般规律。壳柱法可以高效地研究饱和地基中埋置隧道的动力响应问题，该方法的求解思路是：将隧道衬砌视为薄壁圆柱壳，土体视为包裹在隧道外的中空圆土柱，基于 Flugge 圆柱壳理论和 Biot 波动理论，结合边界条件，建立饱和土体－隧道系统动力响应耦合计算模型。在此基础上，耦合车辆-轨道系统，可用于指导地下铁道的线路选线、轨道选型等计算。

2.1　隧道振动控制方程

地铁隧道为埋置在地基中的狭长、中空管状的结构，对于圆形盾构隧道，在实际的盾构掘进过程中，隧道衬砌背面和实际开挖洞壁间存在一定间隙，即盾尾间隙。为减小由于盾尾间隙而产生的应力释放和地层变形，往往需要对施工间隙进行注浆填充。当盾构隧道注浆浆液凝固后，会在隧道衬砌周围形成环向的注浆层。该层因材料不同，可分为惰性层和可硬性层。在壳柱法半解析模型中，盾构隧道衬砌和壁后注浆层可简化为双层圆柱壳，如图 2-1 所示。壳体为弹性、均质、各向同性材料。

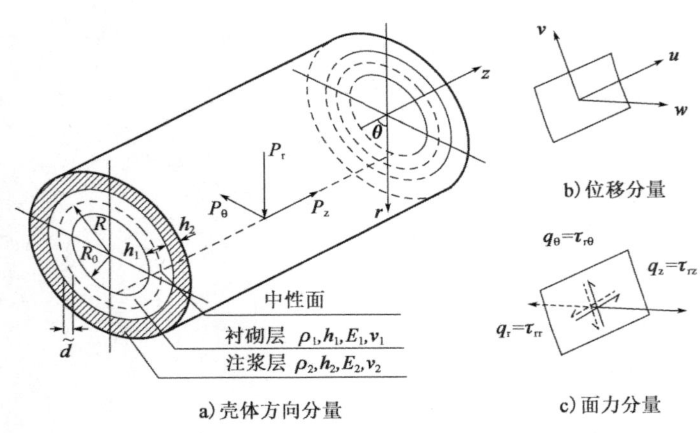

a）壳体方向分量　b）位移分量　c）面力分量

图 2-1　双层圆柱壳及坐标系

Flugge 双层圆柱壳的运动微分方程如下：

轴向

$$
\begin{aligned}
&R^2A_{s1}\frac{\partial^2 u}{\partial z^2}+\frac{1}{2}(A_{s1}-A_{s1v})\frac{\partial^2 u}{\partial\theta^2}+R\frac{1}{2}(A_{s1}+A_{s1v})\frac{\partial^2 v}{\partial z\partial\theta}+A_{s1v}R\frac{\partial w}{\partial z}+\\
&\kappa\frac{1}{2}(1-\eta)\frac{\partial^2 u}{\partial\theta^2}-\kappa\left[R^3\frac{\partial^3 w}{\partial z^3}-\frac{R}{2}(1-\eta)\frac{\partial^3 w}{\partial z\partial\theta^2}\right]=m_sR^2\frac{\partial^2 u}{\partial t^2}-R^2q_z
\end{aligned}
\tag{2-1}
$$

切向

$$
\begin{aligned}
&R\frac{1}{2}(A_{s1}+A_{s1v})\frac{\partial^2 u}{\partial z\partial\theta}A_{s1}+R^2\frac{1}{2}(A_{s1}-A_{s1v})\frac{\partial^2 v}{\partial z^2}+A_{s1}\frac{\partial^2 v}{\partial\theta^2}+A_{s1}\frac{\partial w}{\partial\theta}+\\
&\kappa\frac{3R^2}{2}(1-\eta)\frac{\partial^2 v}{\partial z^2}-\kappa\frac{R^2}{2}(3-\eta)\frac{\partial^3 w}{\partial z^2\partial\theta}=m_sR^2\frac{\partial^2 v}{\partial t^2}-R^2q_\theta
\end{aligned}
\tag{2-2}
$$

径向

$$
\begin{aligned}
&A_{s1v}R\frac{\partial u}{\partial z}+A_{s1}\frac{\partial v}{\partial\theta}+A_{s1}w+\frac{B_{s1}}{R^2}\left(R^4\frac{\partial^4 w}{\partial z^4}+2R^2\frac{\partial^4 w}{\partial z^2\partial\theta^2}+\frac{\partial^4 w}{\partial\theta^4}\right)+\\
&\kappa\left[-R^3\frac{\partial^3 u}{\partial z^3}+\frac{R}{2}(1-\eta)\frac{\partial^3 u}{\partial z\partial\theta^2}\right]-\kappa\frac{R^2}{2}(3-\eta)\frac{\partial^3 v}{\partial z^2\partial\theta}-\\
&\kappa\left[-w-2\frac{\partial^2 w}{\partial\theta^2}\right]=-m_sR^2\frac{\partial^2 w}{\partial t^2}-R^2q_r
\end{aligned}
\tag{2-3}
$$

式中,R 为双层圆柱壳的半径;m_s 为双层壳的质量($m_s=\rho_1h_1+\rho_2h_2$),ρ_1 和 ρ_2 分别为衬砌和注浆层的质量密度;h_1 和 h_2 分别为衬砌和注浆层的厚度;u、v、w 分别为壳体中面沿 z、θ、r 方向的位移;q_z、q_θ 和 q_r 分别是壳体中面沿 z、θ、r 方向的净应力。式(2-1)~式(2-3)中其他参数(A_{s1},A_{s1v},κ,η,B_{s1})计算表达式如下:

$$
\begin{cases}
S_i=E_i/(1-v_i^2)\ (i=1,2)\\
\tilde{d}=\dfrac{S_1h_1^2-S_2h_2^2}{2(S_1h_1+S_2h_2)}\\
R=R_0+h_1-\tilde{d}\\
A_{s1}=S_1h_1+S_2h_2\\
A_{s1v}=S_1h_1v_1+S_2h_2v_2\\
B_{s1}=\dfrac{1}{3}(S_1h_1^3+S_2h_2^3)-\tilde{d}(S_1h_1^2+S_2h_2^2)+\tilde{d}^2(S_1h_1+S_2h_2)\\
B_{s1v}=\dfrac{1}{3}(S_1h_1^3v_1+S_2h_2^3v_2)-\tilde{d}(S_1h_1^2v_1+S_2h_2^2v_2)+\tilde{d}^2(S_1h_1v_1+S_2h_2v_2)\\
\eta=B_{s1v}/B_{s1}\\
\kappa=B_{s1}/R^2
\end{cases}
\tag{2-4}
$$

式中，R_0为衬砌内径；$\tilde{d}$为注浆层内表面到壳中性面的距离；E_1和 v_1分别为衬砌的弹性模量和泊松比；E_2和 v_2分别为注浆层的弹性模量和泊松比。

假定壳体中面净应力 q_z,q_θ,q_r 具备如下形式：

$$\begin{cases} q_z = \sum_{n=0}^{\infty} Q_{zn}\cos(n\theta)\mathrm{e}^{i(\omega t+\xi z)} \\ q_\theta = \sum_{n=0}^{\infty} Q_{\theta n}\sin(n\theta)\mathrm{e}^{i(\omega t+\xi z)} \\ q_r = \sum_{n=0}^{\infty} Q_{rn}\cos(n\theta)\mathrm{e}^{i(\omega t+\xi z)} \end{cases} \tag{2-5}$$

则衬砌中面的位移 u、v、w 可分别表示为：

$$\begin{cases} u = \tilde{U}_n\cos(n\theta)\mathrm{e}^{i(\omega t+\xi z)} \\ v = \tilde{V}_n\sin(n\theta)\mathrm{e}^{i(\omega t+\xi z)} \\ w = \tilde{W}_n\cos(n\theta)\mathrm{e}^{i(\omega t+\xi z)} \end{cases} \tag{2-6}$$

式中：i 为虚数单位；ω 为角频率；ξ 为波数；$\tilde{Q}_{zn}$、$\tilde{Q}_{\theta n}$、$\tilde{Q}_{rn}$和 $\tilde{U}_n$、$\tilde{V}_n$、$\tilde{W}_n$ 分别为应力和位移在单个环向模态数 n(n 为正整数)下的量，上标“ ~ ”表示这 6 个变量为频率-波数域内的量。

作用在隧道底部的周期性荷载可以通过傅里叶级数展开成正弦和余弦分量叠加的形式。这些正弦和余弦分量对应两种类型的荷载：(1)荷载分布对称于圆形隧道横剖面内的对称轴(F_r、F_z)；(2)荷载分布反对称于这一相同轴(F_θ)。下文中这两种荷载分别简称为“对称荷载”和“反对称荷载”。

将荷载表达式(2-5)和位移表达式(2-6)代入壳体平衡方程式(2-1) ~ 式(2-3)，写成矩阵形式如下：

$$[\tilde{\mathbf{A}}']\begin{Bmatrix} \tilde{U}_n \\ \tilde{V}_n \\ \tilde{W}_n \end{Bmatrix} = \begin{Bmatrix} \tilde{Q}_{zn} \\ \tilde{Q}_{\theta n} \\ \tilde{Q}_{rn} \end{Bmatrix} \tag{2-7}$$

在对称荷载和反对称作用下，系数矩阵$[\tilde{\mathbf{A}}']$的表达式分别如下：

$$[\tilde{\mathbf{A}}'] = \begin{bmatrix} -a_{11} & -a_{12} & a_{13} \\ -a_{21} & -a_{22} & a_{23} \\ a_{31} & a_{32} & -a_{33} \end{bmatrix},[\tilde{\mathbf{A}}'] = \begin{bmatrix} -a_{11} & a_{12} & a_{13} \\ a_{21} & -a_{22} & -a_{23} \\ a_{31} & -a_{32} & -a_{33} \end{bmatrix}$$

其中，

$$a_{11} = A_{s1}\xi^2 + \frac{n^2}{2R^2}(A_{s1} - A_{s1v}) + \frac{kn^2}{2R^2}(1-\eta) - m_s\omega^2;$$

$$a_{12}=-\frac{1}{2R}(A_{s1}+A_{s1v})i\xi n;a_{13}=A_{s1v}\frac{1}{R}i\xi+kRi\xi^3-\frac{k}{2R}(1-\eta)i\xi n^2$$

$$a_{21}=\frac{1}{2R}(A_{s1}+A_{s1v})i\xi n;a_{22}=\frac{1}{2}(A_{s1}-A_{s1v})\xi^2+A_{s1}\frac{n^2}{R^2}+\frac{3k}{2}(1-\eta)\xi^2-m_s\omega^2$$

$$a_{23}=-\frac{A_{s1}n}{R^2}-\frac{1}{2}kn(3-\eta)\xi^2;a_{31}=-A_{s1v}\frac{1}{R}i\xi-kRi\xi^3-\frac{k}{2R}(1-\eta)i\xi n^2$$

$$a_{32}=-A_{s1}\frac{1}{R^2}n-\frac{k}{2}(3-\eta)\xi n^2;a_{33}=\frac{A_{s1}}{R^2}+B_{s1}\xi^4+2\frac{B_{s1}}{R^2}\xi^2n^2+\frac{B_{s1}}{R^4}n^4+\frac{k}{R^2}-2\frac{kn^2}{R^2}-m_s\omega^2$$

2.2　饱和地基土体的波动方程

在我国“长三角”软土地区，大部分地铁盾构隧道埋置在富水地层，地基土体具有多孔饱和特性。饱和地基采用中空圆形土柱模拟，如图 2-2 所示，圆柱体内径 R_1 等于双层壳（衬砌和注浆层）的半径，外径 R_2 趋于无穷大。

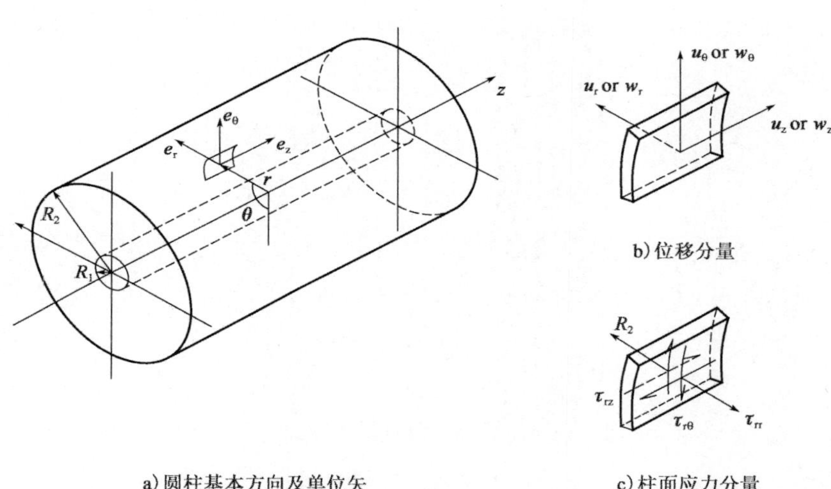

a）圆柱基本方向及单位矢　　b）位移分量　　c）柱面应力分量

图 2-2　厚壁圆柱模型及坐标系

将土体视为多孔饱和介质，引入 Biot 波动方程，如式(2-8)：

$$\left.\begin{aligned}&\mu u_{i,jj}+(\lambda+\alpha^2M+\mu)u_{j,ji}+\alpha Mw_{j,ji}=\rho_b\ddot{u}_i+\rho_f\ddot{w}_i\\&\alpha Mu_{j,ji}+Mw_{j,ji}=\rho_f\ddot{u}_i+m\ddot{w}_i+b\dot{w}_i\end{aligned}\right\}\tag{2-8}$$

式中：u_i、w_i 分别为土骨架位移分量和流体相对于土骨架的位移分量；u_i、w_i 上的“.”和“..”分别表示位移对时间求一阶导数和二阶导数；λ、μ 为土骨架的 Lamé 常数；α、M 分别为表征土颗粒和孔隙流体压缩性的常数；$b=\eta/k_d$ 为反映黏性耦合的参数，η、k_d 分别为流体的动力黏滞系数和土的动力渗透系数；$\rho_b=n_0\rho_f+(1-n_0)\rho_s$，$n_0$ 为土体的孔隙率，ρ_f、ρ_s 分别为流体和土骨架密度；$m=\rho_f/n_0$。

均质饱和多孔介质的本构方程可表示为式(2-9)：

$$\begin{cases}\tau_{ij} = \lambda\delta_{ij}e + 2\mu\varepsilon_{ij} - \alpha\delta_{ij}p_f \\ p_f = -\alpha Me + M\zeta\end{cases} \tag{2-9}$$

式中，$\zeta = -w_{i,i}$为注入单位体积散体材料内的流体体积；τ_{ij}为土体单元总应力；$e = u_{i,i}$为土骨架的体积应变；$\varepsilon_{ij} = (u_{i,j} + u_{j,i})/2$ 为土骨架应变；δ_{ij}为 Kronecker 符号；P_f为孔隙水压力。

根据 Helmholtz 矢量分解定理，式(2-8)中土骨架位移 u 和流体相对于骨架的位移 w 用势函数分别表示为：

$$\boldsymbol{u} = \nabla\varphi + \nabla\psi, w = \nabla\chi + \nabla \times \theta \tag{2-10}$$

式中，φ、ψ 分别为土骨架部分的标量势函数和矢量势函数；χ、θ 分别为流体部分的标量势函数和矢量势函数。

考虑稳态响应，将式(2-10)代入式(2-8)，并将 $e^{i\omega t}$纳入计算中，得到如下两组方程：

$$\begin{bmatrix}\lambda + \alpha^2 M + 2\mu & \alpha M \\ \alpha M & M\end{bmatrix}\begin{bmatrix}\nabla^2\varphi \\ \nabla^2\chi\end{bmatrix} = \begin{bmatrix}-\rho_b\omega^2 & -\rho_f\omega^2 \\ -\rho_f\omega^2 & -m\omega^2 + i\omega b\end{bmatrix}\begin{bmatrix}\varphi \\ \chi\end{bmatrix} \tag{2-11}$$

$$\begin{bmatrix}\mu & 0 \\ 0 & 0\end{bmatrix}\begin{bmatrix}\nabla^2\psi \\ 0\end{bmatrix} = \begin{bmatrix}-\rho_b\omega^2 & -\rho_f\omega^2 \\ -\rho_f\omega^2 & -m\omega^2 + i\omega b\end{bmatrix}\begin{bmatrix}\psi \\ \theta\end{bmatrix} \tag{2-12}$$

式中，∇^2为 Laplace 算子。需要指出的是，为便于书写，此处与下文的 $e^{i\omega t}$均被省略。

根据式(2-11)与式(2-12)，可得如下两组 Helmholtz 方程式：

$$\nabla^2\varphi_{f,s} + k_{f,s}^2\varphi_{f,s} = 0 \tag{2-13}$$

$$\nabla^2\psi + k_t^2\psi = 0 \tag{2-14}$$

式中，k_f、k_s、k_t 分别为饱和地基中快纵波、慢纵波和横波的复波数，表达式如下：

$$k_{f,s}^2 = \frac{B \mp \sqrt{B^2 - 4AC}}{2A}, k_t^2 = \frac{C}{D} \tag{2-15}$$

其中，

$$\begin{cases}A = (\lambda + 2\mu)M \\ B = (\lambda + \alpha^2 M + 2\mu)(m\omega^2 - ib\omega) + \rho_b\omega^2 M - 2\rho_f\omega^2\alpha M \\ C = \rho_b\omega^2(m\omega^2 - ib\omega)\rho_f^2\omega^4 \\ D = \mu(m\omega^2 - ib\omega)\end{cases} \tag{2-16}$$

利用式(2-13)～式(2-15)，经推导整理，各势函数可表达为：

$$\varphi = \varphi_f + \varphi_s, \chi = \mu_f\varphi_f + \mu_s\varphi_s, \theta = \mu_t\psi \tag{2-17}$$

式中，

$$\mu_{f,s}=\frac{(\lambda+\alpha^2M+2\mu)k_{f,s}^2-\rho_b\omega^2}{\rho_f\omega^2-\alpha Mk_{f,s}^2},\mu_t=\frac{-\rho_f\omega^2}{m\omega^2-ib\omega} \tag{2-18}$$

在圆柱坐标系统 (r,θ,z)下，式(2-13)和式(2-14)中 Laplace 算子可表达为：

$$\begin{cases}\nabla^2\varphi_{f,s}=\dfrac{1}{r}\dfrac{\partial\varphi_{f,s}}{\partial r}+\dfrac{\partial^2\varphi_{f,s}}{\partial r^2}+\dfrac{1}{r^2}\dfrac{\partial^2\varphi_{f,s}}{\partial\theta^2}+\dfrac{\partial^2\varphi_{f,s}}{\partial z^2}\\ \nabla^2\psi=\left(\nabla^2\psi_r-\dfrac{\psi_r}{r^2}-\dfrac{2}{r^2}\dfrac{\partial\psi_\theta}{\partial\theta}\right)e_r+\left(\nabla^2\psi_\theta-\dfrac{\psi_\theta}{r^2}+\dfrac{2}{r^2}\dfrac{\partial\psi_r}{\partial\theta}\right)e_\theta+\nabla^2\psi_z e_z\end{cases} \tag{2-19}$$

式中，e_r、e_θ、e_z分别为沿 r、θ、z 3 个主方向的单位向量；ψ_r、ψ_θ、ψ_z是 ψ 的分量。

结合式(2-10)和式(2-17)，可得土骨架沿 r、θ、z 3 个方向的位移分量表达为：

$$\begin{cases}u_r=\dfrac{\partial\varphi_f}{\partial r}+\dfrac{\partial\varphi_s}{\partial r}+\dfrac{1}{r}\dfrac{\partial\psi_z}{\partial\theta}-\dfrac{\partial\psi_\theta}{\partial z}\\ u_\theta=\dfrac{1}{r}\left(\dfrac{\partial\varphi_f}{\partial\theta}+\dfrac{\partial\varphi_s}{\partial\theta}\right)+\dfrac{\partial\psi_r}{\partial z}-\dfrac{\partial\psi_z}{\partial r}\\ u_z=\dfrac{\partial\varphi_f}{\partial z}+\dfrac{\partial\varphi_s}{\partial z}+\dfrac{1}{r}\dfrac{\partial(r\psi_\theta)}{\partial r}-\dfrac{1}{r}\dfrac{\partial\psi_r}{\partial\theta}\end{cases} \tag{2-20a}$$

流体沿 r、θ、z 3 个方向的位移分量表达为：

$$\begin{cases}w_r=\mu_f\dfrac{\partial\varphi_f}{\partial r}+\mu_s\dfrac{\partial\varphi_s}{\partial r}+\mu_t\dfrac{1}{r}\dfrac{\partial\psi_z}{\partial\theta}-\mu_t\dfrac{\partial\psi_\theta}{\partial z}\\ w_\theta=\dfrac{1}{r}\left(\mu_f\dfrac{\partial\varphi_f}{\partial\theta}+\mu_s\dfrac{\partial\varphi_s}{\partial\theta}\right)+\mu_t\dfrac{\partial\psi_r}{\partial z}-\mu_t\dfrac{\partial\psi_z}{\partial r}\\ w_z=\mu_f\dfrac{\partial\varphi_f}{\partial z}+\mu_f\dfrac{\partial\varphi_s}{\partial z}+\mu_t\dfrac{1}{r}\dfrac{\partial(r\psi_\theta)}{\partial r}-\mu_t\dfrac{1}{r}\dfrac{\partial\psi_r}{\partial\theta}\end{cases} \tag{2-20b}$$

为了求解 Helmholtz 方程式(2-13)和式(2-14)，设势函数具备如下形式：

$$\begin{cases}\varphi_f=f_1(r)\cos(n\theta)e^{i(\omega t+\xi z)}\\ \varphi_s=f_2(r)\cos(n\theta)e^{i(\omega t+\xi z)}\\ \psi_r=g_r(r)\sin(n\theta)e^{i(\omega t+\xi z)}\\ \psi_\theta=g_\theta(r)\cos(n\theta)e^{i(\omega t+\xi z)}\\ \psi_z=g_z(r)\sin(n\theta)e^{i(\omega t+\xi z)}\end{cases} \tag{2-21}$$

将式(2-19)、式(2-21)代入式(2-13)、式(2-14)，得到：

$$\begin{cases} r^2 f''_1 + r f'_1 - [(\xi^2 - k_f^2) r^2 + n^2] f_1 = 0 \\ r^2 f''_2 + r f'_2 - [(\xi^2 - k_s^2) r^2 + n^2] f_2 = 0 \\ r^2 g''_r + r g'_r - [(\xi^2 - k_t^2) r^2 + n^2 + 1] g_r + 2n g_\theta = 0 \\ r^2 g''_\theta + r g'_\theta - [(\xi^2 - k_t^2) r^2 + n^2 + 1] g_\theta + 2n g_r = 0 \\ r^2 g''_z + r g'_z - [(\xi^2 - k_t^2) r^2 + n^2] g_z = 0 \end{cases} \tag{2-22}$$

式中的求导符号表示对 r 求导。

利用规范变换不变性，可以设 $g_\theta = -g_r$，代入式(2-22)中的第3式可得：

$$r^2 g''_r + r g'_r - [(\xi^2 - k_t^2) r^2 + (n+1)^2] g_r = 0 \tag{2-23}$$

式(2-22)中的第1、2、5式为 n 阶修正 Bessel 方程，式(2-23)为 $n+1$ 阶修正 Bessel 方程，它们的解具有如下形式：

$$\begin{cases} f_1 = A_1 I_n(\alpha_1 r) + B_1 K_n(\alpha_1 r) \\ f_2 = A_2 I_n(\alpha_2 r) + B_2 K_n(\alpha_2 r) \\ g_r = -g_\theta = A_r I_{n+1}(\beta r) + B_r K_{n+1}(\beta r) \\ g_z = A_z I_n(\beta r) + B_z K_n(\beta r) \end{cases} \tag{2-24}$$

式中：$\alpha_1^2 = \xi^2 - k_f^2$，$\alpha_2^2 = \xi^2 - k_s^2$，$\beta^2 = \xi^2 - k_t^2$，$I_n$、$K_n$ 分别为第1、2类 n 阶修正的 Bessel 函数；A_1、B_1、A_2、B_2、A_r、B_r、A_z、B_z 为待定系数，可通过边界条件确定。

将式(2-24)代入式(2-20)和式(2-21)中，并注意到 $g_r = -g_\theta$，各位移分量可进一步表达为：

$$\begin{cases} u_r = \left[f'_1 + f'_2 + i\xi g_r + \dfrac{n}{r} g_z \right] \cos(n\theta) e^{i(\omega t + \xi z)} \\ u_\theta = \left[-\dfrac{n}{r}(f_1 + f_2) + i\xi g_r - g'_z \right] \sin(n\theta) e^{i(\omega t + \xi z)} \\ u_Z = \left[i\xi(f_1 + f_2) - \dfrac{(n+1)}{r} g_r - g'_r \right] \cos(n\theta) e^{i(\omega t + \xi z)} \end{cases} \tag{2-25a}$$

$$\begin{cases} w_r = \left[\mu_f f'_1 + \mu_s f'_2 - i\xi \mu_t g_\theta + \dfrac{n}{r} \mu_t g_z \right] \cos(n\theta) e^{i(\omega t + \xi z)} \\ w_\theta = \left[-\dfrac{n}{r}(\mu_f f_1 + \mu_s f_2) + i\xi \mu_t g_r - \mu_t g'_z \right] \sin(n\theta) e^{i(\omega t + \xi z)} \\ w_Z = \left[i\xi(\mu_f f_1 + \mu_s f_2) - \dfrac{(n+1)}{r} \mu_t g_r - \mu_t g'_r \right] \cos(n\theta) e^{i(\omega t + \xi z)} \end{cases} \tag{2-25b}$$

根据式(2-13)、式(2-14)、式(2-17)，本构方程式(2-9)中的两项 $u_{i,i}$、$w_{i,i}$ 可写为：

$$\begin{cases} u_{i,i} = \nabla \cdot \boldsymbol{u} = \nabla^2 \varphi = \nabla^2 \varphi_f + \nabla^2 \varphi_s = -k_f^2 \varphi_f - k_s^2 \varphi_s \\ w_{i,i} = \nabla \cdot \boldsymbol{w} = \nabla^2 \chi = \mu_f \nabla^2 \varphi_f + \mu_s \nabla^2 \varphi_s = -\mu_f k_f^2 \varphi_f - \mu_s k_s^2 \varphi_s \end{cases} \tag{2-26}$$

将式(2-25)、式(2-26)代入式(2-9)中，并使用应变表达式，则应力可写成如下形式：

$$
\begin{cases}
P_{\mathrm{f}} = (\alpha+\mu_{\mathrm{f}})Mk_{\mathrm{f}}^{2}\varphi_{\mathrm{f}} + (\alpha+\mu_{\mathrm{s}})Mk_{\mathrm{s}}^{2}\varphi_{\mathrm{s}} \\
\tau_{\mathrm{rr}} = -\alpha_{\mathrm{f}}k_{\mathrm{f}}^{2}\varphi_{\mathrm{f}} - \alpha_{\mathrm{s}}k_{\mathrm{s}}^{2}\varphi_{\mathrm{s}} + 2\mu\dfrac{\partial u_{\mathrm{r}}}{\partial r} \\
\tau_{\theta\theta} = -\alpha_{\mathrm{f}}k_{\mathrm{f}}^{2}\varphi_{\mathrm{f}} - \alpha_{\mathrm{s}}k_{\mathrm{s}}^{2}\varphi_{\mathrm{s}} + 2\mu\left(\dfrac{1}{r}\dfrac{\partial u_{\theta}}{\partial \theta} - \dfrac{\partial u_{\mathrm{r}}}{\partial r}\right) \\
\tau_{\mathrm{zz}} = -\alpha_{\mathrm{f}}k_{\mathrm{f}}{}^{2}\varphi_{\mathrm{f}} - \alpha_{\mathrm{s}}k_{\mathrm{s}}^{2}\varphi_{\mathrm{s}} + 2\mu\dfrac{\partial u_{\mathrm{z}}}{\partial z} \\
\tau_{\mathrm{r}\theta} = \mu\left(\dfrac{1}{r}\dfrac{\partial u_{\mathrm{r}}}{\partial \theta} + \dfrac{\partial u_{\theta}}{\partial r} - \dfrac{u_{\theta}}{r}\right) \\
\tau_{\mathrm{rz}} = \mu\left(\dfrac{\partial u_{\mathrm{r}}}{\partial z} + \dfrac{\partial u_{\mathrm{z}}}{\partial r}\right) \\
\tau_{\mathrm{z}\theta} = \mu\left(\dfrac{\partial u_{\theta}}{\partial z} + \dfrac{1}{r}\dfrac{\partial u_{\mathrm{z}}}{\partial \theta}\right)
\end{cases}
\tag{2-27}
$$

式中，$a_{\mathrm{f,s}} = \lambda + \alpha M(\alpha + \mu_{\mathrm{f,s}})$。

联立式(2-21)、式(2-25)、式(2-27)，可得：

$$
\begin{cases}
P_{\mathrm{f}} = [(\alpha+\mu_{\mathrm{f}})Mk_{\mathrm{f}}^{2}f_1 + (\alpha+\mu_{\mathrm{s}})Mk_{\mathrm{s}}^{2}f_2]\cos(n\theta)\mathrm{e}^{i(\omega t+\xi z)} \\
\tau_{\mathrm{rr}} = [-\alpha_{\mathrm{f}}k_{\mathrm{f}}^{2}f_1 - \alpha_{\mathrm{s}}k_{\mathrm{s}}^{2}f_2 + 2\mu(f_1'' + f_2'') + 2\mu i\xi g_{\mathrm{r}}' + 2\mu\dfrac{n}{r}g_{\mathrm{z}}' - 2\mu\dfrac{n}{r^2}g_{\mathrm{z}}]\cos(n\theta)\mathrm{e}^{i(\omega t+\xi z)} \\
\tau_{\theta\theta} = \Bigg[\left(-\alpha_{\mathrm{f}}k_{\mathrm{f}}^{2} - 2\mu\dfrac{n^2}{r^2}\right)f_1 + \left(-\alpha_{\mathrm{s}}k_{\mathrm{s}}^{2} - 2\mu\dfrac{n^2}{r^2}\right)f_2 - 2\mu\dfrac{1}{r}(f_1' + f_2') + \\
\qquad 2\mu i\xi\dfrac{n-1}{r}g_{\mathrm{r}} - 2\mu\dfrac{n}{r}g_{\mathrm{z}}' - 2\mu\dfrac{n}{r^2}g_{\mathrm{z}}\Bigg]\cos(n\theta)\mathrm{e}^{i(\omega t+\xi z)} \\
\tau_{\mathrm{zz}} = \left[-(\alpha_{\mathrm{f}}k_{\mathrm{f}}^{2} + 2\mu\xi^2)f_1 - (\alpha_{\mathrm{s}}k_{\mathrm{s}}^{2} + 2\mu\xi^2)f_2 - 2\mu i\xi\dfrac{n+1}{r}g_{\mathrm{r}} - 2\mu i\xi g_{\mathrm{r}}'\right]\cos(n\theta)\mathrm{e}^{i(\omega t+\xi z)} \\
\tau_{\mathrm{r}\theta} = \Bigg[-2\dfrac{n}{r}(f_1' + f_2') + 2\mu\dfrac{n}{r^2}(f_1' + f_2') + \mu i\xi g_{\mathrm{r}}' - \mu i\xi\dfrac{(n+1)}{r}g_{\mathrm{r}} - \\
\qquad \mu g_{\mathrm{z}}'' + \dfrac{n}{r}g_{\mathrm{z}}' - \mu\dfrac{n^2}{r^2}g_{\mathrm{z}}\Bigg]\sin(n\theta)\mathrm{e}^{i(\omega t+\xi z)} \\
\tau_{\mathrm{rz}} = \left[2\mu i\xi(f_1' + f_2') - \mu g_{\mathrm{r}}'' - \mu\dfrac{(n+1)}{r}g_{\mathrm{r}}' + \mu\left(\dfrac{n+1}{r^2} - \xi^2\right)g_{\mathrm{r}} + \mu i\xi\dfrac{n}{r}g_{\mathrm{z}}\right]\cos(n\theta)\mathrm{e}^{i(\omega t+\xi z)} \\
\tau_{\theta\mathrm{z}} = \left[-\dfrac{n(\mu+1)}{r}(f_1 + f_2) + \dfrac{n(n+1)}{r^2}g_{\mathrm{r}} + \dfrac{n}{r}g_{\mathrm{r}}'\right]\sin(n\theta)\mathrm{e}^{i(\omega t+\xi z)}
\end{cases}
\tag{2-28}
$$

修正的 Bessel 函数具备如下递推关系：

$$\begin{cases} I'_n(z) = (n/z)I_n(z) + I_{n+1}(z) \\ K'_n(z) = (n/z)K_n(z) - K_{n+1}(z) \\ I'_n(z) = I_{n-1}(z) - (n/z)I_n(z) \\ K'_n(z) = -K_n(z) - (n/z)K_n(z) \end{cases} \tag{2-29}$$

将式(2-24)分别代入式(2-25)、式(2-28)中,利用式(2-29)进行整理,可得土骨架位移及总应力的矩阵表达式为:

$$\boldsymbol{u} = \begin{Bmatrix} u_r \\ u_\theta \\ u_z \end{Bmatrix} = [\boldsymbol{S}]\cdot[\boldsymbol{U}]\cdot\boldsymbol{O}\cdot e^{i(\omega t+\xi z)},\boldsymbol{\tau} = \begin{Bmatrix} \tau_{rr} \\ \tau_{r\theta} \\ \tau_{rz} \\ \tau_{\theta\theta} \\ \tau_{\theta z} \\ \tau_{zz} \end{Bmatrix} = \begin{bmatrix} \boldsymbol{S} & 0 \\ 0 & \boldsymbol{S} \end{bmatrix}\cdot[\boldsymbol{T}]\cdot\boldsymbol{O}\cdot e^{i(\omega t+\xi z)} \tag{2-30}$$

式中,$\boldsymbol{O} = \{A_1 \quad B_1 \quad A_2 \quad B_2 \quad A_r \quad B_r \quad A_z \quad B_z\}^T$

在对称荷载和反对称荷载作用下,矩阵$[\boldsymbol{S}]$的表达式分别如下:

$$[\boldsymbol{S}] = \begin{bmatrix} \cos n\theta & 0 & 0 \\ 0 & \sin n\theta & 0 \\ 0 & 0 & \cos n\theta \end{bmatrix},[\boldsymbol{S}] = \begin{bmatrix} \sin n\theta & 0 & 0 \\ 0 & \cos n\theta & 0 \\ 0 & 0 & \sin n\theta \end{bmatrix}。$$

在对称荷载和反对称作用下,矩阵$[U_\infty]$的表达式分别如下:

$$[\boldsymbol{U}_\infty] = \begin{bmatrix} u_{31} & u_{32} & u_{33} & u_{34} & u_{35} & u_{36} & u_{37} & u_{38} \\ u_{21} & u_{22} & u_{23} & u_{24} & u_{25} & u_{26} & u_{27} & u_{28} \\ u_{11} & u_{12} & u_{13} & u_{14} & u_{15} & u_{16} & u_{17} & u_{18} \end{bmatrix},$$

$$[\boldsymbol{U}_\infty] = \begin{bmatrix} u_{31} & u_{32} & u_{33} & u_{34} & -u_{35} & -u_{36} & -u_{37} & -u_{38} \\ -u_{21} & -u_{22} & -u_{23} & -u_{24} & u_{25} & u_{26} & u_{27} & u_{28} \\ u_{11} & u_{12} & u_{13} & u_{14} & -u_{15} & -u_{16} & -u_{17} & -u_{18} \end{bmatrix}。$$

其中,

$$u_{11} = \frac{n}{r}I_n(\alpha_1 r) + \alpha_1 I_{n+1}(\alpha_1 r),u_{12} = \frac{n}{r}K_n(\alpha_1 r) - \alpha_1 K_{n+1}(\alpha_1 r),$$

$$u_{13} = \frac{n}{r}I_n(\alpha_2 r) + \alpha_2 I_{n+1}(\alpha_2 r),u_{14} = \frac{n}{r}K_n(\alpha_2 r) - \alpha_2 K_{n+1}(\alpha_2 r),$$

$$u_{15} = i\xi I_{n+1}(\beta r),u_{16} = i\xi K_{n+1}(\beta r),$$

$$u_{17} = \frac{n}{r}I_n(\beta r),u_{18} = \frac{n}{r}K_n(\beta r),$$

$$u_{21} = -\frac{n}{r}I_n(\alpha_1 r),u_{22} = -\frac{n}{r}K_n(\alpha_1 r),$$

$$u_{23} = -\frac{n}{r}I_n(\alpha_2 r),u_{24} = -\frac{n}{r}K_n(\alpha_2 r),$$

$$u_{25}=\mathrm{i}\xi I_{n+1}(\beta r),u_{26}=\mathrm{i}\xi K_{n+1}(\beta r),$$

$$u_{27}=-\frac{n}{r}I_n(\beta r)-\beta I_{n+1}(\beta r),u_{28}=-\frac{n}{r}K_n(\beta r)+\beta K_{n+1}(\beta r),$$

$$u_{31}=\mathrm{i}\xi I_n(\alpha_1 r),u_{32}=\mathrm{i}\xi K_n(\alpha_1 r),$$

$$u_{33}=\mathrm{i}\xi I_n(\alpha_2 r),u_{34}=\mathrm{i}\xi K_n(\alpha_2 r),$$

$$u_{35}=-\beta I_n(\beta r),u_{36}=\beta K_n(\beta r),$$

$$u_{37}=0,u_{38}=0。$$

在对称荷载和反对称荷载作用下,矩阵$[T]$的表达式分别如下:

$$[\boldsymbol{T}]=\begin{bmatrix} t_{11} & t_{12} & t_{13} & t_{14} & t_{15} & t_{16} & t_{17} & t_{18}\\ t_{21} & t_{22} & t_{23} & t_{24} & t_{25} & t_{26} & t_{27} & t_{28}\\ t_{31} & t_{32} & t_{33} & t_{34} & t_{35} & t_{36} & t_{37} & t_{38}\\ t_{41} & t_{42} & t_{43} & t_{44} & t_{45} & t_{46} & t_{47} & t_{48}\\ t_{51} & t_{52} & t_{53} & t_{54} & t_{55} & t_{56} & t_{57} & t_{58}\\ t_{61} & t_{62} & t_{63} & t_{64} & t_{65} & t_{66} & t_{67} & t_{68} \end{bmatrix},$$

$$[\boldsymbol{T}]=\begin{bmatrix} t_{11} & t_{12} & t_{13} & t_{14} & -t_{15} & -t_{16} & -t_{17} & -t_{18}\\ -t_{21} & -t_{22} & -t_{23} & -t_{24} & t_{25} & t_{26} & t_{27} & t_{28}\\ t_{31} & t_{32} & t_{33} & t_{34} & -t_{35} & -t_{36} & -t_{37} & -t_{38}\\ t_{41} & t_{42} & t_{43} & t_{44} & -t_{45} & -t_{46} & -t_{47} & -t_{48}\\ -t_{51} & -t_{52} & -t_{53} & -t_{54} & t_{55} & t_{56} & t_{57} & t_{58}\\ t_{61} & t_{62} & t_{63} & t_{64} & -t_{65} & -t_{66} & -t_{67} & -t_{68} \end{bmatrix}。$$

其中,

$$t_{11}=\left[2\mu\left(\frac{n^2-n}{r^2}+\alpha_1^2\right)-\alpha_f k_f^2\right]I_n(\alpha_1 r)-2\mu\frac{\alpha_1}{r}I_{n+1}(\alpha_1 r),$$

$$t_{12}=\left[2\mu\left(\frac{n^2-n}{r^2}+\alpha_1^2\right)-\alpha_f k_f^2\right]K_n(\alpha_1 r)+2\mu\frac{\alpha_1}{r}K_{n+1}(\alpha_1 r),$$

$$t_{13}=\left[2\mu\left(\frac{n^2-n}{r^2}+\alpha_2^2\right)-\alpha_s k_s^2\right]I_n(\alpha_2 r)-2\mu\frac{\alpha_2}{r}I_{n+1}(\alpha_2 r),$$

$$t_{14}=\left[2\mu\left(\frac{n^2-n}{r^2}+\alpha_2^2\right)-\alpha_s k_s^2\right]K_n(\alpha_2 r)+2\mu\frac{\alpha_2}{r}K_{n+1}(\alpha_2 r),$$

$$t_{15}=2\mu\mathrm{i}\xi\beta I_n(\beta r)-2\mu\mathrm{i}\xi\frac{n+1}{r}I_{n+1}(\beta r),t_{16}=-2\mu\mathrm{i}\xi\beta K_n(\beta r)-2\mu\mathrm{i}\xi\frac{n+1}{r}K_{n+1}(\beta r),$$

$$t_{17}=2\mu\frac{n^2-n}{r^2}I_n(\beta r)+2\mu\frac{n}{r}\beta I_{n+1}(\beta r),t_{18}=2\mu\frac{n^2-n}{r^2}K_n(\beta r)-2\mu\frac{n}{r}\beta K_{n+1}(\beta r),$$

$$t_{21}=-2\mu\frac{n^2-n}{r^2}I_n(\alpha_1 r)-2\mu\frac{n}{r}\alpha_1 I_{n+1}(\alpha_1 r),t_{22}=-2\mu\frac{n^2-n}{r^2}K_n(\alpha_1 r)+2\mu\frac{n}{r}\alpha_1 K_{n+1}(\alpha_1 r),$$

$$t_{23}=-2\mu\frac{n^2-n}{r^2}I_n(\alpha_2 r)-2\mu\frac{n}{r}\alpha_2 I_{n+1}(\alpha_2 r),t_{24}=-2\mu\frac{n^2-n}{r^2}K_n(\alpha_2 r)+2\mu\frac{n}{r}\alpha_2 K_{n+1}(\alpha_2 r),$$

$$t_{25}=\mu i\xi\beta I_n(\beta r)-2\mu i\xi\frac{n+1}{r}I_{n+1}(\beta r),t_{26}=-\mu i\xi\beta K_n(\beta r)-2\mu i\xi\frac{n+1}{r}K_{n+1}(\beta r),$$

$$t_{27}=\left(-2\mu\frac{n^2-n}{r^2}-\mu\beta^2\right)I_n(\beta r)+2\mu\frac{\beta}{r}I_{n+1}(\beta r),$$

$$t_{28}=\left(-2\mu\frac{n^2-n}{r^2}-\mu\beta^2\right)K_n(\beta r)-2\mu\frac{\beta}{r}K_{n+1}(\beta r),$$

$$t_{31}=2\mu i\frac{n}{r}I_n(\alpha_1 r)+2\mu i\xi\alpha_1 I_{n+1}(\alpha_1 r),t_{32}=2\mu i\frac{n}{r}K_n(\alpha_1 r)-2\mu i\xi\alpha_1 K_{n+1}(\alpha_1 r),$$

$$t_{33}=2\mu i\xi\frac{n}{r}I_n(\alpha_2 r)+2\mu i\xi\alpha_2 I_{n+1}(\alpha_2 r),t_{34}=2\mu i\xi\frac{n}{r}K_n(\alpha_2 r)-2\mu i\xi\alpha_2 K_{n+1}(\alpha_2 r),$$

$$t_{35}=-\mu\frac{n}{r}\beta I_n(\beta r)-\mu(\xi^2+\beta^2)I_{n+1}(\beta r),t_{36}=\mu\frac{n}{r}\beta K_n(\beta r)-\mu(\xi^2+\beta^2)K_{n+1}(\beta r),$$

$$t_{37}=\mu i\xi\frac{n}{r}I_n(\beta r),t_{38}=\mu i\xi\frac{n}{r}K_n(\beta r),$$

$$t_{41}=\left[-2\mu\frac{n^2-n}{r^2}-\alpha_f k_f^2\right]I_n(\alpha_1 r)+2\mu\frac{\alpha_1}{r}I_{n+1}(\alpha_1 r),$$

$$t_{42}=\left[-2\mu\frac{n^2-n}{r^2}-\alpha_f k_f^2\right]K_n(\alpha_1 r)-2\mu\frac{\alpha_1}{r}K_{n+1}(\alpha_1 r),$$

$$t_{43}=\left[-2\mu\frac{n^2-n}{r^2}-\alpha_s k_s^2\right]I_n(\alpha_2 r)+2\mu\frac{\alpha_2}{r}I_{n+1}(\alpha_2 r),$$

$$t_{44}=\left[-2\mu\frac{n^2-n}{r^2}-\alpha_s k_s^2\right]K_n(\alpha_2 r)-2\mu\frac{\alpha_2}{r}K_{n+1}(\alpha_2 r),$$

$$t_{45}=2\mu i\xi\frac{n+1}{r}I_{n+1}(\beta r),t_{46}=2\mu i\xi\frac{n+1}{r}K_{n+1}(\beta r),$$

$$t_{47}=-2\mu\frac{n^2-n}{r^2}I_n(\beta r)-2\mu\frac{n}{r}\beta I_{n+1}(\beta r),t_{48}=-2\mu\frac{n^2-n}{r^2}K_n(\beta r)+2\mu\frac{n}{r}\beta K_{n+1}(\beta r),$$

$$t_{51}=-2\mu i\xi\frac{n}{r}I_n(\alpha_1 r),t_{52}=-2\mu i\xi\frac{n}{r}K_n(\alpha_1 r),$$

$$t_{53}=-2\mu i\xi\frac{n}{r}I_n(\alpha_2 r),t_{54}=-2\mu i\xi\frac{n}{r}K_n(\alpha_2 r),$$

$$t_{55}=\mu\frac{n}{r}\beta I_n(\beta r)-\mu\xi^2 I_{n+1}(\beta r),t_{56}=-\mu\frac{n}{r}\beta K_n(\beta r)-\mu\xi^2 K_{n+1}(\beta r),$$

$$t_{57}=-\mu i\xi\frac{n}{r}I_n(\beta r)-\mu i\xi\beta I_{n+1}(\beta r),t_{58}=-\mu i\xi\frac{n}{r}K_n(\beta r)+\mu i\xi\beta K_{n+1}(\beta r),$$

$$t_{61}=-(\alpha_s k_s^2+2\mu\xi^2)I_n(\alpha_1 r),t_{62}=-(\alpha_s k_s^2+2\mu\xi^2)K_n(\alpha_1 r),$$

$t_{63} = -(\alpha_s k_s^2 + 2\mu\xi^2) I_n(\alpha_2 r), t_{62} = -(\alpha_s k_s^2 + 2\mu\xi^2) K_n(\alpha_2 r)$,

$t_{65} = -2\mu i\xi\beta I_n(\beta r), t_{66} = 2\mu i\xi\beta K_n(\beta r)$,

$t_{67} = 0, t_{68} = 0$。

比较式(2-30)与式(2-5)和式(2-6)可知,环向模态数 n 下位移和应力在频率-波数域内的各分量为:

$$\begin{Bmatrix} \tilde{U}_{rn} \\ \tilde{U}_{\theta n} \\ \tilde{U}_{zn} \end{Bmatrix} = [\boldsymbol{U}] \cdot \boldsymbol{O}, \begin{Bmatrix} \tilde{T}_{rrn} \\ \tilde{T}_{r\theta n} \\ \tilde{T}_{rzn} \end{Bmatrix} = [\boldsymbol{T}_1] \cdot \boldsymbol{O} \tag{2-31}$$

式中:$[\boldsymbol{T}_1]$是由式(2-30)中矩阵$[\boldsymbol{T}]$的上半部分组成的矩阵。

同理,流体相对于土骨架的位移可以写成:

$$\boldsymbol{W} = \begin{Bmatrix} w_r \\ w_\theta \\ w_z \end{Bmatrix} = [\boldsymbol{S}] \cdot [\boldsymbol{W}] \cdot \boldsymbol{O} \cdot e^{i(\omega t + \xi z)} \tag{2-32}$$

式中,$\boldsymbol{O} = \{A_1 \quad B_1 \quad A_2 \quad B_2 \quad A_r \quad B_r \quad A_z \quad B_z\}^T$

在对称荷载和反对称荷载作用下,矩阵$[\boldsymbol{S}]$表达式分别为:

$$[\boldsymbol{S}] = \begin{bmatrix} \cos n\theta & 0 & 0 \\ 0 & \sin n\theta & 0 \\ 0 & 0 & \cos n\theta \end{bmatrix}, [\boldsymbol{S}] = \begin{bmatrix} \sin n\theta & 0 & 0 \\ 0 & \cos n\theta & 0 \\ 0 & 0 & \sin n\theta \end{bmatrix}。$$

同理,在对称荷载和反对称荷载作用下,矩阵$[\boldsymbol{W}]$的表达式分别为:

$$[\boldsymbol{W}] = \begin{bmatrix} w_{31} & w_{32} & w_{33} & w_{34} & w_{35} & w_{36} & w_{37} & w_{38} \\ w_{21} & w_{22} & w_{23} & w_{24} & w_{25} & w_{26} & w_{27} & w_{28} \\ w_{11} & w_{12} & w_{13} & w_{14} & w_{15} & w_{16} & w_{17} & w_{18} \end{bmatrix},$$

$$[\boldsymbol{W}] = \begin{bmatrix} w_{31} & w_{32} & w_{33} & w_{34} & -w_{35} & -w_{36} & -w_{37} & -w_{38} \\ -w_{21} & -w_{22} & -w_{23} & -w_{24} & w_{25} & w_{26} & w_{27} & w_{28} \\ w_{11} & w_{12} & w_{13} & w_{14} & -w_{15} & -w_{16} & -w_{17} & -w_{18} \end{bmatrix}。$$

其中,

$w_{11} = \mu_f \frac{n}{r} I_n(\alpha_1 r) + \mu_f \alpha_1 I_{n+1}(\alpha_1 r), w_{12} = \mu_f \frac{n}{r} K_n(\alpha_1 r) - \mu_f \alpha_1 K_{n+1}(\alpha_1 r)$,

$w_{13} = \mu_s \frac{n}{r} I_n(\alpha_2 r) + \mu_s \alpha_2 I_{n+1}(\alpha_2 r), w_{14} = \mu_s \frac{n}{r} K_n(\alpha_2 r) - \mu_s \alpha_2 K_{n+1}(\alpha_2 r)$,

$w_{15} = \mu_t i\xi I_{n+1}(\beta r), w_{16} = \mu_t i\xi K_{n+1}(\beta r), w_{17} = \mu_t \frac{n}{r} I_n(\beta r), w_{18} = \mu_t \frac{n}{r} K_n(\beta r)$,

$w_{21}=-\mu_f\dfrac{n}{r}I_n(\alpha_1 r),w_{22}=-\mu_f\dfrac{n}{r}K_n(\alpha_1 r),$

$w_{23}=-\mu_s\dfrac{n}{r}I_n(\alpha_2 r),w_{24}=-\mu_s\dfrac{n}{r}K_n(\alpha_2 r),$

$w_{25}=\mu_t i\xi I_{n+1}(\beta r),w_{26}=\mu_t i\xi K_{n+1}(\beta r),$

$w_{27}=-\mu_t\dfrac{n}{r}I_n(\beta r)-\mu_t\beta I_{n+1}(\beta r),w_{28}=-\mu_t\dfrac{n}{r}K_n(\beta r)+\mu_t\beta K_{n+1}(\beta r),$

$w_{31}=\mu_f i\xi I_n(\alpha_1 r),w_{32}=\mu_f i\xi K_n(\alpha_1 r),w_{33}=\mu_s i\xi I_n(\alpha_2 r),w_{34}=\mu_s i\xi K_n(\alpha_2 r),$

$w_{35}=-\mu_t\beta I_n(\beta r),w_{36}=\mu_t\beta K_n(\beta r),w_{37}=0,w_{38}=0$。

孔压 $\tilde{P}_{fn}$ 及其法向导数的表达式为:

$$\begin{aligned}\tilde{P}_{fn}&=[\boldsymbol{G}_0]\cdot\boldsymbol{E}\cos(n\theta)e^{i(\omega t+\xi z)}\\ \frac{\partial\tilde{P}_{fn}}{\partial r}&=[\boldsymbol{G}]\cdot\boldsymbol{E}\cos(n\theta)e^{i(\omega t+\xi z)}\end{aligned}\tag{2-33}$$

式中:$\tilde{P}_{fn}$ 为环向模态数 n 下动孔压 P_f 在频率-波数域内的量;$[G_0]$ 及 $[G]$ 均为 1×4 的矩阵。

矩阵 $[G_0]$ 各元素表达式如下:

$g_{011}=M(\alpha+\mu_f)k_f^2K_n(\alpha_1 r),g_{012}=M(\alpha+\mu_s)k_s^2K_n(\alpha_2 r),$

$g_{013}=0,g_{014}=0,g_{015}=0,$

$g_{016}=0,g_{017}=0,g_{018}=0$。

矩阵 $[G]$ 各元素表达式如下:

$g_{11}=M(\alpha+\mu_f)k_f^2\left[\dfrac{n}{r}K_n(\alpha_1 r)-\alpha_1K_{n+1}(\alpha_1 r)\right],$

$g_{12}=M(\alpha+\mu_s)k_s^2\left[\dfrac{n}{r}K_n(\alpha_2 r)-\alpha_2K_{n+1}(\alpha_2 r)\right],$

$g_{13}=0,g_{14}=0,g_{15}=0,g_{16}=0,g_{17}=0,g_{18}=0$。

2.3 模型的耦合求解

壳-柱模型的相关假定为:①衬砌壳体的应力等于衬砌内外表面荷载所产生应力的差值;②距隧道中心无限远处土体位移衰减为零;③衬砌与地基土体交界面位移、应力均协调;④隧道衬砌不透水,即隧道与土体交界面孔压法向导数为0。

若在衬砌内表面($z=0\text{m}$、$\theta=0°$)处作用一个沿径向的固定单位简谐荷载 $F_r=e^{i\omega_0 t}$(图2-3),则该荷载在 z、θ、r 方向产生的应力分量可以描述成:

$$\hat{P_z}=\hat{P_\theta}=0,\hat{P_r}=\frac{\delta(z-vt)\delta(\theta)}{a}e^{i\omega_0 t}\tag{2-34}$$

式中，$\delta(z-vt)$和$\delta(\theta)$是狄拉克δ函数。

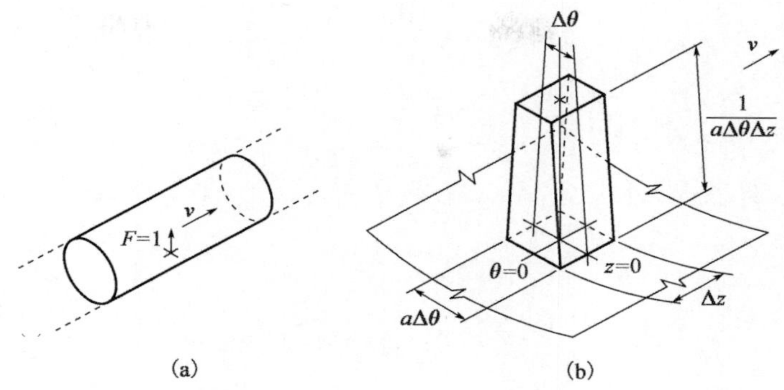

图 2-3　移动单位简谐荷载作用示意图

定义函数$f(z,t)$关于坐标z和时间t的双重 Fourier 变换对为：

$$\begin{cases}\tilde{f}(\xi,\omega)=\int_{-\infty}^{\infty}\int_{-\infty}^{\infty}f(z,t)e^{-i(\xi z+\omega t)}\mathrm{d}z\mathrm{d}t\\ f(z,t)=\dfrac{1}{4\pi^2}\int_{-\infty}^{\infty}\int_{-\infty}^{\infty}\tilde{f}(\xi,\omega)e^{i(\xi z+\omega t)}\mathrm{d}\xi\mathrm{d}\omega\end{cases}\tag{2-35}$$

式中，i为虚数单位；ω为角频率；ξ为波数；上标“～”表示变量为频率-波数域中的量。对式(2-34)进行双重 Fourier 变换，则该荷载在频率－波数域内的分量为：

$$\tilde{\hat{P}}_{zn}=0,\tilde{\hat{P}}_{\theta n}=0,\tilde{\hat{P}}_{rn}=\begin{cases}2\pi\delta(\omega-\omega_0+\xi v)\dfrac{1}{2\pi a},n=0\\ 2\pi\delta(\omega-\omega_0+\xi v)\dfrac{1}{\pi a},n>0\end{cases}\tag{2-36}$$

根据第一个边界条件，由式(2-7)可知，在衬砌与土体接触面处为：

$$[\tilde{A}']\begin{Bmatrix}\tilde{U}_n\\ \tilde{V}_n\\ \tilde{W}_n\end{Bmatrix}=\begin{Bmatrix}\tilde{Q}_{zn}\\ \tilde{Q}_{\theta n}\\ \tilde{Q}_{rn}\end{Bmatrix}=\begin{Bmatrix}\tilde{p}_{zn}\\ \tilde{p}_{\theta n}\\ \tilde{p}_{rn}\end{Bmatrix}+\begin{Bmatrix}\tilde{T}_{rzn}\\ \tilde{T}_{r\theta n}\\ \tilde{T}_{rrn}\end{Bmatrix}_{\text{outside}}\tag{2-37}$$

根据第二个边界条件，当土柱外径R_2趋于无穷大时，土体位移应为 0，可得系数$A_1=A_2=A_r=A_z=0$。从而可得壳体与土体接触面处的位移、应力表达式为：

$$\begin{Bmatrix}\tilde{U}_n\\ \tilde{V}_n\\ \tilde{W}_n\end{Bmatrix}=\begin{Bmatrix}\tilde{U}_{zn}\\ \tilde{U}_{\theta n}\\ \tilde{U}_{rn}\end{Bmatrix}_{r=R}=\begin{bmatrix}u_{32}&u_{34}&u_{36}&u_{38}\\ u_{22}&u_{24}&u_{26}&u_{28}\\ u_{12}&u_{14}&u_{16}&u_{18}\end{bmatrix}_{r=R}\begin{Bmatrix}B_1\\ B_2\\ B_r\\ B_z\end{Bmatrix}=[\boldsymbol{U}_{\infty}]_{r=R}\cdot\boldsymbol{E}\tag{2-38}$$

$$\begin{Bmatrix}\tilde{T}_{\mathrm{rzn}}\\ \tilde{T}_{\mathrm{r\theta n}}\\ \tilde{T}_{\mathrm{rrn}}\end{Bmatrix}_{\mathrm{tunnel}}=\begin{Bmatrix}\tilde{T}_{\mathrm{rzn}}\\ \tilde{T}_{\mathrm{r\theta n}}\\ \tilde{T}_{\mathrm{rrn}}\end{Bmatrix}_{\mathrm{soil}(r=R)}=\begin{bmatrix}t_{32} & t_{34} & t_{36} & t_{38}\\ t_{22} & t_{24} & t_{26} & t_{28}\\ t_{12} & t_{14} & t_{16} & t_{18}\end{bmatrix}_{r=R}\begin{Bmatrix}B_1\\ B_2\\ B_{\mathrm{r}}\\ B_{\mathrm{z}}\end{Bmatrix}=[\boldsymbol{T}_{\infty}]_{r=R}\cdot\boldsymbol{E} \tag{2-39}$$

根据第三个边界条件,将式(2-38)、式(2-39)代入式(2-37)中,得:

$$[\tilde{\boldsymbol{A}}'].[U_{\infty}]_{r=R}\cdot\boldsymbol{E}=\begin{Bmatrix}\tilde{p}_{\mathrm{zn}}\\ \tilde{p}_{\mathrm{\theta n}}\\ \tilde{p}_{\mathrm{rn}}\end{Bmatrix}+[T_{\infty}]_{r=R}\cdot\boldsymbol{E} \tag{2-40}$$

假定隧道衬砌不漏水,根据第四个边界条件,则隧道与地基边界面孔隙水压法向导数为0,根据式(2-33)得:

$$[\boldsymbol{G}]_{r=R}\cdot\boldsymbol{E}=0 \tag{2-41}$$

联立式(2-40)和式(2-41),可求得未知系数组成的向量$\boldsymbol{E}$:

$$\boldsymbol{E}=\begin{bmatrix}[\tilde{\boldsymbol{A}}'].[\boldsymbol{U}_{\infty}]_{r=R}-[\boldsymbol{T}_{\infty}]_{r=R}\\ [\boldsymbol{G}]_{r=R}\end{bmatrix}-1\begin{Bmatrix}\tilde{p}_{\mathrm{zn}}\\ \tilde{p}_{\mathrm{\theta n}}\\ \tilde{p}_{\mathrm{rn}}\\ 0\end{Bmatrix} \tag{2-42}$$

进而可得到频率-波数域内不同环向模态数 n 下 $r=R$ $(R\geqslant a)$处的位移和应力的表达式,分别为:

$$\begin{Bmatrix}\tilde{U}_{\mathrm{zn}}\\ \tilde{U}_{\mathrm{\theta n}}\\ \tilde{U}_{\mathrm{rn}}\end{Bmatrix}_r=\begin{bmatrix}u_{32} & u_{34} & u_{36}\\ u_{22} & u_{24} & u_{26}\\ u_{12} & u_{14} & u_{16}\end{bmatrix}_{r=R}\cdot\boldsymbol{E}=[\boldsymbol{U}_{\infty}]_{r=R}\cdot\boldsymbol{E}$$

$$\begin{Bmatrix}\tilde{T}_{\mathrm{rrn}}\\ \tilde{T}_{\mathrm{r\theta n}}\\ \tilde{T}_{\mathrm{rzn}}\\ \tilde{T}_{\mathrm{\theta\theta n}}\\ \tilde{T}_{\mathrm{\theta zn}}\\ \tilde{T}_{\mathrm{zzn}}\\ \tilde{P}_{\mathrm{fn}}\end{Bmatrix}_r=\begin{bmatrix}t_{12} & t_{14} & t_{16} & t_{18}\\ t_{22} & t_{24} & t_{26} & t_{28}\\ t_{32} & t_{34} & t_{36} & t_{38}\\ t_{42} & t_{44} & t_{46} & t_{48}\\ t_{52} & t_{54} & t_{56} & t_{58}\\ t_{62} & t_{64} & t_{66} & t_{68}\\ g_{012} & g_{014} & g_{016} & g_{018}\end{bmatrix}_{r=R}\cdot\boldsymbol{E}=\begin{bmatrix}[\boldsymbol{T}^{*}]_{r=R}\\ [\boldsymbol{G}_0^{*}]_{r=R}\end{bmatrix}\cdot\boldsymbol{E} \tag{2-43}$$

对式(2-43)进行傅里叶逆变换,可得移动单位荷载下时域-空间域内位移和应力的表达式为:

$$
\begin{Bmatrix} \hat{u}_{zn} \\ \hat{u}_{\theta n} \\ \hat{u}_{rn} \end{Bmatrix} = \begin{Bmatrix} \hat{U}_{zn} \\ \hat{U}_{\theta n} \\ \hat{U}_{rn} \end{Bmatrix} e^{i\omega_0 t} = \frac{1}{4\pi^2}\int_{-\infty}^{\infty}\int_{-\infty}^{\infty}\left(2\pi\delta(\omega-\omega_0+\xi v)\sum_{n=0}^{\infty}\begin{Bmatrix} \tilde{U}_{zn}\cos n\theta \\ \tilde{U}_{\theta n}\sin n\theta \\ \tilde{U}_{rn}\cos n\theta \end{Bmatrix}\right) e^{i\xi z} e^{i\omega t}\,\mathrm{d}\xi\,\mathrm{d}\omega \cdot e^{i\omega_0 t}
$$

$$
= \frac{1}{2\pi}\int_{-\infty}^{\infty}\left(\begin{Bmatrix} \tilde{U}_{zn}(r,\omega_0-\xi v,\xi)\cos n\theta \\ \tilde{U}_{\theta n}(r,\omega_0-\xi v,\xi)\sin n\theta \\ \tilde{U}_{rn}(r,\omega_0-\xi v,\xi)\cos n\theta \end{Bmatrix}\right) e^{i\xi z_0}\,\mathrm{d}\xi \cdot e^{i\omega_0 t} \tag{2-44}
$$

$$
\begin{Bmatrix} \hat{\tau}_{rr} \\ \hat{\tau}_{r\theta} \\ \hat{\tau}_{rz} \\ \hat{\tau}_{\theta\theta} \\ \hat{\tau}_{\theta z} \\ \hat{\tau}_{zz} \\ \hat{p}_{f} \end{Bmatrix} = \begin{Bmatrix} \hat{T}_{rr} \\ \hat{T}_{r\theta} \\ \hat{T}_{rz} \\ \hat{T}_{\theta\theta} \\ \hat{T}_{\theta z} \\ \hat{T}_{zz} \\ \hat{P}_{f} \end{Bmatrix} e^{i\omega_0 t} = \frac{1}{2\pi}\int_{-\infty}^{\infty}\left(\sum_{n=0}^{\infty}\begin{matrix} \tilde{T}_{rrn}(r,\omega_0-\xi v,\xi)\cos n\theta \\ \tilde{T}_{r\theta n}(r,\omega_0-\xi v,\xi)\sin n\theta \\ \tilde{T}_{rzn}(r,\omega_0-\xi v,\xi)\cos n\theta \\ \tilde{T}_{\theta\theta n}(r,\omega_0-\xi v,\xi)\cos n\theta \\ \tilde{T}_{\theta zn}(r,\omega_0-\xi v,\xi)\sin n\theta \\ \tilde{T}_{zzn}(r,\omega_0-\xi v,\xi)\cos n\theta \\ \tilde{P}_{fn}(r,\omega_0-\xi v,\xi)\cos n\theta \end{matrix}\right) e^{i\xi z_0}\,\mathrm{d}\xi \cdot e^{i\omega_0 t}
$$

式中:$\tilde{U}_{zn}$、$\tilde{U}_{\theta n}$、$\tilde{U}_{rn}$、$\tilde{T}_{rrn}$、$\tilde{T}_{r\theta n}$、$\tilde{T}_{rzn}$、$\tilde{T}_{\theta\theta n}$、$\tilde{T}_{\theta zn}$、$\tilde{T}_{zzn}$、$\tilde{P}_{fn}$为固定单位简谐荷载($v=0$)下频率-波数域内的基本解。令$z_0=z-vt$,则式(2-44)中所求各分量变成与时间无关的量,即在随点荷载一起移动的坐标系(r,θ,z_0)下,该问题成了一个稳态问题。

2.4　算例与分析

轨道交通车辆在正常路段正常行驶时,水平荷载远小于竖向荷载,故在进行地基动应力计算时往往将交通荷载简化为一系列竖向移动荷载(图2-4a)。然而,当交通工具在启动或制动时,还存在较大的轴向水平剪切荷载(图2-4b)。车辆在线路曲线段运行时,隧道结构除受到竖向力外还受到切向水平力作用,此时,交通动载实际为竖向与切向水平移动荷载的耦合(图2-4c)。因此,在分析交通荷载引起的地基动应力响应时,有必要探究轴向和切向水平剪切荷载对地基动应力的影响。基于上述模型,分析了单个竖向轮载、竖向-轴向水平荷载和竖向-切向水平荷载作用下系统的动应力响应。表2-1~表2-2给出了隧道衬砌、注浆层和饱和土体的计算参数。

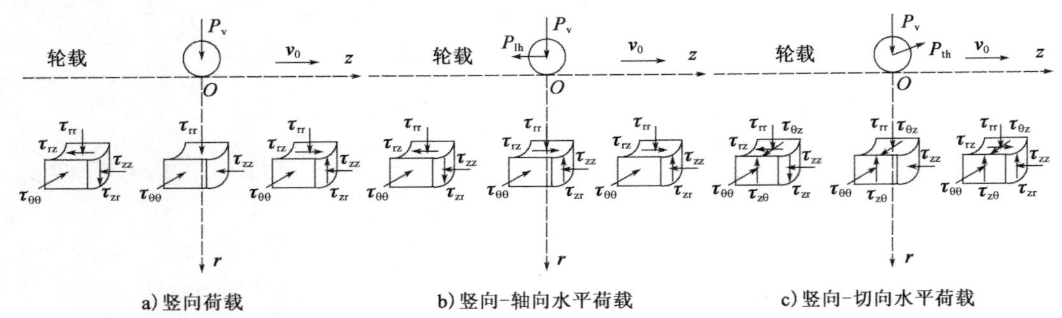

图 2-4　荷载类型

隧道衬砌和注浆层计算参数　　表 2-1

参　数	取　值
隧道衬砌弹性模量(E_1)	5×10^{10}(Pa)
衬砌泊松比(v_1)	0.3
衬砌密度(ρ_1)	2500(kg/m^3)
隧道内径(R_0)	2.75(m)
衬砌厚度(h_1)	0.35(m)
注浆层弹性模量(E_2)	5.5×10^8(Pa)
注浆层泊松比(v_2)	0.2
注浆层密度(ρ_2)	2 500(kg/m^3)
注浆层厚度(h_2)	0.2(m)

饱和土体计算参数　　表 2-2

参　数	取　值
Lamé 常数(λ)	3×10^7(Pa)
Lamé 常数(μ)	2×10^7(Pa)
土颗粒密度(ρ_s)	2 600(kg/m^3)
流体密度(ρ_f)	1 000(kg/m^3)
孔隙比(n_0)	0.4
反映土颗粒压缩性的 Biot 常数(α)	1.0
反映流体压缩性的 Biot 常数(M)	5×10^9 Pa
反映土体黏性耦合的参数(b)	$10^6\sim10^{10}$[kg/(m^3·s)]

2.4.1　竖向移动荷载作用下的响应

由于轨道交通振动的总体振动响应可看作是所有单位谐载振动分量的叠加,因此首先研究单频简谐荷载下的振动规律。先忽略荷载频率的动力效应($f_0=\omega_0/2\pi=0=0$),研究移动竖向恒定荷载作用下地基动应力响应规律。图 2-5 给出了单个移动恒定轴载($P=160$kN)作用下注浆层底部($\theta=0°,r=3.3$m)动应力沿轴向的分布曲线,图中考虑了不同的土体渗透性($k=10^{-2}\sim10^{-6}$m/s)。由于隧道底部荷载线下方处剪应力$\tau_{r\theta}$和$\tau_{z\theta}$等于0,而3个正应力幅值分布规律相似。因此,这里仅对竖向正应力τ_{rr}、有效应力τ'_{rr},孔压P_f和剪应力τ_{rz}的分布规律展开分析。

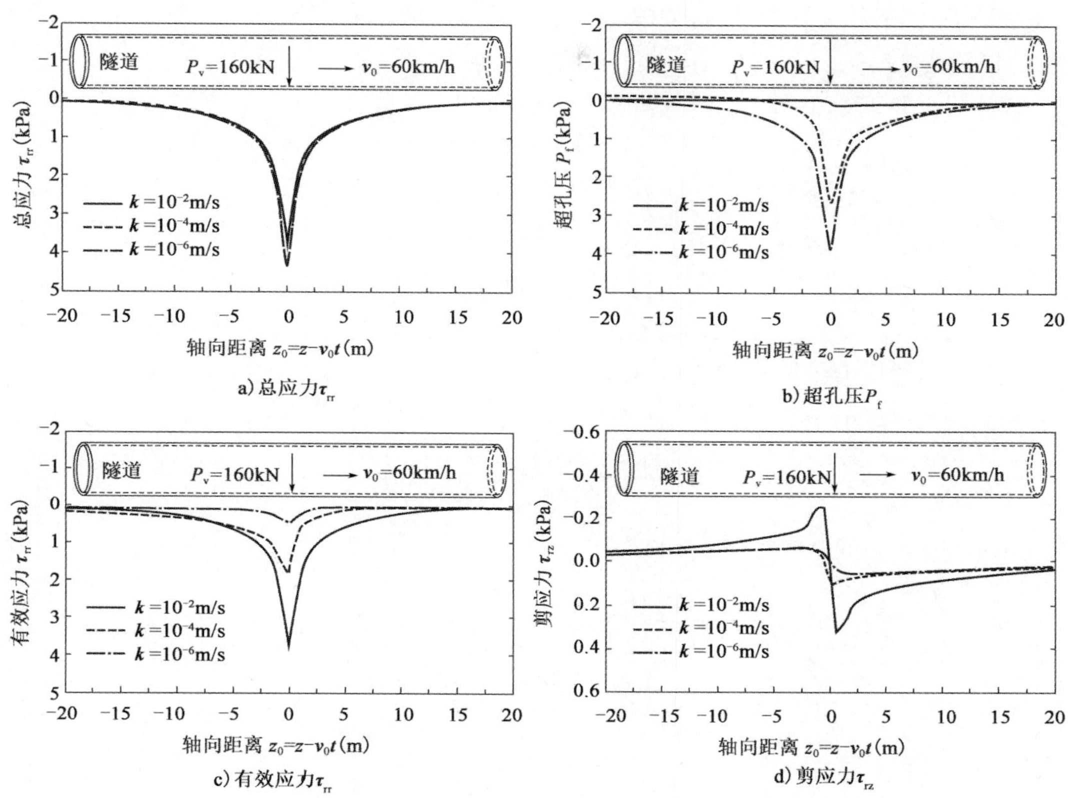

图2-5 单个竖向恒定轮载作用下注浆层底部($\theta=0°,r=3.3$m)地基动应力分布图($P_v=160$kN,$v_0=60$km/h)

从图2-5a)和(c)中可以看到,土体竖向正应力τ_{rr}和有效应力τ'_{rr}最大值在荷载作用点正下方,而剪应力τ_{rz}峰值出现在荷载作用点两侧各0.5m位置处,见图2-5(d)。从图2-5还可以看到,随着土体渗透性变差(b值变大),地基竖向正应力τ_{rr}和孔压P_f幅值逐渐增大,有效应力τ'_{rr}和剪应力τ_{rz}幅值逐渐减小。但当土体渗透系数$k\leqslant10^{-4}$m/s,k值变化对土体动应力幅值影响不大。如图2-5(b),移动荷载前下方土体动孔压为正,而荷载后下方孔压的正负与土体渗透性有关。当土体渗透性较好时,荷载后下方土体孔压为负,随着土体渗透性变差,荷载后下方也变为正值。分析认为,当土体的渗透性较好时,在移动荷载作用下,荷载后下方土中孔隙水会向荷载前下方移动,导致荷载前下方孔压为正,后下方孔压为负。但当土体渗透性变差时,移动荷载作用下孔隙水移动变得困难,导致整个荷载下方孔隙水受压,孔压为正。可见,考虑地基土体的水土耦合响应,开展移动荷载下盾构隧道饱和地基的动应力响应研究无疑是必要的。

图2-6给出了单个竖向轮载以不同速度移动时隧道下方土体动应力随深度变化曲线。

可以看到：对于不同的速度水平，土体总正应力、有效应力和孔压均随着深度的增加而减小，见图 2-6(a)～(c)，而剪应力τ_{rz}随着深度的增加先增大后减小，见图 2-6(d)；土体总正应力随着荷载速度的增加而增加，见图 2-6(a)和(b)，但有效应力随着荷载速度的增加而减小，见图 2-6(c)；当荷载速度为 0 时，动载产生的附加孔压为 0，而剪应力τ_{rz}随深度变化规律与荷载的移动速度有关。

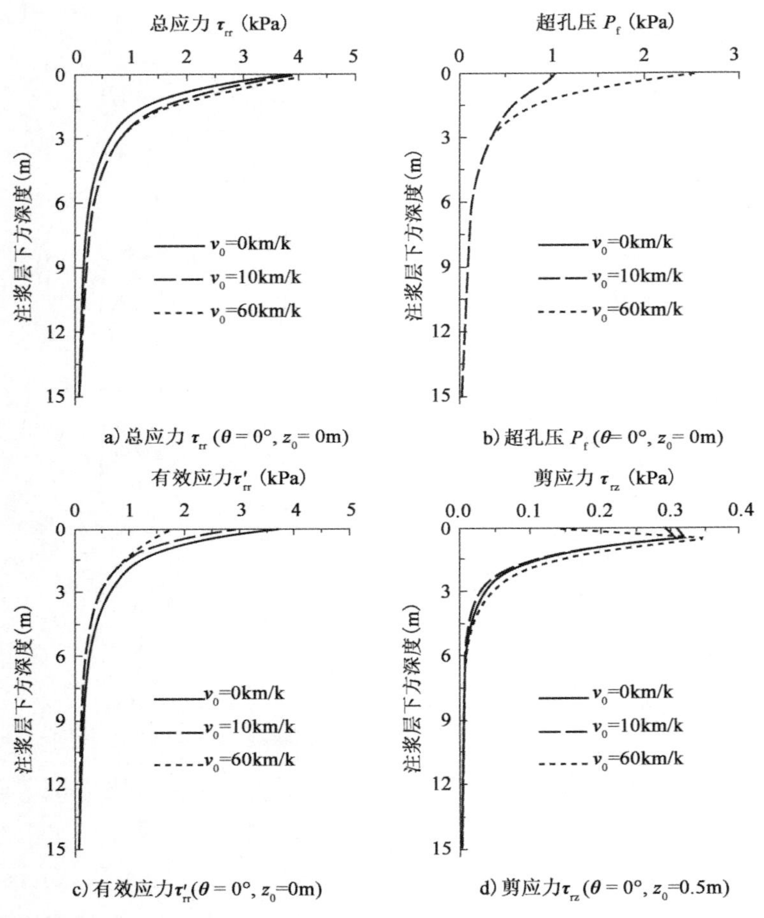

a) 总应力 τ_{rr} (θ = 0°, z_0= 0m)　b) 超孔压 P_f (θ= 0°, z_0= 0m)

c) 有效应力τ'_{rr}(θ = 0°, z_0=0m)　d) 剪应力τ_{rz} (θ = 0°, z_0=0.5m)

图 2-6　单个移动荷载下不同速度时土体动应力随深度变化曲线（P_v = 160kN, $k = 10^{-4}$m/s）

在地表作用移动荷载，特别是高速移动荷载时，土体的动力响应存在明显的速度效应。这里将移动荷载下的动力响应除以静载下(v_0 = 0)的响应，得到动力放大系数 K_{dv}，以此表征动应力响应的程度。图 2-7 为移动荷载作用下荷载作用点下方不同深度处地基动应力放大系数 K_{dv}随荷载移动速度变化曲线，由于地铁列车设计速度一般为 80km/h，故图中荷载移动速度为 0～90km/h。可以看到：①隧道下方土体有效正应力τ'_{rr}放大系数 K_{dv}随着速度的增加而减小，但当速度超过 30km/h 时，隧道底部(d_b = 0m)土体正应力幅值变化不大；②不同位置处土体剪应力速度放大系数差别明显，当 d_b = 0m 时，土体剪应力放大系数随着速度的提高先增大后减小，而当 $d_b = 1\text{m}$ 和 4m 时，土体剪应力放大系数随着速度的提高先减小后增大；③不同深度处动应力放大效应区别明显。

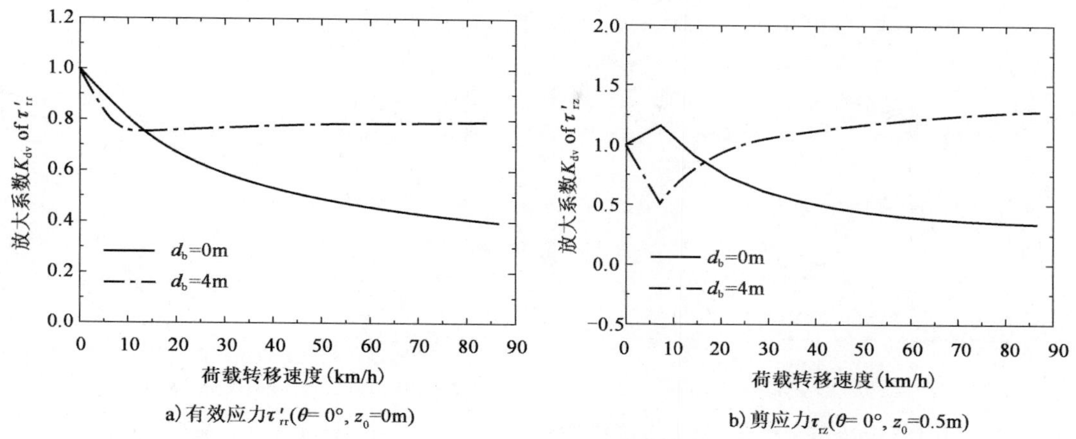

a) 有效应力τ'_{rr}(θ= 0°, z_0=0m)　　b) 剪应力τ_{rz}(θ= 0°, z_0=0.5m)

图 2-7　不同深度处土体动应力放大系数随速度变化曲线（$P_v = 160\text{kN}, k = 10^{-4}\text{m/s}$）

取单个轮载（$P_v = 160 \cdot e^{i\omega_0 t}\text{kN}$），进一步研究荷载自振频率（$f_0$）对隧道下方饱和土体动力响应的影响。计算不同竖向荷载振动频率（$f_0 = 0\text{Hz}, 20\text{Hz}$）时隧道注浆层下方（$\theta = 0°$，$r = 3.3\text{m}$）处土体应力沿轴向的分布曲线，如图 2-8 所示。可以看到，不同位置处土体动应力幅值受荷载自振频率f_0影响较大，荷载自振频率f_0越大，土体应力曲线振荡越剧烈，土体响应波动现象明显。为研究荷载自振频率引起的动力放大效应，将不同频率移动荷载下的动应力与移动恒载（$f_0 = 0$ Hz）下动应力的比值定义为频率诱发的动应力放大系数 k_{df}。计算荷载下方不同深度处（d_b）动应力放大系数随频率的变化曲线，如图 2-9 所示。可以看到，无论是有效正应力τ'_{rr}还是剪应力τ_{rz}，不同深度处应力的动力放大系数都是先随荷载自振频率增加，再现波动性的变化规律。随着深度增大，动应力放大性越强，诱发最大动应力放大系

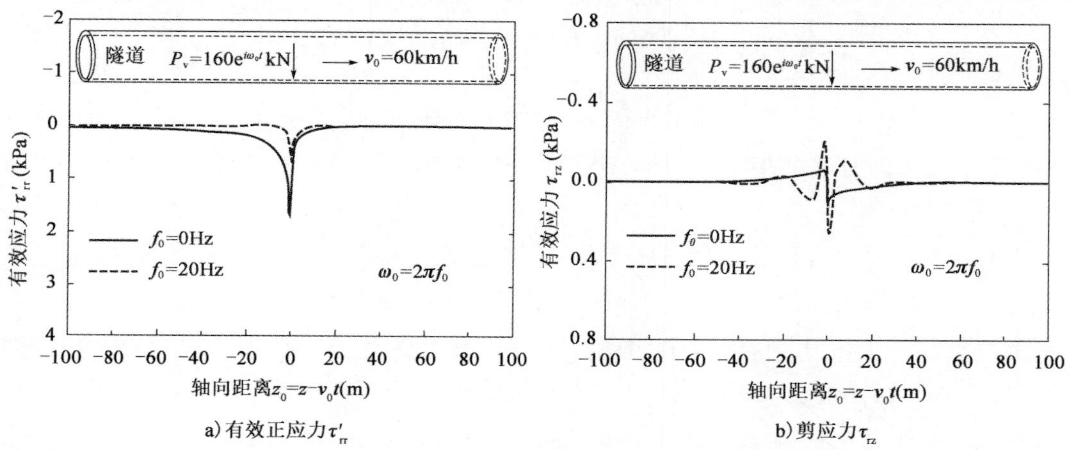

a) 有效正应力τ'_{rr}　　b) 剪应力τ_{rz}

图 2-8　不同荷载频率下注浆层下方（$\theta = 0°$，$r = 3.3\text{m}$）饱和地基动应力对比图（$P_v = 160 \cdot e^{i\omega_0 t}\text{kN}, v_0 = 60\text{km/h}, k = 10^{-4}\text{m/s}$）

数对应的自振频率越小。可见，对于深层饱和地基，低频动载对诱发的动应力响应不可忽略。

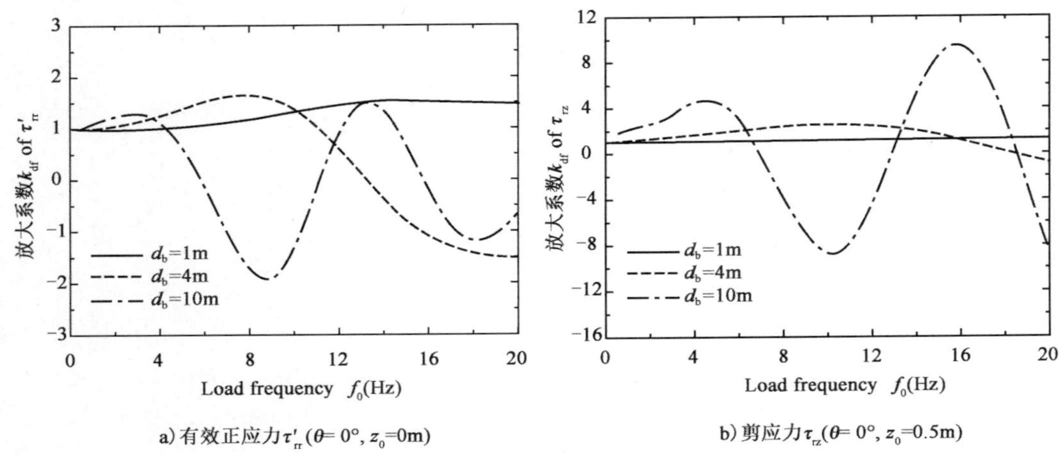

a) 有效正应力τ'_{rr}(θ= 0°, z_0=0m)　　b) 剪应力τ_{rz}(θ= 0°, z_0=0.5m)

图 2-9　不同深度处地基动应力放大系数随荷载自振频率变化曲线（P_v = 160kN，v_0 = 60km/h，$k = 10^{-4}$m/s）

2.4.2　水平移动荷载对动力响应的影响

下面分析列车启动或制动时轴向水平剪切荷载及列车在线路曲线段运行时产生的切向水平荷载对地基动应力的影响。为保证车轮在车辆运行速度范围内滚动，轮轨间的最大制动力 F 要求限制在轮轨最大黏着力f以下（即$F \leqslant f$）。如果制动力接近甚至超过了黏着力，轮轨间的黏着状态开始被破坏，发生俗称为车轮被闸瓦抱死的“滑行”现象，此时钢轨对车轮的静摩擦力变为滑动摩擦力。轮轨最大黏着力f_{max}与轮轨间垂直荷载P_v（轴重）成正比（$f_{max} = \mu_{max} P_v$），式中μ_{max}为最大黏着系数，它与车轮荷载、线路刚度、钢轨的材质及其表面状态、车速等有关。在一般钢轨上，μ_{max}在 0.3 ~ 0.5 之间；在干钢轨上撒上一层细石英砂时，μ_{max}可达 0.6。

为分析轴向水平荷载对动应力的影响，首先定义轴向水平荷载P_{lh}与竖向荷载P_v的比值即荷载比q_{lv}，在下文分析时考虑两个不同的荷载比q_{lh}取 0 和 0.6，即轴向水平荷载为 0 和 0.6P_v。图 2-10 给出了两个不同的荷载比（q_{lh} = 0 和 0.6）下注浆层下方饱和土体中的地基动应力对比图。可以看到，在两个荷载比下，有效应力τ'_{rr}几乎相同。然而，竖向和轴向水平荷载作用下剪应力τ_{rz}最大值明显大于单个竖向荷载作用时的响应。特别地，荷载比为 0.6 时的剪应力τ_{rz}最大值是荷载比为 0 时的 2.3 倍。由于轴向水平荷载对土体剪应力τ_{rz}影响大，故$r-z$平面内的应力路径受轴向水平荷载影响大。

在线路曲线段，为了平衡车辆拐弯时的离心力，轨道采用超高设计，轨道对车辆的反力Q和车体重力P的合力行成向心力，如图 2-11 所示。此时，交通动载实际为竖向与切向水平移动荷载的耦合。车体作曲线运动产生的离心力为：

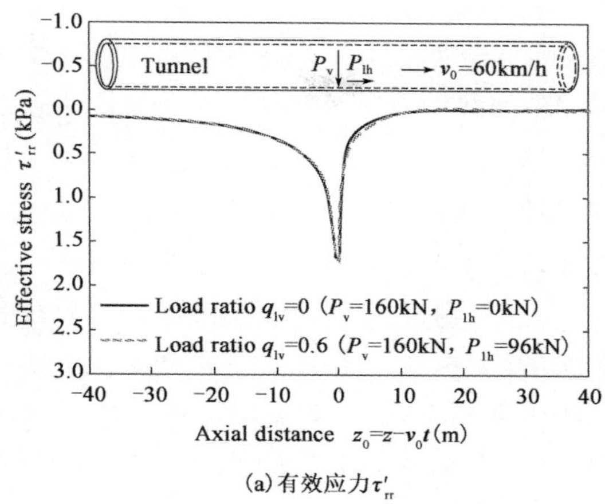

(a)有效应力τ'_{rr}

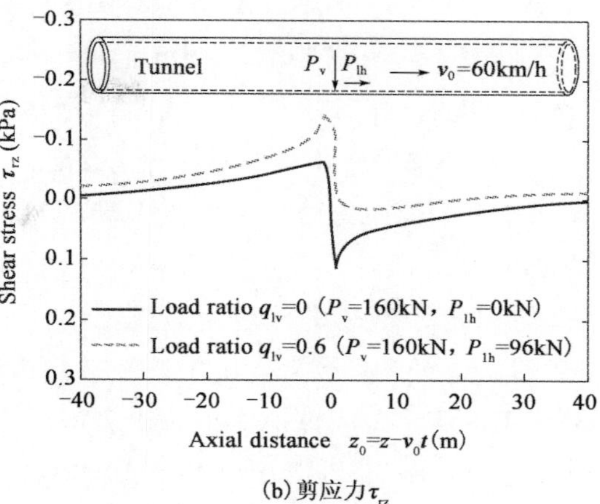

(b)剪应力τ_{rz}

图 2-10 竖向与轴向水平荷载作用下隧道底部($\theta=0°$,$r=3.3$m)土体动应力分布图($v_0=60$km/h,$k=10^{-4}$m/s)

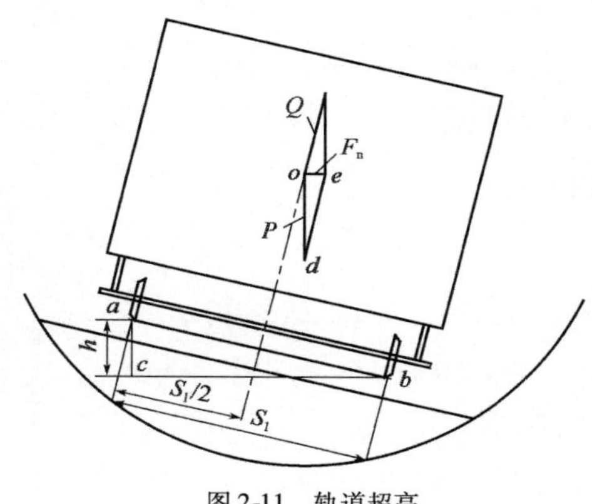

图 2-11 轨道超高

$$J=\frac{Pv^2}{gR} \tag{2-45}$$

式中,P为车体重力,这里考虑单个轴重P_v;g为重力加速度;v为行车速度;R为曲线曲率半径。

根据向心力和离心力相等,便可计算确定曲线段轨道的超高值。我国《地铁设计规范》[12]对圆曲线最小曲线半径进行了规定。对于正线的一般地段,若列车为A型车时,圆曲线半径不小于350m;若为B型车时,曲线半径不小于300m。同时,我国《地铁设计规范》中给出了不同曲率半径和不同设计速度下曲线段超高设计值,见表2-3。实际上,通过线路曲线段的各次列车,其速度一般是不可能完全相同的,因此,在计算超高时列车速度采用的是各次列车的平均速度。然而,对于实设曲线来说,超高为固定值,当列车以任意速度通过曲线段时,可能存在出现超高或欠超高现象。为此,地铁设计规范进一步规定,在正常情况下,允许未被平衡的横向加速度为0.4m/s^2,且当曲线超高为120mm时,

瞬间最高速度应满足如下限制要求:$V_{0.5}=3.91\sqrt{R}$。

曲线段超高设计值(mm)[12]　　表2-3

R_c(m)	V(km/s)							
	70	65	60	55	50	45	40	35
350	120	120	120	100	85	70	55	40
300	—	120	120	120	100	80	65	50
250	—	—	120	120	120	95	75	60

注：R_c = 曲率半径（mm）；V = 地铁列车设计速度（km/h）。

根据表2-3，考虑半径为350m、300m和250m的小半径曲线段，其最大设计速度依次为70km/h，65km/h和60km/h，曲线超高为120mm。根据式（2-45）计算得到水平离心力依次为$0.109P_v$、$0.111P_v$和$0.114P_v$，三者接近。再考虑未被平衡的最大横向加速度$0.4m/s^2$，得到未被平衡的离心力为$0.4P_v/g(0.04P_v)$，两部分叠加可得隧道结构需提供的总的最大水平离心力为$0.15P_v$。为分析切向水平荷载对土体动应力的影响，类似地，定义切向水平荷载P_{th}与竖向荷载P_v的比值为荷载比q_{tv}，在下文分析时考虑两个不同的荷载比q_{tv}取0和0.15，即切向水平荷载为0和$0.15P_v$。图2-12为单个竖向移动荷载和竖向-切向水平移动荷载作用下注浆层底部（$\theta=0°$，$r=3.3m$）地基动应力轴向对比图，计算时竖向轮载$P_v=160kN$，荷载比q_{tv}分别取0和0.15，荷载移动速度$v_0=60km/h$。从图2-12可以看到，切向水平荷载对土体剪应力$\tau_{r\theta}$影响较大，但对正应力影响较小。总的来说，水平荷载对荷载下方土体剪应力响应较大，而对正应力和孔压几乎无影响。

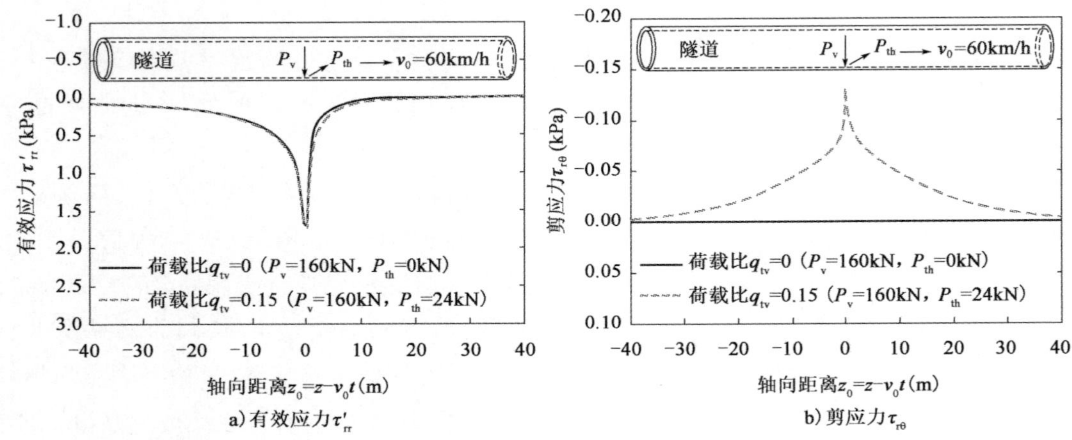

图2-12　竖向与切向水平荷载作用下隧道底部（$\theta=0°$，$r=3.3m$）土体动应力分布图（$v_0=60km/h$，$k=10^{-4}$ m/s）

主要参考文献

[1] Di Honggui, Zhou Shunhua, He Chao, Zhang Xiaohui, LuoZhe. Three-dimensional multilayer cylindrical tunnel model for calculating train-induced dynamic stress in saturated soils[J]. Computers and Geotechnics, 2016, 80:333-345.

[2] 狄宏规，周顺华，陕耀，何超. 基于改进壳-柱模型的盾构隧道饱和地基动应力解[J]. 同济大学学报（自然科学版），2016，44（9）：1384-1390.

[3] 曾晨，孙宏磊，蔡袁强，王鹏. 简谐荷载作用下饱和土体中圆形衬砌隧道三维动力响应分析[J]. 岩土力学，2014，35(4)：1147-1157.

[4] 叶飞，朱合华，何川. 盾构隧道壁后注浆扩散模式及对管片的压力分析[J]. 岩土力学，2009，30(5)：1307-1312.

[5] FORREST J A, HUNT H E M. A three-dimensional model for calculation of train-induced ground vibration

[J]. Journal of Sound and Vibration,2006,294(4/5):678-705.

[6] M. F. M. Hussein, H. E. M. Hunt. A numerical model for calculating vibration from a railway tunnel embedded in a full-space [J]. Journal of Sound and Vibration, 305 (2007) 401-431.

[7] Zhou Shunhua, Di Honggui, LuoZhe, He Chao, Zhang Xiaohui. Dynamic stress response of saturated soil subjected to vertical and horizontal moving loads inside a circular tunnel [J]. Proceedings of the Institution of Mechanical Engineers, Part F: Journal of Rail and Rapid Transit, DOI. 10. 1177/0954409717748788

[8] 张云,殷宗泽,徐永福. 盾构法隧道引起的地表变形分析[J]. 岩石力学与工程学报,2002,21(3):388-392.

[9] 中华人民共和国住房和城乡建设部. 地铁设计规范. 2013,北京:中国建筑工业出版社.

第3章　基于壳柱模型的车辆-轨道-隧道-土体车致振动响应解

地下铁道隧道系统的振动受车辆、轨道、隧道、地基土体的物理特性等因素的影响，可分解为多个子系统。轮—轨冲击振动依次通过轨道、隧道传入地层。由于地下铁道振源与列车和轨道参数密切相关，因此求解时除了考虑隧道与地基土体以外，还需合理地模拟轨道系

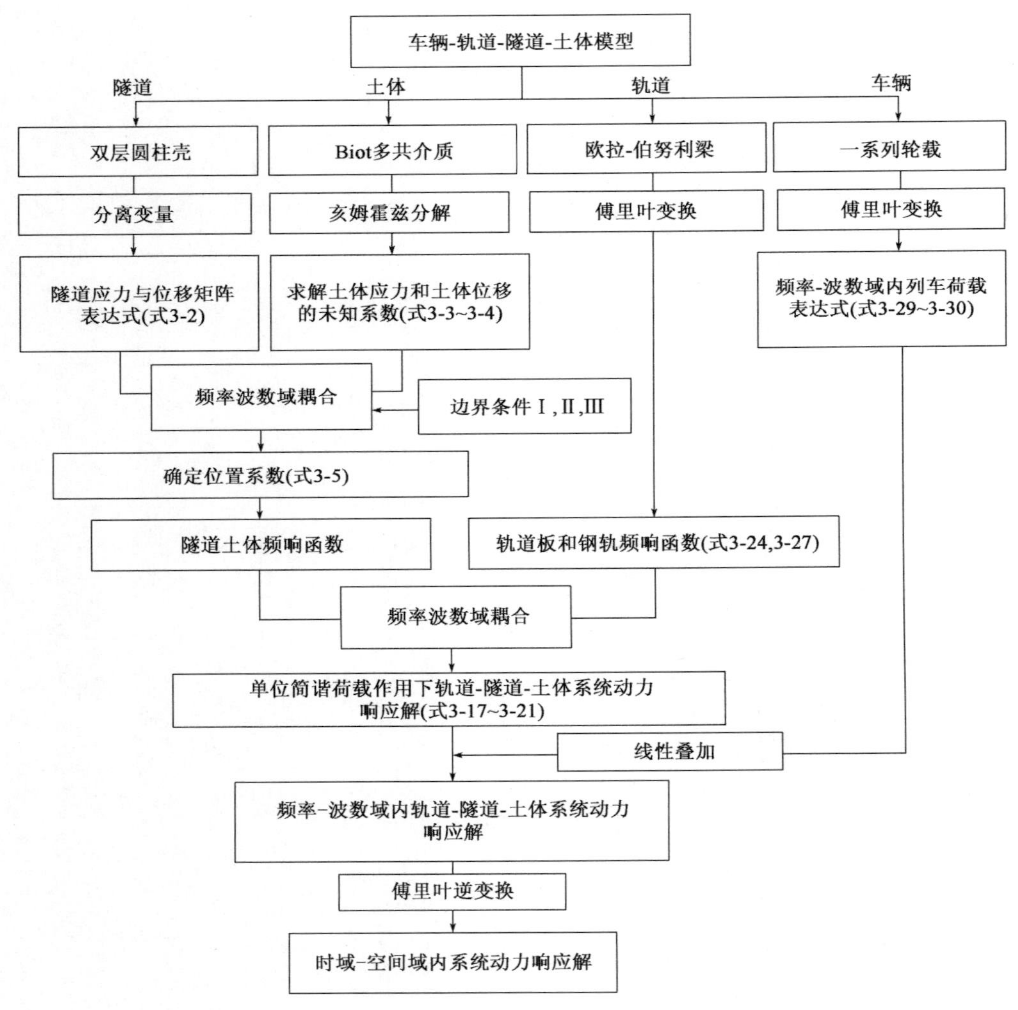

图3-1　车辆-轨道-隧道-土体模型耦合流程图

统和列车荷载。为此,在前述隧道-土体耦合模型的基础上,进一步考虑轨道结构和车辆荷载,建立车辆-轨道-隧道-饱和土体系统动力响应耦合分析模型,求解思路如图 3-1 所示。该半解析模型既能考虑单洞单线隧道行车时系统的动力响应,也能模拟单洞双线隧道在会车时系统的不对称动力响应。

3.1　隧道-土体系统

盾构隧道衬砌仍简化为双层圆柱壳,饱和土体视为包裹在隧道外的中空圆土柱,如图 3-2所示。

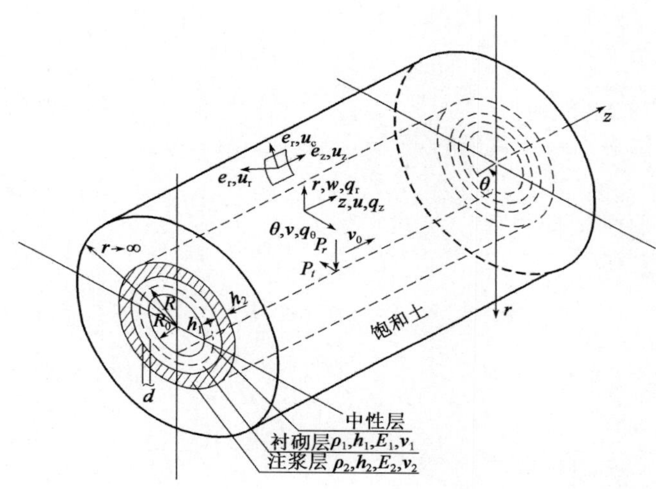

图 3-2　全空间模型

双层圆柱壳的运动方程是偏微分方程组,可以通过模态叠加法和积分变换法求解。假定衬砌壳中面沿轴向、切向和径向的净应力为 $\{\tilde{Q}_{zn},\tilde{Q}_{\theta n},\tilde{Q}_{rn}\}^T|_{tunnel}$,位移向量分布为 $\{\tilde{U}_{zn},\tilde{U}_{\theta n},\tilde{U}_{rn}\}^T|_{tunnel}$,下标 n 为环向模态数,则隧道壳的运动方程可写成如下的矩阵形式:

$$\left.\begin{Bmatrix}\tilde{U}_{zn}\\ \tilde{U}_{\theta n}\\ \tilde{U}_{rn}\end{Bmatrix}\right|_{tunnel}=[\tilde{\boldsymbol{A}}']^{-1}\left.\begin{Bmatrix}\tilde{Q}_{zn}\\ \tilde{Q}_{\theta n}\\ \tilde{Q}_{rn}\end{Bmatrix}\right|_{tunnel} \tag{3-1}$$

式中,矩阵$[\tilde{\boldsymbol{A}}']$ 的元素表达式可参照式(2-7)。

类似地,通过求解饱和土体的波动方程,土柱内表面的位移$\{\tilde{U}_n\}=\{\tilde{U}_{zn},\tilde{U}_{\theta n},\tilde{U}_{rn}\}^T$与土柱内表面的应力$\{\tilde{T}_{rzn},\tilde{T}_{r\theta n},\tilde{T}_{rrn}\}^T$可以写成如下的形式:

$$\{\tilde{U}_{\mathrm{n}}\}=\begin{Bmatrix}\tilde{U}_{\mathrm{zn}}\\ \tilde{U}_{\theta\mathrm{n}}\\ \tilde{U}_{\mathrm{rn}}\end{Bmatrix}=[\boldsymbol{U}_{\infty}][\boldsymbol{T}_{\infty}]^{-1}\begin{Bmatrix}\tilde{T}_{\mathrm{rzn}}\\ \tilde{T}_{\mathrm{r}\theta\mathrm{n}}\\ \tilde{T}_{\mathrm{rrn}}\end{Bmatrix}=[\boldsymbol{U}_{\infty}]\begin{Bmatrix}B_1\\ B_2\\ B_{\mathrm{r}}\\ B_{\mathrm{z}}\end{Bmatrix} \tag{3-2}$$

流体相对于土骨架的位移$\{\tilde{W}_{\mathrm{n}}\}$可以写为：

$$\{\tilde{W}_{\mathrm{n}}\}=\begin{Bmatrix}\tilde{W}_{\mathrm{zn}}\\ \tilde{W}_{\theta\mathrm{n}}\\ \tilde{W}_{\mathrm{rn}}\end{Bmatrix}=[W_{\infty}]\begin{Bmatrix}B_1\\ B_2\\ B_{\mathrm{r}}\\ B_{\mathrm{z}}\end{Bmatrix} \tag{3-3}$$

式中，矩阵$[\boldsymbol{U}_{\infty}]$，$[\boldsymbol{T}_{\infty}]$和$[\boldsymbol{W}_{\infty}]$的表达式可参见式(2-30)～式(2-32)，$\{B_1,B_2,B_{\mathrm{r}},B_{\mathrm{z}}\}^T$是由未知系数组成的矩阵。

孔隙水压力$\tilde{P}_{\mathrm{fn}}$及其法向导数$\dfrac{\partial\tilde{P}_{\mathrm{fn}}}{\partial r}$可以写为：

$$\begin{aligned}\tilde{P}_{\mathrm{fn}}&=[\boldsymbol{G}_0]\cdot\{B_1,B_2,B_{\mathrm{r}},B_{\mathrm{z}}\}^T\\ \frac{\partial\tilde{P}_{\mathrm{fn}}}{\partial r}&=[\boldsymbol{G}]\cdot\{B_1,B_2,B_{\mathrm{r}},B_{\mathrm{z}}\}^T\end{aligned} \tag{3-4}$$

式中，$[\boldsymbol{G}_0]$和$[\boldsymbol{G}]$的表达式可参见式(2-33)。

4个未知系数$\{B_1,B_2,B_{\mathrm{r}},B_{\mathrm{z}}\}^{\mathrm{T}}$可以通过边界条件求解：(1)衬砌壳中面的净应力等于壳内外表面应力差；(2)隧道与土体交界面位移、应力协调；(3)隧道衬砌不透水，则衬砌外表面孔压法向导数$\dfrac{\partial\tilde{P}_{\mathrm{fn}}}{\partial r}$为0。

基于边界条件，联合式3-2和式3-4可求得由未知系数组成的向量$\{B_1,B_2,B_{\mathrm{r}},B_{\mathrm{z}}\}^T$：

$$\begin{Bmatrix}B_1\\ B_2\\ B_{\mathrm{r}}\\ B_{\mathrm{z}}\end{Bmatrix}=\begin{bmatrix}[\tilde{\boldsymbol{A}}']\cdot[\boldsymbol{U}_{\infty}]_{r=R}-[\boldsymbol{T}_{\infty}]_{r=R}\\ [\boldsymbol{G}]_{r=R}\end{bmatrix}^{-1}\begin{Bmatrix}\tilde{\hat{p}}_{\mathrm{zn}}\\ \tilde{\hat{p}}_{\theta\mathrm{n}}\\ \tilde{\hat{p}}_{\mathrm{rn}}\\ 0\end{Bmatrix} \tag{3-5}$$

式中，$\tilde{\hat{p}}_{\mathrm{zn}},\tilde{\hat{p}}_{\theta\mathrm{n}},\tilde{\hat{p}}_{\mathrm{rn}}$是外荷载$\hat{p}_{\mathrm{zn}},\hat{p}_{\theta\mathrm{n}},\hat{p}_{\mathrm{rn}}$在频率-波数域内对应的量。

未知系数$\{B_1,B_2,B_{\mathrm{r}},B_{\mathrm{z}}\}^{\mathrm{T}}$通过式(3-5)确定后，单个模态$n$下的位移分量$\left(\begin{Bmatrix}\tilde{U}_{\mathrm{n}}\\ \tilde{W}_{\mathrm{n}}\end{Bmatrix}\right)$和应

力分量$\left(\begin{Bmatrix}\tilde{T}_{\mathrm{n}}\\ \tilde{P}_{\mathrm{fn}}\end{Bmatrix}\right)$可写成：

$$\begin{Bmatrix}\tilde{U}_{\mathrm{n}}\\ \tilde{W}_{\mathrm{n}}\end{Bmatrix}_{r=R_{\mathrm{i}}}=\begin{Bmatrix}\tilde{U}_{\mathrm{zn}}\\ \tilde{U}_{\theta\mathrm{n}}\\ \tilde{U}_{\mathrm{rn}}\\ \tilde{W}_{\mathrm{zn}}\\ \tilde{W}_{\theta\mathrm{n}}\\ \tilde{W}_{\mathrm{rn}}\end{Bmatrix}_{r=R_{\mathrm{i}}}=\begin{bmatrix}\boldsymbol{U}_{\infty}^{*}\\ \boldsymbol{W}_{\infty}^{*}\end{bmatrix}_{r=R_{\mathrm{i}}}\begin{Bmatrix}B_1\\ B_2\\ B_{\mathrm{r}}\\ B_{\mathrm{z}}\end{Bmatrix},\begin{Bmatrix}\tilde{T}_{\mathrm{n}}\\ \tilde{P}_{\mathrm{fn}}\end{Bmatrix}_{r=R_{\mathrm{i}}}=\begin{Bmatrix}\hat{\tilde{T}}_{\mathrm{rrn}}\\ \hat{\tilde{T}}_{\mathrm{r\theta n}}\\ \hat{\tilde{T}}_{\mathrm{rzn}}\\ \hat{\tilde{T}}_{\theta\theta\mathrm{n}}\\ \hat{\tilde{T}}_{\theta\mathrm{zn}}\\ \hat{\tilde{T}}_{\mathrm{zzn}}\\ \hat{\tilde{P}}_{\mathrm{fn}}\end{Bmatrix}_{r=R_{\mathrm{i}}}=\begin{bmatrix}[\boldsymbol{T}^{*}]\\ [\boldsymbol{G}_0^{*}]\end{bmatrix}_{r=R_{\mathrm{i}}}\begin{Bmatrix}B_1\\ B_2\\ B_{\mathrm{r}}\\ B_{\mathrm{z}}\end{Bmatrix}\tag{3-6}$$

式中，矩阵$[\boldsymbol{U}_{\infty}^{*}]$，$[\boldsymbol{W}_{\infty}^{*}]$，$[\boldsymbol{T}^{*}]$，$[\boldsymbol{G}_0^{*}]$是分别由对应矩阵$[\boldsymbol{U}_{\infty}]$，$[\boldsymbol{W}_{\infty}]$，$[\boldsymbol{T}]$，$[\boldsymbol{G}_0]$，的偶数列组成的矩阵。

在对称荷载作用下，通过对式(3-6)$\begin{Bmatrix}\tilde{U}_{\mathrm{n}}\\ \tilde{W}_{\mathrm{n}}\end{Bmatrix}$和$\begin{Bmatrix}\tilde{T}_{\mathrm{n}}\\ \tilde{P}_{\mathrm{fn}}\end{Bmatrix}$采用模态叠加法，则频率-波数域内单位移动荷载作用下的位移分量$\left(\begin{Bmatrix}\tilde{U}\\ \tilde{W}\end{Bmatrix}\bigg|_{\mathrm{unit}}\right)$和应力分量$\left(\begin{Bmatrix}\tilde{T}\\ \tilde{P}_{\mathrm{f}}\end{Bmatrix}\bigg|_{\mathrm{unit}}\right)$为：

$$\begin{Bmatrix}\tilde{U}\\ \tilde{W}\end{Bmatrix}\bigg|_{\mathrm{unit}}=\sum_{n=0}^{\infty}\begin{Bmatrix}\tilde{U}_{\mathrm{zn}}\cos n\theta\\ \tilde{U}_{\theta\mathrm{n}}\sin n\theta\\ \tilde{U}_{\mathrm{rn}}\cos n\theta\\ \tilde{W}_{\mathrm{zn}}\cos n\theta\\ \tilde{W}_{\theta\mathrm{n}}\sin n\theta\\ \tilde{W}_{\mathrm{rn}}\cos n\theta\end{Bmatrix},\begin{Bmatrix}\tilde{T}\\ \tilde{P}_{\mathrm{f}}\end{Bmatrix}\bigg|_{\mathrm{unit}}=\sum_{n=0}^{\infty}\begin{Bmatrix}\hat{\tilde{T}}_{\mathrm{rrn}}\cos n\theta\\ \hat{\tilde{T}}_{\mathrm{r\theta n}}\sin n\theta\\ \hat{\tilde{T}}_{\mathrm{rzn}}\cos n\theta\\ \hat{\tilde{T}}_{\theta\theta\mathrm{n}}\cos n\theta\\ \hat{\tilde{T}}_{\theta\mathrm{zn}}\sin n\theta\\ \hat{\tilde{T}}_{\mathrm{zzn}}\cos n\theta\\ \hat{\tilde{P}}_{\mathrm{fn}}\cos n\theta\end{Bmatrix}\tag{3-7a}$$

类似地，对于反对称荷载，位移和应力分量可写为：

$$\left\{\begin{matrix}\tilde{U}\\ \tilde{W}\end{matrix}\right\}\Bigg|_{\text{unit}} = \sum_{n=0}^{\infty}\left\{\begin{matrix}\tilde{U}_{zn}\sin n\theta\\ \tilde{U}_{\theta n}\cos n\theta\\ \tilde{U}_{rn}\sin n\theta\\ \tilde{W}_{zn}\sin n\theta\\ \tilde{W}_{\theta n}\cos n\theta\\ \tilde{W}_{rn}\sin n\theta\end{matrix}\right\},\left\{\begin{matrix}\tilde{T}\\ \tilde{P}_{f}\end{matrix}\right\}\Bigg|_{\text{unit}} = \sum_{n=0}^{\infty}\left\{\begin{matrix}\tilde{\hat{T}}_{rrn}\sin n\theta\\ \tilde{\hat{T}}_{r\theta n}\cos n\theta\\ \tilde{\hat{T}}_{rzn}\sin n\theta\\ \tilde{\hat{T}}_{\theta\theta n}\sin n\theta\\ \tilde{\hat{T}}_{\theta zn}\cos n\theta\\ \tilde{\hat{T}}_{zzn}\sin n\theta\\ \tilde{\hat{P}}_{fn}\sin n\theta\end{matrix}\right\} \tag{3-7b}$$

式(3-7)即为隧道-土体系统的频响函数。

3.2 轨道与隧道的耦合

我们知道行车产生的振动是通过轨道传递到隧道和周围土层的，为此需要解决轨道与隧道-土体系统的耦合计算问题。

3.2.1 单洞单线轨道

如图 3-3 所示，将轨道板视为欧拉梁，若沿 z 方向作用在隧道仰拱处的荷载函数为 $Q(z)$，则距离原点为 z 处的位移响应 $Y(z)$ 为：

$$Y(z) = \int_{-\infty}^{\infty} H(z-\chi)Q(\chi)d\chi \tag{3-8}$$

式中，$H(x)$ 为脉冲荷载作用在 $x=0$ 时，关于 $Y(x)$ 的频响函数。

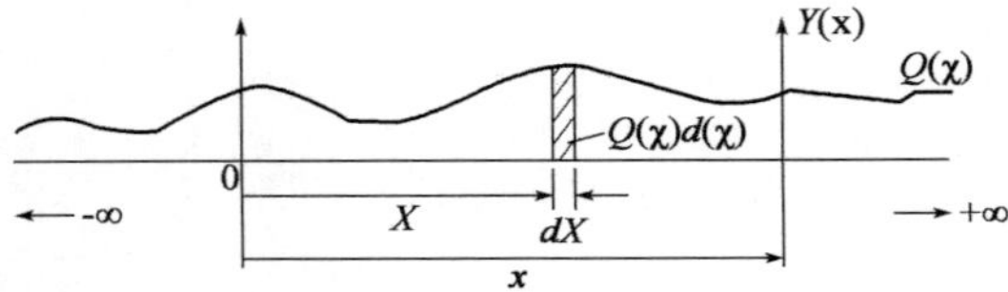

图 3-3 频响函数示意图

定义空间坐标量 z 与波数 ξ 两参数的正、逆 Fourier 积分变换对为：

$$\begin{cases}\tilde{Y}(\xi) = \int_{-\infty}^{\infty} Y(z)e^{-i\xi z}dz\\ Y(z) = \dfrac{1}{2\pi}\int_{-\infty}^{\infty}\tilde{Y}(\xi)e^{-i\xi z}d\xi\end{cases} \tag{3-9}$$

对式(3-8)进行正 Fourier 变换，可得：

$$\tilde{Y}(\xi) = \tilde{H}(\xi)\tilde{Q}(\xi) \tag{3-10}$$

根据(3-10)式,得:

$$\begin{cases}\tilde{Y}_{\text{slab}}=\tilde{H}_{\text{slab}}(-\tilde{G}+1)\\ \tilde{Y}_{\text{tunnel}}=\tilde{H}_{\text{tunnel}}\tilde{G}\end{cases}\tag{3-11}$$

式中,$\tilde{Y}_{\text{slab}}$、$\tilde{Y}_{\text{tunnel}}$分别为轨道板和隧道底部($r=a,\theta=0°$)在频率-波数域内的位移;$\tilde{H}_{\text{slab}}$、$\tilde{H}_{\text{tunnel}}$分别为轨道板和隧道底部所对应的位移频响函数;$\tilde{G}$为频率-波数域内轨道板和隧道底部间的接触力。

若假定轨道板与隧道直接连接,则:

$$\tilde{Y}_{\text{slab}}=\tilde{Y}_{\text{tunnel}}\tag{3-12}$$

将(3-12)式代入(3-11)式,得:

$$\tilde{G}=\frac{\tilde{H}_{\text{slab}}(\xi)}{\tilde{H}_{\text{slab}}(\xi)+\tilde{H}_{\text{tunnel}}(\xi)}\tag{3-13}$$

从而有:

$$\tilde{Y}_{\text{slab}}=\tilde{Y}_{\text{tunnel}}=\frac{\tilde{H}_{\text{slab}}\tilde{H}_{\text{tunnel}}}{\tilde{H}_{\text{slab}}+\tilde{H}_{\text{tunnel}}}\tag{3-14}$$

若假定轨道板与隧道间连接形式为弹簧弹性支撑,则:

$$\tilde{G}=k(\tilde{Y}_{\text{slab}}-\tilde{Y}_{\text{tunnel}})\tag{3-15}$$

式中,k为弹簧刚度。

联立式(3-11)、式(3-15),从而得到:

$$\begin{cases}\tilde{Y}_{\text{slab}}=\dfrac{\tilde{H}_{\text{slab}}(1+k\tilde{H}_{\text{tunnel}})}{1+k\tilde{H}_{\text{slab}}+k\tilde{H}_{\text{tunnel}}}\\ \tilde{Y}_{\text{tunnel}}=\dfrac{k\tilde{H}_{\text{slab}}\tilde{H}_{\text{tunnel}}}{1+k\tilde{H}_{\text{slab}}+k\tilde{H}_{\text{tunnel}}}\end{cases}\tag{3-16}$$

仅考虑隧道-地基系统时,若作用在隧道仰拱原点处一个单位脉冲荷载,则:

$$\tilde{Y}_{\text{soil}}=\tilde{H}_{\text{soil}}\tilde{G}=\tilde{H}_{\text{soil}}\frac{\tilde{Y}_{\text{tunnel}}}{\tilde{H}_{\text{tunnel}}}\tag{3-17}$$

式中,$\tilde{H}_{\text{tunnel}}$为在隧道仰拱面$z=0\text{m}$处作用单位脉冲荷载时,隧道与土体接触底线($r=a,\theta=0°$)产生的位移频响函数;$\tilde{H}_{\text{soil}}$为在隧道仰拱面$z=0\text{m}$处作用单位脉冲荷载在地基内任意一点产生的位移频响函数。

根据前面的壳-柱模型理论，得：

$$\begin{cases}\tilde{H}_{\text{tunnel}} = \tilde{W}\big|_{r=a,\theta=0} \\ \tilde{H}_{\text{soil}} = \tilde{U},\tilde{V},\tilde{W}\big|_{r=R,\theta=\beta}\end{cases} \tag{3-18}$$

假定轨道板为欧拉梁，其振动控制方程为：

$$m\frac{\partial^2 y}{\partial t^2} + EI\frac{\partial^4 y}{\partial z^4} = f(z,t) \tag{3-19}$$

式中，y 为轨道板的位移；m 为轨道板的质量密度；EI 为轨道板的纵向抗弯刚度；t 为时间，z 为轴向距离；$f(z,t)$ 为作用在轨道板上的外荷载。

令 $y=\tilde{Y}e^{i(\omega t+\xi z)}$，$f=\tilde{F}e^{i(\omega t+\xi z)}$，代入式(3-19)得：

$$\tilde{H}_{\text{YF}} = \tilde{Y}\big|_{\tilde{F}=1} = \frac{1}{EI\xi^4 - m\omega^2} \tag{3-20}$$

即轨道板的位移频响函数为：

$$\tilde{H}_{\text{slab}} = \tilde{H}_{\text{YF}} = \tilde{Y}\big|_{\tilde{F}=1} = \frac{1}{EI\xi^4 - m\omega^2} \tag{3-21}$$

3.2.2 单洞双线轨道

进一步将轨道结构与隧道-土体系统耦合，为了模拟单洞双线隧道在单线、双线行车荷载下系统的非对称响应，隧道模型应该能同时考虑作用在隧道内表面的径向和切向荷载。轨道板和钢轨均视为欧拉梁，轨道板和隧道之间通过三线弹簧支撑相连，钢轨和轨道板之间通过四线弹簧支撑相连，如图 3-4 所示。

根据频响函数的定义，频率-波数域内钢轨的竖向位移分量 $\tilde{y}_{1-1}$、$\tilde{y}_{1-2}$、$\tilde{y}_{2-1}$、$\tilde{y}_{2-2}$可分别写成如下形式：

$$\begin{aligned}\tilde{y}_{1-1} &= \tilde{H}_{\text{r}}(\tilde{F}_{1-1} - \tilde{G}_{1-1}) \\ \tilde{y}_{1-2} &= \tilde{H}_{\text{r}}(\tilde{F}_{1-2} - \tilde{G}_{1-2}) \\ \tilde{y}_{2-1} &= \tilde{H}_{\text{r}}(\tilde{F}_{2-1} - \tilde{G}_{2-1}) \\ \tilde{y}_{2-2} &= \tilde{H}_{\text{r}}(\tilde{F}_{2-2} - \tilde{G}_{2-2})\end{aligned} \tag{3-22}$$

式中：$\tilde{H}_{\text{r}}$ 为钢轨竖向的频响函数；$\tilde{F}_{1-1}$、$\tilde{F}_{1-2}$、$\tilde{F}_{2-1}$、$\tilde{F}_{2-2}$为作用在四根钢轨上的外荷载；$\tilde{G}_{1-1}$、$\tilde{G}_{1-2}$、$\tilde{G}_{2-1}$、$\tilde{G}_{2-2}$分别为轨道板给钢轨施加的反力在频率-波数域内的量。

轨道板的竖向位移 $\tilde{y}_3$、水平位移 $\tilde{y}_4$ 和扭转位移 $\tilde{y}_5$ 可分别写成如下形式：

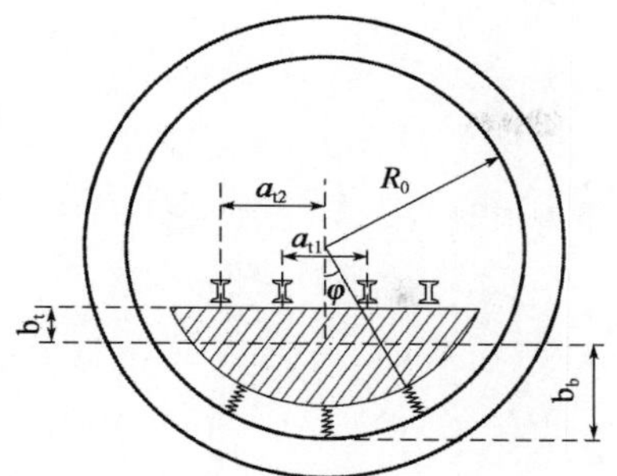

a)轨道结构简化示意图

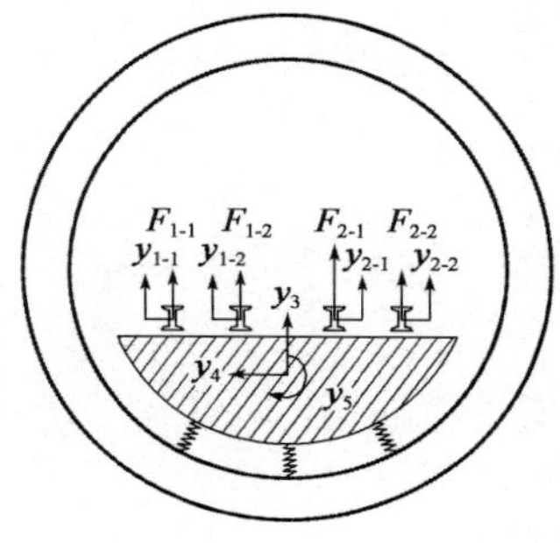

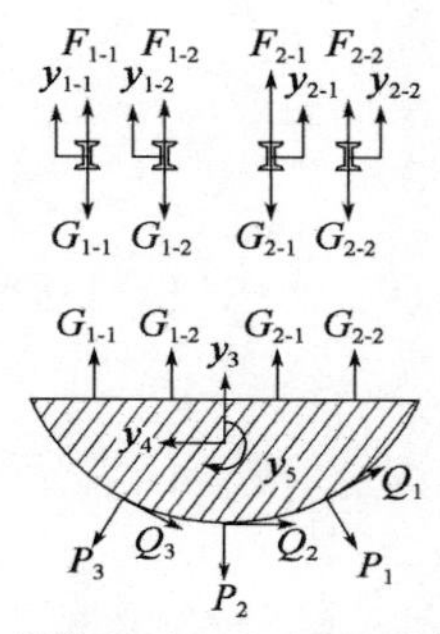

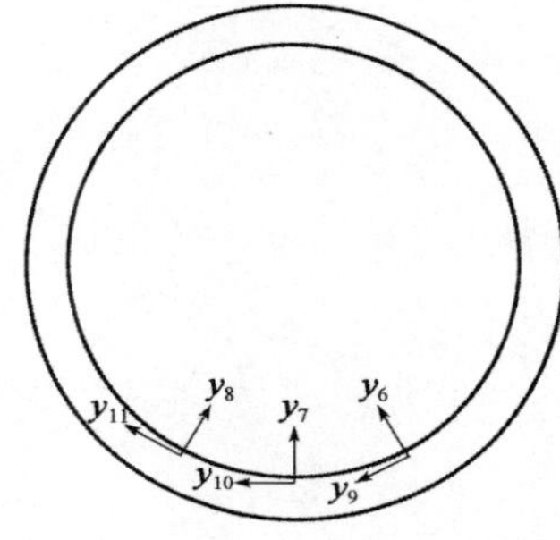

b)隧道-轨道受力分析示意图

图3-4　轨道模型

$$
\begin{aligned}
\tilde{y}_3 &= \tilde{H}_v(-\tilde{P}_1\cos\varphi - \tilde{P}_2 - \tilde{P}_3\cos\varphi + \tilde{Q}_1\sin\varphi - \tilde{Q}_3\sin\varphi + \tilde{G}_{r1-1} + \tilde{G}_{r1-2} + \tilde{G}_{r2-1} + \tilde{G}_{r2-2}) \\
\tilde{y}_4 &= \tilde{H}_h(-\tilde{P}_1\sin\varphi + \tilde{P}_3\sin\varphi - \tilde{Q}_1\cos\varphi - \tilde{Q}_2 - \tilde{Q}_3\sin\varphi) \\
\tilde{y}_5 &= \tilde{H}_r\{(\tilde{G}_{r1-1} - \tilde{G}_{r2-1})a_{t1} + (\tilde{G}_{r1-2} + \tilde{G}_{r2-2})a_{t2} - (\tilde{Q}_1 + \tilde{Q}_3)[R_0 - (R_0 - b_b)\cos\varphi] - \tilde{Q}_2 b_b - \\
&\quad (\tilde{P}_1 - \tilde{P}_3)(R_0 - b_b)\sin\varphi)\}
\end{aligned}
\tag{3-23}
$$

式中：$\tilde{H}_v$、$\tilde{H}_h$、$\tilde{H}_r$ 分别为轨道板竖向、水平向和扭转向的频响函数；$\tilde{P}_1$、$\tilde{P}_2$、$\tilde{P}_3$、$\tilde{Q}_1$、$\tilde{Q}_2$、$\tilde{Q}_3$ 分别表示各物理量在频域内的量；φ 为支撑的中心角；R_0 为隧道的内径；a_{t1}、a_{t2}分别为外侧钢轨和内侧钢轨距轨道板中心的水平距离；b_b 为轨道板形心距轨道板底部的距离。

扣件的平衡方程为：

$$
\begin{aligned}
\tilde{G}_{r1-1} &= k_r(\tilde{y}_{1-1} - \tilde{y}_3 - a_{t1}\tilde{y}_5) \\
\tilde{G}_{r1-2} &= k_r(\tilde{y}_{1-2} - \tilde{y}_3 - a_{t2}\tilde{y}_5) \\
\tilde{G}_{r2-1} &= k_r(\tilde{y}_{2-1} - \tilde{y}_3 + a_{t1}\tilde{y}_5) \\
\tilde{G}_{r2-2} &= k_r(\tilde{y}_{2-2} - \tilde{y}_3 + a_{t2}\tilde{y}_5)
\end{aligned}
\tag{3-24}
$$

式中，k_r 为钢轨扣件的法向刚度。

轨道板与隧道连接处弹簧支撑的平衡方程如下：

$$\begin{aligned}
\tilde{P}_1 &= k_n(\tilde{y}_3\cos\varphi + \tilde{y}_4\sin\varphi - \tilde{y}_5(R_0 - b_b)\sin\varphi - \tilde{y}_6) \\
\tilde{P}_2 &= k_n(\tilde{y}_3 - \tilde{y}_7) \\
\tilde{P}_3 &= k_n(\tilde{y}_3\cos\varphi - \tilde{y}_4\sin\varphi + \tilde{y}_5(R_0 - b_b)\sin\varphi - \tilde{y}_8) \\
\tilde{Q}_1 &= k_s(-\tilde{y}_3\sin\varphi + \tilde{y}_4\cos\varphi + \tilde{y}_5[R_0 - (R_0 - b_b)\cos\varphi] - \tilde{y}_9) \\
\tilde{Q}_2 &= k_s(\tilde{y}_4 + b_b\tilde{y}_5 - \tilde{y}_{10}) \\
\tilde{Q}_3 &= k_s\{\tilde{y}_3\sin\varphi + \tilde{y}_4\cos\varphi + \tilde{y}_5[R_0 - (R_0 - b_b)\cos\varphi] - \tilde{y}_{11}\}
\end{aligned} \tag{3-25}$$

式中，k_n、k_s 分别为轨道板支撑的法向刚度和剪切刚度；$\tilde{y}_6$、$\tilde{y}_7$、$\tilde{y}_8$、$\tilde{y}_9$、$\tilde{y}_{10}$、$\tilde{y}_{11}$ 为三线支撑处隧道位移分量（图 3-4）。

根据式（3-7）隧道-土体模型的基本解，隧道内表面的平衡方程如下：

$$\begin{aligned}
\tilde{y}_6 &= \tilde{H}_{6-6}\tilde{P}_1 + \tilde{H}_{6-7}\tilde{P}_2 + \tilde{H}_{6-8}\tilde{P}_3 + \tilde{H}_{6-9}\tilde{Q}_1 + \tilde{H}_{6-10}\tilde{Q}_2 + \tilde{H}_{6-11}\tilde{Q}_3 \\
\tilde{y}_7 &= \tilde{H}_{7-6}\tilde{P}_1 + \tilde{H}_{7-7}\tilde{P}_2 + \tilde{H}_{7-8}\tilde{P}_3 + \tilde{H}_{7-9}\tilde{Q}_1 + \tilde{H}_{7-10}\tilde{Q}_2 + \tilde{H}_{7-11}\tilde{Q}_3 \\
\tilde{y}_8 &= \tilde{H}_{8-6}\tilde{P}_1 + \tilde{H}_{8-7}\tilde{P}_2 + \tilde{H}_{8-8}\tilde{P}_3 + \tilde{H}_{8-9}\tilde{Q}_1 + \tilde{H}_{8-10}\tilde{Q}_2 + \tilde{H}_{8-11}\tilde{Q}_3 \\
\tilde{y}_9 &= \tilde{H}_{9-6}\tilde{P}_1 + \tilde{H}_{9-7}\tilde{P}_2 + \tilde{H}_{9-8}\tilde{P}_3 + \tilde{H}_{9-9}\tilde{Q}_1 + \tilde{H}_{9-10}\tilde{Q}_2 + \tilde{H}_{9-11}\tilde{Q}_3 \\
\tilde{y}_{10} &= \tilde{H}_{10-6}\tilde{P}_1 + \tilde{H}_{10-7}\tilde{P}_2 + \tilde{H}_{10-8}\tilde{P}_3 + \tilde{H}_{10-9}\tilde{Q}_1 + \tilde{H}_{10-10}\tilde{Q}_2 + \tilde{H}_{10-11}\tilde{Q}_3 \\
\tilde{y}_{11} &= \tilde{H}_{11-6}\tilde{P}_1 + \tilde{H}_{11-7}\tilde{P}_2 + \tilde{H}_{11-8}\tilde{P}_3 + \tilde{H}_{11-9}\tilde{Q}_1 + \tilde{H}_{11-10}\tilde{Q}_2 + \tilde{H}_{11-11}\tilde{Q}_3
\end{aligned} \tag{3-26}$$

式中，$\tilde{H}_{j-k}$ 为频响函数，表示频率-波数域内在 k 方向施加单位力在 j 方向产生的位移，可由式（3-2）~式（3-7）计算得到。

为便于求解，将式（3-22）~式（3-26）写成矩阵形式如下：

$$\tilde{y}_R = \tilde{H}_{11}\tilde{G}_R + \tilde{H}_{12}\tilde{F}_R \tag{3-27}$$

$$\tilde{y}_S = \tilde{H}_{21}\tilde{P} + \tilde{H}_{22}\tilde{G}_R \tag{3-28}$$

$$\tilde{G}_R = \tilde{H}_{31}\tilde{y}_R + \tilde{H}_{32}\tilde{y}_S \tag{3-29}$$

$$\tilde{P} = \tilde{H}_{41}\tilde{y}_S + \tilde{H}_{42}\tilde{y}_T \tag{3-30}$$

$$\tilde{y}_T = \tilde{H}_{51}\tilde{P} \tag{3-31}$$

其中：$\tilde{y}_R=[\tilde{y}_{1-1},\tilde{y}_{1-2},\tilde{y}_{2-1},\tilde{y}_{2-2}]^T$；$\tilde{G}_R=[\tilde{G}_{r1-1},\tilde{G}_{r1-2},\tilde{G}_{r2-1},\tilde{G}_{r2-2}]^T$；$\tilde{F}_R=[\tilde{F}_{1-1},\tilde{F}_{1-2},\tilde{F}_{2-1},\tilde{F}_{2-2}]^T$；$\tilde{y}_S=[\tilde{y}_3,\tilde{y}_4,\tilde{y}_5]^T$；$\tilde{P}=[\tilde{P}_1,\tilde{P}_2,\tilde{P}_3,\tilde{Q}_1,\tilde{Q}_2,\tilde{Q}_3]$；$\tilde{y}_T=[\tilde{y}_6,\tilde{y}_7,\tilde{y}_8,\tilde{y}_9,\tilde{y}_{10},\tilde{y}_{11}]$。矩阵$\tilde{H}_{11}$、$\tilde{H}_{12}$、$\tilde{H}_{21}$、$\tilde{H}_{22}$、$\tilde{H}_{31}$、$\tilde{H}_{32}$、$\tilde{H}_{41}$、$\tilde{H}_{42}$、$\tilde{H}_{51}$的表达式如下：

$$\tilde{H}_{11}=\begin{bmatrix}-\tilde{H}_r & 0 & 0 & 0\\ 0 & -\tilde{H}_r & 0 & 0\\ 0 & 0 & -\tilde{H}_r & 0\\ 0 & 0 & 0 & -\tilde{H}_r\end{bmatrix},\tilde{H}_{12}=\begin{bmatrix}\tilde{H}_r & 0 & 0 & 0\\ 0 & \tilde{H}_r & 0 & 0\\ 0 & 0 & \tilde{H}_r & 0\\ 0 & 0 & 0 & \tilde{H}_r\end{bmatrix},$$

$$\tilde{H}_{21}=\begin{bmatrix}-\tilde{H}_v\cos\varphi & -\tilde{H}_v & -\tilde{H}_v\cos\varphi & \tilde{H}_v\sin\varphi & 0 & -\tilde{H}_v\sin\varphi\\ -\tilde{H}_h\sin\varphi & 0 & \tilde{H}_h\sin\varphi & -\tilde{H}_h\cos\varphi & -\tilde{H}_h & -\tilde{H}_h\cos\varphi\\ \tilde{H}_r(R_0-b_b)\sin\varphi & 0 & -\tilde{H}_r(R_0-b_b)\sin\varphi & -\tilde{H}_r[R_0-(R_0-b_b)\cos\varphi] & -\tilde{H}_r b_b & -\tilde{H}_r[R_0-(R_0-b_b)\cos\varphi]\end{bmatrix},$$

$$\tilde{H}_{22}=\begin{bmatrix}\tilde{H}_v & \tilde{H}_v & \tilde{H}_v & \tilde{H}_v\\ 0 & 0 & 0 & 0\\ \tilde{H}_r a_{t1} & \tilde{H}_r a_{t2} & -\tilde{H}_r a_{t1} & -\tilde{H}_r a_{t2}\end{bmatrix},\tilde{H}_{31}=\begin{bmatrix}k_r & 0 & 0 & 0\\ 0 & k_r & 0 & 0\\ 0 & 0 & k_r & 0\\ 0 & 0 & 0 & k_r\end{bmatrix},$$

$$\tilde{H}_{32}=\begin{bmatrix}-k_r & 0 & -k_r a_{t1}\\ -k_r & 0 & -k_r a_{t2}\\ -k_r & 0 & k_r a_{t1}\\ -k_r & 0 & k_r a_{t2}\end{bmatrix},\tilde{H}_{41}=\begin{bmatrix}k_n\cos\varphi & k_n\sin\varphi & -k_n(R_0-b_b)\sin\varphi\\ k_n & 0 & 0\\ k_n\cos\varphi & -k_n\sin\varphi & k_n(R_0-b_b)\sin\varphi\\ -k_s\sin\varphi & k_s\cos\varphi & k_s[R_0-(R_0-b_b)]\cos\varphi\\ 0 & k_s & k_s b_b\\ k_s\sin\varphi & k_s\cos\varphi & k_s[R_0-(R_0-b_b)]\cos\varphi\end{bmatrix},$$

$$\tilde{H}_{42}=\begin{bmatrix}-k_n & 0 & 0 & 0 & 0 & 0\\ 0 & -k_n & 0 & 0 & 0 & 0\\ 0 & 0 & -k_n & 0 & 0 & 0\\ 0 & 0 & 0 & -k_s & 0 & 0\\ 0 & 0 & 0 & 0 & -k_s & 0\\ 0 & 0 & 0 & 0 & 0 & -k_s\end{bmatrix},$$

$$\tilde{H}_{51}=\begin{bmatrix}\tilde{H}_{6-6} & \tilde{H}_{6-7} & \tilde{H}_{6-8} & \tilde{H}_{6-9} & \tilde{H}_{6-10} & \tilde{H}_{6-11}\\ \tilde{H}_{7-6} & \tilde{H}_{7-7} & \tilde{H}_{7-8} & \tilde{H}_{7-9} & \tilde{H}_{7-10} & \tilde{H}_{7-11}\\ \tilde{H}_{8-6} & \tilde{H}_{8-7} & \tilde{H}_{8-8} & \tilde{H}_{8-9} & \tilde{H}_{8-10} & \tilde{H}_{8-11}\\ \tilde{H}_{9-6} & \tilde{H}_{9-7} & \tilde{H}_{9-8} & \tilde{H}_{9-9} & \tilde{H}_{9-10} & \tilde{H}_{9-11}\\ \tilde{H}_{10-6} & \tilde{H}_{10-7} & \tilde{H}_{10-8} & \tilde{H}_{10-9} & \tilde{H}_{10-10} & \tilde{H}_{10-11}\\ \tilde{H}_{11-6} & \tilde{H}_{11-7} & \tilde{H}_{11-8} & \tilde{H}_{11-9} & \tilde{H}_{11-10} & \tilde{H}_{11-11}\end{bmatrix}。$$

根据式(3-30)和式(3-31)，可得 $\tilde{P}$：

$$\tilde{P}=(I_6-\tilde{H}_{42}\tilde{H}_{51})^{-1}\tilde{H}_{41}\tilde{y}_{\mathrm{S}} \tag{3-32}$$

式中，I_6表示 6×6 的单位矩阵。

根据式(3-27)和式(3-29)，可得 $\tilde{G}_{\mathrm{R}}$ 如下：

$$\tilde{G}_{\mathrm{R}}=(I_4-\tilde{H}_{31}\tilde{H}_{11})^{-1}(\tilde{H}_{31}\tilde{H}_{12}\tilde{F}_{\mathrm{R}}+\tilde{H}_{32}\tilde{y}_{\mathrm{S}}) \tag{3-33}$$

式中，I_4表示 4×4 的单位矩阵。

根据式(3-28)、式(3-32)和式(3-33)，可得 $\tilde{y}_{\mathrm{S}}$ 如下：

$$\tilde{y}_{\mathrm{S}}=[I_3-\tilde{H}_{21}\tilde{H}_{41}(I_6-\tilde{H}_{42}\tilde{H}_{51})^{-1}-\tilde{H}_{22}\tilde{H}_{32}(I_4-\tilde{H}_{31}\tilde{H}_{11})^{-1}]^{-1}\tilde{H}_{22}(I_4-\tilde{H}_{31}\tilde{H}_{11})^{-1}\tilde{H}_{31}\tilde{H}_{12}\tilde{F}_{\mathrm{R}} \tag{3-34}$$

一旦计算得到 $\tilde{y}_{\mathrm{S}}$ 后，便可根据式(3-33)、式(3-32)、式(3-31)和式(3-27)分别得到 $\tilde{G}_{\mathrm{R}}$、$\tilde{P}$、$\tilde{y}_{\mathrm{T}}$ 和 $\tilde{y}_{\mathrm{R}}$。

在式(3-34)中，矩阵元素中的轨道板和钢轨的频响函数为未知量，需进一步确定。下面分别计算轨道板和钢轨的频响函数。

将钢轨和轨道板视为欧拉－伯努利梁，在外荷载 $F(z,t)$ 作用下轨道板的振动控制方程如下：

$$m\frac{\partial^2 y}{\partial t^2}+EI\frac{\partial^4 y}{\partial z^4}=F(z,t) \tag{3-35}$$

式中，EI 为梁的抗弯刚度；m 为单位长度梁的质量。

将式(3-35)进行双重傅里叶变换，得：

$$EI\xi^4\tilde{y}-m\omega^2\tilde{y}=\tilde{F} \tag{3-36}$$

从而可得钢轨和轨道板竖向位移的频响函数为：

$$\tilde{H}_{\mathrm{y}}=\tilde{y}\,|_{\tilde{F}=1}=\frac{1}{EI\xi^4-m\omega^2} \tag{3-37}$$

在外部扭矩 T 作用下，无限长的轨道板梁扭转方程如下：

$$J\frac{\partial^2\gamma}{\partial t^2}-GK\frac{\partial^2\gamma}{\partial z^2}=T(z,t) \tag{3-38}$$

式中，J 为梁的极惯性矩，GK 为梁的扭转刚度。

采用双重傅里叶变换，将式(3-38)换至频率-波数域内可得：

$$GK\xi^2\tilde{\gamma}-J\omega^2\tilde{\gamma}=\tilde{T} \tag{3-39}$$

从而可得轨道板扭转频响函数为：

$$\tilde{H}_{\gamma}=\tilde{\gamma}_{\tilde{T}=1}=\frac{1}{GK\xi^2-J\omega^2} \tag{3-40}$$

将式(3-7)计算得到的隧道-土体系统的频响函数、式(3-37)和式(3-40)计算得到的轨道板和钢轨的频响函数和其他参数代入式(3-30)～式(3-34)中的矩阵，便可计算得到单位简谐荷载作用下轨道-隧道-土体系统的动力响应。

3.3　车辆荷载的模拟

列车荷载 F_{train} 可简化为一系列以恒定速度 v_0 移动的轮载 P_{j}（图3-5），则荷载表达式可写为：

$$\begin{aligned}
&F_{\text{train}}=\sum_{j=1}^{N_{\text{c}}}F_{\text{j}}(z-v_0t)\mathrm{e}^{i\omega_0 t}\\
&F_{\text{j}}(z-v_0t)=P_{\text{j}}\Big[\delta\Big(z-v_0t+\sum_{k=1}^{j-1}l_{\text{k}}+l_{\text{d}}\Big)+\delta\Big(z-v_0t+w_{\text{a}}+\sum_{k=1}^{j-1}l_{\text{k}}+l_{\text{d}}\Big)+\\
&\qquad\delta\Big(z-v_0t+w_{\text{a}}+w_{\text{b}}+\sum_{k=1}^{j-1}l_{\text{k}}+l_{\text{d}}\Big)+\delta\Big(z-v_0t+2w_{\text{a}}+w_{\text{b}}+\sum_{k=1}^{j-1}l_{\text{k}}+l_{\text{d}}\Big)\Big]
\end{aligned} \tag{3-41}$$

式中，N_{c} 为列车车厢数量；P_{j} 为列车轴重；w_{a} 为同一转向架相邻两轮对之间的距离；w_{b} 为同一节车第二组和第三组轮对之间的距离；l_{k} 为列车单节车长；l_{d} 为列车第一轮载到观察点之间的距离。

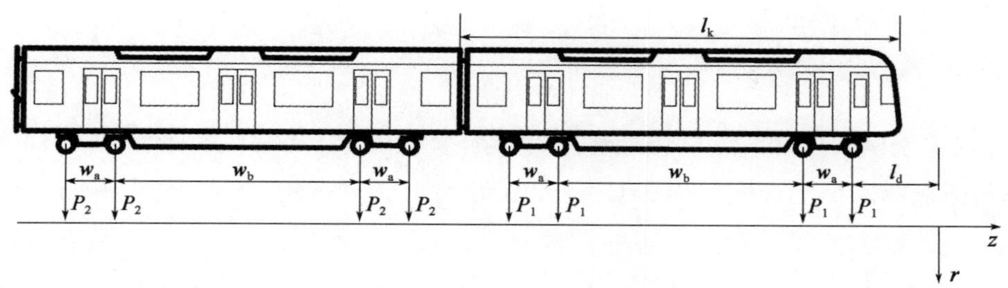

图3-5　列车荷载模型示意

对式(3-41)进行傅里叶变换，得到车辆荷载在频率-波数域内的表达式为：

$$\tilde{F}_{\text{train}}=2\pi\delta(\omega+\xi v_0-\omega_0)\kappa(\xi)$$
$$\kappa(\xi)=\sum_{j=1}^{N_c}P_j\left[1+e^{i\xi w_a}+e^{i\xi(w_a+w_b)}+e^{i\xi(2w_a+w_b)}\right]e^{i\xi\left(\sum_{k=1}^{j-1}l_k+l_d\right)}\tag{3-42}$$

结合频率-波数域内车辆荷载表达式(3-42)和单位荷载作用下轨道-隧道-土体系统动力响应基本解式(3-30)~式(3-34),可得频率-波数域内移动车辆荷载作用下土体位移分量$\left.\begin{Bmatrix}\tilde{U}\\\tilde{W}\end{Bmatrix}\right|_{\text{train}}$和应力分量$\left.\begin{Bmatrix}\tilde{T}\\\tilde{P}_f\end{Bmatrix}\right|_{\text{train}}$的表达式。

$$\left.\begin{Bmatrix}\tilde{U}\\\tilde{W}\end{Bmatrix}\right|_{\text{train}}=\tilde{F}_{\text{train}}\cdot\left.\begin{Bmatrix}\tilde{U}\\\tilde{W}\end{Bmatrix}\right|_{\text{unit}},\left.\begin{Bmatrix}\tilde{T}\\\tilde{P}_f\end{Bmatrix}\right|_{\text{train}}=\tilde{F}_{\text{train}}\cdot\left.\begin{Bmatrix}\tilde{T}\\\tilde{P}_f\end{Bmatrix}\right|_{\text{unit}}\tag{3-43}$$

对式(3-43)进行傅里叶逆变换,便可得到移动车辆荷载作用下时间-空间域内的土体位移分量$\left.\begin{Bmatrix}U\\W\end{Bmatrix}\right|_{\text{train}}$和土体应力分量$\left.\begin{Bmatrix}T\\P_f\end{Bmatrix}\right|_{\text{train}}$的表达式。

$$\left.\begin{Bmatrix}U\\W\end{Bmatrix}\right|_{\text{train}}=\frac{1}{4\pi^2}\int_{-\infty}^{\infty}\int_{-\infty}^{\infty}\left.\begin{Bmatrix}\tilde{U}\\\tilde{W}\end{Bmatrix}\right|_{\text{train}}e^{i\xi z}e^{i\omega t}d\xi d\omega e^{i\omega_0 t},$$
$$\left.\begin{Bmatrix}T\\P_f\end{Bmatrix}\right|_{\text{train}}=\frac{1}{4\pi^2}\int_{-\infty}^{\infty}\int_{-\infty}^{\infty}\left.\begin{Bmatrix}\tilde{T}\\\tilde{P}_f\end{Bmatrix}\right|_{\text{train}}e^{i\xi z}e^{i\omega t}d\xi d\omega e^{i\omega_0 t}\tag{3-44}$$

3.4 算例与分析

完成上述推导之后,有必要对方法的可靠性进行验证,然后分别对单洞单线和单洞双线情况进行计算分析。

3.4.1 模型的退化分析

为了验证模型的可靠性,将模型退化为单洞单线模型,并与既有的模型进行比较[4]。图3-6a为隧道横断面示意图。表3-1~表3-3给出了隧道衬砌、饱和土体和轨道的计算参数。为了进行比较,除了轨道板支撑的数量和轨道板的支撑刚度外,其他参数取值同文献。通过将模型中的注浆层移除,将四根钢轨简化为两根钢轨,同时调整钢轨间的间距($a_{t1}=0.75\text{m}$,$a_{t2}=0\text{m}$)和外荷载($F_{1-1}=F_{2-2}=0\text{N}$,$F_{1-2}=F_{2-1}=0.5e^{i\omega t}\text{N}$),则单位简谐荷载作用下单洞单线隧道系统的动力响应便可快速计算获得。轨道板法向支撑刚度k_n可采用式

(3-45)计算：

$$k_n = \frac{4\pi^2 f_n^2 m_s}{2\cos^2\varphi + 1 + 2R_{sk}\sin^2\varphi} \tag{3-45}$$

式中，f_n为轨道板的固有频率；m_s为轨道板的质量，R_{sk}为轨道板支撑剪切刚度 k_s和法向刚度 k_n的比值($R_{sk}=k_s/k_n$)，φ 是支撑的中心角(图 3-4)。对于浮置板轨道，R_{sk}可取 0.5。当$f_n=\infty$ Hz、$R_{sn}=1$ 时表示固定轨道，在计算 f_n时可取一个远大于感兴趣频率的值。

隧道衬砌计算参数 表 3-1

参数	取值	参数	取值
弹性模量 E(Pa)	5×10^{10}	半径 a(m)	3.0
泊松比 v	0.3	厚度 h(m)	0.25
密度 ρ(kg/m^3)	2 500		

饱和土体计算参数 表 3-2

参数	取值	参数	取值
Lamé 常数 λ(Pa)	4.67×10^7	孔隙比 n_0	0.4
Lamé 常数 μ(Pa)	2×10^7	反应土体压缩性的 Biot 参数 α	1.0
土骨架密度 ρ_s(kg/m^3)	1 816	反应土体压缩性的 Biot 参数 M(Pa)	6.125×10^9
流体密度 ρ_f(kg/m^3)	1 000	反应土体黏性耦合的参数 b[kg/(m^3·s)]	1×10^9

轨道计算参数 表 3-3

参数	取值	参数	取值
钢轨抗弯刚度 EI_r(Pa·m^4)	1.29×10^7	轨道板质量 m_s(kg/m)	3 500
钢轨质量 m_r(kg/m)	120.6	轨道板支撑弹簧刚度 k_{ss}(N/m^{-2})	5×10^7
轨下弹簧刚度 k_r(N/m^{-2})	4×10^7	轨道板支撑弹簧阻尼因子 β_{sk}	0.5
轨下弹簧阻尼因子 β_{rk}	0.3	轨道板固有频率 f_n(Hz)	19.02
轨道板抗弯刚度 EI_s(Pa·m^4)	1.43×10^7		

这里浮置板的自振频率$f_n=19.02$Hz 与文献相同，$R_{sk}=0.5$。离散傅里叶变换中，空间步 $\Delta z=0.5$m，总点数 $N=2\,049$，模态数 $n=10$ 时可满足收敛。图 3-6b)给出了不同荷载频率(0～200Hz)下隧道下方饱和土中动力响应(u_r和 P_f)的最大幅值计算结果。为了将本章提出模型的计算结果与既有模型的结果进行比较，采用 dB 来表征动力响应水平，dB $=20\times\lg U$，这里 U 是广义动力响应的幅值。从图 3-6b)可以看出，提出模型的计算结果与既有模型的计算结果吻合较好。

3.4.2 单洞单线响应分析

采用上述模型，基于实际地铁列车运行速度、隧道、注浆层和土体的参数进行计算，分析荷载移动线下方土中的应力空间分布特征以及移动荷载作用下荷载下方不同位置处土单元的应力状态。表 3-4～表 3-6 给出了隧道衬砌、注浆层、饱和土体和车辆的计算参数。

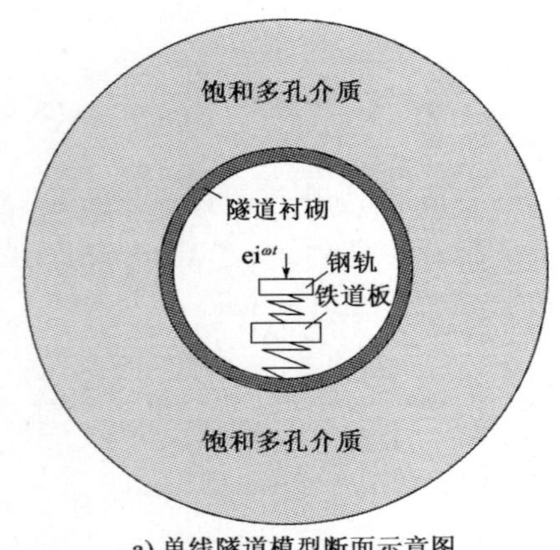

a) 单线隧道模型断面示意图

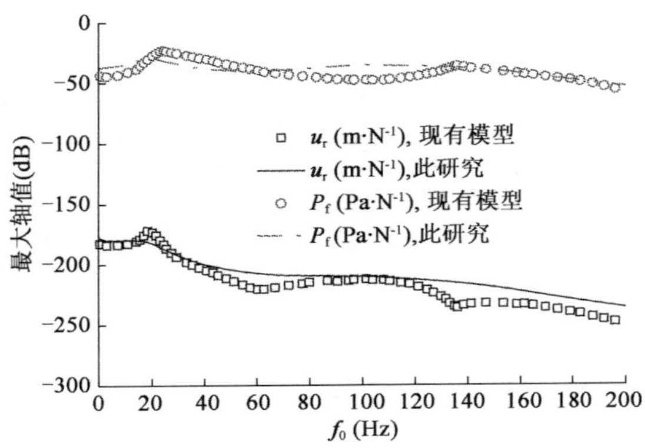

b) 不同激振频率的移动简谐荷载作用下(v0=40 km/h)隧道底部($\theta = 0°$, r = 3 m)土体最大径向位移u_r 和最大孔压对比图

图 3-6 模型的验证

隧道衬砌和注浆层计算参数 表 3-4

参　　数	取　　值	参　　数	取　　值
隧道衬砌弹性模量 E_1(Pa)	5×10^{10}	注浆层弹性模量 E_2(Pa)	5.5×10^{8}
衬砌泊松比 v_1	0.3	注浆层泊松比 v_2	0.2
衬砌密度 ρ_1(kg/m^3)	2 500	注浆层密度 ρ_2(kg/m^3)	2 500
隧道内径 R_0(m)	2.875	注浆层厚度 h_2(m)	0.2
衬砌厚度 h_1(m)	0.35		

饱和土体计算参数 表 3-5

参　　数	取　　值	参　　数	取　　值
Lamé 常数 λ(Pa)	3×10^{7}	孔隙比 n_0	0.4
Lamé 常数 μ(Pa)	2×10^{7}	反映土颗粒压缩性的 Biot 常数 α	1.0
土颗粒密度 ρ_s(kg/m^3)	2 600	反映流体压缩性的 Biot 常数 M(Pa)	5×10^{9}
流体密度 ρ_f(kg/m^3)	1 000	反映土体黏性耦合的参数 b(N · s/m^4)	10^{8}

车辆计算参数 表 3-6

参　　数	取值	参　　数	取值
列车车厢数 N_c	6	同一车厢第 2 轮对与第 3 轮对的距离 w_b(m)	13.2
静轮载 P_j(kN)	80	车厢长度 l_k(m)	22.8
同一转向架两轮对的距离 w_a(m)	2.5	观测点与第一轮对的水平距离 l_d(m)	0

下面主要分析车辆荷载移动下方土中应力幅值沿轴向的分布特征及各动应力分量沿深度的衰减特征,并对比分析弹性地基和饱和地基中应力分布特征的区别。计算时将饱和土体参数 ρ_f、b、α、M、m 取为 10^{-4},使得饱和土退化为单相弹性土体。

图 3-7 给出了隧道注浆层下方弹性土体和饱和土体中动应力的对比图,车辆荷载移动速度 $v = 10$m/s。可以看到,在 6 节编组车(24 个轮对)车辆荷载作用下,隧道下方土体存在 24 个明显的车致动应力峰值。图 3-7a)给出了正应力分布图,可以看到,在 3 个正应力中,土体竖向正应力τ_{yy}幅值最大,τ_{xx}和τ_{zz}幅值接近,约为 0.5 τ_{yy}。饱和土中的正应力幅值大于

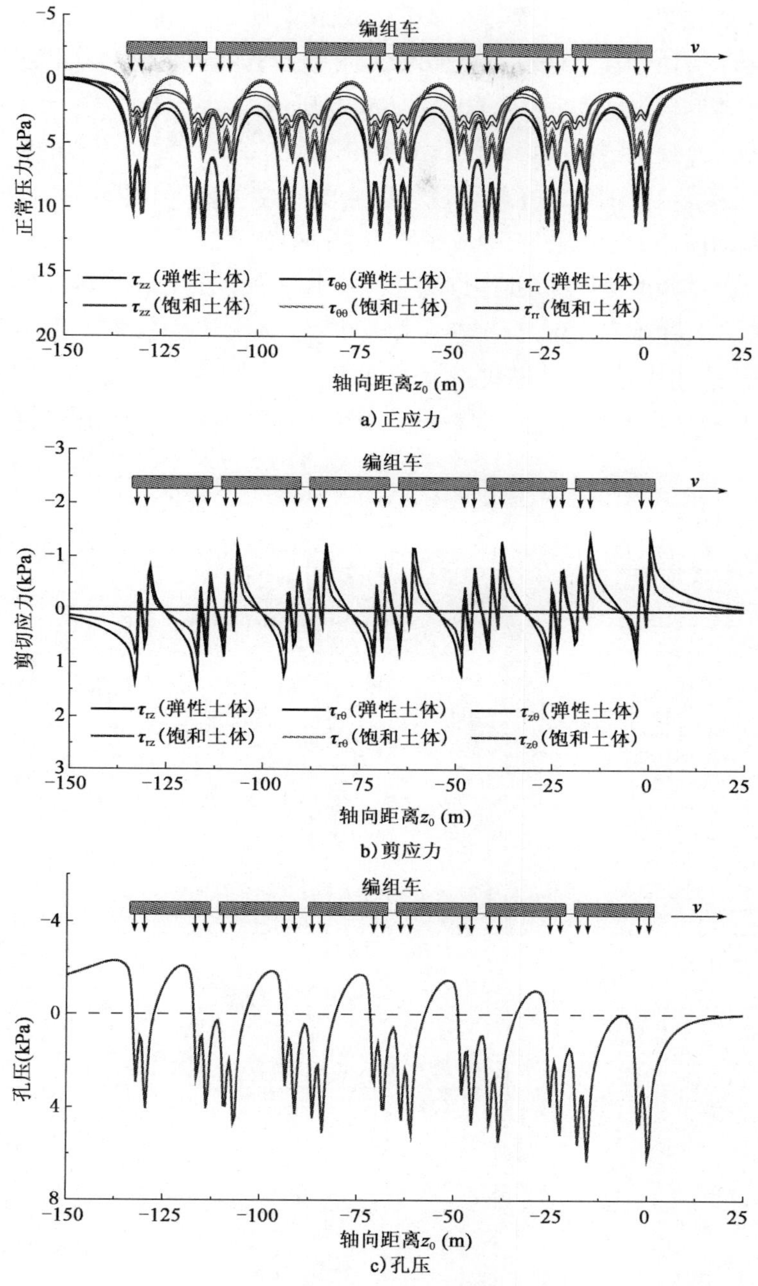

图 3-7 注浆层下方土体动应力

相应弹性土中动应力的峰值,这表明采用弹性土来代替饱和土将低估土中的车致径向正应力水平。从图 3-7b)可以看到,由于隧道正下方 $\theta=0$,剪应力$\tau_{z\theta}$和 $\tau_{r\theta}$均为0。饱和土中的土体剪应力τ_{rz}幅值小于弹性土中的剪应力τ_{rz}幅值,这表明采用弹性土来模拟饱和弹性土将高估土中的剪应力水平。图 3-7c)给出了隧道下方土中的孔压分布图,可以看到,在车体下方,土体孔压 P_f 基本为正值(除最后一节车厢外)。这主要是由于在单个移动荷载作用下,饱和黏性土体中的孔隙水会向荷载前方移动,导致荷载前下方孔压为正,荷载后下方孔压为负。前5节车厢下方由于前后轮载的叠加效应,导致正孔压占优,整体呈现孔压为正,而第6节车厢2个转向架下方及最后一个轮载后方负孔压占优。

图3-8a)、b)、c)分别给出了第4轮载下方的正应力、第22轮载下方的剪应力及第1轮载下方的孔压沿深度变化曲线。车辆荷载移动速度 $v=10\text{m/s}$。由图3-8a)可以看出,正应力随着深度增加而减小,当深度小于9m时饱和土体中的动应力小于弹性土体中的正应力;当深度大于9m时,两种情况下的动应力几乎相等。图3-9给出了动应力沿深度的衰减比(τ/τ_{max})曲线,可以看到,隧道下方9m处车致动应力衰减为最大值的10%左右。由图3-9a)中可以看出,在3个正应力中,$\tau_{\theta\theta}$衰减最快,τ_{rr}衰减最慢。饱和土中动应力的衰减比明显小于弹性土中的衰减比,这表明采用弹性土代替饱和弹性土计算地基的车载沉降时会低估动应力的影响深度。

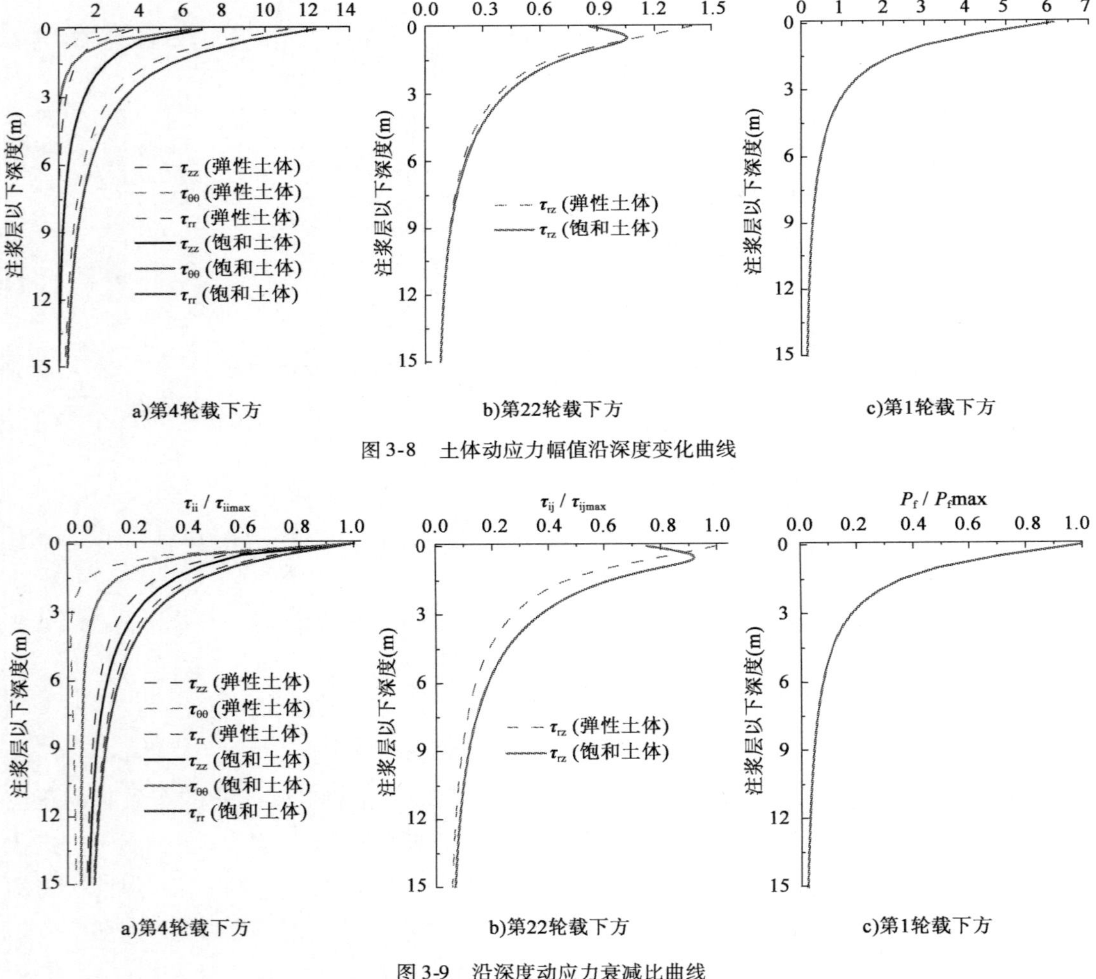

a)第4轮载下方　b)第22轮载下方　c)第1轮载下方

图3-8　土体动应力幅值沿深度变化曲线

a)第4轮载下方　b)第22轮载下方　c)第1轮载下方

图3-9　沿深度动应力衰减比曲线

进一步分析荷载移动线下方($\theta=0$)土单元的应力状态,由于该平面内土体剪应力$\tau_{r\theta}$和$\tau_{z\theta}$始终为0,可视θ方向的动应力始终为中主应力,如果忽略中主应力的影响,只需要分析r-z平面上的应力状态即可。如图3-10所示,选取注浆层下方($r=3.2,z=0,\theta=0$)的O点和注浆层下方3m ($r=6.2,z=0,\theta=0$)M点的土单元应力进行分析,荷载以速度$v=10\text{m/s}$从A移动到O点再到B点,观察土中O点和M点的应力状态变化。分析时荷载分别考虑单个移动荷载以及多个移动轮载(1节车厢)作用的情况,地基分别考虑弹性地基和饱和地基两种情况。

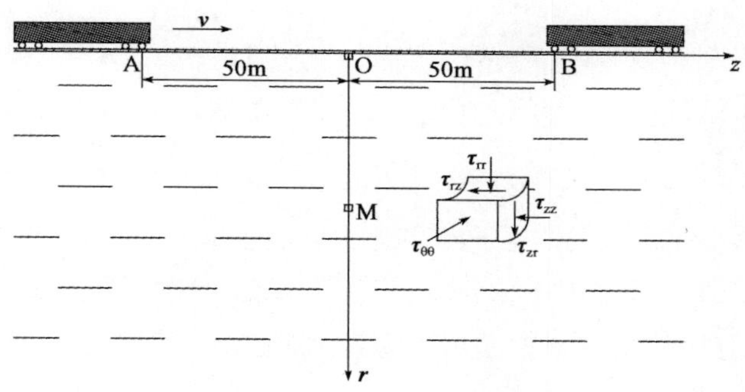

图3-10　移动轮载作用下土体单元应力状态示意图

图3-11给出了单个荷载移动下荷载下方弹性地基O点土单元应力时程曲线及应力路径。由图3-11a)可以看出,剪应力τ_{rz}关于$t=5\text{s}$反对称,而其他动应力关于$t=5\text{s}$对称,荷载移动到分析土单元正上方时,竖向动应力τ_{rr}远大于其他两个方向的正应力τ_{zz}和$\tau_{\theta\theta}$。弹性地基中应力路径关于$\tau_{rz}=0$对称,如图3-11b)所示。图3-12给出了移动车辆荷载作用下弹性地基O点土单元的应力状态。通过比较图3-11a)和图3-12a)可以看到,多轮载作用下同一点的应力峰值明显增大,荷载的叠加效应显著。对比图3-11b)和图3-12b)可以看出,多轮载作用下应力路径更为复杂。

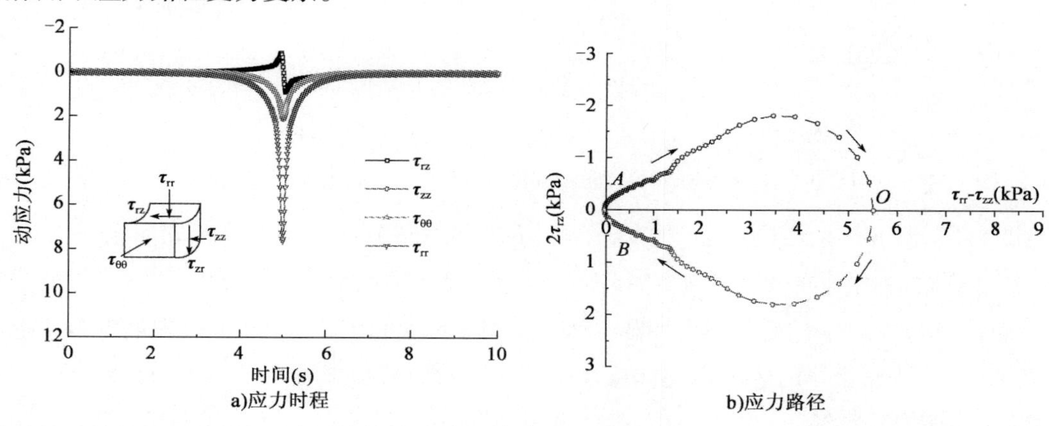

图3-11　单个移动荷载下弹性土体O点($r=3.2,z=0,\theta=0$)应力状态

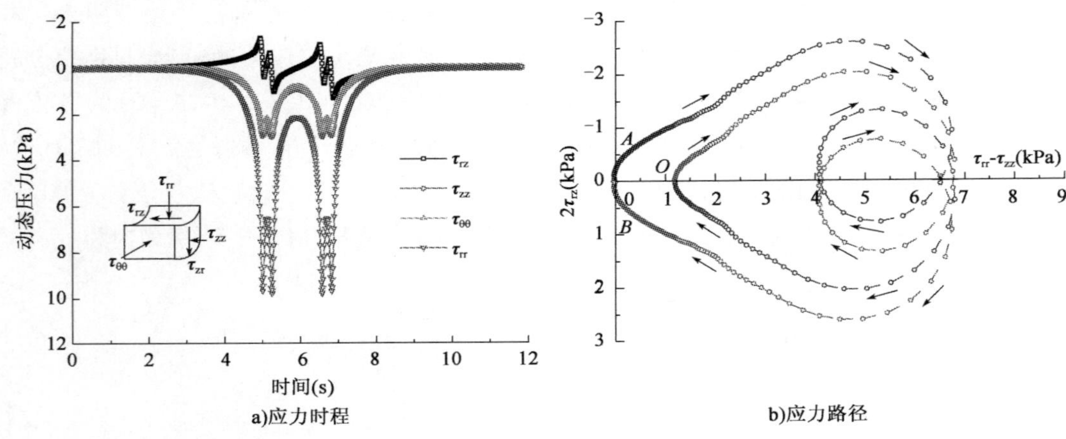

图 3-12　多个移动荷载下弹性土体 O 点($r=3.2,z=0,\theta=0$)应力状态

图 3-13 给出了移动车辆荷载作用下饱和地基 O 点土单元的应力状态，通过对比图 3-12a）和图 3-13a）可以看出，弹性地基中土单元应力关于 $t=6$s 对称，而饱和地基土单元的应力不再关于 $t=6$s 对称。分析认为这主要是因为在移动荷载作用下，饱和地基中的孔隙水会向荷载前方移动，孔压的存在及变化会影响土骨架的应力。与图 3-12b）中弹性地基 O 点的应力路径相比，饱和地基中 O 点的应力路径不再关于$\tau_{rz}=0$ 对称，如图 3-13b）所示。且饱和地基中正应力分量差($\tau_{rr}-\tau_{zz}$)、剪应力水平 2 τ_{rz}与弹性地基中的相应差值明显。

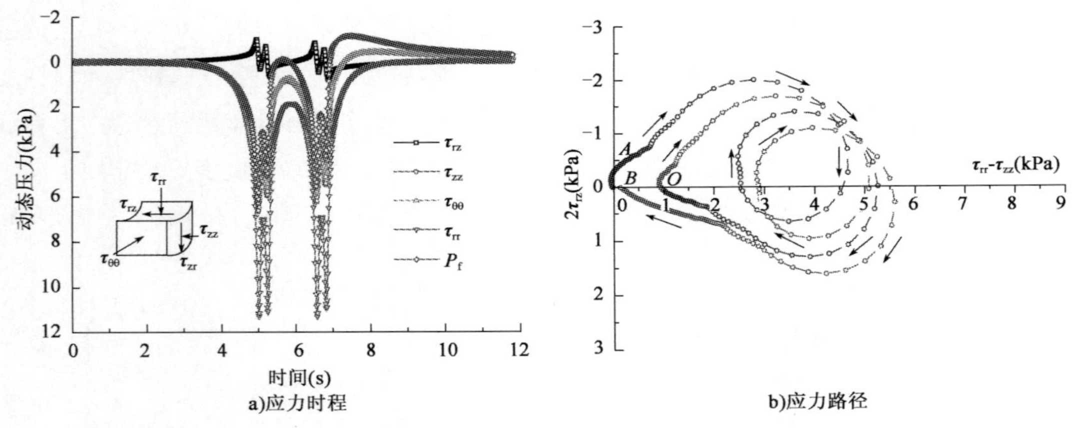

图 3-13　多个移动荷载下饱和弹性土体 O 点($r=3.2,z=0,\theta=0$)应力状态

图 3-14 进一步给出了移动车辆荷载作用下饱和地基 O 点正下方 3m 处 M 点土单元应力状态。通过对比图 3-13a）和图 3-14a）可以看出，正应力τ_{rr}和孔压 P_f的 4 个峰值均变成了 2 个，而正应力τ_{zz}和$\tau_{\theta\theta}$的峰值不再明显，剪应力τ_{rz}的 8 个峰值变成了 4 个。即随着深度地增加，隧道下方 M 点土体的应力变化幅度较 O 点小(峰值减少或不明显)。与图 3-13b）O 点应力路径相比，下方 M 点土单元应力路径更为简单，关于横轴$\tau_{rz}=0$ 的对称性更好，且循环圈更少，如图 3-14b）。

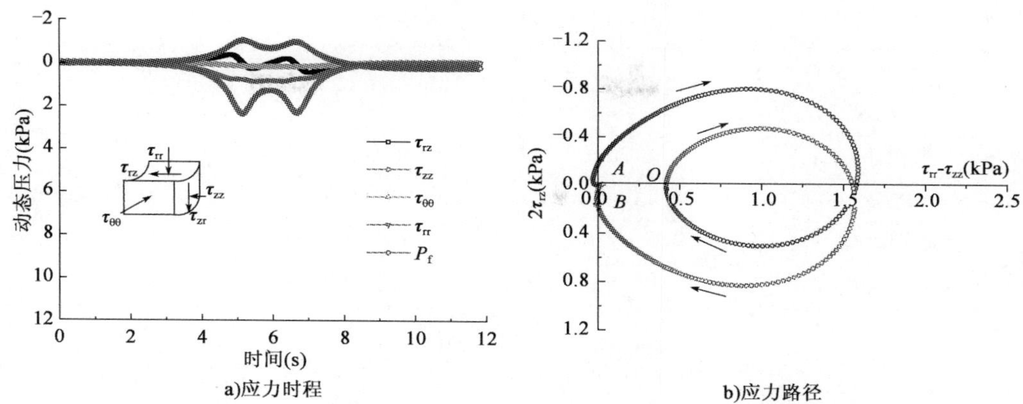

a)应力时程　　b)应力路径

图 3-14　多个移动荷载下饱和弹性土体 M 点($r=6.2,z=0,\theta=0$)应力状态

由上述分析可知,弹性土体与饱和弹性土体的动应力区别明显,如果忽略土中孔隙水的影响和荷载的叠加作用,会低估移动荷载作用下土体动应力水平。因此,在分析车致动应力时需要考虑弹性地基和饱和地基的区别以及车辆荷载和单个荷载的区别。

3.4.3　单洞双线行车响应

采用提出的模型对南京地铁 3 号线大断面盾构隧道的车致动力响应进行分析。隧道主要位于淤泥质黏土中,隧道外径 11.2m,衬砌厚度 0.5m,如图 3-15 所示。左右线间距 3.7m,轨距为 1.435m,轨枕间距为 0.595m。表 3-7 ~ 表 3-10 给出了土体、注浆层、隧道衬砌、轨道和车辆的参数。材料的阻尼通过使用阻尼损耗因子 β 在模型中予以体现。对于土体,阻尼是通过使用复材料参数 $\lambda^*=\lambda(1+i\beta_s)$ 和 $\mu^*=\mu(1+i\beta_s)$ 实现,对于隧道衬砌和注浆层,阻尼是通过使用复材料参数 $E^*=E(1+i\beta_t)$ 和 $v^*=v(1+i\beta_t)$ 实现。对于轨道,复材料参数为 $EI_{r*}=EI_r(1+i\beta_{rail})$,$EI_{v*}=EI_v(1+i\beta_{slab})$,$EI_{h*}=EI_h(1+i\beta_{slab})$,$k_{r*}=k_r(1+i\beta_{rk})$,$k_{s*}=k_s(1+i\beta_{sk})$,和 $k_{n*}=k_n(1+i\beta_{sk})$,车辆荷载移动速度为 60km/h。

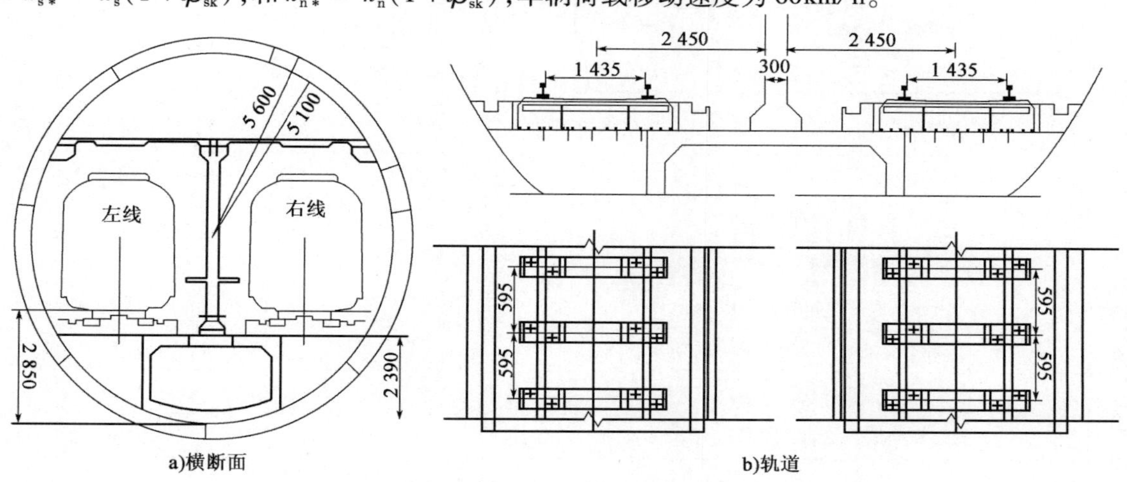

a)横断面　　b)轨道

图 3-15　南京地铁 3 号线大断面盾构隧道(尺寸单位:mm)

隧道衬砌和注浆层计算参数　　表 3-7

参　数	取　值	参　数	取　值
隧道衬砌弹性模量 E_1(Pa)	5×10^{10}	注浆层弹性模量 E_2(Pa)	5.5×10^{8}
衬砌泊松比 v_1	0.3	注浆层泊松比 v_2	0.2
衬砌密度 ρ_1(kg/m^3)	2 500	注浆层密度 ρ_2(kg/m^3)	2 500
隧道内径 R_0(m)	5.1	注浆层厚度 h_2(m)	0.25
衬砌厚度 h_1(m)	0.5	衬砌和注浆层阻尼耗损因子 β_t	0.03

饱和土体计算参数　　表 3-8

参　数	取　值	参　数	取　值
Lamé 常数 λ(Pa)	3×10^{7}	反映土颗粒压缩性的 Biot 常数 α	1.0
Lamé 常数 μ(Pa)	2×10^{7}	反映流体压缩性的 Biot 常数 M(Pa)	5×10^{9}
土颗粒密度 ρ_s(kg/m^3)	2 600	反映土体黏性耦合的参数 b[kg/(m^3·s)]	10^8
流体密度 ρ_f(kg/m^3)	1 000	土体阻尼损耗因子 β_s	0.04
孔隙比 n_0	0.4		

轨道计算参数　　表 3-9

参　数	取　值	参　数	取　值
钢轨抗弯刚度 EI_r(Pa·m^4)	5×10^{6}	内侧钢轨距轨道板中心的水平距离 a_{t2}(m)	3.317 5
钢轨质量 m_r(kg/m)	50	轨道板中心到隧道底部的竖向距离 b_b	1.44
轨下弹簧支撑刚度 k_r(N/m^{-2})	20×10^{6}	轨道板支撑中心角 φ(°)	30°
轨道板竖向抗弯刚度 EI_v(Pa·m^4)	2.4×10^{11}	轨道板固有频率 f_n(Hz)	1 000
轨道板水平抗弯刚度 EI_h(Pa·m^4)	2.67×10^{12}	轨道板剪切弹簧刚度和法向弹簧刚度比 R_{sn}	1
轨道板质量 m_s(kg/m)	23 692	钢轨弯曲阻尼损耗因子 β_{rail}	0.02
轨道板扭转刚度 GK(Pa·m^4)	2.88×10^{11}	钢轨支撑阻尼损耗因子 β_{rk}	0.3
轨道板极惯性矩 J(kg·m^2/m)	145 614.91	轨道板弯曲和扭转阻尼损耗因子 β_{slab}	0.05
外侧钢轨距轨道板中心的水平距离 a_{t1}(m)	1.882 5	轨道板支撑阻尼损耗因子 β_{sk}	0.1

车辆计算参数　　表 3-10

参　数	取　值
列车车厢数 N_c	6
静轮载 P_j(kN)	80
同一转向架两轮对的距离 w_a(m)	2.5
同一车厢第 2 轮对与第 3 轮对的距离 w_b(m)	13.2
车厢长度 l_k(m)	22.8
观测点与第一轮对的水平距离 l_d(m)	0

图 3-16 给出了左线行车时隧道下方土体动应力分布云图。由图 3-16a)和图 3-16b)可以

看出，由于荷载的叠加效应，车辆中间下方土体的正应力τ_{rr}和孔压 P_f幅值大于其他位置。由于车辆中线两侧土体具有相反运动的趋势，剪应力τ_{rz}关于车辆中部反对称，如图 3-16c）所示。

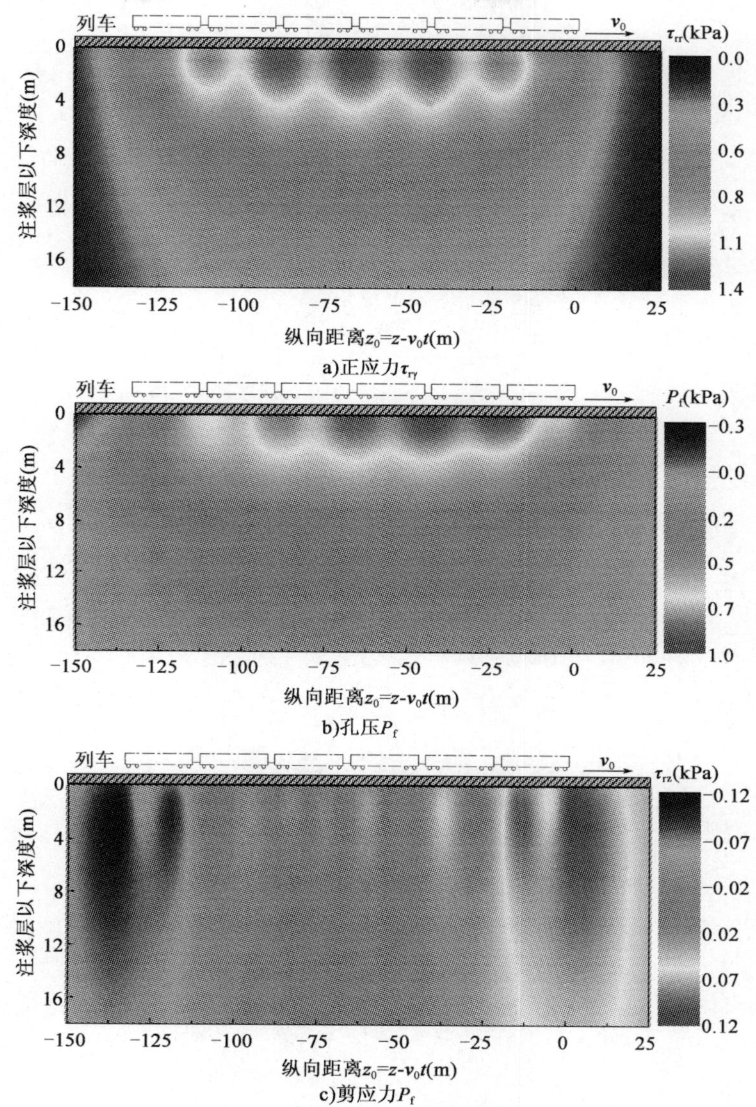

a）正应力τ_{rr}

b）孔压P_f

c）剪应力P_f

图 3-16 左线行车时隧道下方土体动应力分布云图

图 3-17 给出了单线行车荷载作用下第四轮载所在环向断面内动应力的分布图。从图 3-17a）和 b）可以看出，正应力τ_{rr}和孔压 P_f关于 $\theta=0°$不对称，正应力和孔压的峰值出现在云图的左下方，车辆荷载在左线。土体的压缩，土中正应力τ_{rr}和孔压 P_f在 $\theta=60°\sim60°$的范围内为正，这表明圆形隧道发生了一个斜的气球式变形。剪应力$\tau_{r\theta}$在 $\theta=30°\sim180°$为正、在 $\theta=180°\sim330°$为负，如图 3-17c）所示。图 3-16 和图 3-17 的模拟结果表明，提出的计算模型可以更加合理的计算单洞双线在单线行车时系统的真实响应。

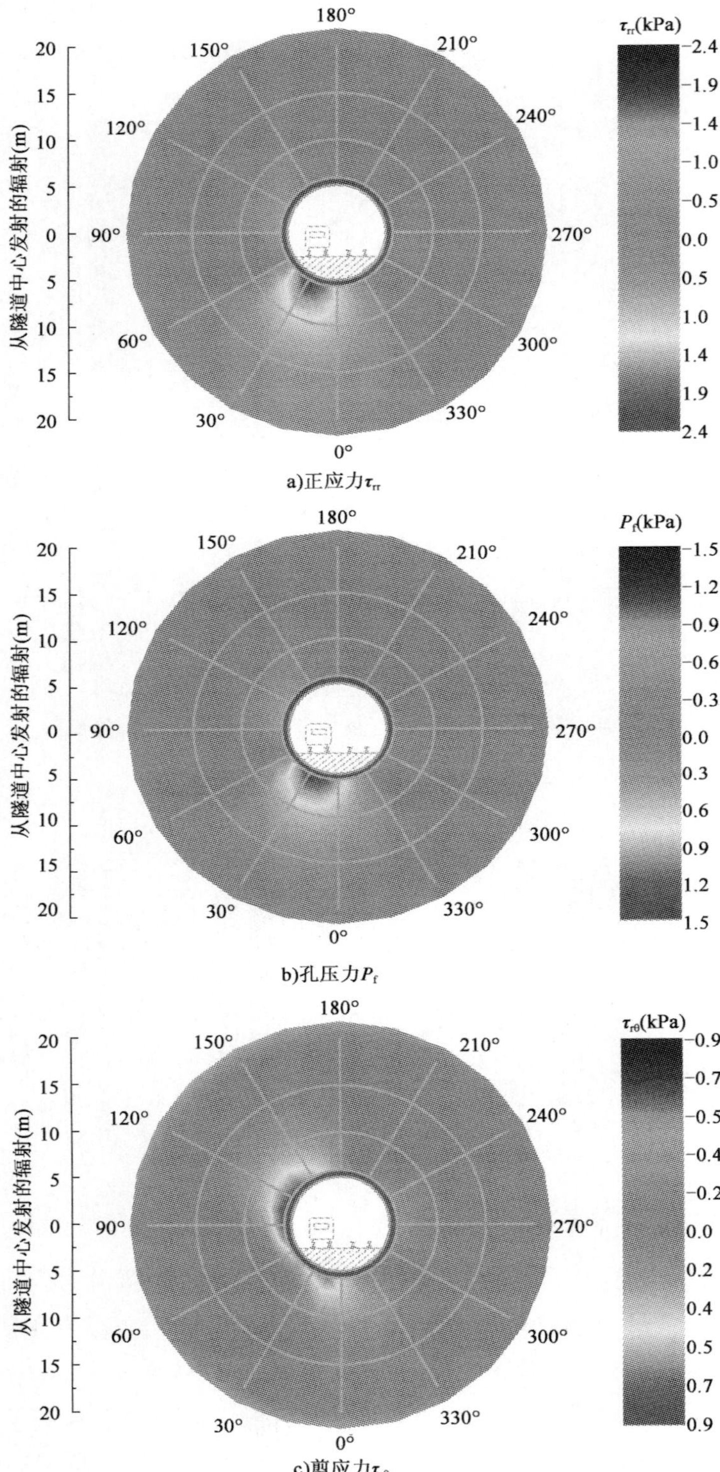

a)正应力τ_{rr}

b)孔压力P_f

c)剪应力$\tau_{r\theta}$

图 3-17　单线行车荷载作用下第四轮载所在环向断面动应力分布曲线

为了进一步揭示土体渗透性对地基动应力的影响，图3-18给出了双向行车荷载作用下注浆层下方（$\theta = 0°$，$r = 5.85\mathrm{m}$）土体动应力的分布曲线。在Biot波动方程中，$b = \rho_f g/k$ 是一个反映土体黏性耦合的参数，ρ_f是流体的密度；g 是重力加速度，k 是渗透系数。考虑了单相土体和具有不同渗透性的饱和土体（$k = 10^{-2}\mathrm{m/s}$，$10^{-3}\mathrm{m/s}$ and $10^{-4}\mathrm{m/s}$）。可以看到，土体的渗透性越差，径向正应力τ_{rr}和孔压 P_f 幅值越大，剪应力τ_{rz}越小。饱和弹性土中车致法向正应力τ_{rr}幅值大于弹性土中法向正应力τ_{rr}的幅值，表明将饱和土体假定为弹性土体将低估土中正应力τ_{rr}水平；而饱和弹性土中剪应力τ_{rz}幅值小于弹性土中正应力的幅值，表明将饱和土体假定为弹性土体将高估土中剪应力水平。

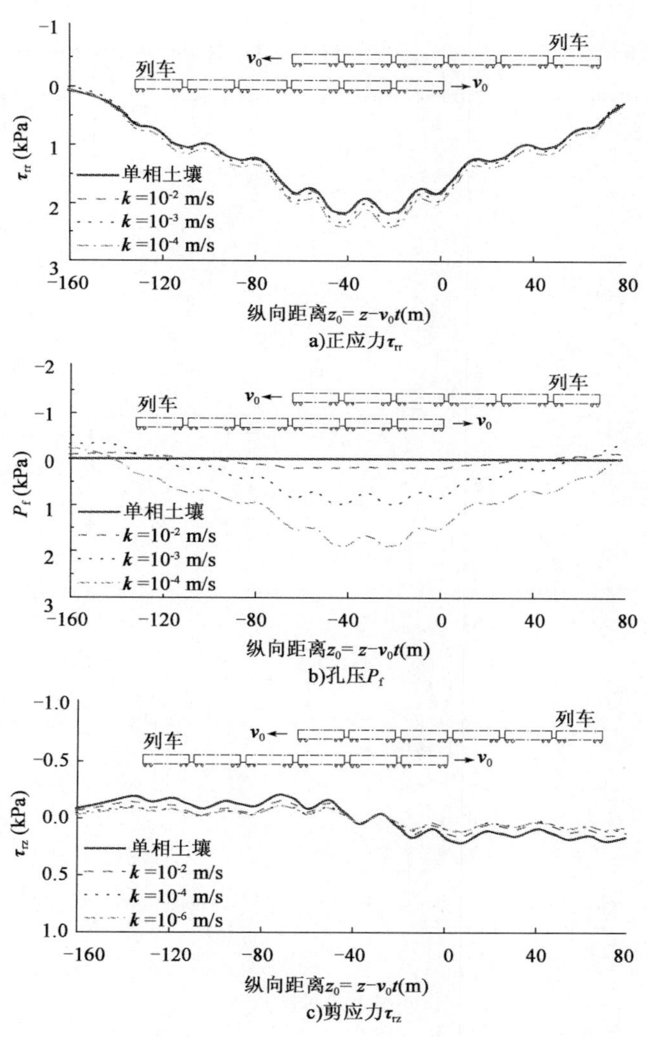

a)正应力τ_{rr}

b)孔压P_f

c)剪应力τ_{rz}

图3-18　双向车辆荷载作用下土体渗透性对隧道下方（$\theta = 0°$，$r = 5.85\mathrm{m}$）土体动应力的影响

主要参考文献

[1] Di HG, Zhou SH, Luo Z, et al. A vehicle-track-tunnel-soil model for evaluating dynamic response of double-line metro tunnel in a poroelastic half-space[J]. Computers and Geotechnics, DOI. 10. 1016/j. compgeo. 2017. 12. 003

[2] Forrest JA, Hunt HEM. Ground vibration generated by trains in underground tunnels [J]. Journal of Sound and Vibration, 2006, 294(4/5): 706-736.

[3] Hussein MFM, Hunt HEM. A numerical model for calculating vibration from a railway tunnel embedded in a full-space[J]. Journal of Sound and Vibration 2007; 305: 401-431.

[4] 袁宗浩,蔡袁强,史吏,孙宏磊,曹志刚. 移动简谐荷载作用下饱和土体中圆形隧道和轨道结构的动力分析[J]. 岩土工程学报,2016,38(02):311-322.

[5] Di Honggui, Zhou Shunhua, He Chao, Zhang Xiaohui, LuoZhe. Three-dimensional multilayer cylindrical tunnel model for calculating train-induced dynamic stress in saturated soils[J]. Computers and Geotechnics, 2016, 80: 333-345.

第4章　饱和分层半空间问题的2.5维动力 Green 函数

边界元法因其能够很好地解决波在无限域中的辐射,无需人工截断边界,从而被广泛应用于求解无限域、半无限域动力问题。特别对于隧道这种长条形结构,通过假设其横断面几何形状和材料特性不随纵向坐标发生变化,进而采用2.5维求解方法,仅通过2维离散便可获得3维的动力响应。而单位动力点源作用下的 Green 函数是边界元法求解的基本前提。为此,利用 Biot 理论和 Fourier 变换,在频域率-波数域内推导了以固相位移 u 和孔隙流体压力 p 为变量的饱和多孔介质波动方程,采用 Helmholtz 势函数分解法获得了饱和多孔介质齐次波动方程的通解,求解了饱和全空间内作用简谐点荷载或简谐流相点源的2.5维动力 Green 函数。通过构造地表影响项,满足饱和半空间地表自由边界条件,获得了完整的饱和半空间内作用简谐点荷载或简谐流相点源的2.5维动力 Green 函数,分别研究了完全透水和完全不透水两种地表边界条件。在此基础上,利用层状介质的反射、透水矩阵法结合饱和半空间层间连续条件,推导了饱和分层半空间内作用简谐点荷载或简谐流相点源的2.5维动力 Green 函数。

4.1　控制方程和通解

4.1.1　饱和多孔介质的波动方程

为了获得饱和多孔介质的动力 Green 函数,首先需建立系统的控制方程,Biot(1956a,1956b,1962a,1962b)[1-4]在 Frenkel(1944)工作的基础上建立了著名的 Biot 饱和多孔介质耦合动力学方程。在推导过程中,采用了如下假设:

(1)孔隙和固体颗粒的尺度远小于所考虑的波长;

(2)孔隙介质是统计学意义上的各向同性,宏观上看孔隙度是均匀的,渗透率沿着各个方向是相同的;

(3)孔隙之间是相互连通的;

(4)固体骨架的变形为线弹性的小变形。

基于以上4点假设,可获得饱和多孔介质耦合动力学的本构方程:

$$\sigma_{ij} = 2\mu\varepsilon_{ij} + \lambda e\delta_{ij} - \alpha p\delta_{ij} \tag{4-1a}$$

$$p = -\alpha Me + M\zeta \tag{4-1b}$$

式中，σ_{ij}和ε_{ij}分别为土体总应力和土体固相应变；e和ζ分别为固体骨架的体应变和单位体积的流体体积变化量；u_i和p分别是固体骨架的位移和孔隙流体压力；w_i是孔隙流体相对于固体骨架的平均位移；δ_{ij}为狄拉克函数；λ,μ为土骨架的 Lamé 常数；α,M为 Biot 常数。

运动方程：

$$\sigma_{ij,j} + F_i = \rho_b \ddot{u}_i + \rho_f \ddot{w} \tag{4-2a}$$

$$-p_i + f_i = \rho_f \ddot{u}_i + m\ddot{w}_i + b\dot{w}_i \tag{4-2b}$$

式中，F_i和f_i为孔隙介质和孔隙流体的体力项；土体黏性耦合参数$b=\eta/k$，η为孔隙流体的黏性系数，k为孔隙介质的渗透率；$\rho_b=(1-n)\rho_s+n\rho_f$是孔隙介质的密度，其中$\rho_s$为固体骨架的密度，$\rho_f$为孔隙流体的密度，$n$为孔隙率；$m=a_\infty\rho_f/n$，其中$a_\infty$为曲折度；“ · ”代表对时间的导数。

几何方程：

$$\varepsilon_{ij} = 1/2(u_{i,j} + u_{j,i}) \tag{4-3a}$$

$$e = u_{i,i}, \zeta = -w_{i,i} \tag{4-3b}$$

联合式(4-1)~式(4-3)且忽略体力项F_i和f_i，可获得以固相位移u_i和流体相对固相位移w_i表示的饱和多孔介质的波动方程：

$$\mu u_{i,jj} + (\lambda + \alpha^2 M + \mu)u_{j,ji} + \alpha M w_{j,ji} - \rho_b \ddot{u}_i - \rho_f \ddot{w}_i = 0 \tag{4-4a}$$

$$\alpha M u_{j,ji} + M w_{j,ji} - \rho_f \ddot{u}_i - m\ddot{w}_i - b\dot{w}_i = 0 \tag{4-4b}$$

为了在频率-波数域内获得饱和半空间内任意点的动力响应，需对时间t和空间坐标z进行 Fourier 变换，分别为[6]：

$$\hat{f}(\omega) = \int_{-\infty}^{+\infty} f(t)\mathrm{e}^{-i\omega t}\mathrm{d}t, f(t) = \frac{1}{2\pi}\int_{-\infty}^{+\infty}\hat{f}(\omega)\mathrm{e}^{i\omega t}\mathrm{d}\omega \tag{4-5a}$$

$$\bar{f}(k_z) = \int_{-\infty}^{+\infty} f(z)\mathrm{e}^{ik_z z}\mathrm{d}z, f(z) = \frac{1}{2\pi}\int_{-\infty}^{+\infty}\bar{f}(k_z)\mathrm{e}^{-ik_z z}\mathrm{d}k_z \tag{4-5b}$$

式中，$f(t)$为时间域内的任意量，$\hat{f}(\omega)$为由$f(t)$变换到频域里的量，ω为圆频率；$f(z)$为空间域内的任意量，$\bar{f}(k_z)$由$f(z)$变换到波数域里的量，k_z为水平z向波数。

对式 4-4 进行时间t和空间坐标z的双重 Fourier 变换，并选取固相位移$\tilde{u}_i$和孔隙流体压力$\tilde{p}$为独立变量，可在频率-波数域内获得以固相位移$\tilde{u}_i$和孔隙流体压力$\tilde{p}$为变量的齐次波动方程：

$$\mu\tilde{u}_{i,jj} + (\lambda + \mu)\tilde{u}_{j,ji} + \rho_g\omega^2\tilde{u}_i - \alpha_g\tilde{p}_i = 0 \tag{4-6a}$$

$$\tilde{p}_{jj} + \beta_2\omega^2\tilde{p} - \beta_3\tilde{u}_{j,j} = 0 \tag{4-6b}$$

式中：上标“ ~ ”表示为频率 - 波数域，$\tilde{\nabla}^2 = \partial^2/\partial x^2 + \partial^2/\partial y^2 - k_z^2$，$\partial/\partial z = -ik_z$，$\rho_g = \rho_b - \beta_4\rho_f$，$\alpha_g = \alpha - \beta_4$，$\beta_4 = \rho_f\omega^2\beta_1/M$，$\beta_2 = 1/(\beta_1\omega^2)$，$\beta_3 = \rho_f\omega^2 - \alpha M/\beta_1$，$\beta_1 = M/(m\omega^2 - i\omega b)$。

4.1.2　位移场的势函数分解和通解

基于 Helmholtz 势函数分解法[7]，在直角坐标系下，$\tilde{u}_i$和 $\tilde{p}$ 可由两个标量和一个矢量势函数表示：

$$\tilde{u}_i = \tilde{\phi}_{f,i} + \tilde{\phi}_{s,i} + e_{ijk}\tilde{\psi}_{k,j} \tag{4-7a}$$

$$\tilde{p} = A_f\tilde{\phi}_{f,jj} + A_s\tilde{\phi}_{s,jj} \tag{4-7b}$$

式中：$\tilde{\phi}_f$ 和 $\tilde{\phi}_s$ 分别为表示快纵波（P1 波）和慢纵波（P2 波）的标量势，而 $\tilde{\psi}_k$ 则是表示剪切波（S 波）的矢量势。矢量势 $\tilde{\psi}_k$ 满足正则条件[8]：

$$\tilde{\psi}_{j,j} = 0 \tag{4-7c}$$

置换符号 e_{ijk}的定义为：

$$e_{ijk} = \begin{cases} 1 & \text{当 } i,j,k \text{ 是 } 1,2,3 \text{ 的偶置换}(123,231,312) \\ -1 & \text{当 } i,j,k \text{ 是 } 1,2,3 \text{ 的奇置换}(132,213,321) \\ 0 & \text{当 } i,j,k \text{ 的任意两个指标相等} \end{cases} \tag{4-7d}$$

将式 4-7 代入式 4-6 可得：

$$\tilde{\nabla}\ \{[\alpha_f \tilde{\nabla}^2\tilde{\phi}_f + \rho_g\omega^2\tilde{\phi}_f] + [\alpha_s \tilde{\nabla}^2\tilde{\phi}_s + \rho_g\omega^2\tilde{\phi}_s]\} + \tilde{\nabla}\times(\mu\,\tilde{\nabla}^2\,\tilde{\psi}_k + \rho_g\omega^2\tilde{\psi}_k) = 0 \tag{4-8a}$$

$$\tilde{\nabla}^2\{[A_f\tilde{\nabla}^2\tilde{\phi}_f + (\beta_2\omega^2A_f - \beta_3)\tilde{\phi}_f] + [A_s\tilde{\nabla}^2\tilde{\phi}_s + (\beta_2\omega^2A_s - \beta_3)\tilde{\phi}_s]\} = 0 \tag{4-8b}$$

式中：$\alpha_f = \lambda + 2\mu - \alpha_g A_f$，$\alpha_s = \lambda + 2\mu - \alpha_g A_s$。

为满足式 4-8，3 个势函数需满足以下方程：

$$\nabla_\perp^2\tilde{\phi}_f + \gamma_f^2\tilde{\phi}_f = 0 \tag{4-9a}$$

$$\nabla_\perp^2\tilde{\phi}_s + \gamma_s^2\tilde{\phi}_s = 0 \tag{4-9b}$$

$$\nabla_\perp^2\tilde{\psi}_k + \gamma_t^2\tilde{\psi}_k = 0 \tag{4-9c}$$

式中，$\nabla_\perp^2 = \partial^2/\partial x^2 + \partial^2/\partial y^2$，$\gamma_f^2 = k_f^2 - k_z^2$，$\gamma_s^2 = k_s^2 - k_z^2$，$\gamma_t^2 = k_t^2 - k_z^2$，$k_f$、$k_s$ 和 k_t 的表达式为：

$$k_f^2 = \frac{\rho_g\omega^2}{\alpha_f} = \frac{\beta_2\omega^2A_f - \beta_3}{A_f} \tag{4-10a}$$

$$k_s^2 = \frac{\rho_g\omega^2}{\alpha_s} = \frac{\beta_2\omega^2A_s - \beta_3}{A_s} \tag{4-10b}$$

$$k_t^2 = \frac{\rho_g\omega^2}{\mu} \tag{4-10c}$$

根据式 4-10a 和式 4-10b 可知，参数 A_f和 A_s需满足如下式：

$$A_{f,s}^2 + \frac{\rho_g\omega^2 - \alpha_g\beta_3 - (\lambda + 2\mu)\beta_2\omega^2}{\alpha_g\beta_2\omega^2}A_{f,s} + \frac{(\lambda + 2\mu)\beta_3}{\alpha_g\beta_2\omega^2} = 0 \tag{4-11}$$

其中 k_f、k_s和 k_t分别代表 P1 波、P2 波和 S 波的复波数。为了反映体波的振幅在传播过程中的衰减，波长的虚部必须为负，从而可知 k_f、K_s和 k_t需满足：$\mathrm{Im}(k_f)\leqslant 0$、$\mathrm{Im}(k_s)\leqslant 0$ 和 $\mathrm{Im}(k_t)\leqslant 0$。此外，由于 P1 波传播速度快于 P2 波，因此在确定参数 A_f和 A_s的值时，需使 k_f和 k_s满足不等式：$\mathrm{Re}(k_f)\leqslant \mathrm{Re}(k_s)$。

当动力点源作用在 $z=0$ 平面的点$(x_0,y_0,0)$时，对于 $y>y_0$的区域，仅存在下行波，此时，式 4-9 的通解为：

$$\tilde{\phi}_f = A(k_z,\omega)\exp[-ik_x(x-x_0)-iv_f(y-y_0)] \tag{4-12a}$$

$$\tilde{\phi}_s = B(k_z,\omega)\exp[-ik_x(x-x_0)-iv_s(y-y_0)] \tag{4-12b}$$

$$\tilde{\psi}_k = C_k(k_z,\omega)\exp[-ik_x(x-x_0)-iv_t(y-y_0)] \tag{4-12c}$$

对于 $y<y_0$的区域，仅存在下行波，此时，式 4-9 的通解为：

$$\tilde{\phi}'_f = A'(k_z,\omega)\exp[-ik_x(x-x_0)+iv_f(y-y_0)] \tag{4-13a}$$

$$\tilde{\phi}'_s = B'(k_z,\omega)\exp[-ik_x(x-x_0)+iv_s(y-y_0)] \tag{4-13b}$$

$$\tilde{\psi}'_k = C'_k(k_z,\omega)\exp[-ik_x(x-x_0)+iv_t(y-y_0)] \tag{4-13c}$$

式中，$A(k_z,\omega)$、$A'(k_z,\omega)$、$B(k_z,\omega)$、$B'(k_z,\omega)$、$C_k(k_z,\omega)$和 $C'_k(k_z,\omega)$均为待定函数，可通过 $y=y_0$ 平面（荷载作用平面）的连续性条件确定；$v_f=\sqrt{\gamma_f^2-k_x^2}$，$v_s=\sqrt{\gamma_s^2-k_x^2}$，$v_t=\sqrt{\gamma_t^2-k_x^2}$，且需满足不等式：$\mathrm{Im}(v_{fn})\leqslant 0$、$\mathrm{Im}(v_{sn})\leqslant 0$ 和 $\mathrm{Im}(v_{tn})\leqslant 0$；$k_x$ 为水平 x 向波数。

4.2 饱和全空间问题的 2.5 维动力 Green 函数

饱和多孔介质的 2.5 维动力 Green 函数可分为两部分：单位点荷载作用下和单位流相点源作用下的基本解，其矩阵形式如下：

$$[\tilde{\boldsymbol{U}}^*]=\begin{bmatrix}\tilde{U}_{ij}^{G_s} & \tilde{P}_i^{G_s}\\ \tilde{U}_j^{G_f} & \tilde{P}^{G_f}\end{bmatrix},[\tilde{\boldsymbol{T}}^*]=\begin{bmatrix}\tilde{T}_{ij}^{G_s} & \hat{W}_{ni}^{G_s}\\ \tilde{T}_j^{G_f} & \hat{W}_n^{G_f}\end{bmatrix}\quad (i,j=1,2,3) \tag{4-14}$$

式中：$\tilde{U}_{ij}^{G_s}$、$\tilde{P}_i^{G_s}$、$\tilde{T}_{ij}^{G_s}$和 $\tilde{W}_{ni}^{G_s}$为单位点荷载作用于源点(x_0,y_0,z_0)时，场点(x,y,z)的固相位移、孔隙流体压力、面力以及孔隙流体相对于固体骨架的位移沿外法线方向的分量响应。其中第一个下标 i 表示场点(x,y,z)响应的方向，第二个下标 j 表示源点(x_0,y_0,z_0)处荷载作用的方向。$\tilde{U}_j^{G_f}$、$\tilde{\boldsymbol{P}}^{G_f}$、$\tilde{T}_j^{G_f}$ 和 $\tilde{W}_n^{G_f}$ 为单位流相点源作用于源点(x_0,y_0,z_0)时，场点(x,y,z)的固相位移、孔隙流体压力、面力以及孔隙流体相对于固体骨架的位移沿外法线方向的分量响应。

4.2.1 点荷载作用下全空间问题的 2.5 维动力 Green 函数

(1)x 向简谐点荷载作用下

当单位简谐点荷载沿 x 向作用于 $z=0$ 平面的点$(x_0,y_0,0)$时，$y=y_0$ 平面的位移和应力连续条件为：

$$\lim_{y\to y_0^+}\tilde{\sigma}_{yx}-\lim_{y\to y_0^-}\tilde{\sigma}_{yx}=-Q_x \tag{4-15a}$$

$$\lim_{y\to y_0^+}\tilde{\sigma}_{yy}=\lim_{y\to y_0^-}\tilde{\sigma}_{yy} \tag{4-15b}$$

$$\lim_{y\to y_0^+}\tilde{\sigma}_{yz}=\lim_{y\to y_0^-}\tilde{\sigma}_{yz} \tag{4-15c}$$

$$\lim_{y\to y_0^+}\tilde{P}=\lim_{y\to y_0^-}\tilde{P} \tag{4-15d}$$

$$\lim_{y\to y_0^+}\tilde{u}_i=\lim_{y\to y_0^-}\tilde{u}_i \tag{4-15e}$$

$$\lim_{y\to y_0^+}\tilde{w}_i=\lim_{y\to y_0^-}\tilde{w}_i \tag{4-15f}$$

由波数离散法可知，单位简谐点荷载的解可由一系列作用在 $z=0$ 平面内 $y=y_0$ 直线上的周期性线荷载的解叠加而成，该系列的周期性线荷载每单位长度上的大小为 $\exp[-ik_x(x-x_0)]$。利用 Fourier 级数，可得式(4-15a)中的 Q_x 为：

$$Q_x=\frac{1}{2\pi}\int_{-\infty}^{+\infty}\exp[-ik_x(x-x_0)]\mathrm{d}k_x \tag{4-16}$$

为求得待定函数 $A(k_z,\omega)$、$A'(k_z,\omega)$、$B(k_z,\omega)$、$B'(k_z,\omega)$、$C_k(k_z,\omega)$ 和 $C'_k(k_z,\omega)$，首先结合式(4-12)、式(4-13)和式(4-7)，获得 x 向作用单位简谐点荷载时固相位移和孔隙流体压力表达式，然后再结合式(4-1)～式(4-3)，可获得流体相对于固体骨架的位移和应力表达式，最终代入式(4-15)求得待定函数 $A(k_z,\omega)$、$A'(k_z,\omega)$、$B(k_z,\omega)$、$B'(k_z,\omega)$、$C_k(k_z,\omega)$ 和 $C'_k(k_z,\omega)$，其表达式分别为：

$$\begin{aligned}
&A=A'=2\frac{A_S}{4k_f^2(a_fA_S-A_fa_S)}\frac{k_x}{v_f}=2\delta_f\frac{k_x}{v_f}\\
&B=B'=2\frac{A_f}{4k_s^2(A_fa_S-a_fA_S)}\frac{k_x}{v_s}=2\delta_s\frac{k_x}{v_s}\\
&C_1=C_1'=0\\
&C_2=C_2'=2\frac{k_z}{v_t}(\delta_f+\delta_s)\\
&C_3=-C_3'=-2(\delta_f+\delta_s)
\end{aligned} \tag{4-17a}$$

式中，

$$\begin{aligned}
&\delta_f=\frac{A_s}{4k_f^2(a_fA_s-A_fa_s)}\\
&\delta_s=\frac{A_f}{4k_s^2(A_fa_s-a_fA_s)}\\
&\delta_f+\delta_s=\frac{1}{4\rho_g\omega^2}=\delta_t
\end{aligned} \tag{4-17b}$$

将式(4-17a)代入式(4-12)和式(4-13),便可获得 x 向作用单位简谐点荷载时的位移势函数:

$$
\begin{aligned}
\tilde{\phi}_{\mathrm{f}}^{x} &= \frac{\delta_{\mathrm{f}}}{\pi}\int_{-\infty}^{+\infty}\frac{k_{\mathrm{x}}}{v_{\mathrm{f}}}\exp[-ik_{\mathrm{x}}(x-x_0)-iv_{\mathrm{f}}|y-y_0|]\mathrm{d}k_{\mathrm{x}} \\
\tilde{\phi}_{\mathrm{s}}^{x} &= \frac{\delta_{s}}{\pi}\int_{-\infty}^{+\infty}\frac{k_{\mathrm{x}}}{v_{\mathrm{s}}}\exp[-ik_{\mathrm{x}}(x-x_0)-iv_{\mathrm{s}}|y-y_0|]\mathrm{d}k_{\mathrm{x}} \\
\tilde{\psi}_{\mathrm{x}}^{x} &= 0 \\
\tilde{\psi}_{\mathrm{y}}^{x} &= \frac{\delta_{\mathrm{t}}}{\pi}\int_{-\infty}^{+\infty}\frac{k_{\mathrm{z}}}{v_{\mathrm{t}}}\exp[-ik_{\mathrm{x}}(x-x_0)-iv_{\mathrm{t}}|y-y_0|]k_{\mathrm{x}} \\
\tilde{\psi}_{\mathrm{z}}^{x} &= \frac{-\mathrm{sgn}(y-y_0)\delta_{\mathrm{t}}}{\pi}\int_{-\infty}^{+\infty}\exp[-ik_{\mathrm{x}}(x-x_0)-iv_{\mathrm{t}}|y-y_0|]\mathrm{d}k_{\mathrm{x}}
\end{aligned}
\tag{4-18}
$$

将式(4-18)中的积分转化为一系列沿 x 轴以等距离 L_{x} 分布的线源的集合,则式(4-18)可表达成:

$$
\begin{aligned}
\tilde{\phi}_{\mathrm{f}}^{x} &= \frac{2}{L_{\mathrm{x}}}\delta_{\mathrm{f}}\sum_{n=-\infty}^{+\infty}\frac{k_{\mathrm{xn}}}{v_{\mathrm{fn}}}E_{\mathrm{a}}E_{\mathrm{f}} \\
\tilde{\phi}_{\mathrm{s}}^{x} &= \frac{2}{L_{\mathrm{x}}}\delta_{\mathrm{s}}\sum_{n=-\infty}^{+\infty}\frac{k_{\mathrm{xn}}}{v_{\mathrm{sn}}}E_{\mathrm{a}}E_{\mathrm{s}} \\
\tilde{\psi}_{\mathrm{x}}^{x} &= 0 \\
\tilde{\psi}_{\mathrm{y}}^{x} &= \frac{2}{L_{\mathrm{x}}}\delta_{\mathrm{t}}\sum_{n=-\infty}^{+\infty}\frac{k_{\mathrm{z}}}{v_{\mathrm{tn}}}E_{\mathrm{a}}E_{\mathrm{t}} \\
\tilde{\psi}_{\mathrm{z}}^{x} &= -\frac{2\mathrm{sgn}(y-y_0)}{L_{\mathrm{x}}}\delta_{\mathrm{t}}\sum_{n=-\infty}^{+\infty}E_{\mathrm{a}}E_{\mathrm{t}}
\end{aligned}
\tag{4-19}
$$

式中,$E_{\mathrm{a}}=\exp[-ik_{\mathrm{xn}}(x-x_0)]$,$E_{\mathrm{f}}=\exp[-iv_{\mathrm{fn}}|y-y_0|]$,$E_{\mathrm{s}}=\exp[-iv_{\mathrm{sn}}|y-y_0|]$,$E_{\mathrm{t}}=\exp[-iv_{\mathrm{tn}}|y-y_0|]$;$v_{\mathrm{fn}}=\sqrt{\gamma_{\mathrm{f}}^2-k_{\mathrm{xn}}^2}$,$v_{\mathrm{sn}}=\sqrt{\gamma_{\mathrm{s}}^2-k_{\mathrm{xn}}^2}$,$v_{\mathrm{tn}}=\sqrt{\gamma_{\mathrm{t}}^2-k_{\mathrm{xn}}^2}$;$k_{\mathrm{xn}}=(2\pi/L_{\mathrm{x}})n$,实际计算中取有限项 N_{x} 即可。

将式(4-19)代入式(4-7),便可获得饱和全空间内沿 x 向作用一单位简谐点荷载时的 2.5 维动力 Green 函数:

$$
\begin{aligned}
\tilde{U}_{\mathrm{xx}}^{\mathrm{full}} &= \frac{-2i}{L_{\mathrm{x}}}\sum_{n=-N_{\mathrm{x}}}^{N_{\mathrm{x}}}\left[\delta_{\mathrm{f}}\frac{k_{\mathrm{xn}}^2}{v_{\mathrm{fn}}}E_{\mathrm{f}}+\delta_{\mathrm{s}}\frac{k_{\mathrm{xn}}^2}{v_{\mathrm{sn}}}E_{\mathrm{s}}+\delta_{\mathrm{t}}\left(\frac{k_{\mathrm{z}}^2}{v_{\mathrm{tn}}}+v_{\mathrm{tn}}\right)E_{\mathrm{t}}\right]E_{\mathrm{a}} \\
\tilde{U}_{\mathrm{yx}}^{\mathrm{full}} &= \frac{-2i}{L_{\mathrm{x}}}\mathrm{sgn}(y-y_0)\sum_{n=-N_{\mathrm{x}}}^{N_{\mathrm{x}}}k_{\mathrm{xn}}(\delta_{\mathrm{f}}E_{\mathrm{f}}+\delta_{\mathrm{s}}E_{\mathrm{s}}-\delta_{\mathrm{t}}E_{\mathrm{t}})E_{\mathrm{a}} \\
\tilde{U}_{\mathrm{zx}}^{\mathrm{full}} &= \frac{-2i}{L_{\mathrm{x}}}\sum_{n=-N_{\mathrm{x}}}^{N_{\mathrm{x}}}k_{\mathrm{xn}}k_{\mathrm{z}}\left(\delta_{\mathrm{f}}\frac{E_{\mathrm{f}}}{v_{\mathrm{fn}}}+\delta_{\mathrm{s}}\frac{E_{\mathrm{s}}}{v_{\mathrm{sn}}}-\delta_{\mathrm{t}}\frac{E_{\mathrm{t}}}{v_{\mathrm{tn}}}\right)E_{\mathrm{a}} \\
\tilde{P}_{\mathrm{x}}^{\mathrm{full}} &= \frac{-2}{L_{\mathrm{x}}}\sum_{n=-N_{\mathrm{x}}}^{N_{\mathrm{x}}}k_{\mathrm{xn}}\left(A_{\mathrm{f}}k_{\mathrm{f}}^2\delta_{\mathrm{f}}\frac{E_{\mathrm{f}}}{v_{\mathrm{fn}}}+A_{\mathrm{s}}k_{\mathrm{s}}^2\delta_{\mathrm{s}}\frac{E_{\mathrm{s}}}{v_{\mathrm{sn}}}\right)E_{\mathrm{a}}
\end{aligned}
\tag{4-20}
$$

由式(4-10)和式(4-17)可知:$A_f k_f^2 \delta_f = -A_s k_s^2 \delta_s$。

参照相同的推导过程,可得到饱和全空间内沿 y 和 z 向作用一简谐点荷载以及作用单位流相点源时的2.5维动力 Green 函数。考虑到推导过程一致,下文仅对其中的关键步骤进行说明。

(2)y 向简谐点荷载作用下

当单位简谐点荷载沿 y 向作用于 $z=0$ 平面的点(x_0,y_0)时,$y=y_0$ 平面的位移和应力连续条件与式(4-15)相似,仅需将式(4-15a)和式(4-15b)进行互换即可,而通过相同的求解过程可得到作用 y 向单位简谐点荷载时的位移势函数:

$$
\begin{aligned}
\tilde{\phi}_f^y &= \frac{2\mathrm{sgn}(y-y_0)}{L_x}\delta_f \sum_{n=-N_x}^{N_x} E_a E_f \\
\tilde{\phi}_s^y &= \frac{2\mathrm{sgn}(y-y_0)}{L_x}\delta_s \sum_{n=-N_x}^{N_x} E_a E_s \\
\tilde{\psi}_x^y &= -\frac{2}{L_x}\delta_t \sum_{n=-N_x}^{N_x} \frac{k_z}{v_{tn}} E_a E_t \\
\tilde{\psi}_y^y &= 0 \\
\tilde{\psi}_z^y &= \frac{2}{L_x}\delta_t \sum_{n=-N_x}^{N_x} \frac{k_{xn}}{v_{tn}} E_a E_t
\end{aligned}
\tag{4-21}
$$

将式(4-21)代入式(4-7),便可获得饱和全空间内沿 y 向作用一单位简谐点荷载时的2.5维动力 Green 函数:

$$
\begin{aligned}
\tilde{U}_{xy}^{\mathrm{full}} = \tilde{U}_{xy}^{\mathrm{full}} &= \frac{-2i\mathrm{sgn}(y-y_0)}{L_x}\sum_{n=-N_x}^{N_x} k_{xn}(\delta_f E_f + \delta_s E_s - \delta_t E_t)E_a \\
\tilde{U}_{yy}^{\mathrm{full}} &= \frac{-2i}{L_x}\sum_{n=-N_x}^{N_x}\left(\delta_f v_{fn} E_f + \delta_s v_{sn} E_s + \frac{k_{xn}^2 + k_z^2}{v_{tn}}\delta_t E_t\right)E_a \\
\tilde{U}_{zy}^{\mathrm{full}} &= \frac{-2i\mathrm{sgn}(y-y_0)}{L_x}\sum_{n=-N_x}^{N_x} k_z(\delta_f E_f + \delta_s E_s - \delta_t E_t)E_a \\
\tilde{P}_y^{\mathrm{full}} &= \frac{-2\mathrm{sgn}(y-y_0)}{L_x}\sum_{n=-N_x}^{N_x}(A_f k_f^2 \delta_f E_f + A_s k_s^2 \delta_s E_s)E_a
\end{aligned}
\tag{4-22}
$$

(3)z 向简谐点荷载作用下

当单位简谐点荷载沿 z 向作用于 $z=0$ 平面的点(x_0,y_0)时,仅需将式(4-15a)和式(4-15c)互换,便可得到 $y=y_0$ 平面的位移和应力连续条件。通过相同的求解过程,可得到作用 z 向单位简谐点荷载时的位移势函数表达式:

$$\tilde{\phi}_{\mathrm{f}}^{z}=\frac{2}{L_{\mathrm{x}}}\delta_{\mathrm{f}}\sum_{n=-N_{\mathrm{x}}}^{N_{\mathrm{x}}}\frac{k_{z}}{v_{\mathrm{fn}}}E_{\mathrm{a}}E_{\mathrm{f}}$$

$$\tilde{\phi}_{\mathrm{s}}^{z}=\frac{2}{L_{\mathrm{x}}}\delta_{\mathrm{s}}\sum_{n=-N_{\mathrm{x}}}^{N_{\mathrm{x}}}\frac{k_{z}}{v_{\mathrm{sn}}}E_{\mathrm{a}}E_{\mathrm{s}}$$

$$\tilde{\psi}_{\mathrm{x}}^{z}=\frac{2\mathrm{sgn}(y-y_{0})}{L_{\mathrm{x}}}\delta_{\mathrm{t}}\sum_{n=-N_{\mathrm{x}}}^{N_{\mathrm{x}}}E_{\mathrm{a}}E_{\mathrm{t}} \tag{4-23}$$

$$\tilde{\psi}_{\mathrm{y}}^{z}=-\frac{2}{L_{\mathrm{x}}}\delta_{\mathrm{t}}\sum_{n=-N_{\mathrm{x}}}^{N_{\mathrm{x}}}\frac{k_{\mathrm{xn}}}{v_{\mathrm{tn}}}E_{\mathrm{a}}E_{\mathrm{t}}$$

$$\tilde{\psi}_{\mathrm{z}}^{z}=0$$

将式(4-23)代入式(4-7),便可获得饱和全空间内沿 z 向作用一单位简谐点荷载时的2.5 维动力 Green 函数:

$$\tilde{U}_{\mathrm{xz}}^{\mathrm{full}}=\tilde{U}_{\mathrm{xz}}^{\mathrm{full}}=\frac{-2i}{L_{\mathrm{x}}}\sum_{n=-N_{\mathrm{x}}}^{N_{\mathrm{x}}}k_{\mathrm{xn}}k_{z}\left(\delta_{\mathrm{f}}\frac{E_{\mathrm{f}}}{v_{\mathrm{fn}}}+\delta_{\mathrm{s}}\frac{E_{\mathrm{s}}}{v_{\mathrm{sn}}}-\delta_{\mathrm{t}}\frac{E_{\mathrm{t}}}{v_{\mathrm{tn}}}\right)E_{\mathrm{a}}$$

$$\tilde{U}_{\mathrm{yz}}^{\mathrm{full}}=\tilde{U}_{\mathrm{yz}}^{\mathrm{full}}=\frac{-2i\mathrm{sgn}(y-y_{0})}{L_{\mathrm{x}}}\sum_{n=-N_{\mathrm{x}}}^{N_{\mathrm{x}}}k_{z}(\delta_{\mathrm{f}}E_{\mathrm{f}}+\delta_{\mathrm{s}}E_{\mathrm{s}}-\delta_{\mathrm{t}}E_{\mathrm{t}})E_{\mathrm{a}} \tag{4-24}$$

$$\tilde{U}_{\mathrm{zz}}^{\mathrm{full}}=\frac{-2i}{L_{\mathrm{x}}}\sum_{n=-N_{\mathrm{x}}}^{N_{\mathrm{x}}}\left(\delta_{\mathrm{f}}\frac{k_{z}^{2}}{v_{\mathrm{fn}}}E_{\mathrm{f}}+\delta_{\mathrm{s}}\frac{k_{z}^{2}}{v_{\mathrm{sn}}}E_{\mathrm{s}}+\delta_{\mathrm{t}}\frac{k_{\mathrm{xn}}^{2}+v_{\mathrm{tn}}^{2}}{v_{\mathrm{tn}}}E_{\mathrm{t}}\right)E_{\mathrm{a}}$$

$$\tilde{P}_{\mathrm{z}}^{\mathrm{full}}=\frac{-2}{L_{\mathrm{x}}}\sum_{n=-N_{\mathrm{x}}}^{N_{\mathrm{x}}}k_{z}\left(A_{\mathrm{f}}k_{\mathrm{f}}^{2}\delta_{\mathrm{f}}\frac{E_{\mathrm{f}}}{v_{\mathrm{fn}}}+A_{\mathrm{s}}k_{\mathrm{s}}^{2}\delta_{\mathrm{s}}\frac{E_{\mathrm{s}}}{v_{\mathrm{sn}}}\right)E_{\mathrm{a}}$$

4.2.2 流相点源作用下全空间问题的2.5 维动力 Green 函数

由于 Biot 理论中假设孔隙流体是无黏的,所以在流相点源作用下,饱和多孔介质不会引起有旋运动,即代表剪切波的位移势函数为 $\tilde{\psi}_{\mathrm{k}}=0$。因此当单位简谐流相点源作用于 $z=0$平面的点(x_0,y_0)的流体上时,位移势函数的表达式为:

$$\tilde{\phi}_{\mathrm{f}}^{G_{\mathrm{f}}}=\frac{2i}{L_{\mathrm{x}}}\delta^{G_{\mathrm{f}}}\sum_{n=-N_{\mathrm{x}}}^{N_{\mathrm{x}}}\frac{1}{v_{\mathrm{fn}}}E_{\mathrm{a}}E_{\mathrm{f}}$$

$$\tilde{\phi}_{\mathrm{s}}^{G_{\mathrm{f}}}=-\frac{2i}{L_{\mathrm{x}}}\delta^{G_{\mathrm{f}}}\sum_{n=-N_{\mathrm{x}}}^{N_{\mathrm{x}}}\frac{1}{v_{\mathrm{sn}}}E_{\mathrm{a}}E_{\mathrm{s}} \tag{4-25}$$

式中,

$$\delta^{G_{\mathrm{f}}}=\frac{a_{\mathrm{s}}}{4k_{\mathrm{f}}^{2}(a_{\mathrm{s}}A_{\mathrm{f}}-A_{\mathrm{s}}a_{\mathrm{f}})}=\frac{a_{\mathrm{f}}}{4k_{\mathrm{s}}^{2}(A_{\mathrm{s}}a_{\mathrm{f}}-a_{\mathrm{s}}A_{\mathrm{f}})} \tag{4-26}$$

将式(4-25)代入式(4-7),便可获得饱和全空间内作用单位流相点源时的2.5 维动力 Green 函数:

$$
\begin{aligned}
&\tilde{U}_{xG_f}^{full}=\frac{2}{L_x}\delta^{G_f}\sum_{n=-N_x}^{N_x}k_{xn}\left(\frac{E_f}{v_{fn}}-\frac{E_s}{v_{sn}}\right)E_a\\
&\tilde{U}_{yG_f}^{full}=\frac{2\mathrm{sgn}(y-y_0)}{L_x}\delta^{G_f}\sum_{n=-N_x}^{N_x}(E_f-E_s)E_a\\
&\tilde{U}_{zG_f}^{full}=\frac{2}{L_x}\delta^{G_f}\sum_{n=-N_x}^{N_x}k_z\left(\frac{E_f}{v_{fn}}-\frac{E_s}{v_{sn}}\right)E_a\\
&\tilde{P}_{G_f}^{full}=\frac{-2i}{L_x}\delta^{G_f}\sum_{n=-N_x}^{N_x}\left(A_fk_f^2\frac{E_f}{v_{fn}}-A_sk_s^2\frac{E_s}{v_{sn}}\right)E_a
\end{aligned}
\tag{4-27}
$$

4.3　饱和半空间问题的2.5维动力Green函数

如图4-1所示,当饱和半空间内作用一单位动力点源时,此时可通过构造地表影响项来满足饱和半空间自由地表边界条件,从而获得饱和半空间内置点源作用下的2.5维动力Green函数,由前述给出的饱和半空间问题的2.5维动力Green函数可统一表达为饱和全空间问题的2.5维动力Green函数和地表影响项的叠加,即

$$\tilde{U}_{ij}^{half}=\tilde{U}_{ij}^{full}+\tilde{U}_{ij}^{surf}\tag{4-28a}$$

$$\tilde{P}_{i}^{half}=\tilde{P}_{i}^{full}+\tilde{P}_{i}^{surf}\tag{4-28b}$$

根据Deresiewicz和Skalak[10]的研究可知:半空间的地表边界条件有两种,分别为完全透水和完全不透水地表边界。

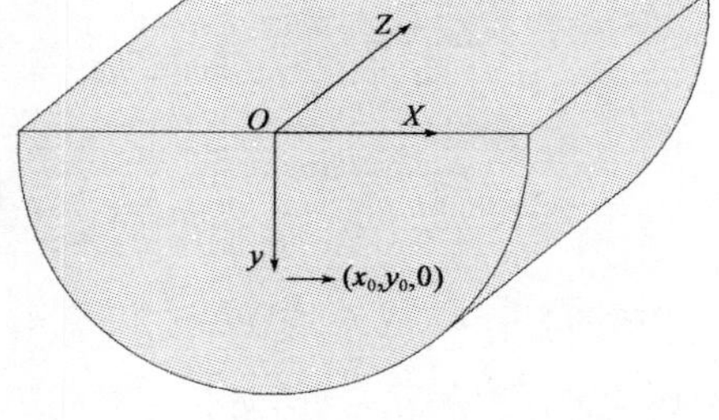

图4-1　饱和半空间内受动力点源作用示意图

对于完全透水地表边界,地表面的孔隙流体压力为零,因此有边界条件:

$$
\begin{aligned}
&\tilde{\sigma}_{yx}^{half}(x,0,k_z,w)=0,\tilde{\sigma}_{yy}^{half}(x,0,k_z,w)=0,\\
&\tilde{\sigma}_{yz}^{half}(x,0,k_z,w)=0,\tilde{P}^{half}(x,0,k_z,w)=0
\end{aligned}
\tag{4-29}
$$

对于完全不透水地表边界,孔隙流体压力沿y向的梯度在地表处为零,因此有边界条件:

$$
\begin{aligned}
&\tilde{\sigma}_{yx}^{half}(x,0,k_z,w)=0,\tilde{\sigma}_{yy}^{half}(x,0,k_z,w)=0,\\
&\tilde{\sigma}_{yz}^{half}(x,0,k_z,w)=0,\tilde{P}_{y}^{half}(x,y,k_z,w)\big|_{y=0}=0
\end{aligned}
\tag{4-30}
$$

4.3.1　点荷载作用下半空间问题的2.5维动力Green函数

(1)x向简谐点荷载作用下

参考饱和全空间内沿x向作用一单位简谐点荷载时的2.5维动力Green函数形式,可

构造出沿 x 向作用一点荷载时地表影响项所对应的位移势函数：

$$
\begin{aligned}
&\tilde{\phi}_{f0}^{x}=\frac{2}{L_x}\delta_f\sum_{n=-N_x}^{N_x}\frac{k_{xn}}{v_{fn}}E_aE_{f0}A_{fn}^{x}\\
&\tilde{\phi}_{s0}^{x}=\frac{2}{L_x}\delta_s\sum_{n=-N_x}^{N_x}\frac{k_{xn}}{v_{sn}}E_aE_{s0}A_{sn}^{x}\\
&\tilde{\psi}_{x0}^{x}=0\\
&\tilde{\psi}_{y0}^{x}=\frac{2}{L_x}\delta_t\sum_{n=-N_x}^{N_x}\frac{k_z}{v_{tn}}E_aE_{t0}B_n^{x}\\
&\tilde{\psi}_{z0}^{x}=-\frac{2}{L_x}\delta_t\sum_{n=-N_x}^{N_x}E_aE_{t0}C_n^{x}
\end{aligned}
\tag{4-31}
$$

式中，A_{fn}^{x}、A_{sn}^{x}、B_n^{x} 和 C_n^{x} 为待定参数，可通过饱和半空间的地表边界条件确定；$E_{f0}=\exp(-iv_{fn}y)$，$E_{s0}=\exp(-iv_{sn}y)$，$E_{t0}=\exp(-iv_{tn}y)$。

将式(4-31)代入式(4-7)，可获得沿 x 向作用一单位简谐点荷载时的地表影响项，并结合饱和全空间问题的2.5维动力Green函数式(4-20)，可获得饱和半空间内沿 x 向作用一单位简谐点荷载时的2.5维动力Green函数：

$$
\begin{aligned}
&\tilde{U}_{xx}^{half}=\tilde{U}_{xx}^{full}-\frac{2i}{L_x}\sum_{n=-N_x}^{N_x}\left(A_{fn}^{x}\delta_f\frac{k_{xn}^2}{v_{fn}}E_{f0}+A_{sn}^{x}\delta_s\frac{k_{xn}^2}{v_{sn}}E_{s0}+\frac{B_n^{x}k_z^2+C_n^{x}v_{tn}^2}{v_{tn}}\delta_tE_{t0}\right)E_a\\
&\tilde{U}_{yx}^{half}=\tilde{U}_{yx}^{full}-\frac{2i}{L_x}\sum_{n=-N_x}^{N_x}k_{xn}(A_{fn}^{x}\delta_fE_{f0}+A_{sn}^{x}\delta_sE_{s0}-C_n^{x}\delta_tE_{t0})E_a\\
&\tilde{U}_{zx}^{half}=\tilde{U}_{zx}^{full}-\frac{2i}{L_x}\sum_{n=-N_x}^{N_x}k_{xn}k_z\left(A_{fn}^{x}\delta_f\frac{E_{f0}}{v_{fn}}+A_{sn}^{x}\delta_s\frac{E_{s0}}{v_{sn}}-B_n^{x}\delta_t\frac{E_{t0}}{v_{tn}}\right)E_a
\end{aligned}
\tag{4-32}
$$

将式(4-32)代入式(4-3)和式(4-1)，可获得 x 向简谐点荷载作用下总应力的表达式，其中 $\tilde{\sigma}_{yxx}^{half}$、$\tilde{\sigma}_{yzx}^{half}$ 和 $\tilde{\sigma}_{yyx}^{half}$ 分别为：

$$
\begin{aligned}
\tilde{\sigma}_{xyx}^{half}(x,0,k_z,w)&=\mu[\tilde{U}_{xx,y}^{half}|_{y=0}+\tilde{U}_{yx,x}^{half}|_{y=0}]\\
&=\frac{-2i}{L_x}\mu\sum_{n=-N_x}^{N_x}[2k_{xn}^2\delta_fE_{f1}+2k_{xn}^2\delta_sE_{s1}+\delta_t(v_{tn}^2+k_z^2-k_{xn}^2)E_{t1}-\\
&\quad 2k_{xn}^2\delta_fA_{fn}^{x}-2k_{xn}^2\delta_sA_{sn}^{x}-\delta_tk_z^2B_n^{x}-\delta_t(v_{tn}^2-k_{xn}^2)C_n^{x}]E_a
\end{aligned}
\tag{4-33}
$$

$$
\begin{aligned}
\tilde{\sigma}_{yzx}^{half}(x,0,k_z,w)&=\mu[\tilde{U}_{yx,z}^{half}|_{y=0}+\tilde{U}_{zx,y}^{half}|_{y=0}]\\
&=\frac{-2i}{L_x}\mu\sum_{n=-N_x}^{N_x}k_{xn}k_z[2\delta_fE_{f1}+2\delta_sE_{s1}-2\delta_tE_{t1}-\\
&\quad 2\delta_fA_{fn}^{x}-2\delta_sA_{sn}^{x}+\delta_tB_n^{x}+\delta_tC_n^{x}]E_a
\end{aligned}
\tag{4-34}
$$

$$\tilde{\sigma}_{yyx}^{half}(x,0,k_z,w)=2\mu\tilde{U}_{yx,y}^{half}|_{y=0}+\lambda(\tilde{U}_{xx,x}^{half}|_{y=0}+\tilde{U}_{yx,y}^{half}|_{y=0}+\tilde{U}_{zx,z}^{half}|_{y=0})-\alpha\tilde{P}_x^{half}|_{y=0}$$

$$=\frac{-2i}{L_x}\sum_{n=-N_x}^{N_x}\Big[(2\mu v_{fn}^2+\lambda k_f^2-\alpha A_f k_f^2)\delta_f\frac{E_{f1}}{v_{fn}}+(2\mu v_{sn}^2+\lambda k_s^2-\alpha A_s k_s^2)\delta_s\frac{E_{s1}}{v_{sn}}-$$

$$2\mu v_{tn}\delta_t E_{t1}+(2\mu v_{fn}^2+\lambda k_f^2-\alpha A_f k_f^2)\delta_f\frac{A_{fn}^x}{v_{fn}}+$$

$$(2\mu v_{sn}^2+\lambda k_s^2-\alpha A_s k_s^2)\delta_s\frac{A_{sn}^x}{v_{sn}}-2\mu v_{tn}\delta_t C_n^x\Big]E_a \tag{4-35}$$

此外孔隙流体压力 $\tilde{P}_x^{half}$ 及其对竖向坐标 y 的导数 $\tilde{P}_{x,y}^{half}$分别为：

$$\tilde{p}_x^{half}(x,0,k_z,w)=A_f\tilde{\nabla}^2(\tilde{\phi}_f^x+\tilde{\phi}_{f0}^x)|_{y=0}+A_s\tilde{\nabla}^2(\tilde{\phi}_s^x+\tilde{\phi}_{s0}^x)|_{y=0}$$

$$=\frac{-2}{L_x}\sum_{n=-N_x}^{N_x}k_{xn}\left(A_f k_f^2\delta_f\frac{E_{f1}}{v_{fn}}+A_s k_s^2\delta_s\frac{E_{s1}}{v_{sn}}+A_{fn}^x A_f k_f^2\delta_f/v_{fn}+A_{sn}^x A_s k_s^2\delta_s/v_{sn}\right)E_a \tag{4-36}$$

$$\tilde{p}_{x,y}^{half}(x,y,k_z,w)=|_{y=0}A_f\tilde{\nabla}^2(\tilde{\phi}_{f,y}^x+\tilde{\phi}_{f0,y}^x)|_{y=0}+A_s\tilde{\nabla}^2(\tilde{\phi}_{s,y}^x+\tilde{\phi}_{s0,y}^x)|_{y=0}$$

$$=\frac{2i}{L_x}\sum_{n=-N_x}^{N_x}k_{xn}(-A_f k_f^2\delta_f E_{f1}-A_s k_s^2\delta_s E_{s1}+$$

$$A_{fn}^x A_f k_f^2\delta_f+A_{sn}^x A_s k_s^2\delta_s)E_a \tag{4-37}$$

将式(4-33)~式(4-36)代入式(4-29)，可知完全透水地表边界条件下，待定参数 A_{fn}^x、A_{sn}^x、B_n^x 和 C_n^x 可通过如下系统方程组确定：

$$\begin{bmatrix} 2k_{xn}^2\delta_f & 2k_{xn}^2\delta_s & k_z^2\delta_t & (v_{tn}^2-k_{xn}^2)\delta_t \\ 2\delta_f & 2\delta_s & -\delta_t & -\delta_t \\ 1/v_{fn} & -1/v_{sn} & 0 & 0 \\ \dfrac{(2\mu v_{fn}^2+\lambda k_f^2-\alpha A_f k_f^2)\delta_f}{v_{fn}} & \dfrac{(2\mu v_{sn}^2+\lambda k_s^2-\alpha A_s k_s^2)\delta_s}{v_{sn}} & 0 & -2\mu v_{tn}\delta_t \end{bmatrix}\begin{bmatrix} A_{fn}^x \\ A_{sn}^x \\ B_n^x \\ C_n^x \end{bmatrix}$$

$$=\begin{bmatrix} 2k_{xn}^2(\delta_f E_{f1}+\delta_s E_{s1})+\delta_t(k_z^2+v_{tn}^2-k_{xn}^2)E_{t1} \\ 2\delta_f E_{f1}+2\delta_s E_{s1}-2\delta_t E_{t1} \\ -E_{f1}/v_{fn}+E_{s1}/v_{sn} \\ -\dfrac{(2\mu v_{fn}^2+\lambda k_f^2-\alpha A_f k_f^2)\delta_f E_{f1}}{v_{fn}}-\dfrac{(2\mu v_{sn}^2+\lambda k_s^2-\alpha A_s k_s^2)\delta_s E_{s1}}{v_{sn}}+2\mu v_{tn}\delta_t E_{t1} \end{bmatrix} \tag{4-38}$$

将式(4-33)~式(4-35)和式(4-37)代入式(4-30)，可知完全不透水地表边界条件下，待定参数 A_{fn}^x、A_{sn}^x、B_n^x 和 C_n^x 则可通过如下系统方程组确定：

$$\begin{bmatrix} 2k_{xn}^2\delta_f & 2k_{xn}^2\delta_s & k_z^2\delta_t & (v_{tn}^2-k_{xn}^2)\delta_t \\ 2\delta_f & 2\delta_s & -\delta_t & -\delta_t \\ 1 & -1 & 0 & 0 \\ \dfrac{(2\mu v_{fn}^2+\lambda k_f^2-\alpha A_f k_f^2)\delta_f}{v_{fn}} & \dfrac{(2\mu v_{sn}^2+\lambda k_s^2-\alpha A_s k_s^2)\delta_s}{v_{sn}} & 0 & -2\mu v_{tn}\delta_t \end{bmatrix}\begin{bmatrix} A_{fn}^x \\ A_{sn}^x \\ B_n^x \\ C_n^x \end{bmatrix}$$

$$=\begin{bmatrix} 2k_{xn}^2(\delta_f E_{f1}+\delta_s E_{s1})+\delta_t(k_z^2+v_{tn}^2-k_{xn}^2)E_{t1} \\ 2\delta_f E_{f1}+2\delta_s E_{s1}-2\delta_t E_{t1} \\ E_{f1}-E_{s1} \\ \dfrac{-(2\mu v_{fn}^2+\lambda k_f^2-\alpha A_f k_f^2)\delta_f E_{f1}}{v_{fn}}-\dfrac{(2\mu v_{sn}^2+\lambda k_s^2-\alpha A_s k_s^2)\delta_s E_{s1}}{v_{sn}}+2\mu v_{tn}\delta_t E_{t1} \end{bmatrix} \tag{4-39}$$

(2) y 向简谐点荷载作用下

当饱和半空间内沿 y 向作用一单位简谐点荷载时，地表影响项所对应的位移势函数表达式为：

$$\tilde{\phi}_{f0}^y=\frac{2}{L_x}\delta_f\sum_{n=-N_x}^{N_x}E_a E_{f0}A_{fn}^y$$

$$\tilde{\phi}_{s0}^y=\frac{2}{L_x}\delta_s\sum_{n=-N_x}^{N_x}E_a E_{s0}A_{sn}^y$$

$$\tilde{\psi}_{x0}^y=-\frac{2}{L_x}\delta_t\sum_{n=-N_x}^{N_x}\frac{k_z}{v_{tn}}E_a E_{t0}B_n^y$$

$$\tilde{\psi}_{y0}^y=0$$

$$\tilde{\psi}_{z0}^y=\frac{2}{L_x}\delta_t\sum_{n=-N_x}^{N_x}\frac{k_{xn}}{v_{tn}}E_a E_{t0}C_n^y \tag{4-40}$$

将式(4-40)代入式(4-7)，可获得沿 y 向作用一单位简谐点荷载时的地表影响项，并结合饱和全空间问题的 2.5 维动力 Green 函数式 4-22，可获得饱和半空间内沿 y 向作用一单位简谐点荷载时的 2.5 维动力 Green 函数：

$$\tilde{U}_{xy}^{half}=\tilde{U}_{xy}^{full}-\frac{2i}{L_x}\sum_{n=-N_x}^{N_x}k_{xn}(A_{fn}^y\delta_f E_{f0}+A_{sn}^y\delta_s E_{s0}-C_n^y\delta_t E_{t0})E_a$$

$$\tilde{U}_{yy}^{half}=\tilde{U}_{yy}^{full}-\frac{2i}{L_x}\sum_{n=-N_x}^{N_x}\left(A_{fn}^y\delta_f v_{fn}E_{f0}+A_{sn}^y\delta_s v_{sn}E_{s0}+\frac{B_n^y k_z^2+C_n^y k_{xn}^2}{v_{tn}}\delta_t E_{t0}\right)E_a$$

$$\tilde{U}_{yz}^{half}=\tilde{U}_{yz}^{full}-\frac{2i}{L_x}\sum_{n=-N_x}^{N_x}k_z(A_{fn}^y\delta_f E_{f0}+A_{sn}^y\delta_s E_{s0}-B_n^y\delta_t E_{t0})E_a \tag{4-41}$$

将式(4-41)代入几何方程式(4-3)和本构方程式(4-1)，可获得 y 向简谐点荷载作用下总应力的表达式，其中 $\tilde{\sigma}_{yxy}^{half}$、$\tilde{\sigma}_{yzy}^{half}$ 和 $\tilde{\sigma}_{yyy}^{half}$ 分别为：

$$\begin{aligned}\tilde{\sigma}_{yxy}^{half}(x,0,k_z,w) &= \mu[\tilde{U}_{xy,y}^{half}|_{y=0} + \tilde{U}_{yy,x}^{half}|_{y=0}]\\ &= \frac{-2i}{L_x}\mu\sum_{n=-N_x}^{N_x} k_{xn}[2v_{fn}\delta_f E_{f1} + 2v_{sn}\delta_s E_{s1} + \delta_t(k_{xn}^2 + k_z^2 - v_{tn}^2)/v_{tn}E_{t1} +\\ &\quad 2v_{fn}\delta_f A_{fn}^y + 2v_{sn}\delta_s A_{sn}^y + \delta_t k_z^2/v_{tn}B_n^y + \delta_t(k_{xn}^2 - v_{tn}^2)/v_{tn}C_n^y]E_a\end{aligned} \tag{4-42}$$

$$\begin{aligned}\tilde{\sigma}_{yzy}^{half}(x,0,k_z,w) &= \mu[\tilde{U}_{yy,z}^{half}|_{y=0} + \tilde{U}_{zy,y}^{half}|_{y=0}]\\ &= \frac{-2i}{L_x}\mu\sum_{n=-N_x}^{N_x} k_z[2v_{fn}\delta_f E_{f1} + 2v_{fn}\delta_s E_{s1} + \delta_t(k_{xn}^2 + k_z^2 - v_{tn}^2)/v_{tn}E_{t1} +\\ &\quad 2v_{fn}\delta_f A_{fn}^y + 2v_{fn}\delta_s A_{sn}^y + \delta_t(k_z^2 - v_{tn}^2)/v_{tn}B_n^y + \delta_t k_{xn}^2/v_{tn}C_n^y]E_a\end{aligned} \tag{4-43}$$

$$\begin{aligned}\tilde{\sigma}_{yyy}^{half}(x,0,k_z,w) &= 2\mu\tilde{U}_{yy,y}^{half}|_{y=0} + \lambda(\tilde{U}_{xy,x}^{half}|_{y=0} + \tilde{U}_{yy,y}^{half}|_{y=0} + \tilde{U}_{zy,z}^{half}|_{y=0}) - \alpha\tilde{P}_y^{half}|_{y=0}\\ &= \frac{-2i}{L_x}\sum_{n=-N_x}^{N_x}[(2\mu v_{fn}^2 + \lambda k_f^2 - \alpha A_f k_f^2)\delta_f E_{f1} + (2\mu v_{sn}^2 + \lambda k_s^2 - \alpha A_s k_s^2)\delta_s E_{s1} +\\ &\quad 2\mu(k_{xn}^2 + k_z^2)\delta_t E_{t1} - (2\mu v_{fn}^2 + \lambda k_f^2 - \alpha A_f k_f^2)\delta_f A_{fn}^y -\\ &\quad (2\mu v_{sn}^2 + \lambda k_s^2 - \alpha A_s k_s^2)\delta_s A_{sn}^y - 2\mu k_z^2\delta_t B_n^y - 2\mu k_{xn}^2\delta_t C_n^y]E_a\end{aligned} \tag{4-44}$$

而孔隙流体压力 $\tilde{P}_y^{half}$ 及其对竖向坐标 y 的导数 $\tilde{P}_{y,y}^{half}$ 分别为：

$$\begin{aligned}\tilde{P}_y^{half}(x,0,k_z,w) &= A_f\tilde{\nabla}^2(\tilde{\phi}_f^y + \tilde{\phi}_{f0}^y)|_{y=0} + A_s\tilde{\nabla}^2(\tilde{\phi}_s^y + \tilde{\phi}_{s0}^y)|_{y=0}\\ &= \frac{2}{L_x}\sum_{n=-N_x}^{N_x}(A_f k_f^2\delta_f E_{f1} + A_s k_s^2\delta_s E_{s1} -\\ &\quad A_{fn}^y A_f k_f^2\delta_f E_{f0} - A_{sn}^y A_s k_s^2\delta_s E_{s0})E_a\end{aligned} \tag{4-45}$$

$$\begin{aligned}\tilde{P}_{y,y}^{half}(x,y,k_z,w) &= |_{y=0}A_f\tilde{\nabla}^2(\tilde{\phi}_{f,y}^y + \tilde{\phi}_{f0,y}^y)|_{y=0} + A_s\tilde{\nabla}^2(\tilde{\phi}_{s,y}^y + \tilde{\phi}_{s0,y}^y)|_{y=0}\\ &= \frac{2i}{L_x}\sum_{n=-N_x}^{N_x}(A_f k_f^2\delta_f v_{fn}E_{f1} + A_s k_s^2\delta_s v_{sn}E_{s1} +\\ &\quad A_{fn}^y A_f k_f^2\delta_f v_{fn} + A_{sn}^y A_s k_s^2\delta_s v_{sn})E_a\end{aligned} \tag{4-46}$$

将式(4-42)～式(4-45)代入式(4-29)，可知完全透水地表边界条件下，待定参数 A_{fn}^y、A_{sn}^y、B_n^y 和 C_n^y 可通过如下系统方程组确定：

$$\begin{bmatrix} 2v_{fn}\delta_f & 2v_{sn}\delta_s & \dfrac{k_z^2\delta_t}{v_{tn}} & \dfrac{(k_{xn}^2 - v_{tn}^2)\delta_t}{v_{tn}} \\ 2v_{fn}\delta_f & 2v_{sn}\delta_s & \dfrac{(k_z^2 - v_{tn}^2)\delta_t}{v_{tn}} & \dfrac{k_{xn}^2\delta_t}{v_{tn}} \\ 1 & -1 & 0 & 0 \\ (2\mu v_{fn}^2 + \lambda k_f^2 - \alpha A_f k_f^2)\delta_f & (2\mu v_{sn}^2 + \lambda k_s^2 - \alpha A_s k_s^2)\delta_s & 2\mu k_z^2\delta_t & 2\mu k_{xn}^2\delta_t \end{bmatrix}\begin{bmatrix} A_{fn}^y \\ A_{sn}^y \\ B_n^y \\ C_n^y \end{bmatrix}$$

$$=\begin{bmatrix} -2v_{\mathrm{fn}}\delta_{\mathrm{f}}E_{\mathrm{f1}}-2v_{\mathrm{sn}}\delta_{\mathrm{s}}E_{\mathrm{s1}}-\dfrac{(k_{\mathrm{xn}}^2+k_{\mathrm{z}}^2-v_{\mathrm{tn}}^2)\delta_{\mathrm{t}}E_{\mathrm{t1}}}{v_{\mathrm{tn}}} \\ -2v_{\mathrm{fn}}\delta_{\mathrm{f}}E_{\mathrm{f1}}-2v_{\mathrm{sn}}\delta_{\mathrm{s}}E_{\mathrm{s1}}-\dfrac{(k_{\mathrm{xn}}^2+k_{\mathrm{z}}^2-v_{\mathrm{tn}}^2)\delta_{\mathrm{t}}E_{\mathrm{t1}}}{v_{\mathrm{tn}}} \\ E_{\mathrm{f1}}-E_{\mathrm{s1}} \\ (2\mu v_{\mathrm{fn}}^2+\lambda k_{\mathrm{f}}^2-\alpha A_{\mathrm{f}}k_{\mathrm{f}}^2)\delta_{\mathrm{f}}E_{\mathrm{f1}}+(2\mu v_{\mathrm{sn}}^2+\lambda k_{\mathrm{s}}^2-\alpha A_{\mathrm{s}}k_{\mathrm{s}}^2)\delta_{\mathrm{s}}E_{\mathrm{s1}}+2\mu(k_{\mathrm{xn}}^2+k_{\mathrm{z}}^2)\delta_{\mathrm{t}}E_{\mathrm{t1}} \end{bmatrix} \tag{4-47}$$

将式(4-42)~式(4-44)和式(4-46)代入式(4-30),可知完全不透水地表边界条件下,待定参数 A_{fn}^{y}、A_{sn}^{y}、B_{n}^{y} 和 C_{n}^{y} 可通过如下系统方程组确定:

$$\begin{bmatrix} 2v_{\mathrm{fn}}\delta_{\mathrm{f}} & 2v_{\mathrm{sn}}\delta_{\mathrm{s}} & \dfrac{k_{\mathrm{z}}^2\delta_{\mathrm{t}}}{v_{\mathrm{tn}}} & \dfrac{(k_{\mathrm{xn}}^2-v_{\mathrm{tn}}^2)\delta_{\mathrm{t}}}{v_{\mathrm{tn}}} \\ 2v_{\mathrm{fn}}\delta_{\mathrm{f}} & 2v_{\mathrm{sn}}\delta_{\mathrm{s}} & \dfrac{(k_{\mathrm{z}}^2-v_{\mathrm{tn}}^2)\delta_{\mathrm{t}}}{v_{\mathrm{tn}}} & \dfrac{k_{\mathrm{xn}}^2\delta_{\mathrm{t}}}{v_{\mathrm{tn}}} \\ v_{\mathrm{fn}} & -v_{\mathrm{sn}} & 0 & 0 \\ (2\mu v_{\mathrm{fn}}^2+\lambda k_{\mathrm{f}}^2-\alpha A_{\mathrm{f}}k_{\mathrm{f}}^2)\delta_{\mathrm{f}} & (2\mu v_{\mathrm{sn}}^2+\lambda k_{\mathrm{s}}^2-\alpha A_{\mathrm{s}}k_{\mathrm{s}}^2)\delta_{\mathrm{s}} & 2\mu k_{\mathrm{z}}^2\delta_{\mathrm{t}} & 2\mu k_{\mathrm{xn}}^2\delta_{\mathrm{t}} \end{bmatrix}\begin{bmatrix} A_{\mathrm{fn}}^{y} \\ A_{\mathrm{sn}}^{y} \\ B_{\mathrm{n}}^{y} \\ C_{\mathrm{n}}^{y} \end{bmatrix}$$

$$=\begin{bmatrix} -2v_{\mathrm{fn}}\delta_{\mathrm{f}}E_{\mathrm{f1}}-2v_{\mathrm{sn}}\delta_{\mathrm{s}}E_{\mathrm{s1}}-\dfrac{(k_{\mathrm{xn}}^2+k_{\mathrm{z}}^2-v_{\mathrm{tn}}^2)\delta_{\mathrm{t}}E_{\mathrm{t1}}}{v_{\mathrm{tn}}} \\ -2v_{\mathrm{fn}}\delta_{\mathrm{f}}E_{\mathrm{f1}}-2v_{\mathrm{sn}}\delta_{\mathrm{s}}E_{\mathrm{s1}}-\dfrac{(k_{\mathrm{xn}}^2+k_{\mathrm{z}}^2-v_{\mathrm{tn}}^2)\delta_{\mathrm{t}}E_{\mathrm{t1}}}{v_{\mathrm{tn}}} \\ -v_{\mathrm{fn}}E_{\mathrm{f1}}+v_{\mathrm{sn}}E_{\mathrm{s1}} \\ (2\mu v_{\mathrm{fn}}^2+\lambda k_{\mathrm{f}}^2-\alpha A_{\mathrm{f}}k_{\mathrm{f}}^2)\delta_{\mathrm{f}}E_{\mathrm{f1}}+(2\mu v_{\mathrm{sn}}^2+\lambda k_{\mathrm{s}}^2-\alpha A_{\mathrm{s}}k_{\mathrm{s}}^2)\delta_{\mathrm{s}}E_{\mathrm{s1}}+2\mu(k_{\mathrm{xn}}^2+k_{\mathrm{z}}^2)\delta_{\mathrm{t}}E_{\mathrm{t1}} \end{bmatrix} \tag{4-48}$$

(3)z 向简谐点荷载作用下

当饱和半空间内沿 z 向作用一单位简谐点荷载时,地表影响项所对应的位移势函数为:

$$\begin{aligned} \tilde{\phi}_{\mathrm{f0}}^{z} &= \frac{2}{L_{\mathrm{x}}}\delta_{\mathrm{f}}\sum_{n=-N_{\mathrm{x}}}^{N_{\mathrm{x}}}\frac{k_{\mathrm{z}}}{v_{\mathrm{fn}}}E_{\mathrm{a}}E_{\mathrm{f0}}A_{\mathrm{fn}}^{z} \\ \tilde{\phi}_{\mathrm{s0}}^{z} &= \frac{2}{L_{\mathrm{x}}}\delta_{\mathrm{s}}\sum_{n=-N_{\mathrm{x}}}^{N_{\mathrm{x}}}\frac{k_{\mathrm{z}}}{v_{\mathrm{sn}}}E_{\mathrm{a}}E_{\mathrm{s0}}A_{\mathrm{sn}}^{z} \\ \tilde{\psi}_{\mathrm{x0}}^{z} &= \frac{2}{L_{\mathrm{x}}}\delta_{\mathrm{t}}\sum_{n=-N_{\mathrm{x}}}^{N_{\mathrm{x}}}E_{\mathrm{a}}E_{\mathrm{t0}}B_{\mathrm{n}}^{z} \\ \tilde{\psi}_{\mathrm{y0}}^{z} &= -\frac{2}{L_{\mathrm{x}}}\delta_{\mathrm{t}}\sum_{n=-N_{\mathrm{x}}}^{N_{\mathrm{x}}}\frac{k_{\mathrm{xn}}}{v_{\mathrm{tn}}}E_{\mathrm{a}}E_{\mathrm{t0}}C_{\mathrm{n}}^{z} \\ \tilde{\psi}_{\mathrm{z0}}^{z} &= 0 \end{aligned} \tag{4-49}$$

将式(4-49)代入式(4-7),可获得沿 z 向作用一单位简谐点荷载时的地表影响项,并结合饱和全空间问题的2.5维动力 Green 函数式(4-24),可获得饱和半空间内沿 z 向作用一单位简谐点荷载时的2.5维动力 Green 函数:

$$\tilde{U}_{xz}^{half}=\tilde{U}_{xz}^{full}-\frac{2i}{L_x}\sum_{n=-N_x}^{N_x}k_{xn}k_z\left(A_{fn}^z\delta_f\frac{E_{f0}}{v_{fn}}+A_{sn}^z\delta_s\frac{E_{s0}}{v_{sn}}-C_n^z\delta_t\frac{E_{t0}}{v_{tn}}\right)E_a$$

$$\tilde{U}_{yz}^{half}=\tilde{U}_{yz}^{full}-\frac{2i}{L_x}\sum_{n=-N_x}^{N_x}k_z(A_{fn}^z\delta_fE_{f0}+A_{sn}^z\delta_sE_{s0}-B_n^z\delta_tE_{t0})E_a$$

$$\tilde{U}_{zz}^{half}=\tilde{U}_{zz}^{full}-\frac{2i}{L_x}\sum_{n=-N_x}^{N_x}\left[A_{fn}^z\delta_fk_z^2\frac{E_{f0}}{v_{fn}}+A_{sn}^z\delta_sk_z^2\frac{E_{s0}}{v_{sn}}+\frac{B_n^zv_{tn}^2+C_n^zk_{xn}^2}{v_{tn}}\delta_tE_{t0}\right]E_a \tag{4-50}$$

将式(4-50)代入几何方程式(4-3)和本构方程式(4-1)，可获得 z 向简谐点荷载作用下总应力的表达式，其中 $\tilde{\sigma}_{yxz}^{half}$、$\tilde{\sigma}_{yzz}^{half}$ 和 $\tilde{\sigma}_{yyz}^{half}$ 分别为：

$$\begin{aligned}\tilde{\sigma}_{yxz}^{half}(x,0,k_z,w)&=\mu[\tilde{U}_{xz,y}^{half}|_{y=0}+\tilde{U}_{yz,x}^{half}|_{y=0}]\\&=\frac{-2i}{L_x}\mu\sum_{n=-N_x}^{N_x}k_{xn}k_z[2\delta_fE_{f1}+2\delta_sE_{s1}-2\delta_tE_{t1}-\\&\quad 2\delta_fA_{fn}^z-2\delta_sA_{sn}^z+\delta_tB_n^z+\delta_tC_n^z]E_a\end{aligned} \tag{4-51}$$

$$\begin{aligned}\tilde{\sigma}_{yzz}^{half}(x,0,k_z,w)&=\mu[\tilde{U}_{yz,z}^{half}|_{y=0}+\tilde{U}_{zz,y}^{half}|_{y=0}]\\&=\frac{-2i}{L_x}\mu\sum_{n=-N_x}^{N_x}[2\delta_fk_z^2E_{f1}+2\delta_sk_z^2E_{s1}+\delta_t(k_{xn}^2+v_{tn}^2-k_z^2)E_{t1}-\\&\quad 2\delta_fk_z^2A_{fn}^z-2\delta_sk_z^2A_{sn}^z-\delta_t(v_{tn}^2-k_z^2)B_n^z-\delta_tk_{xn}^2C_n^z]E_a\end{aligned} \tag{4-52}$$

$$\begin{aligned}\tilde{\sigma}_{yyz}^{half}(x,0,k_z,w)&=2\mu\tilde{U}_{yz,y}^{half}|_{y=0}+\lambda(\tilde{U}_{xz,x}^{half}|_{y=0}+\tilde{U}_{yz,y}^{half}|_{y=0}+\tilde{U}_{zz,z}^{half}|_{y=0})-\alpha\tilde{P}_z^{half}|_{y=0}\\&=\frac{-2i}{L_x}\sum_{n=-N_x}^{N_x}\left[(2\mu v_{fn}^2+\lambda k_f^2-\alpha A_fk_f^2)\delta_f\frac{E_{f1}}{v_{fn}}+(2\mu v_{sn}^2+\lambda k_s^2-\alpha A_sk_s^2)\delta_s\frac{E_{s1}}{v_{sn}}-\right.\\&\quad 2\mu v_{tn}\delta_tE_{t1}+(2\mu v_{fn}^2+\lambda k_f^2-\alpha A_fk_f^2)\delta_f\frac{A_{fn}^z}{v_{fn}}+\\&\quad\left.(2\mu v_{sn}^2+\lambda k_s^2-\alpha A_sk^2)\delta_s\frac{A_{sn}^z}{v_{sn}}-2\mu v_{tn}\delta_tB_n^Z\right]E_a\end{aligned} \tag{4-53}$$

而孔隙流体压力 $\tilde{P}_z^{half}$ 及其对竖向坐标 y 的导数 $\tilde{P}_{z,y}^{half}$ 分别为：

$$\begin{aligned}\tilde{P}_z^{half}(x,0,k_z,w)&=A_f\tilde{\nabla}^2(\tilde{\phi}_f^z+\tilde{\phi}_{f0}^z)|_{y=0}+A_s\tilde{\nabla}^2(\tilde{\phi}_s^z+\tilde{\phi}_{s0}^z)|_{y=0}\\&=\frac{-2}{L_x}\sum_{n=-N_x}^{N_x}k_z\left(A_fk_f^2\delta_f\frac{E_{f1}}{v_{fn}}+A_sk_s^2\delta_s\frac{E_{s1}}{v_{sn}}+\right.\\&\quad\left.A_{fn}^zA_fk_f^2\delta_f/v_{fn}+A_{sn}^zA_sk_s^2\delta_s/v_{sn}\right)E_a\end{aligned} \tag{4-54}$$

$$\begin{aligned}\tilde{P}_{z,y}^{half}(x,y,k_z,w)&=|_{y=0}A_f\tilde{\nabla}^2(\tilde{\phi}_{f,y}^z+\tilde{\phi}_{f0,y}^z)|_{y=0}+A_s\tilde{\nabla}^2(\tilde{\phi}_{s,y}^z+\tilde{\phi}_{s0,y}^z)|_{y=0}\\&=\frac{2i}{L_x}\sum_{n=-N_x}^{N_x}k_z(-A_fk_f^2\delta_fE_{f1}-A_sk_s^2\delta_sE_{s1}+A_{fn}^zA_fk_f^2\delta_f+A_{sn}^zA_sk_s^2\delta_s)E_a\end{aligned} \tag{4-55}$$

将式(4-51)～式(4-54)代入式(4-29)，可知完全透水地表边界条件下，待定参数 A_{fn}^z、A_{sn}^z、B_n^z 和 C_n^z 可通过如下系统方程组确定：

$$\begin{bmatrix} 2\delta_f & 2\delta_s & -\delta_t & -\delta_t \\ 2k_z^2\delta_f & 2k_z^2\delta_s & \dfrac{(v_{tn}^2-k_z^2)\delta_t}{v_{tn}} & \dfrac{k_{xn}^2\delta_t}{v_{tn}} \\ 1/v_{fn} & -1/v_{sn} & 0 & 0 \\ \dfrac{(2\mu v_{fn}^2+\lambda k_f^2-\alpha A_f k_f^2)\delta_f}{v_{fn}} & \dfrac{(2\mu v_{sn}^2+\lambda k_s^2-\alpha A_s k_s^2)\delta_s}{v_{sn}} & -2\mu v_{tn}\delta_t & 0 \end{bmatrix} \begin{bmatrix} A_{fn}^z \\ A_{sn}^z \\ B_n^z \\ C_n^z \end{bmatrix}$$

$$= \begin{bmatrix} 2\delta_f E_{f1}+2\delta_s E_{s1}-2\delta_t E_{t1} \\ 2k_z^2(\delta_f E_{f1}+\delta_s E_{s1})+(k_{xn}^2+v_{tn}^2-k_z^2)\delta_t E_{t1} \\ -\dfrac{E_{f1}}{v_{fn}}+\dfrac{E_{s1}}{v_{sn}} \\ -\dfrac{(2\mu v_{fn}^2+\lambda k_f^2-\alpha A_f k_f^2)\delta_f E_{f1}}{v_{fn}}-\dfrac{(2\mu v_{sn}^2+\lambda k_s^2-\alpha A_s k_s^2)\delta_s E_{s1}}{v_{sn}}+2\mu v_{tn}\delta_t E_{t1} \end{bmatrix} \tag{4-56}$$

将式(4-51)~式(4-53)和式(4-55)代入式(4-30),可知完全不透水地表边界条件下,待定参数 A_{fn}^z、A_{sn}^z、B_n^z 和 C_n^z 可通过如下系统方程组确定:

$$\begin{bmatrix} 2\delta_f & 2\delta_s & -\delta_t & -\delta_t \\ 2k_z^2\delta_f & 2k_z^2\delta_s & \dfrac{(v_{tn}^2-k_z^2)\delta_t}{v_{tn}} & \dfrac{k_{xn}^2\delta_t}{v_{tn}} \\ 1 & -1 & 0 & 0 \\ \dfrac{(2\mu v_{fn}^2+\lambda k_f^2-\alpha A_f k_f^2)\delta_f}{v_{fn}} & \dfrac{(2\mu v_{sn}^2+\lambda k_s^2-\alpha A_s k_s^2)\delta_s}{v_{sn}} & -2\mu v_{tn}\delta_t & 0 \end{bmatrix} \begin{bmatrix} A_{fn}^z \\ A_{sn}^z \\ B_n^z \\ C_n^z \end{bmatrix}$$

$$= \begin{bmatrix} 2\delta_f E_{f1}+2\delta_s E_{s1}-2\delta_t E_{t1} \\ 2k_z^2(\delta_f E_{f1}+\delta_s E_{s1})+(k_{xn}^2+v_{tn}^2-k_z^2)\delta_t E_{t1} \\ E_{f1}-E_{s1} \\ -\dfrac{(2\mu v_{fn}^2+\lambda k_f^2-\alpha A_f k_f^2)\delta_f E_{f1}}{v_{fn}}-\dfrac{(2\mu v_{sn}^2+\lambda k_s^2-\alpha A_s k_s^2)\delta_s E_{s1}}{v_{sn}}+2\mu v_{tn}\delta_t E_{t1} \end{bmatrix} \tag{4-57}$$

4.3.2 流相点源作用下半空间问题的 2.5 维动力 Green 函数

流相点源作用下地表影响项的位移势函数可参考 y 向点荷载作用下的情况,取:

$$\tilde{\phi}_{f0}^{G_f} = \frac{2}{L_x}\delta_f\sum_{n=-N_x}^{N_x} E_a E_{f0} A_{fn}^{G_f}$$

$$\tilde{\phi}_{s0}^{G_f} = \frac{2}{L_x}\delta_s\sum_{n=-N_x}^{N_x} E_a E_{s0} A_{sn}^{G_f}$$

$$\tilde{\psi}_{x0}^{G_f} = -\frac{2}{L_x}\delta_t\sum_{n=-N_x}^{N_x} \frac{k_z}{v_{tn}} E_a E_{t0} B_n^{G_f}$$

$$\tilde{\psi}_{y0}^{G_f} = 0$$

$$\tilde{\psi}_{z0}^{G_f} = \frac{2}{L_x}\delta_t\sum_{n=-N_x}^{N_x} \frac{k_{xn}}{v_{tn}} E_a E_{t0} C_n^{G_f} \tag{4-58}$$

将式(4-58)代入式(4-7),可获得流相点源作用下的地表影响项,并结合饱和全空间问题的2.5维动力Green函数式(4-27),可获得饱和半空间内作用一单位流相点源时的2.5维动力Green函数:

$$\tilde{U}_{xG_f}^{half}=\tilde{U}_{xG_f}^{full}-\frac{2i}{L_x}\sum_{n=-N_x}^{N_x}k_{xn}(A_{fn}^{G_f}\delta_f E_{f0}+A_{sn}^{G_f}\delta_s E_{s0}-C_n^{G_f}\delta_t E_{t0})E_a$$

$$\tilde{U}_{yG_f}^{half}=\tilde{U}_{yG_f}^{full}-\frac{2i}{L_x}\sum_{n=-N_x}^{N_x}\left(A_{fn}^{G_f}\delta_f v_{fn}E_{f0}+A_{sn}^{G_f}\delta_s v_{sn}E_{s0}+\frac{B_n^{G_f}k_z^2+C_n^{G_f}k_{xn}^2}{v_{tn}}\delta_t E_{t0}\right)E_a$$

$$\tilde{U}_{zG_f}^{half}=\tilde{U}_{zG_f}^{full}-\frac{2i}{L_x}\sum_{n=-N_x}^{N_x}k_z(A_{fn}^{G_f}\delta_f E_{f0}+A_{sn}^{G_f}\delta_s E_{s0}+B_n^{G_f}\delta_t E_{t0}]E_a \tag{4-59}$$

将式(4-59)代入几何方程式(4-3)和本构方程式(4-1),可获得流相点源作用下总应力的表达式,其中$\tilde{\sigma}_{yxG_f}^{half}$、$\tilde{\sigma}_{yzG_f}^{half}$和$\tilde{\sigma}_{yyG_f}^{half}$分别为:

$$\begin{aligned}\tilde{\sigma}_{yxG_f}^{half}(x,0,k_z,w)&=\mu[\tilde{U}_{xG_f,y}^{half}|_{y=0}+\tilde{U}_{yG_f,x}^{half}|_{y=0}]\\&=\frac{-2}{L_x}\mu\sum_{n=-N_x}^{N_x}k_{xn}[2i\delta^{G_f}(E_{f1}-E_{s1})-2v_{fn}\delta_f A_{fn}^{G_f}-\\&\quad 2v_{sn}\delta_s A_{sn}^{G_f}-\delta_t k_z^2/v_{tn}B_n^{G_f}+\delta_t(v_{tn}^2-k_{xn}^2)/v_{tn}C_n^{G_f}]E_a\end{aligned} \tag{4-60}$$

$$\begin{aligned}\tilde{\sigma}_{yzG_f}^{half}(x,0,k_z,w)&=\mu[\tilde{U}_{yG_f,z}^{half}|_{y=0}+\tilde{U}_{zG_f,y}^{half}|_{y=0}]\\&=\frac{-2}{L_x}\mu\sum_{n=-N_x}^{N_x}k_z[2i\delta^{G_f}(E_{f1}-E_{s1})-2v_{fn}\delta_f A_{fn}^{G_f}-\\&\quad 2v_{sn}\delta_s A_{sn}^{G_f}+\delta_t(v_{tn}^2-k_z^2)/v_{tn}B_n^{G_f}-\delta_t k_{xn}^2/v_{tn}C_n^{G_f}]E_a\end{aligned} \tag{4-61}$$

$$\begin{aligned}\tilde{\sigma}_{yyG_f}^{half}(x,0,k_z,w)&=2\mu\tilde{U}_{yG_f,y}^{half}|_{y=0}+\lambda(\tilde{U}_{xG_f,x}^{half}|_{y=0}+\tilde{U}_{yG_f,y}^{half}|_{y=0}+\tilde{U}_{zG_f,z}^{half}|_{y=0})-\alpha\tilde{P}_{G_f}^{half}|_{y=0}\\&=\frac{-2}{L_x}\sum_{n=-N_x}^{N_x}\Big[-i(2\mu v_{fn}^2+\lambda k_f^2-\alpha A_f k_f^2)\delta^{G_f}\frac{E_{f1}}{v_{fn}}+i(2\mu v_{sn}^2+\lambda k_s^2-\alpha A_s k_s^2)\delta^{G_f}\frac{E_{s1}}{v_{sn}}-\\&\quad(2\mu v_{fn}^2+\lambda k_f^2-\alpha A_f k_f^2)\delta_f A_{fn}^{G_f}-(2\mu v_{sn}^2+\lambda k_s^2-\alpha A_s k_s^2)\delta_s A_{sn}^{G_f}-\\&\quad 2\mu k_z^2\delta_t B_n^{G_f}-2\mu k_{xn}^2\delta_t C_n^{G_f}]E_a\end{aligned} \tag{4-62}$$

而孔隙流体压力$\tilde{P}_{G_f}^{half}$及其对竖向坐标y的导数$\tilde{P}_{G_f,y}^{half}$分别为:

$$\begin{aligned}\tilde{P}_{G_f}^{half}(x,0,k_z,w)&=A_f\tilde{\nabla}^2(\tilde{\phi}_f^{G_f}+\tilde{\phi}_{f0}^{G_f})|_{y=0}+A_s\tilde{\nabla}^2(\tilde{\phi}_s^{G_f}+\tilde{\phi}_{s0}^{G_f})|_{y=0}\\&=\frac{-2}{L_x}\sum_{n=-N_x}^{N_x}(iA_f k_f^2\delta^{G_f}\frac{E_{f1}}{v_{fn}}-iA_s k_s^2\delta^{G_f}\frac{E_{s1}}{v_{sn}}+\\&\quad A_{fn}^{G_f}A_f k_f^2\delta_f+A_{sn}^{G_f}A_s k_s^2\delta_s)E_a\end{aligned} \tag{4-63}$$

$$\begin{aligned}\tilde{P}_{G_f,y}^{half}(x,y,k_z,w)&=|_{y=0}A_f\tilde{\nabla}^2(\tilde{\phi}_{f,y}^{G_f}+\tilde{\phi}_{f0,y}^{G_f})|_{y=0}+A_s\tilde{\nabla}^2(\tilde{\phi}_{s,y}^{G_f}+\tilde{\phi}_{s0,y}^{G_f})|_{y=0}\\&=\frac{-2i}{L_x}\sum_{n=-N_x}^{N_x}k_{xn}(-iA_f k_f^2\delta^{G_f}E_{f1}+iA_s k_s^2\delta^{G_f}E_{s1}+\\&\quad A_{fn}^{G_f}A_f k_f^2\delta_f v_{fn}+A_{sn}^{G_f}A_s k_s^2\delta_s v_{sn})E_a\end{aligned} \tag{4-64}$$

将式(4-60)~式(4-63)代入式(4-29),可知完全透水地表边界条件下,待定参数$A_{fn}^{G_f}$、$A_{sn}^{G_f}$、$B_n^{G_f}$和$C_n^{G_f}$可通过如下系统方程组确定:

$$\begin{bmatrix} 2\delta_f & 2\delta_s & -\delta_t & -\delta_t \\ 2k_z^2\delta_f & 2k_z^2\delta_s & \dfrac{(v_{tn}^2-k_z^2)\delta_t}{v_{tn}} & \dfrac{k_{xn}^2\delta_t}{v_{tn}} \\ 1/v_{fn} & -1/v_{sn} & 0 & 0 \\ \dfrac{(2\mu v_{fn}^2+\lambda k_f^2-\alpha A_f k_f^2)\delta_f}{v_{fn}} & \dfrac{(2\mu v_{sn}^2+\lambda k_s^2-\alpha A_s k_s^2)\delta_s}{v_{sn}} & -2\mu v_{tn}\delta_t & 0 \end{bmatrix} \begin{bmatrix} A_{fn}^{G_f} \\ A_{sn}^{G_f} \\ B_n^{G_f} \\ C_n^{G_f} \end{bmatrix}$$

$$= \begin{bmatrix} 2\delta_f E_{f1}+2\delta_s E_{s1}-2\delta_t E_{t1} \\ 2k_z^2(\delta_f E_{f1}+\delta_s E_{s1})+(k_{xn}^2+v_{tn}^2-k_z^2)\delta_t E_{t1} \\ -\dfrac{E_{f1}}{v_{fn}}+\dfrac{E_{s1}}{v_{sn}} \\ -\dfrac{(2\mu v_{fn}^2+\lambda k_f^2-\alpha A_f k_f^2)\delta_f E_{f1}}{v_{fn}}-\dfrac{(2\mu v_{sn}^2+\lambda k_s^2-\alpha A_s k_s^2)\delta_s E_{s1}}{v_{sn}}+2\mu v_{tn}\delta_t E_{t1} \end{bmatrix} \tag{4-65}$$

将式(4-60)~式(4-62)和式(4-64)代入式(4-30),可知完全不透水地表边界条件下,待定参数 $A_{fn}^{G_f}$、$A_{sn}^{G_f}$、$B_n^{G_f}$ 和 $C_n^{G_f}$ 可通过如下系统方程组确定:

$$\begin{bmatrix} 2\delta_f & 2\delta_s & -\delta_t & -\delta_t \\ 2k_z^2\delta_f & 2k_z^2\delta_s & \dfrac{(v_{tn}^2-k_z^2)\delta_t}{v_{tn}} & \dfrac{k_{xn}^2\delta_t}{v_{tn}} \\ 1 & -1 & 0 & 0 \\ \dfrac{(2\mu v_{fn}^2+\lambda k_f^2-\alpha A_f k_f^2)\delta_f}{v_{fn}} & \dfrac{(2\mu v_{sn}^2+\lambda k_s^2-\alpha A_s k_s^2)\delta_s}{v_{sn}} & -2\mu v_{tn}\delta_t & 0 \end{bmatrix} \begin{bmatrix} A_{fn}^{G_f} \\ A_{sn}^{G_f} \\ B_n^{G_f} \\ C_n^{G_f} \end{bmatrix}$$

$$= \begin{bmatrix} 2\delta_f E_{f1}+2\delta_s E_{s1}-2\delta_t E_{t1} \\ 2k_z^2(\delta_f E_{f1}+\delta_s E_{s1})+(k_{xn}^2+v_{tn}^2-k_z^2)\delta_t E_{t1} \\ E_{f1}-E_{s1} \\ -\dfrac{(2\mu v_{fn}^2+\lambda k_f^2-\alpha A_f k_f^2)\delta_f E_{f1}}{v_{fn}}-\dfrac{(2\mu v_{sn}^2+\lambda k_s^2-\alpha A_s k_s^2)\delta_s E_{s1}}{v_{sn}}+2\mu v_{tn}\delta_t E_{t1} \end{bmatrix} \tag{4-66}$$

获得饱和半空间问题的 2.5 维位移 Green 函数后,结合几何方程式(4-1)和本构方程式(4-3),可获得应力和流体相对于固体骨架的位移表达式:

$$\begin{aligned} \tilde{\sigma}_{ijk}^{half} &= \mu(\tilde{U}_{ij,k}^{half}+\tilde{U}_{ik,j}^{half})+\lambda\tilde{U}_{il,l}^{half}\delta_{jk}-\alpha\tilde{P}_i^{half}\delta_{jk} \\ \tilde{W}_{ij}^{half} &= \beta_1/M(\tilde{P}_{i,j}^{half}-\rho_f\omega^2\tilde{U}_{ij}^{half}) \end{aligned} \tag{4-67}$$

4.4　饱和分层半空间问题的 2.5 维动力 Green 函数

考虑土体的水平分层特性，式(4-9)中位移势函数的通解可表达为：

$$\tilde{\phi}_{\mathrm{f}} = a(k_z,\omega)\exp(iv_{\mathrm{f}}y - ik_x x) + b(k_z,\omega)\exp(-iv_{\mathrm{f}}y - ik_x x) \tag{4-68a}$$

$$\tilde{\phi}_{\mathrm{s}} = c(k_z,\omega)\exp(iv_{\mathrm{s}}y - ik_x x) + d(k_z,\omega)\exp(-iv_{\mathrm{s}}y - ik_x x) \tag{4-68b}$$

$$\tilde{\psi}_x = e(k_z,\omega)\exp(iv_{\mathrm{s}}y - ik_x x) + f(k_z,\omega)\exp(-iv_{\mathrm{s}}y - ik_x x) \tag{4-68c}$$

$$\tilde{\psi}_z = g(k_z,\omega)\exp(iv_{\mathrm{t}}y - ik_x x) + h(k_z,\omega)\exp(-iv_{\mathrm{t}}y - ik_x x) \tag{4-68d}$$

$$\begin{aligned}\tilde{\psi}_y = &\frac{k_x}{v_{\mathrm{t}}}[e(k_z,\omega)\exp(iv_{\mathrm{t}}y - ik_x x) - f(k_z,\omega)\exp(-iv_{\mathrm{t}}y - ik_x x)]\\ &+\frac{k_z}{v_{\mathrm{t}}}[g(k_z,\omega)\exp(iv_{\mathrm{t}}y - ik_x x) - h(k_z,\omega)\exp(-iv_{\mathrm{t}}y - ik_x x)]\end{aligned} \tag{4-68e}$$

式中 $a(k_z,\omega),b(k_z,\omega),\cdots,h(k_z,\omega)$ 为待定函数，可通过边界条件确定。

然后将式(4-68)代入式(4-7a)和式(4-7b)，可得到固相位移 $\tilde{u}_{\mathrm{i}}$ 和孔隙流体压力 $\tilde{p}$ 在频率-波数域中的通解。然后再将其代入几何方程式(4-3)和本构方程式(4-1)便可获得应力 $\tilde{\sigma}_{\mathrm{ij}}$ 和流体相对于固体骨架的位移 $\tilde{w}_{\mathrm{i}}$ 在频率-波数域中的通解，分别为：

$$\begin{aligned}\tilde{U}_x = \Big\{ &-ik_x[a\exp(iv_{\mathrm{f}}y) + b\exp(-iv_{\mathrm{f}}y) + c\exp(iv_{\mathrm{s}}y) + d\exp(-iv_{\mathrm{s}}y)] -\\ &i\frac{k_xk_z}{v_{\mathrm{t}}}[e\exp(iv_{\mathrm{t}}y) - f\exp(-iv_{\mathrm{t}}y)] -\\ &i\left(v_{\mathrm{t}} + \frac{k_z^2}{v_{\mathrm{t}}}\right)[g\exp(iv_{\mathrm{t}}y) - h\exp(-iv_{\mathrm{t}}y)]\Big\}\exp(-ik_x x)\end{aligned} \tag{4-69a}$$

$$\begin{aligned}\tilde{U}_y = \{&iv_{\mathrm{f}}[a\exp(iv_{\mathrm{f}}y) - b\exp(-iv_{\mathrm{f}}y)] + iv_{\mathrm{s}}[c\exp(iv_{\mathrm{s}}y) -\\ &d\exp(-iv_{\mathrm{s}}y)] + ik_z[e\exp(iv_{\mathrm{t}}y) + f\exp(-iv_{\mathrm{t}}y)] -\\ &ik_x[g\exp(iv_{\mathrm{t}}y) + h\exp(-iv_{\mathrm{t}}y)]\}\exp(-ik_x x)\end{aligned} \tag{4-69b}$$

$$\begin{aligned}\tilde{U}_z = \Big\{ &-ik_z[a\exp(iv_{\mathrm{f}}y) + b\exp(-iv_{\mathrm{f}}y) + c\exp(iv_{\mathrm{s}}y) + d\exp(-iv_{\mathrm{s}}y)] +\\ &i(v_{\mathrm{t}} + \frac{k_x^2}{v_{\mathrm{t}}})[e\exp(iv_{\mathrm{t}}y) - f\exp(-iv_{\mathrm{t}}y)] +\\ &i\frac{k_xk_z}{v_{\mathrm{t}}}[g\exp(iv_{\mathrm{t}}y) - h\exp(-iv_{\mathrm{t}}y)]\Big\}\exp(-ik_x x)\end{aligned} \tag{4-69c}$$

$$\begin{aligned}\tilde{P}_{\mathrm{f}} = \{ &-A_{\mathrm{f}}k_{\mathrm{f}}^2[a\exp(iv_{\mathrm{f}}y) + b\exp(-iv_{\mathrm{f}}y)] -\\ &A_{\mathrm{s}}k_{\mathrm{s}}^2[c\exp(iv_{\mathrm{s}}y) + d\exp(-iv_{\mathrm{s}}y)]\}\exp(-ik_x x)\end{aligned} \tag{4-69d}$$

$$\tilde{W}_{y}=\{[-iv_{f}(A_{f}k_{f}^{2}+\rho_{f}\omega^{2})[a\exp(iv_{f}y)-b\exp(-iv_{f}y)]-iv_{s}(A_{s}k_{s}^{2}+\rho_{f}\omega^{2})\times$$
$$[c\exp(iv_{s}y)-d\exp(-iv_{s}y)]-ik_{z}\rho_{f}\omega^{2}[e\exp(iv_{t}y)+\exp(-iv_{t}y)]+$$
$$ik_{x}\rho_{f}\omega^{2}g[\exp(iv_{t}y)+h\exp(-iv_{t}y)]\}\frac{\beta_{1}}{M}\exp(-ik_{x}x) \tag{4-69e}$$

$$\tilde{\sigma}_{xy}=\mu\{[2k_{x}v_{f}[a\exp(iv_{f}y)-b\exp(-iv_{f}y)]+2k_{x}v_{s}[c\exp(iv_{s}y)-$$
$$d\exp(-iv_{s}y)]+2k_{x}k_{z}[e\exp(iv_{t}y)+f\exp(-iv_{t}y)]-$$
$$(k_{x}^{2}-v_{t}^{2}-k_{z}^{2})[g\exp(iv_{t}y)+h\exp(-iv_{t}y)]\}\exp(-ik_{x}x) \tag{4-69f}$$

$$\tilde{\sigma}_{yy}=\{-(2\mu v_{f}^{2}+\lambda k_{f}^{2}-\alpha A_{f}k_{f}^{2})[a\exp(iv_{f}y)+b\exp(-iv_{f}y)]-$$
$$(2\mu v_{s}^{2}+\lambda k_{s}^{2}-\alpha A_{s}k_{s}^{2})[c\exp(iv_{s}y)+d\exp(-iv_{s}y)]-$$
$$2\mu v_{t}k_{z}[e\exp(iv_{t}y)-f\exp(-iv_{t}y)]+$$
$$2\mu k_{x}v_{t}[g\exp(iv_{t}y)-h\exp(-iv_{t}y)]\}\exp(-ik_{x}x) \tag{4-69g}$$

$$\tilde{\sigma}_{zy}=\mu\{2v_{f}k_{z}[a\exp(iv_{f}y)-b\exp(-iv_{f}y)]+2v_{s}k_{z}[c\exp(iv_{s}y)-$$
$$d\exp(-iv_{s}y)]-(k_{x}^{2}+v_{t}^{2}-k_{z}^{2})[e\exp(iv_{t}y)+f\exp(-iv_{t}y)]-$$
$$2k_{x}k_{z}[g\exp(iv_{t}y)+h\exp(-iv_{t}y)]\}\exp(-ik_{x}x) \tag{4-69h}$$

饱和分层半空间土体模型如图 4-2 所示，共 $N+1$ 层土体，其中底层为半无限空间，第 j 层土采用符号 L_j 表示，最底层土体则用 L_{N+1} 表示。第 j 层土的厚度为 $h_j=y_j-y_{j-1}$，y_j 和 y_{j-1} 分别为第 j 层下边界和上边界的深度。点荷载或流相点源作用在第 m 层深度为 y_s 的位置。

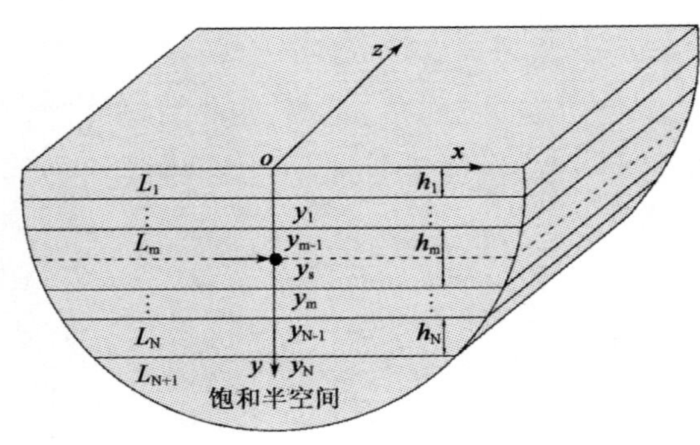

图 4-2　饱和分层半空间内受动力点源作用示意图

为了获得饱和分层半空间土体在内置动力点源作用下的反射、透射矩阵，可将式(4-69)中的位移、孔隙流体压力和应力的表达式进行重新排列，提取出正负指数项 $\exp(\pm iv_{f}^{(j)}y)$、$\exp(\pm iv_{s}^{(j)}y)$、$\exp(\pm iv_{t}^{(j)}y)$ 和待定函数 $a(k_z,\omega)$，$b(k_z,\omega)$，$\cdots$，$h(k_z,\omega)$，则第 j 层土的位移、孔隙流体压力和应力可表示为：

$$\tilde{\boldsymbol{\Omega}}^{(j)}(x,y,k_z,\omega)=[\tilde{U}_x^{(j)},\ \tilde{U}_y^{(j)},\ \tilde{U}_z^{(j)},\ \tilde{W}_y^{(j)},\ \tilde{\sigma}_{xy}^{(j)},\ \tilde{\sigma}_{yy}^{(j)},\ \tilde{\sigma}_{zy}^{(j)},\ \tilde{P}^{(j)}]^{\mathrm{T}}$$
$$=E_a\begin{bmatrix}\boldsymbol{D}_d^{(j)}(k_z,\omega) & \boldsymbol{D}_u^{(j)}(k_z,\omega)\\ \boldsymbol{S}_d^{(j)}(k_z,\omega) & \boldsymbol{S}_u^{(j)}(k_z,\omega)\end{bmatrix}\begin{bmatrix}\boldsymbol{W}_d^{(j)}(y,k_z,\omega)\\ \boldsymbol{W}_u^{(j)}(y,k_z,\omega)\end{bmatrix}\tag{4-70a}$$

$$\boldsymbol{W}_d^{(j)}(y,k_z,\omega)=[b^{(j)}(k_z,\omega)\exp[-iv_f(y-y_{j-1})],\ d^{(j)}(k_z,\omega)\exp[-iv_s(y-y_{j-1})],$$
$$f^{(j)}(k_z,\omega)\exp[-iv_t(y-y_{j-1})],\ h^{(j)}(k_z,\omega)\exp[-iv_t(y-y_{j-1})]]^{\mathrm{T}}\tag{4.70b}$$

$$W_u^{(j)}(y,k_z,\omega)$$
$$=[a^{(j)}(k_z,\omega)\exp[-iv_f(y_j-y)],\ c^{(j)}(k_z,\omega)\exp[-iv_s(y_j-y)],$$
$$e^{(j)}(k_z,\omega)\exp[-iv_t(y_j-y)],\ g^{(j)}(k_z,\omega)\exp[-iv_t(y_j-y)]]^{\mathrm{T}}\tag{4-70c}$$

式中 $E_a=\exp(-ik_xx)$；$\boldsymbol{W}_d^{(j)}(y,k_z,\omega)$ 和 $\boldsymbol{W}_u^{(j)}(y,k_z,\omega)$ 分别与第 j 层土中的下行波和上行波相关，因此将 $\boldsymbol{W}_d^{(j)}(y,k_z,\omega)$ 和 $\boldsymbol{W}_u^{(j)}(y,k_z,\omega)$ 分别定义为第 j 层土的下行波矢量和上行波矢量。通过式 4-70b 和式 4-70c 可知，一旦第 j 层土的下行波矢量和上行波矢量确定后，第 j 层土的位移、孔隙流体压力和应力便都可确定。$\boldsymbol{D}_d^{(j)}(k_z,\omega)$、$\boldsymbol{D}_u^{(j)}(k_z,\omega)$、$\boldsymbol{S}_d^{(j)}(k_z,\omega)$ 和 $\boldsymbol{S}_u^{(j)}(k_z,\omega)$ 为 4×4 的系数矩阵，由第 j 层土的位移、孔隙流体压力和应力表达式确定，其各个元素的表达式为：

矩阵 $\boldsymbol{D}_d^{(j)}(k_z,\omega)$：

$$\boldsymbol{D}_{d_{11}}^{(j)}(k_z,\omega)=-ik_x,\boldsymbol{D}_{d_{12}}^{(j)}(k_z,\omega)=-ik_x,\boldsymbol{D}_{d_{13}}^{(j)}(k_z,\omega)=i\frac{k_xk_z}{v_t^{(j)}},$$

$$\boldsymbol{D}_{d_{14}}^{(j)}(k_z,\omega)=i\frac{v_t^{(j)2}+k_z^{\ 2}}{v_t^{(j)}},\boldsymbol{D}_{d_{21}}^{(j)}(k_z,\omega)=-iv_f^{(j)},\boldsymbol{D}_{d_{22}}^{(j)}(k_z,\omega)=-iv_s^{(j)},$$

$$\boldsymbol{D}_{d_{23}}^{(j)}(k_z,\omega)=ik_z,\boldsymbol{D}_{d_{24}}^{(j)}(k_z,\omega)=-ik_x,\boldsymbol{D}_{d_{31}}^{(j)}(k_z,\omega)=-ik_z,$$

$$\boldsymbol{D}_{d_{32}}^{(j)}(k_z,\omega)=-ik_z,\boldsymbol{D}_{d_{33}}^{(j)}(k_z,\omega)=-i\frac{v_t^{(j)2}+k_x^{\ 2}}{v_t^{(j)}},\tag{4-71a}$$

$$\boldsymbol{D}_{d_{34}}^{(j)}(k_z,\omega)=-i\frac{k_xk_z}{v_t^{(j)}},\boldsymbol{D}_{d_{41}}^{(j)}(k_z,\omega)=\frac{\beta_1^{(j)}}{M^{(j)}}iv_f^{(j)}(A_f^{(j)}k_f^{(j)2}+\rho_f^{(j)}\omega^2),$$

$$\boldsymbol{D}_{d_{42}}^{(j)}(k_z,\omega)=\frac{\beta_1^{(j)}}{M^{(j)}}iv_s^{(j)}(A_s^{(j)}k_s^{(j)2}+\rho_f^{(j)}\omega^2),$$

$$\boldsymbol{D}_{d_{43}}^{(j)}(k_z,\omega)=-\frac{\beta_1^{(j)}}{M^{(j)}}ik_z^{(j)}\rho_f^{(j)}\omega^2,\boldsymbol{D}_{d_{44}}^{(j)}(k_z,\omega)=\frac{\beta_1^{(j)}}{M^{(j)}}ik_x\rho_f^{(j)}\omega^2$$

矩阵$\boldsymbol{D}_{\mathrm{u}}^{(\mathrm{j})}(k_z,\omega)$：

$$\boldsymbol{D}_{\mathrm{u}_{11}}^{(\mathrm{j})}(k_z,\omega)=-ik_x,\boldsymbol{D}_{\mathrm{u}_{12}}^{(\mathrm{j})}(k_z,\omega)=-ik_x,\boldsymbol{D}_{\mathrm{u}_{13}}^{(\mathrm{j})}(k_z,\omega)=-i\frac{k_xk_z}{v_{\mathrm{t}}^{(\mathrm{j})}},$$

$$\boldsymbol{D}_{\mathrm{u}_{14}}^{(\mathrm{j})}(k_z,\omega)=-i\frac{v_{\mathrm{t}}^{(\mathrm{j})2}+k_z^{\ 2}}{v_{\mathrm{t}}^{(\mathrm{j})}},\boldsymbol{D}_{\mathrm{u}_{21}}^{(\mathrm{j})}(k_z,\omega)=iv_{\mathrm{f}}^{(\mathrm{j})},\boldsymbol{D}_{\mathrm{u}_{22}}^{(\mathrm{j})}(k_z,\omega)=iv_{\mathrm{s}}^{(\mathrm{j})},$$

$$\boldsymbol{D}_{\mathrm{u}_{23}}^{(\mathrm{j})}(k_z,\omega)=ik_z,\boldsymbol{D}_{\mathrm{u}_{24}}^{(\mathrm{j})}(k_z,\omega)=-ik_x,\boldsymbol{D}_{\mathrm{u}_{31}}^{(\mathrm{j})}(k_z,\omega)=-ik_z,$$

$$\boldsymbol{D}_{\mathrm{u}_{32}}^{(\mathrm{j})}(k_z,\omega)=-ik_z,\boldsymbol{D}_{\mathrm{u}_{33}}^{(\mathrm{j})}(k_z,\omega)=i\frac{v_t^{(\mathrm{j})2}+k_x^{\ 2}}{v_{\mathrm{t}}^{(\mathrm{j})}},\tag{4-71b}$$

$$\boldsymbol{D}_{\mathrm{u}_{34}}^{(\mathrm{j})}(k_z,\omega)=i\frac{k_xk_z}{v_{\mathrm{t}}^{(\mathrm{j})}},\boldsymbol{D}_{\mathrm{u}_{41}}^{(\mathrm{j})}(k_z,\omega)=-\frac{\boldsymbol{\beta}_1^{(\mathrm{j})}}{\boldsymbol{M}^{(\mathrm{j})}}iv_{\mathrm{f}}^{(\mathrm{j})}(A_{\mathrm{f}}^{(\mathrm{j})}k_{\mathrm{f}}^{(\mathrm{j})2}+\rho_{\mathrm{f}}^{(\mathrm{j})}\omega^2),$$

$$\boldsymbol{D}_{\mathrm{u}_{42}}^{(\mathrm{j})}(k_z,\omega)=-\frac{\boldsymbol{\beta}_1^{(\mathrm{j})}}{\boldsymbol{M}^{(\mathrm{j})}}iv_{\mathrm{s}}^{(\mathrm{j})}(A_{\mathrm{s}}^{(\mathrm{j})}k_{\mathrm{s}}^{(\mathrm{j})2}+\rho_{\mathrm{f}}^{(\mathrm{j})}\omega^2),$$

$$\boldsymbol{D}_{\mathrm{u}_{43}}^{(\mathrm{j})}(k_z,\omega)=-\frac{\boldsymbol{\beta}_1^{(\mathrm{j})}}{\boldsymbol{M}^{(\mathrm{j})}}ik_z^{(\mathrm{j})}\rho_{\mathrm{f}}^{(\mathrm{j})}\omega^2,D_{\mathrm{u}_{44}}^{(\mathrm{j})}(k_z,\omega)=\frac{\boldsymbol{\beta}_1^{(\mathrm{j})}}{\boldsymbol{M}^{(\mathrm{j})}}ik_x\rho_{\mathrm{f}}^{(\mathrm{j})}\omega^2$$

矩阵$\boldsymbol{S}_{\mathrm{d}}^{(\mathrm{j})}(k_z,\omega)$：

$$\boldsymbol{S}_{\mathrm{d}_{11}}^{(\mathrm{j})}(k_z,\omega)=-2\mu^{(\mathrm{j})}k_xv_{\mathrm{f}}^{(\mathrm{j})},\boldsymbol{S}_{\mathrm{d}_{12}}^{(\mathrm{j})}(k_z,\omega)=-2\mu^{(\mathrm{j})}k_xv_{\mathrm{s}}^{(\mathrm{j})},$$

$$\boldsymbol{S}_{\mathrm{d}_{13}}^{(\mathrm{j})}(k_z,\omega)=2\mu^{(\mathrm{j})}k_xk_z,\boldsymbol{S}_{\mathrm{d}_{14}}^{(\mathrm{j})}(k_z,\omega)=\mu^{(\mathrm{j})}(v_{\mathrm{t}}^{(\mathrm{j})2}-k_x^2+k_z^{\ 2}),$$

$$\boldsymbol{S}_{\mathrm{d}_{21}}^{(\mathrm{j})}(k_z,\omega)=-(2\mu^{(\mathrm{j})}v_{\mathrm{f}}^{(\mathrm{j})2}+\lambda^{(\mathrm{j})}k_{\mathrm{f}}^{(\mathrm{j})2}-\alpha^{(\mathrm{j})}A_{\mathrm{f}}^{(\mathrm{j})}k_{\mathrm{f}}^{(\mathrm{j})2}),$$

$$\boldsymbol{S}_{\mathrm{d}_{22}}^{(\mathrm{j})}(k_z,\omega)=-(2\mu^{(\mathrm{j})}v_{\mathrm{s}}^{(\mathrm{j})2}+\lambda^{(\mathrm{j})}k_{\mathrm{s}}^{(\mathrm{j})2}-\alpha^{(\mathrm{j})}A_{\mathrm{s}}^{(\mathrm{j})}k_{\mathrm{s}}^{(\mathrm{j})2}),$$

$$\boldsymbol{S}_{\mathrm{d}_{23}}^{(\mathrm{j})}(k_z,\omega)=2\mu^{(\mathrm{j})}v_{\mathrm{t}}^{(\mathrm{j})}k_z,\boldsymbol{S}_{\mathrm{d}_{24}}^{(\mathrm{j})}(k_z,\omega)=-2\mu^{(\mathrm{j})}k_xv_{\mathrm{t}}^{(\mathrm{j})},\tag{4-71c}$$

$$\boldsymbol{S}_{\mathrm{d}_{31}}^{(\mathrm{j})}(k_z,\omega)=-2\mu^{(\mathrm{j})}v_{\mathrm{f}}^{(\mathrm{j})}k_z,\boldsymbol{S}_{\mathrm{d}_{32}}^{(\mathrm{j})}(k_z,\omega)=-2\mu^{(\mathrm{j})}v_{\mathrm{s}}^{(\mathrm{j})}k_z,$$

$$\boldsymbol{S}_{\mathrm{d}_{33}}^{(\mathrm{j})}(k_z,\omega)=-\mu^{(\mathrm{j})}(v_{\mathrm{t}}^{(\mathrm{j})2}+k_x^{\ 2}-k_z^{\ 2}),\boldsymbol{S}_{\mathrm{d}_{34}}^{(\mathrm{j})}(k_z,\omega)=-2\mu^{(\mathrm{j})}k_xk_z,$$

$$\boldsymbol{S}_{\mathrm{d}_{41}}^{(\mathrm{j})}(k_z,\omega)=-A_{\mathrm{f}}^{(\mathrm{j})}k_{\mathrm{f}}^{(\mathrm{j})2},\boldsymbol{S}_{\mathrm{d}_{42}}^{(\mathrm{j})}(k_z,\omega)=-A_{\mathrm{s}}^{(\mathrm{j})}k_{\mathrm{s}}^{(\mathrm{j})2},$$

$$\boldsymbol{S}_{\mathrm{d}_{43}}^{(\mathrm{j})}(k_z,\omega)=0,\boldsymbol{S}_{\mathrm{d}_{44}}^{(\mathrm{j})}(k_z,\omega)=0$$

矩阵$\boldsymbol{S}_{\mathrm{u}}^{(\mathrm{j})}(k_z,\omega)$：

$$
\begin{aligned}
&\boldsymbol{S}_{u_{11}}^{(j)}(k_z,\omega)=2\mu^{(j)}k_x v_f^{(j)},\boldsymbol{S}_{u_{12}}^{(j)}(k_z,\omega)=2\mu^{(j)}k_x v_s^{(j)},\\
&\boldsymbol{S}_{u_{13}}^{(j)}(k_z,\omega)=2\mu^{(j)}k_x k_z,\boldsymbol{S}_{u_{14}}^{(j)}(k_z,\omega)=\mu^{(j)}(v_t^{(j)2}-k_x^{\ 2}+k_z^{\ 2}),\\
&\boldsymbol{S}_{u_{21}}^{(j)}(k_z,\omega)=-(2\mu^{(j)}v_f^{(j)2}+\lambda k_f^{(j)2}-\alpha^{(j)}A_f^{(j)}k_f^{(j)2}),\\
&\boldsymbol{S}_{u_{22}}^{(j)}(k_z,\omega)=-(2\mu^{(j)}v_s^{(j)2}+\lambda k_s^{(j)2}-\alpha^{(j)}A_f^{(j)}k_s^{(j)2}),\\
&\boldsymbol{S}_{u_{23}}^{(j)}(k_z,\omega)=-2\mu^{(j)}v_t^{(j)}k_z,\boldsymbol{S}_{u_{24}}^{(j)}(k_z,\omega)=2\mu^{(j)}k_x v_t^{(j)},\\
&\boldsymbol{S}_{u_{31}}^{(j)}(k_z,\omega)=2\mu^{(j)}v_f^{(j)}k_z,\boldsymbol{S}_{u_{32}}^{(j)}(k_z,\omega)=2\mu^{(j)}v_s^{(j)}k_z,\\
&\boldsymbol{S}_{u_{33}}^{(j)}(k_z,\omega)=-\mu^{(j)}(k_x^{\ 2}+v_t^{(j)2}-k_z^{\ 2}),\boldsymbol{S}_{u_{34}}^{(j)}(k_z,\omega)=-2\mu^{(j)}k_x k_z,\\
&\boldsymbol{S}_{u_{41}}^{(j)}(k_z,\omega)=-A_f^{(j)}k_f^{(j)2},\boldsymbol{S}_{u_{42}}^{(j)}(k_z,\omega)=-A_s^{(j)}k_s^{(j)2},\\
&\boldsymbol{S}_{u_{43}}^{(j)}(k_z,\omega)=0,\boldsymbol{S}_{u_{44}}^{(j)}(k_z,\omega)=0
\end{aligned}
\tag{4-71d}
$$

根据式(4-70b)和式(4-70c)可知:第 j 层土的下行波矢量在第 j 层土的上边界处和第 j 层土的上行波矢量在第 j 层土的下边界处的表达式分别为:

$$\boldsymbol{W}_d^{(j)}(y_{j-1},k_z,\omega)=[b^{(j)}(k_z,\omega),d^{(j)}(k_z,\omega),f^{(j)}(x,k_z,\omega),h^{(j)}(k_z,\omega)]^{T} \tag{4-72a}$$

$$\boldsymbol{W}_u^{(j)}(y_j,k_z,\omega)=[a^{(j)}(k_z,\omega),c^{(j)}(k_z,\omega),e^{(j)}(k_z,\omega),f^{(j)}(k_z,\omega)]^{T} \tag{4-72b}$$

结合式(4-70)和式(4-72)可知,第 j 层土中的下行波矢量和上行波矢量可重新表示为:

$$\boldsymbol{W}_d^{(j)}(y,k_z,\omega)=\boldsymbol{E}^{(j)}(y-y_{j-1})\boldsymbol{W}_d^{(j)}(y_{j-1},k_z,\omega) \tag{4-73a}$$

$$\boldsymbol{W}_u^{(j)}(y,k_z,\omega)=\boldsymbol{E}^{(j)}(y_j-y)\boldsymbol{W}_u^{(j)}(y_j,k_z,\omega) \tag{4-73b}$$

式中:

$$\boldsymbol{E}^{(j)}(h)=\begin{bmatrix}\exp(-i\nu_f h) & 0 & 0 & 0\\ 0 & \exp(-i\nu_s h) & 0 & 0\\ 0 & 0 & \exp(-i\nu_t h) & 0\\ 0 & 0 & 0 & \exp(-i\nu_t h)\end{bmatrix} \tag{4-73c}$$

需要注意的是式(4-73)中 $\boldsymbol{W}_d^{(j)}(y,k_z,\omega)$ 和 $\boldsymbol{W}_u^{(j)}(y,k_z,\omega)$ 的表示式只适用于荷载作用层 L_m 之外的土层中。因为外荷载的存在,第 m 层中的连续条件被打破,因此需要特殊的下行波和上行波矢量表达式。考虑到在第 m 层中荷载作用深度 $y=y_s$ 处存在跳跃性,第 m 层中的待定函数可表示为以下形式:

$$a^{(m)}(k_z,\omega)=a^{(m_1)}(k_z,\omega)+H(y_s-y)a^{(m_2)}(k_z,\omega) \tag{4-74a}$$

$$c^{(m)}(k_z,\omega)=c^{(m_1)}(k_z,\omega)+H(y_s-y)c^{(m_2)}(k_z,\omega) \tag{4-74b}$$

$$e^{(m)}(k_z,\omega)=e^{(m_1)}(k_z,\omega)+H(y_s-y)e^{(m_2)}(k_z,\omega) \tag{4-74c}$$

$$g^{(m)}(k_z,\omega)=g^{(m_1)}(k_z,\omega)+H(y_s-y)g^{(m_2)}(k_z,\omega) \tag{4-74d}$$

$$b^{(m)}(k_z,\omega)=b^{(m_1)}(k_z,\omega)+H(y-y_s)b^{(m_2)}(k_z,\omega) \tag{4-74e}$$

$$d^{(m)}(k_z,\omega)=d^{(m_1)}(k_z,\omega)+H(y-y_s)d^{(m_2)}(k_z,\omega) \tag{4-74f}$$

$$f^{(m)}(k_z,\omega)=f^{(m_1)}(k_z,\omega)+H(y-y_s)f^{(m_2)}(k_z,\omega) \tag{4-74g}$$

$$h^{(m)}(k_z,\omega)=h^{(m_1)}(k_z,\omega)+H(y-y_s)h^{(m_2)}(k_z,\omega) \tag{4-74h}$$

式中：$H(\ )$为 Heaviside 函数；式(4-74)中待定函数的第二项 $a^{(m_2)}(k_z,\omega)$，$b^{(m_2)}(k_z,\omega)$，…，$h^{(m_2)}(k_z,\omega)$可根据荷载作用平面 $y=y_s$ 处的边界条件确定。

当单位简谐点荷载沿 i 轴($i=x,y,z$)作用在 $y=y_s$ 面时，位移 $\tilde{u}_x^{(m)}$、$\tilde{u}_y^{(m)}$、$\tilde{u}_z^{(m)}$、$\tilde{w}_y^{(m)}$，孔隙流体压力 $\tilde{p}^{(m)}$ 和除 $\tilde{\sigma}_{yi}^{(m)}$ 外的应力均在荷载作用平面 $y=y_s$ 连续，而 $\tilde{\sigma}_{yi}^{(m)}$ 需满足以下条件：

$$\lim_{y\to y_0^+}\tilde{\sigma}_{yi}^{(m)}-\lim_{y\to y_0^-}\tilde{\sigma}_{yi}^{(m)}=-\frac{1}{2\pi}\int_{-\infty}^{+\infty}\exp(-ik_xx)\,dk_x \tag{4-75}$$

当单位简谐流相点源作用在 L_m 时，位移 $\tilde{u}_x^{(m)}$、$\tilde{u}_y^{(m)}$、$\tilde{u}_z^{(m)}$，孔隙流体压力 $\tilde{p}^{(m)}$ 和应力 $\tilde{\sigma}_{yx}^{(m)}$、$\tilde{\sigma}_{yy}^{(m)}$、$\tilde{\sigma}_{yz}^{(m)}$ 均在荷载作用平面 $y=y_s$ 连续，而位移 $\tilde{W}_y^{(m)}$ 需满足以下条件：

$$\lim_{y\to y_0^+}\frac{\partial\tilde{W}_y^{(m)}}{\partial t}-\lim_{y\to y_0^-}\frac{\partial\tilde{W}_y^{(m)}}{\partial t}=\frac{1}{2\pi}\int_{-\infty}^{+\infty}\exp(-ik_xx)\,dk_x \tag{4-76}$$

对上式中的时间坐标 t 进行如式 4-5 所示的 Fourier 变换后，可得

$$\lim_{y\to y_0^+}\tilde{W}_y^{(m)}-\lim_{y\to y_0^-}\tilde{W}_y^{(m)}=\frac{1}{2\pi i\omega}\int_{-\infty}^{+\infty}\exp(-ik_xx)\,dk_x \tag{4-77}$$

结合式(4-71a)、式(4-72)~式(4-74)和式(4-5)~式(4-7)，可求得待定函数 $a^{(m_2)}(k_z,\omega)$，$b^{(m_2)}(k_z,\omega)$，…，$h^{(m_2)}(k_z,\omega)$：

$$\begin{aligned}&[b^{(m_2)},d^{(m_2)},f^{(m_2)},h^{(m_2)},a^{(m_2)},c^{(m_2)},e^{(m_2)},g^{(m_2)}]^T\\&=\frac{1}{2\pi}\int_{-\infty}^{+\infty}\begin{bmatrix}\boldsymbol{E}^{(m)}(y_{m-1}-y_s)&0\\0&-\boldsymbol{E}^{(m)}(y_s-y_m)\end{bmatrix}\times\\&\begin{bmatrix}\boldsymbol{D}_d^{(m)}&\boldsymbol{D}_u^{(m)}\\\boldsymbol{S}_d^{(m)}&\boldsymbol{S}_u^{(m)}\end{bmatrix}^{-1}\boldsymbol{Q}_i\,dk_x,\ i=x,y,z,G_f\end{aligned} \tag{4-78a}$$

式中：$\boldsymbol{Q}_x$、$\boldsymbol{Q}_y$、$\boldsymbol{Q}_z$ 和 $\boldsymbol{Q}_{G_f}$分别表示为沿 x 轴、y 轴和 z 轴作用单位简谐点荷载以及作用单位简谐流相点源的情况，表达式分别如下：

$$\boldsymbol{Q}_x=[0\quad 0\quad 0\quad 0\quad -1\quad 0\quad 0\quad 0]^T \tag{4-78b}$$

$$\boldsymbol{Q}_y=[0\quad 0\quad 0\quad 0\quad 0\quad -1\quad 0\quad 0]^T \tag{4-78c}$$

$$\boldsymbol{Q}_z=[0\quad 0\quad 0\quad 0\quad 0\quad 0\quad -1\quad 0]^T \tag{4-78d}$$

$$\boldsymbol{Q}_{G_f}=[0\quad 0\quad 0\quad 1/(i\omega)\quad 0\quad 0\quad 0\quad 0]^T \tag{4-78e}$$

将式(4-78a)中的积分转化为一系列沿 x 轴以等距离 L_x 分布的线源的集合，则式 4-78a 可表达成：

$$\begin{aligned}&[b^{(m_2)},d^{(m_2)},f^{(m_2)},h^{(m_2)},a^{(m_2)},c^{(m_2)},e^{(m_2)},g^{(m_2)}]^T\\&=\frac{1}{L_x}\sum_{n=-\infty}^{+\infty}\begin{bmatrix}\boldsymbol{E}^{(m)}(y_{m-1}-y_s)&0\\0&-\boldsymbol{E}^{(m)}(y_s-y_m)\end{bmatrix}\begin{bmatrix}\boldsymbol{D}_d^{(m)}&\boldsymbol{D}_u^{(m)}\\\boldsymbol{S}_d^{(m)}&S_u^{(m)}\end{bmatrix}^{-1}\boldsymbol{Q}_i\end{aligned} \tag{4-79}$$

实际计算中取有限项 N_x 即可。

剩下的 $8\times(N+1)$ 个待定函数可通过饱和半空间的地表边界条件、层间连续条件以及半空间底部的边界条件确定。

饱和半空间的完全透水地表边界条件可表示为：

$$\tilde{\sigma}_{yx}^{(1)}(x,0,k_z,w)=0,\tilde{\sigma}_{yy}^{(1)}(x,0,k_z,w)=0,$$
$$\tilde{\sigma}_{yz}^{(1)}(x,0,k_z,w)=0,\tilde{P}^{(1)}(x,0,k_z,w)=0 \tag{4-80}$$

根据 Deresiewicz 和 Skalak 的研究可知，对于透水层的分层面，位移 $\tilde{u}_i=[\tilde{u}_x,\tilde{u}_y,\tilde{u}_z]^T$ 和 $\tilde{w}_y$，孔隙流体压力 $\tilde{p}$，应力 $\tilde{\sigma}_{yz},\tilde{\sigma}_{yy},\tilde{\sigma}_{yz}$ 需连续，因此第 j 层的层间连续条件可表示为($j=1,2,\cdots,N$)

$$\tilde{u}_i^{(j)}(x,y_j,k_z,w)=\tilde{u}_i^{(j+1)}(x,y_j,k_z,w) \tag{4-81a}$$

$$\tilde{w}_y^{(j)}(x,y_j,k_z,w)=\tilde{w}_y^{(j+1)}(x,y_j,k_z,w) \tag{4-81b}$$

$$\tilde{\sigma}_{yx}^{(j)}(x,y_j,k_z,w)=\tilde{\sigma}_{yx}^{(j+1)}(x,y_j,k_z,w) \tag{4-81c}$$

$$\tilde{\sigma}_{yy}^{(j)}(x,y_j,k_z,w)=\tilde{\sigma}_{yy}^{(j+1)}(x,y_j,k_z,w) \tag{4-81d}$$

$$\tilde{\sigma}_{yz}^{(j)}(x,y_j,k_z,w)=\tilde{\sigma}_{yz}^{(j+1)}(x,y_j,k_z,w) \tag{4-81e}$$

$$\tilde{P}^{(j)}(x,y_j,k_z,w)=\tilde{P}^{(j+1)}(x,y_j,k_z,\mathrm{w}) \tag{4-81f}$$

此外，对于底层半空间而言，不存在向上传播的波，因此第 $N+1$ 层的上行波矢量需等于0，即：

$$\boldsymbol{W}_{\mathrm{u}}^{(N+1)}(y,k_z,\omega)=0,z\in L_{N+1} \tag{4-82}$$

根据饱和半空间的透水地表边界条件式(4-80)和式(4-70a)，可得关系式

$$\boldsymbol{W}_{\mathrm{d}}^{(1)}(y_0,k_z,\omega)=\boldsymbol{R}_{\mathrm{u}}^{(0)}(k_z,\omega)\boldsymbol{W}_{\mathrm{u}}^{(1)}(y_0,k_z,\omega) \tag{4-83}$$

式中 $\boldsymbol{R}_{\mathrm{u}}^{(0)}(k_z,\omega)$ 是上行波入射到地表的反射矩阵，其表达式如下：

$$\boldsymbol{R}_{\mathrm{u}}^{(0)}(k_z,\omega)=-[\boldsymbol{S}_{\mathrm{d}}^{(1)}(k_z,\omega)]^{-1}\boldsymbol{S}_{\mathrm{u}}^{(1)}(k_z,\omega) \tag{4-84}$$

利用式(4-83)，第 j 层的层间连续条件式 4-81 可重新表达为：

$$\begin{bmatrix}\boldsymbol{W}_{\mathrm{d}}^{(j+1)}(y_j,k_z,\omega)\\ \boldsymbol{W}_{\mathrm{u}}^{(j)}(y_j,k_z,\omega)\end{bmatrix}=\begin{bmatrix}\boldsymbol{T}_{\mathrm{d}}^{(j)}(k_z,\omega) & \boldsymbol{R}_{\mathrm{u}}^{(j)}(k_z,\omega)\\ \boldsymbol{R}_{\mathrm{d}}^{(j)}(k_z,\omega) & T_{\mathrm{u}}^{(j)}(k_z,\omega)\end{bmatrix}\begin{bmatrix}\boldsymbol{W}_{\mathrm{d}}^{(j)}(y_j,k_z,\omega)\\ \boldsymbol{W}_{\mathrm{u}}^{(j+1)}(y_j,k_z,\omega)\end{bmatrix} \tag{4-85a}$$

$$\begin{bmatrix}\boldsymbol{T}_{\mathrm{d}}^{(j)}(k_z,\omega) & \boldsymbol{R}_{\mathrm{u}}^{(j)}(k_z,\omega)\\ \boldsymbol{R}_{\mathrm{d}}^{(j)}(k_z,\omega) & \boldsymbol{T}_{\mathrm{u}}^{(j)}(k_z,\omega)\end{bmatrix}=$$
$$\begin{bmatrix}-\boldsymbol{D}_{\mathrm{d}}^{(j+1)}(k_z,\omega) & \boldsymbol{D}_{\mathrm{u}}^{(j)}(k_z,\omega)\\ -\boldsymbol{S}_{\mathrm{d}}^{(j+1)}(k_z,\omega) & \boldsymbol{S}_{\mathrm{u}}^{(j)}(k_z,\omega)\end{bmatrix}^{-1}\begin{bmatrix}-\boldsymbol{D}_{\mathrm{d}}^{(j)}(k_z,\omega) & \boldsymbol{D}_{\mathrm{u}}^{(j+1)}(k_z,\omega)\\ -\boldsymbol{S}_{\mathrm{d}}^{(j)}(k_z,\omega) & \boldsymbol{S}_{\mathrm{u}}^{(j+1)}(k_z,\omega)\end{bmatrix} \tag{4-85b}$$

式中 $\boldsymbol{R}_{\mathrm{d}}^{(j)}(k_z,\omega)$ 和 $\boldsymbol{R}_{\mathrm{u}}^{(j)}(k_z,\omega)$ 是 4×4 的矩阵，分别为下行和上行的 P1、P2 和 S 波入射

到第 j 层分层面的反射矩阵；$\boldsymbol{T}_{\mathrm{d}}^{(\mathrm{j})}(k_z,\omega)$ 和 $\boldsymbol{T}_{\mathrm{u}}^{(\mathrm{j})}(k_z,\omega)$ 也是 4×4 的矩阵，分别为下行和上行的 P1、P2 和 S 波入射到第 j 层分层面的透射矩阵。

为表达方便，定义矩阵：

$$\begin{bmatrix}\boldsymbol{T}_{\mathrm{de}}^{(\mathrm{j})}(k_z,\omega) & \boldsymbol{R}_{\mathrm{ue}}^{(\mathrm{j})}(k_z,\omega)\\ \boldsymbol{R}_{\mathrm{de}}^{(\mathrm{j})}(k_z,\omega) & \boldsymbol{T}_{\mathrm{ue}}^{(\mathrm{j})}(k_z,\omega)\end{bmatrix}=$$

$$\begin{bmatrix}\boldsymbol{T}_{\mathrm{d}}^{(\mathrm{j})}(k_z,\omega) & R_{\mathrm{u}}^{(\mathrm{j})}(k_z,\omega)\\ \boldsymbol{R}_{\mathrm{d}}^{(\mathrm{j})}(k_z,\omega) & \boldsymbol{T}_{\mathrm{u}}^{(\mathrm{j})}(k_z,\omega)\end{bmatrix}\begin{bmatrix}\boldsymbol{E}^{(\mathrm{j})}(h_{\mathrm{j}}) & 0\\ 0 & \boldsymbol{E}^{(\mathrm{j}+1)}(h_{\mathrm{j}+1})\end{bmatrix}\quad (j=1,\cdots,N)\quad(4\text{-}86\mathrm{a})$$

$$\begin{bmatrix}\boldsymbol{T}_{\mathrm{de}}^{\mathrm{g}(\mathrm{j})}(k_z,\omega) & \boldsymbol{R}_{\mathrm{ue}}^{\mathrm{g}(\mathrm{j})}(k_z,\omega)\\ \boldsymbol{R}_{\mathrm{de}}^{\mathrm{g}(\mathrm{j})}(k_z,\omega) & \boldsymbol{T}_{\mathrm{ue}}^{\mathrm{g}(\mathrm{j})}(k_z,\omega)\end{bmatrix}=$$

$$\begin{bmatrix}\boldsymbol{T}_{\mathrm{d}}^{\mathrm{g}(\mathrm{j})}(k_z,\omega) & \boldsymbol{R}_{\mathrm{u}}^{\mathrm{g}(\mathrm{j})}(k_z,\omega)\\ \boldsymbol{R}_{\mathrm{d}}^{\mathrm{g}(\mathrm{j})}(k_z,\omega) & \boldsymbol{T}_{\mathrm{u}}^{\mathrm{g}(\mathrm{j})}(k_z,\omega)\end{bmatrix}\begin{bmatrix}\boldsymbol{E}^{(\mathrm{j})}(h_{\mathrm{j}}) & 0\\ 0 & \boldsymbol{E}^{(\mathrm{j}+1)}(h_{\mathrm{j}+1})\end{bmatrix}\quad (j=1,\cdots,N)\quad(4\text{-}86\mathrm{b})$$

式中 $\boldsymbol{T}_{\mathrm{de}}^{\mathrm{g}(\mathrm{j})}(k_z,\omega)$，$\boldsymbol{T}_{\mathrm{ue}}^{\mathrm{g}(\mathrm{j})}(k_z,\omega)$，$\boldsymbol{R}_{\mathrm{de}}^{\mathrm{g}(\mathrm{j})}(k_z,\omega)$ 和 $\boldsymbol{R}_{\mathrm{ue}}^{\mathrm{g}(\mathrm{j})}(k_z,\omega)$ 为下行波和上行波入射到第 j 层分层面的广义透射矩阵和广义反射矩阵，其表达式将在下文中推导。

如果点源不位于第 1 层土中，根据第 1 层土和第 2 层土分层面的层间连续关系（式 4-85a 中 $j=1$）可得：

$$\boldsymbol{W}_{\mathrm{d}}^{(2)}(y_1,k_z,\omega)=\boldsymbol{T}_{\mathrm{d}}^{(1)}(k_z,\omega)\boldsymbol{W}_{\mathrm{d}}^{(1)}(y_1,k_z,\omega)+\boldsymbol{R}_{\mathrm{u}}^{(1)}(k_z,\omega)\boldsymbol{W}_{\mathrm{u}}^{(2)}(y_1,k_z,\omega)\quad(4\text{-}87\mathrm{a})$$

$$\boldsymbol{W}_{\mathrm{u}}^{(1)}(y_1,k_z,\omega)=\boldsymbol{R}_{\mathrm{d}}^{(1)}(k_z,\omega)\boldsymbol{W}_{\mathrm{d}}^{(1)}(y_1,k_z,\omega)+\boldsymbol{T}_{\mathrm{u}}^{(1)}(k_z,\omega)\boldsymbol{W}_{\mathrm{u}}^{(2)}(y_1,k_z,\omega)\quad(4\text{-}87\mathrm{b})$$

利用式 4-83、式 4-86 和式 4-87，通过推导可得：

$$\boldsymbol{W}_{\mathrm{u}}^{(1)}(y_1,k_z,\omega)=\boldsymbol{T}_{\mathrm{u}}^{\mathrm{g}(1)}(k_z,\omega)\boldsymbol{W}_{\mathrm{u}}^{(2)}(y_1,k_z,\omega)\quad(4\text{-}88\mathrm{a})$$

$$\boldsymbol{W}_{\mathrm{d}}^{(2)}(y_1,k_z,\omega)=R_{\mathrm{u}}^{\mathrm{g}(1)}(k_z,\omega)\boldsymbol{W}_{\mathrm{u}}^{(2)}(y_1,k_z,\omega)\quad(4\text{-}88\mathrm{b})$$

式中，

$$\boldsymbol{T}_{\mathrm{u}}^{\mathrm{g}(1)}(k_z,\omega)=[I-\boldsymbol{R}_{\mathrm{de}}^{(1)}(k_z,\omega)\boldsymbol{R}_{\mathrm{ue}}^{\mathrm{g}(0)}(k_z,\omega)]^{-1}\boldsymbol{T}_{\mathrm{u}}^{(1)}(k_z,\omega)\quad(4\text{-}88\mathrm{c})$$

$$\boldsymbol{R}_{\mathrm{u}}^{\mathrm{g}(1)}(k_z,\omega)=\boldsymbol{T}_{\mathrm{de}}^{(1)}(k_z,\omega)\boldsymbol{R}_{\mathrm{ue}}^{\mathrm{g}(0)}(k_z,\omega)\boldsymbol{T}_{\mathrm{u}}^{\mathrm{g}(1)}(k_z,\omega)+\boldsymbol{R}_{\mathrm{u}}^{(1)}(k_z,\omega)\quad(4\text{-}88\mathrm{d})$$

$$\boldsymbol{R}_{\mathrm{u}}^{\mathrm{g}(0)}(k_z,\omega)=\boldsymbol{R}_{\mathrm{u}}^{(0)}(k_z,\omega)\quad(4\text{-}88\mathrm{e})$$

由此类推，直到第 $m-1$ 层分层面。荷载所在层以上的第 j 层（$j<m$）的上行波矢量 $\boldsymbol{W}_{\mathrm{u}}^{(\mathrm{j})}(y_{\mathrm{j}},k_z,\omega)$ 和下行波矢量 $\boldsymbol{W}_{\mathrm{d}}^{(\mathrm{j})}(y_{\mathrm{j}-1},k_z,\omega)$ 均可由荷载所在层的上行波矢量 $\boldsymbol{W}_{\mathrm{u}}^{(\mathrm{m})}(y_{\mathrm{m}-1},k_z,\omega)$ 表示：

$$\boldsymbol{W}_{\mathrm{u}}^{(\mathrm{j})}(y_{\mathrm{j}},k_z,\omega)=\boldsymbol{T}_{\mathrm{ue}}^{\mathrm{g}(\mathrm{j})}(k_z,\omega)T_{\mathrm{ue}}^{\mathrm{g}(\mathrm{j}+1)}(k_z,\omega)\cdots\boldsymbol{T}_{\mathrm{ue}}^{\mathrm{g}(\mathrm{m}-2)}(k_z,\omega)\times \boldsymbol{T}_{\mathrm{u}}^{\mathrm{g}(\mathrm{m}-1)}(k_z,\omega)\boldsymbol{W}_{\mathrm{u}}^{(\mathrm{m})}(y_{\mathrm{m}-1},k_z,\omega)\quad(4\text{-}89\mathrm{a})$$

$$\boldsymbol{W}_{\mathrm{d}}^{(\mathrm{j})}(y_{\mathrm{j}-1},k_z,\omega)=\boldsymbol{R}_{\mathrm{ue}}^{\mathrm{g}(\mathrm{j}-1)}(k_z,\omega)\boldsymbol{W}_{\mathrm{u}}^{(\mathrm{j})}(y_j,k_z,\omega),j=1,\cdots,m-1\quad(4\text{-}89\mathrm{b})$$

式中，

$$\boldsymbol{T}_{\mathrm{u}}^{\mathrm{g}(\mathrm{j})}(k_z,\omega)=[\boldsymbol{I}-\boldsymbol{R}_{\mathrm{de}}^{(\mathrm{j})}(k_z,\omega)\boldsymbol{R}_{\mathrm{ue}}^{\mathrm{g}(\mathrm{j}-1)}(k_z,\omega)]^{-1}\boldsymbol{T}_{\mathrm{u}}^{(\mathrm{j})}(k_z,\omega)\quad(4\text{-}89\mathrm{c})$$

$$\boldsymbol{R}_{\mathrm{u}}^{\mathrm{g(j)}}(k_z,\omega)=\boldsymbol{T}_{\mathrm{de}}^{(\mathrm{j})}(k_z,\omega)\boldsymbol{R}_{\mathrm{ue}}^{\mathrm{g(j-1)}}(k_z,\omega)\boldsymbol{T}_{\mathrm{u}}^{\mathrm{g(j)}}(k_z,\omega)+\boldsymbol{R}_{\mathrm{u}}^{(\mathrm{j})}(k_z,\omega),j=1,\cdots,m-1 \tag{4-89d}$$

同样,利用第 $m-1$ 层的层间连续条件和第 $m-1$ 层的上行波在第 $m-2$ 层层间面的广义反射矩阵 $\boldsymbol{R}_{\mathrm{ue}}^{\mathrm{g(m-2)}}(k_z,\omega)$ 以及第 m 层的上行波在第 $m-1$ 层层间面的广义透射矩阵 $\boldsymbol{T}_{\mathrm{u}}^{\mathrm{g(m-1)}}(k_z,\omega)$,可得第 m 层的下行波矢量和上行波矢量在第 $m-1$ 层层间面的关系式:

$$\boldsymbol{W}_{\mathrm{d}}^{(\mathrm{m})}(y_{\mathrm{m-1}},k_z,\omega)=\boldsymbol{R}_{\mathrm{u}}^{\mathrm{g(m-1)}}(k_z,\omega)\boldsymbol{W}_{\mathrm{u}}^{(\mathrm{m})}(y_{\mathrm{m-1}},k_z,\omega) \tag{4-90}$$

同理,利用半空间底层的边界条件式(4-82)和层间连续条件,重复上面的推导过程,则荷载所在层以下的第 j 层($j>m$)的下行波矢量 $\boldsymbol{W}_{\mathrm{d}}^{(\mathrm{j})}(y_{\mathrm{j-1}},k_z,\omega)$ 和上行波矢量 $\boldsymbol{W}_{\mathrm{u}}^{(\mathrm{j})}(y_{\mathrm{j}},k_z,\omega)$ 均可由荷载所在层的下行波矢量 $\boldsymbol{W}_{\mathrm{d}}^{(\mathrm{m})}(y_{\mathrm{m}},k_z,\omega)$ 表示:

$$\boldsymbol{W}_{\mathrm{d}}^{(\mathrm{j})}(y_{\mathrm{j-1}},k_z,\omega)=\boldsymbol{T}_{\mathrm{de}}^{\mathrm{g(j-1)}}(k_z,\omega)\boldsymbol{T}_{\mathrm{de}}^{\mathrm{g(j-2)}}(k_z,\omega)\cdots\boldsymbol{T}_{\mathrm{de}}^{\mathrm{g(m+1)}}(k_z,\omega)\times\boldsymbol{T}_{\mathrm{d}}^{\mathrm{g(m)}}(k_z,\omega)\boldsymbol{W}_{\mathrm{d}}^{(\mathrm{m})}(y_{\mathrm{m}},k_z,\omega) \tag{4-91a}$$

$$\boldsymbol{W}_{\mathrm{u}}^{(\mathrm{j})}(y_{\mathrm{j}},k_z,\omega)=\boldsymbol{R}_{\mathrm{d}}^{\mathrm{g(j)}}(k_z,\omega)\boldsymbol{W}_{\mathrm{d}}^{(\mathrm{j})}(y_{\mathrm{j}},k_z,\omega),j=m+1,\cdots,N+1 \tag{4-91b}$$

式中:

$$\boldsymbol{T}_{\mathrm{d}}^{\mathrm{g(j)}}(k_z,\omega)=[\boldsymbol{I}-\boldsymbol{R}_{\mathrm{ue}}^{(\mathrm{j})}(k_z,\omega)\boldsymbol{R}_{\mathrm{de}}^{\mathrm{g(j+1)}}(k_z,\omega)]^{-1}\boldsymbol{T}_{\mathrm{d}}^{(\mathrm{j})}(k_z,\omega) \tag{4-91c}$$

$$\boldsymbol{R}_{\mathrm{d}}^{\mathrm{g(j)}}(k_z,\omega)=\boldsymbol{T}_{\mathrm{ue}}^{(\mathrm{j})}(k_z,\omega)\boldsymbol{R}_{\mathrm{de}}^{\mathrm{g(j+1)}}(k_z,\omega)\boldsymbol{T}_{\mathrm{d}}^{\mathrm{g(j)}}(k_z,\omega)+\boldsymbol{R}_{\mathrm{d}}^{(\mathrm{j})}(k_z,\omega),j=m+1,...,N-1 \tag{4-91d}$$

$$\boldsymbol{R}_{\mathrm{d}}^{\mathrm{g(N+1)}}(k_z,\omega)=0 \tag{4-91e}$$

同样,也可以得到第 m 层的上行波矢量和下行波矢量在第 m 层层间面的关系式:

$$\boldsymbol{W}_{\mathrm{u}}^{(\mathrm{m})}(y_{\mathrm{m}},k_z,\omega)=\boldsymbol{R}_{\mathrm{d}}^{\mathrm{g(m)}}(k_z,\omega)\boldsymbol{W}_{\mathrm{d}}^{(\mathrm{m})}(y_{\mathrm{m}},k_z,\omega) \tag{4-92}$$

通过式(4-89)和式(4-91)可知,所有层间面的反射和透射矩阵已获得,利用这些矩阵可得到任意层的波矢量与荷载所在层的波矢量的关系。因此只需确定荷载所在层的波矢量,则可利用式(4-89)和式(4-91),获得任意层的波矢量。

荷载所在层待定函数的第二项 $a^{(\mathrm{m}_2)}(k_z,\omega)$,$b^{(\mathrm{m}_2)}(k_z,\omega)$,……,$h^{(\mathrm{m}_2)}(k_z,\omega)$ 已通过式(4-79)确定。利用式(4-90)和式(4-92)可确定荷载所在层的待定函数的第一项 $a^{(\mathrm{m}_1)}(k_z,\omega)$,$b^{(\mathrm{m}_1)}(k_z,\omega)$,…,$h^{(\mathrm{m}_1)}(k_z,\omega)$。

求解可得:

$$[b^{(\mathrm{m}_1)},d^{(\mathrm{m}_1)},f^{(\mathrm{m}_1)},h^{(\mathrm{m}_1)}]^{\mathrm{T}}=[\boldsymbol{I}-\boldsymbol{R}_{\mathrm{ue}}^{\mathrm{g(m-1)}}\boldsymbol{R}_{\mathrm{de}}^{\mathrm{g(m)}}]^{-1}\{\boldsymbol{R}_{\mathrm{ue}}^{\mathrm{g(m-1)}}\boldsymbol{R}_{\mathrm{de}}^{\mathrm{g(m)}}[b^{(\mathrm{m}_2)},d^{(\mathrm{m}_2)},f^{(\mathrm{m}_2)},h^{(\mathrm{m}_2)}]^{T}+\boldsymbol{R}_{\mathrm{ue}}^{\mathrm{g(m-1)}}[a^{(\mathrm{m}_2)},c^{(\mathrm{m}_2)},e^{(\mathrm{m}_2)},g^{(\mathrm{m}_2)}]^{\mathrm{T}}\} \tag{4-93a}$$

$$[a^{(\mathrm{m}_1)},c^{(\mathrm{m}_1)},e^{(\mathrm{m}_1)},g^{(\mathrm{m}_1)}]^{\mathrm{T}}=[\boldsymbol{I}-\boldsymbol{R}_{\mathrm{de}}^{\mathrm{g(m)}}\boldsymbol{R}_{\mathrm{ue}}^{\mathrm{g(m-1)}}]^{-1}\{\boldsymbol{R}_{\mathrm{de}}^{\mathrm{g(m)}}\boldsymbol{R}_{\mathrm{ue}}^{\mathrm{g(m-1)}}[a^{(\mathrm{m}_2)},c^{(\mathrm{m}_2)},e^{(\mathrm{m}_2)},g^{(\mathrm{m}_2)}]^{\mathrm{T}}+\boldsymbol{R}_{\mathrm{de}}^{\mathrm{g(m)}}[b^{(\mathrm{m}_2)},d^{(\mathrm{m}_2)},f^{(\mathrm{m}_2)},h^{(\mathrm{m}_2)}]^{\mathrm{T}}\} \tag{4-93b}$$

通过式(4-73)、式(4-79)和式(4-94),可得到荷载所在层的上、下行波矢量,然后再利用式(4-73)、式(4-89)和式(4-91)便可获得任意层的上、下行波矢量。再利用式(4-70a),便可获得饱和分层半空间在内置简谐点荷载或简谐流相点源作用下的2.5维动力Green函数。

上述推导的是地表为完全透水时的情况,当地表的水力边界条件为完全不透水时,此时的地表边界条件见式(4-28)。此时,从式(4-70a)中的流体相对于固体骨架的位移 $\tilde{w}_y$ 替换为流体相对于固体骨架的速度$\dot{\tilde{w}}_y$,此时,式(4-70a)可表示为:

$$\tilde{\boldsymbol{\Omega}}'^{(j)}(x,y,k_z,\omega)=\left[\tilde{u}_x^{(j)},\quad \tilde{u}_y^{(j)},\quad \tilde{u}_z^{(j)},\quad \tilde{p}^{(j)},\quad \tilde{\sigma}_{xy}^{(j)},\quad \tilde{\sigma}_{yy}^{(j)},\quad \tilde{\sigma}_{zy}^{(j)},\quad \dot{\tilde{w}}_y^{(j)}\right]^{\mathrm{T}}$$

$$=\boldsymbol{E}_a\begin{bmatrix}\boldsymbol{D}'^{(j)}_{d}(k_z,\omega) & \boldsymbol{D}'^{(j)}_{u}(k_z,\omega)\\ \boldsymbol{S}'^{(j)}_{d}(k_z,\omega) & \boldsymbol{S}'^{(j)}_{u}(k_z,\omega)\end{bmatrix}\begin{bmatrix}\boldsymbol{W}^{(j)}_{d}(y,k_z,\omega)\\ \boldsymbol{W}^{(j)}_{u}(y,k_z,\omega)\end{bmatrix} \tag{4-94}$$

式中,矩阵$\boldsymbol{D}'^{(j)}_{d}(k_z,\omega)$、$\boldsymbol{D}'^{(j)}_{u}(k_z,\omega)$、$\boldsymbol{S}'^{(j)}_{d}(k_z,\omega)$和$\boldsymbol{S}'^{(j)}_{u}(k_z,\omega)$可利用式(4-69)获得。

随后重复上述的推导过程,便可获得完全不透水地表边界条件下饱和分层半空间问题的2.5维动力Green函数。此外,上述的推导均是针对固定简谐荷载的,对于移动简谐荷载作用下的基本解,只需将圆频率 ω 改为 ω_0+vk_z 即可。其中 v 为荷载沿 z 轴的移动速度。

4.5 算例分析

为了验证上述工作的可靠性,首先可将饱和多空介质退化为单相介质,与已有单相介质半空间问题的2.5维动力Green函数对比分析;而利用快速Fourier逆变换,将上述推导的饱和(分层)半空间问题的2.5维动力Green函数变换到空间域内,可与已有饱和(分层)半空间问题的3维动力Green函数进行对比分析。

4.5.1 与单相介质半空间问题的2.5维动力Green函数对比分析

为了将饱和多孔介质退化为单向介质,可对与流体相关以及与流体和骨架耦合作用相关的参数进行如下取值:$\alpha=0.01$,$M=1.0\times10^3\mathrm{Pa}$,$\rho_f=1.0\mathrm{kg/m^3}$,$\eta=1.0\times10^{-3}\mathrm{Pa\cdot s}$,$k=1.0\times10^2\mathrm{m^2}$,$n=0.001$。其余参数取值如下:$\lambda=2.0\times10^7\mathrm{Pa}$,$\mu=1.0\times10^7\mathrm{Pa}$,$\rho_s=2.0\times10^3\mathrm{kg/m^3}$,$a_\infty=3$。圆频率 $\omega=100\mathrm{s^{-1}}$。材料阻尼的影响可通过对Lamé常数增加一虚部实现,即:$\lambda'=\lambda(1+i\xi)$,$\mu'=\mu(1+i\xi)$。本算例中阻尼比 $\xi=10\%$。

利用上述参数,采用饱和多孔介质半空间问题的2.5维动力Green函数和单相介质半空间问题的2.5维动力Green函数,在波数域内计算了在点(5m,5m,0m)作用一单位简谐点源时原点处的2.5维动力Green函数的解,结果如图4-3所示。由于 x 轴和 z 轴的对称性,Green函数 $\tilde{U}_{zx}$和 $\tilde{U}_{xz}$相等,因此省略了 $\tilde{U}_{xz}$。由图可知,两种方法的计算结果十分吻合,因此在波数域内验证了前述推导的饱和半空间问题2.5维动力Green函数的正确性。

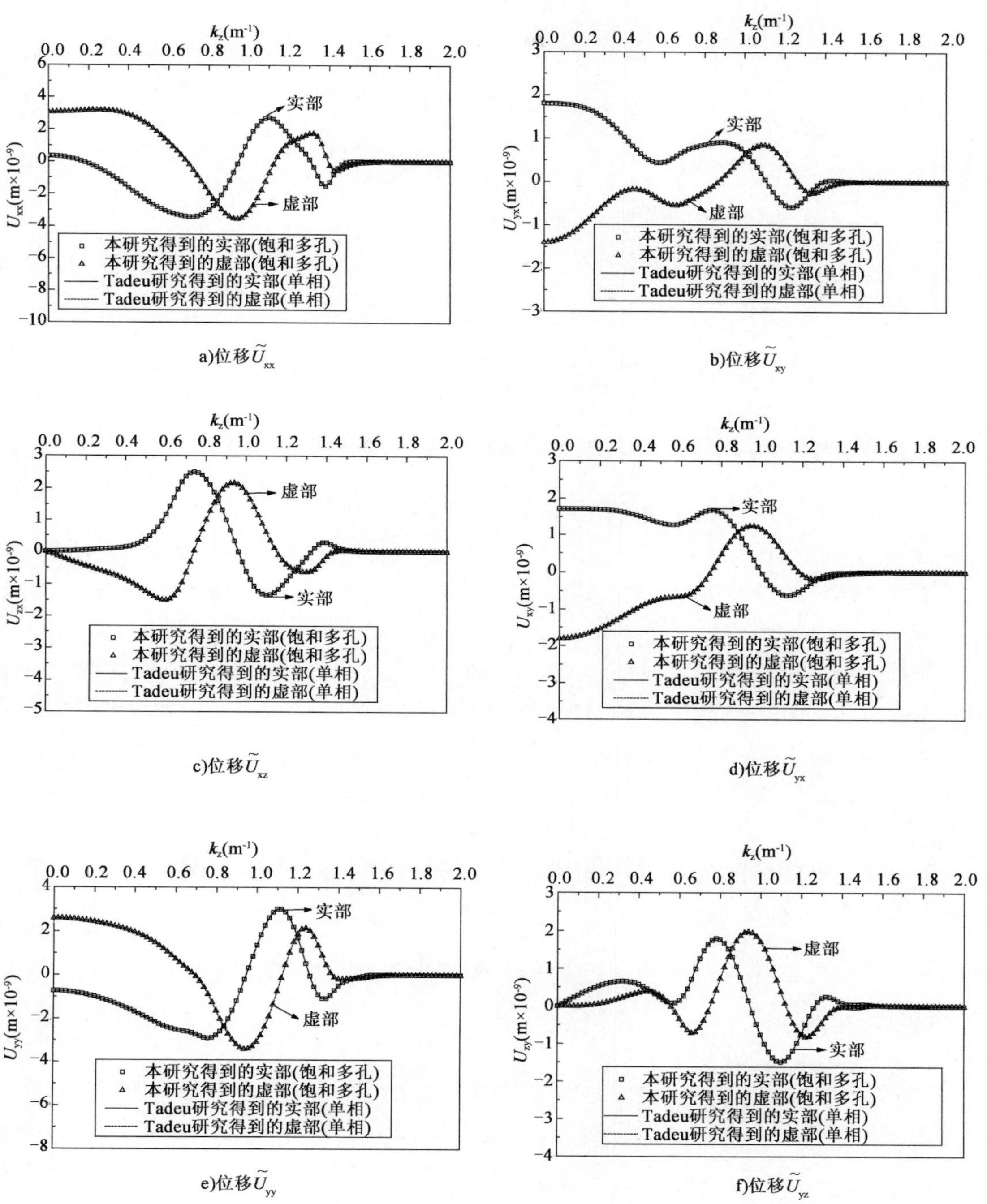

a)位移$\widetilde{U}_{xx}$　b)位移$\widetilde{U}_{xy}$

c)位移$\widetilde{U}_{xz}$　d)位移$\widetilde{U}_{yx}$

e)位移$\widetilde{U}_{yy}$　f)位移$\widetilde{U}_{yz}$

图 4-3

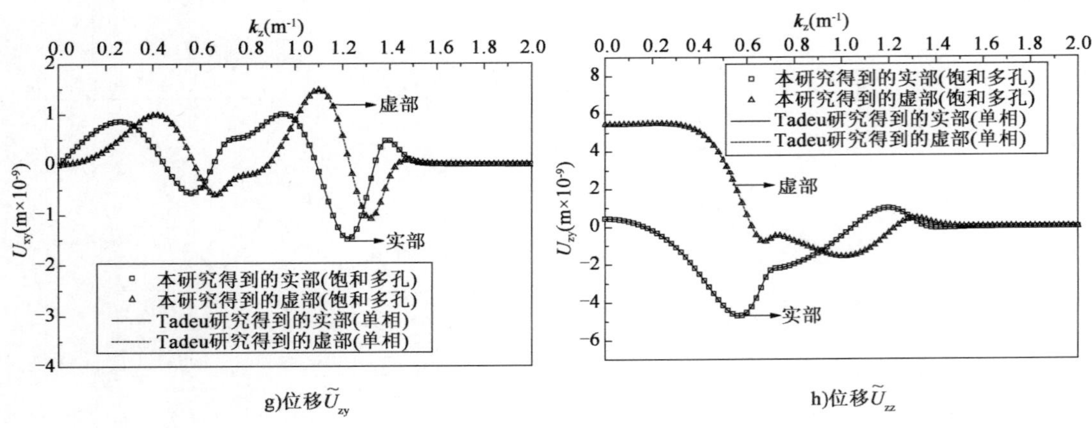

图 4-3　与单相介质半空间问题的 2.5 维动力 Green 函数对比图

4.5.2　与饱和半空间问题的 3 维动力 Green 函数对比分析

在本算例中，饱和多孔介质的参数取值如下：$\lambda = 1.29 \times 10^8 \mathrm{Pa}$，$\mu = 9.79 \times 10^7 \mathrm{Pa}$，$M = 2.50 \times 10^9 \mathrm{Pa}$，$\rho_b = 1.884 \times 10^3 \mathrm{kg/m^3}$，$\rho_f = 1.0 \times 10^3 \mathrm{kg/m^3}$，$m = 3.646 \times 10^3 \mathrm{kg/m^3}$，$\alpha = 0.981$，$b = \eta/k = 1.185 \times 10^8 \mathrm{Ns/m^4}$，$\xi = 10\%$，圆频率 $\omega = 1\mathrm{s}^{-1}$。简谐点荷载的幅值取：$2\pi \times 10^6 \mathrm{N}$；流相点源的强度取：$-2\pi iM/(w/\beta_1)\mathrm{m^3/s}$。

Zheng 在极坐标下推导了饱和半空间问题的 3 维动力 Green 函数，利用上述参数，Zheng 计算了在点(0,1,0)、(0,2,0)和(0,3,0)分别作用一竖向点荷载、水平点荷载和流相点源时的地表竖向位移。而通过快速 Fourier 逆变换，利用上述推导的饱和半空间问题的 3 维动力 Green 函数，同样可获得上述计算结果。在进行 Fourier 逆变换时，取 $\Delta z = 0.2\mathrm{m}$，$N = 1\,001$，$\Delta k_z = 2\pi/(N\Delta z) = 0.031\,4\mathrm{m}^{-1}$。两种方法得到的结果对比情况如图 4-4 所示，由图可知，两种方法获得结果具有很好的一致性，从而在空间域内验证了本文推导的饱和半空间问题的 2.5 维动力 Green 函数的正确性。

4.5.3　与饱和分层半空间问题的 3 维动力 Green 函数对比分析

在下述的算例中，引入无量纲化参数：

$$x^* = \frac{\omega_0}{c}x, y^* = \frac{\omega_0}{c}y, z^* = \frac{\omega_0}{c}z, \lambda^* = \frac{\lambda}{\mu_0}, \mu^* = \frac{\mu}{\mu_0}, M^* = \frac{M}{\mu_0},$$

$$p^* = \frac{p}{\mu_0}, \sigma_{ij}^* = \frac{\sigma_{ij}}{\mu_0}, \rho^* = \frac{\rho}{\rho_0}, \rho_f^* = \frac{\rho_f}{\rho_0}, m^* = \frac{m}{\rho_0}, b^* = \frac{b}{\omega_0\rho_0}, \tag{4-95}$$

$$\omega^* = \frac{\omega}{\omega_0}, F_i^* = \frac{\omega_0^2\rho_0}{\mu_0^2}F_i, \gamma^* = \frac{\omega_0^2\rho_0}{c\mu_0}\gamma$$

式中，μ_0，ρ_0 和 ω_0 分别为参考模量、参考密度和参考频率；$c = (\mu_0/\rho_0)^{1/2}$。为简化表示，

下文中的各无量纲化变量中的上标“ * ”均省略。

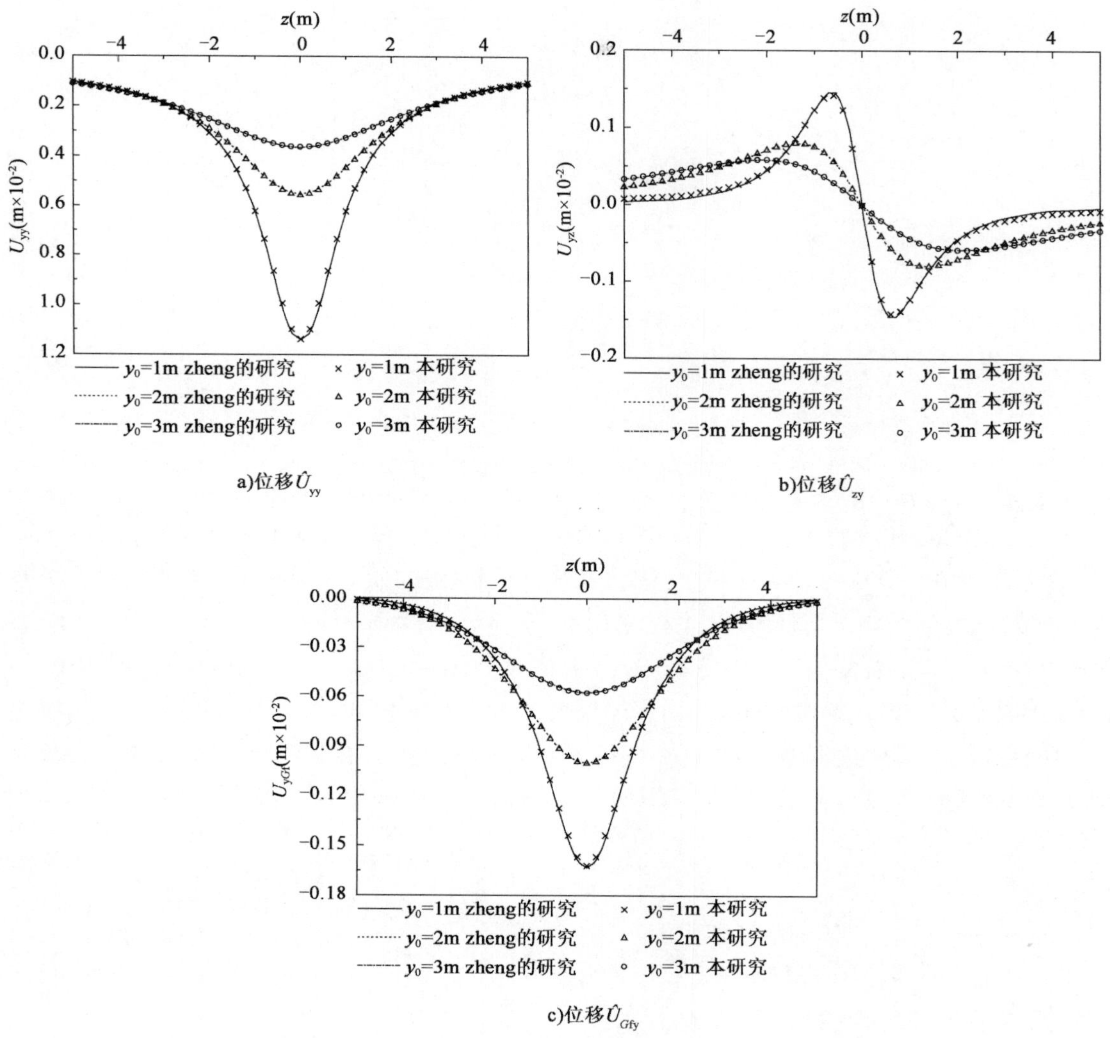

a)位移$\hat{U}_{yy}$

b)位移$\hat{U}_{zy}$

c)位移$\hat{U}_{Gfy}$

图 4-4 与饱和半空间问题的 3 维动力 Green 函数对比

在此算例中，层状饱和土体由两层饱和土体覆盖于饱和半空间上。如图 4-5 所示，上两层土的无量纲化厚度分别为 1 和 2。单位简谐点源作用在点(0,2,0)。计算分如下两种情况：①三层土体的无量纲化 Lamé 常数分别为：$\lambda_1=\mu_1=1.0$，$\lambda_2=\mu_2=2.0$ 和 $\lambda_3=\mu_3=3.0$；②三层土体的无量纲化 Lamé 常数分别为：$\lambda_1=\mu_1=1.5$，$\lambda_2=\mu_2=2.0$ 和 $\lambda_3=\mu_3=3.0$。如下：$\rho_i=1.0$，$\rho_{f_i}=0.5$，$\alpha_i=0.9$，$M_i=2.0$，$m_i=2.0$，$b_i=1.0$，$i=1,2,3$，表示第 1、2 和 3 层饱和土体。本算例中材料阻尼比 $\xi=5\%$，无量纲化圆频率取 1 ~ 25。在进行 Fourier 逆变换时，取 $\Delta z=0.1$，$N=1\ 001$，$\Delta k_z=2\pi/(N\Delta z)=0.062\ 8$。采用两种方法计算得到的点(1,0,0)处的动力响应如图 4-6 所示，由图可知，两种方法获得的结果具有很好的一致性，从而在空间

域内验证了前述推导的饱和分层半空间问题的 2.5 维动力 Green 函数的正确性。

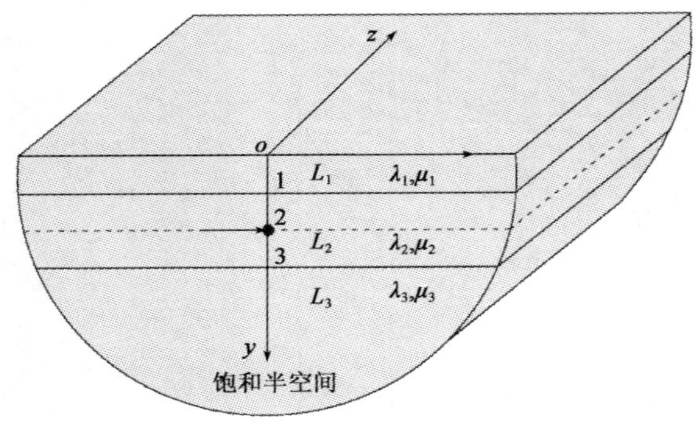

图 4-5　三层饱和土体模型

4.5.4　埋置点源作用下饱和分层半空间的动力响应

为了研究饱和分层半空间内作用单位简谐点荷载或单位简谐流相点源时的动力响应情况，采用如图 4-5 所示的 3 层饱和土体模型，单位点源作用在点(0,2,0)。通过改变土层的 Lamé 常数，考虑了如下三种模型，①$\lambda_1=\mu_1=1.0$，$\lambda_2=\mu_2=1.0$，$\lambda_3=\mu_3=1.0$；②$\lambda_1=\mu_1=1.0$，$\lambda_2=\mu_2=2.0$，$\lambda_3=\mu_3=4.0$；③$\lambda_1=\mu_1=1.0$，$\lambda_2=\mu_2=3.0$，$\lambda_3=\mu_3=9.0$；饱和土体的其他参数取值与 3.3.1 节中的相同。由上述模型的参数设置可知，模型一可退化为饱和均质半空间模型。无量纲化圆频率取 1，在进行 Fourier 逆变换时，取 $\Delta z=0.2$，$N=1\ 001$，$\Delta k_z=2\pi/(N\Delta z)=0.031\ 4$。

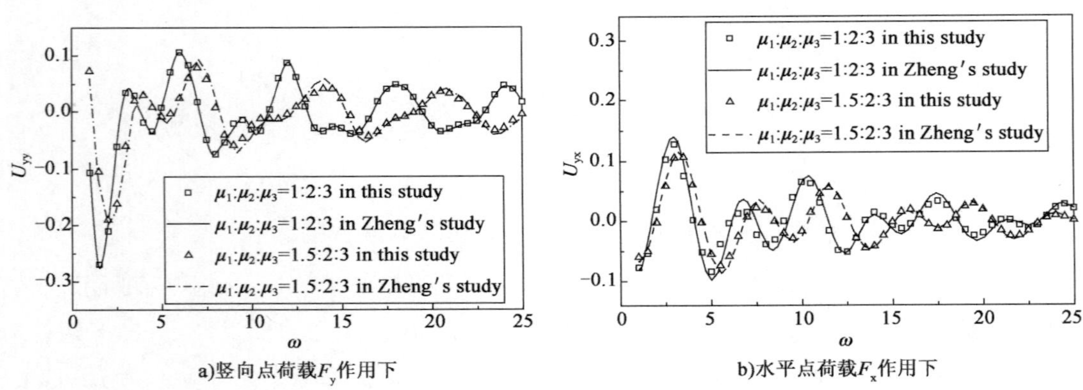

图 4-6　单位简谐点荷载作用下的前述计算结果与饱和分层半空间问题的 3 维动力 Green 函数结果对比

图 4-7 ~ 图 4-9 为单位简谐点荷载和单位简谐流相点源作用下，点(0.5,0,0)到点(0.5,10,0)的动力响应情况。由图可知，点荷载作用下的层状土体的动力响应与均质土体的响应区别大，而简谐流相点源作用下层状土体的位移响应也与均质土体的不同，但孔隙水压力基本相同，且层状土体的响应与荷载所在层的土体参数相关性很大。

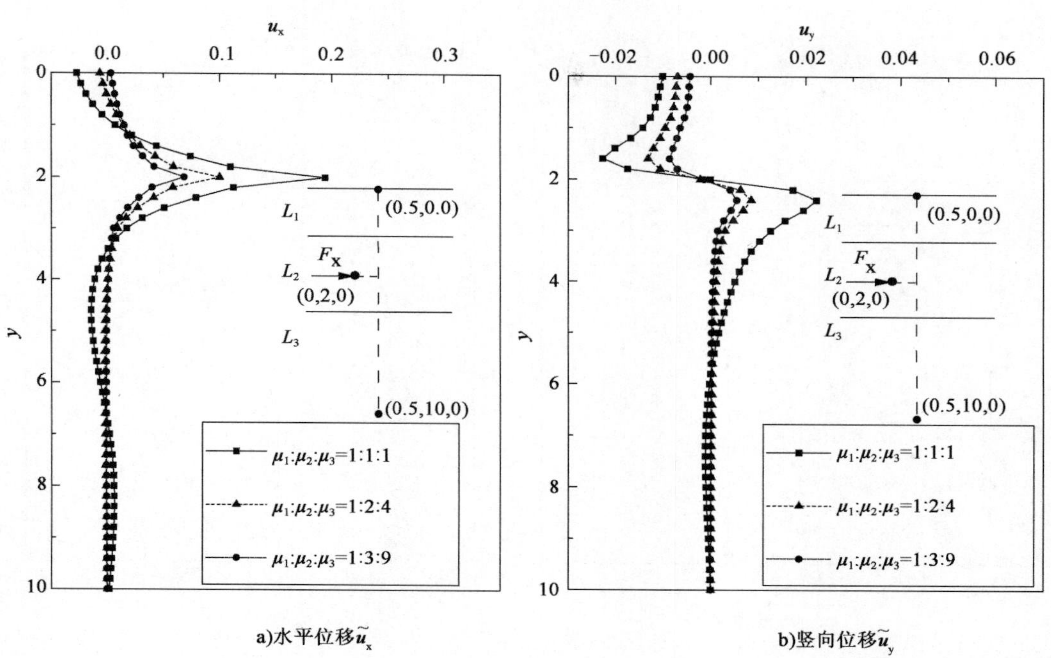

a)水平位移$\tilde{u}_x$　　b)竖向位移$\tilde{u}_y$

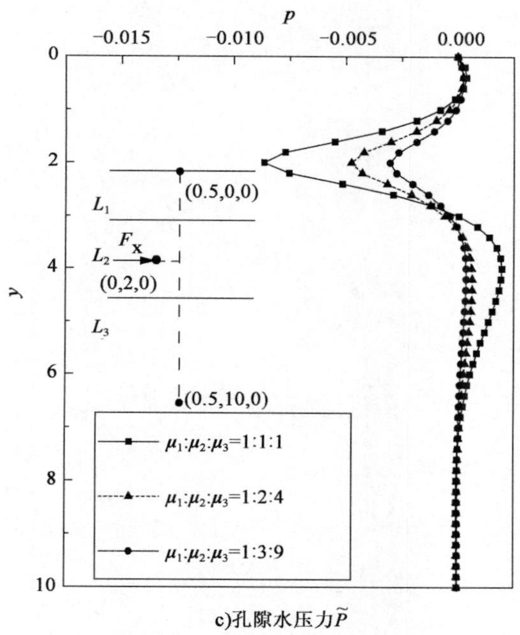

c)孔隙水压力$\tilde{P}$

图 4-7　单位水平点荷载 F_x 作用下的计算结果

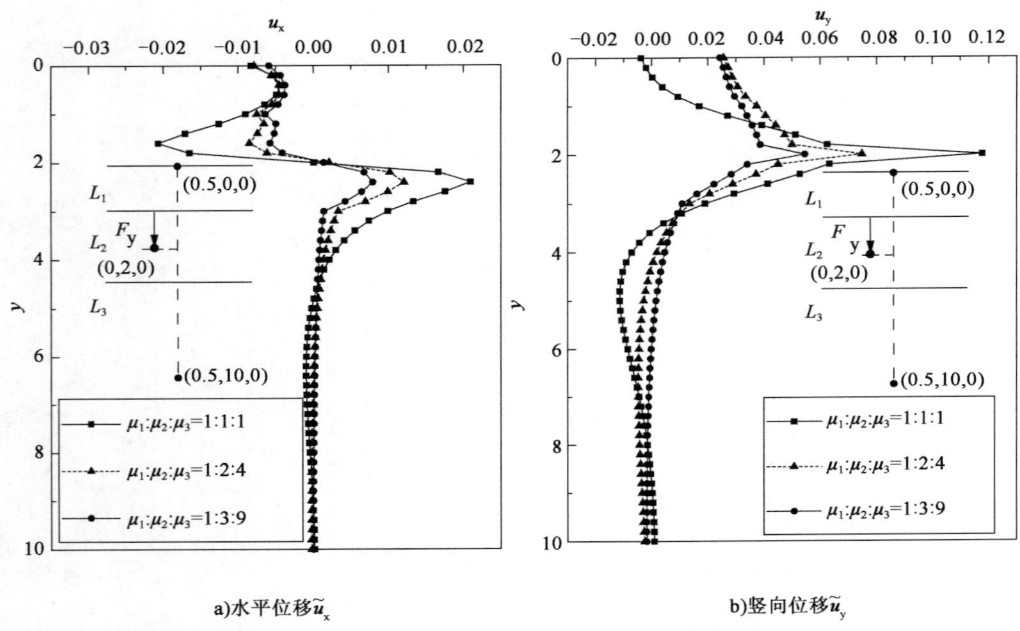

a)水平位移$\tilde{u}_x$　　b)竖向位移$\tilde{u}_y$

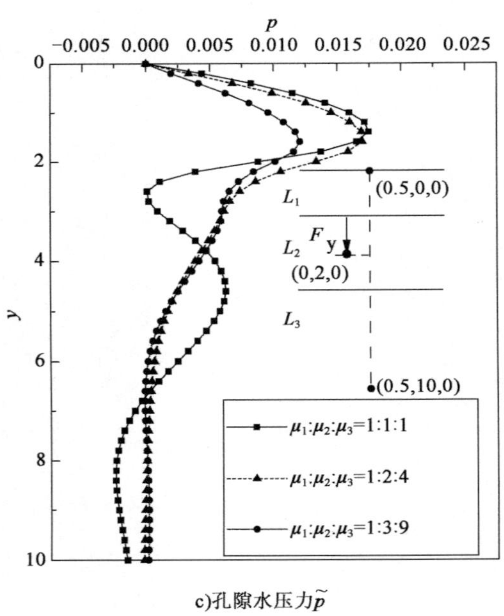

c)孔隙水压力$\tilde{p}$

图 4-8　单位竖向点荷载 F_y 作用下的计算结果

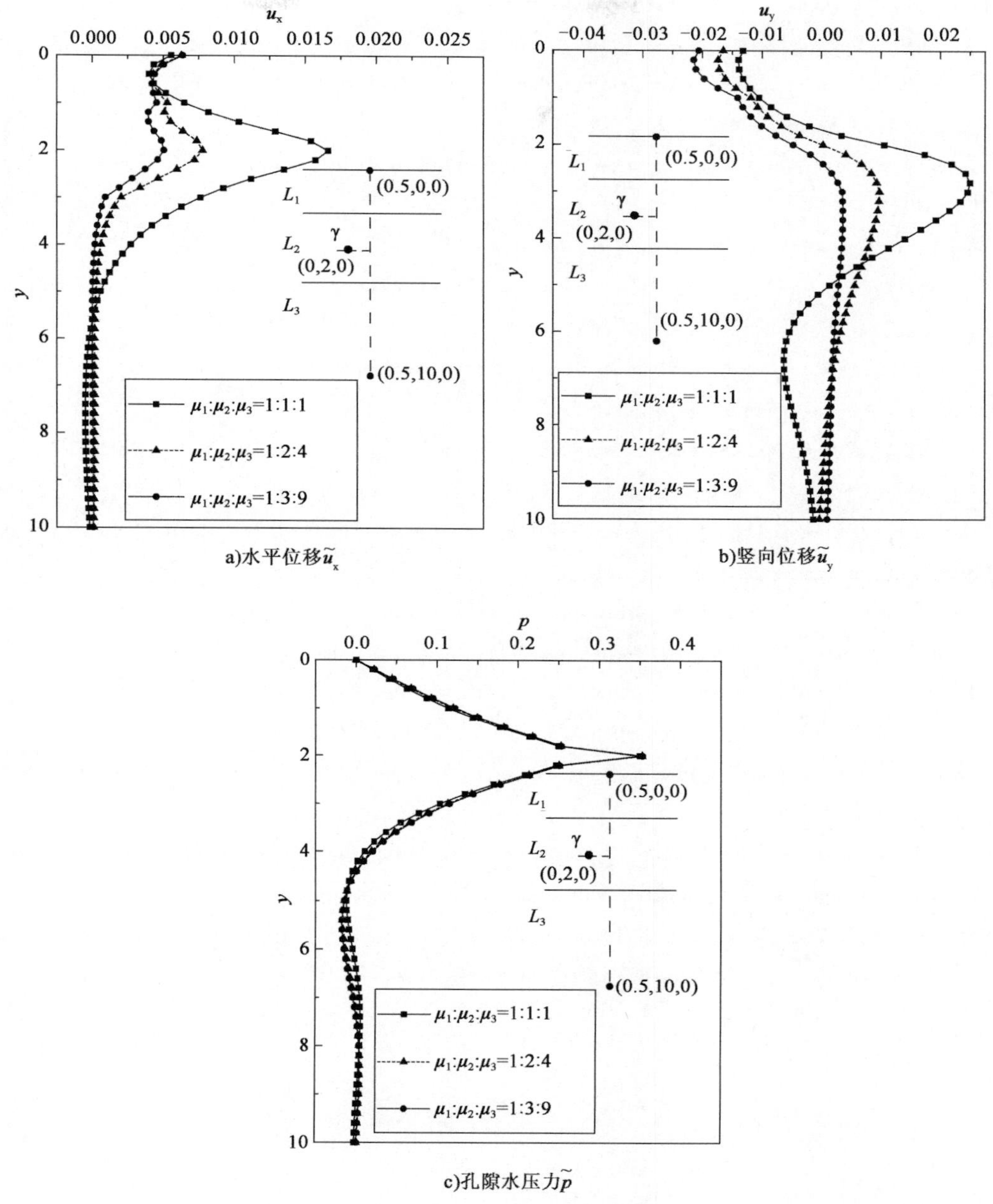

图4-9 单位流相点源作用下的计算结果

主要参考文献

[1] Biot M A. Theory of propagation of elastic waves in a fluid - saturated porous solid. I. Low - frequency range [J]. Journal of the Acoustical Society of America, 1956a, 28: 168-178.

[2] Biot M A. Theory of propagation of elastic waves in a fluid - saturated porous solid. II. Higher frequency range [J]. Journal of the Acoustical Society of America, 1956b, 28: 179-191.

[3] Biot M A. Mechanics of deformation and acoustic propagation in porous media [J]. Journal of Applied Physics, 1962a, 33: 1482-1498.

[4] Biot M A. Generalized theory of acoustic propagation in porous dissipative media [J]. Journal of the Acoustical Society of America, 1962b, 34: 1254-1264.

[5] Frenkel J. On the theory of seismic and seismoelectric phenomena in a moist soil [J]. Journal of Physics, 1944, III(5): 230-241.

[6] Sneddon I. Fourier Transforms. New York: McGraw – Hill; 1951.

[7] Zimmerman C, Stern M. Boundary element solution of 3 – D wave scatter problems in a poroelastic medium [J]. Engineering Analysis with Boundary Elements, 1993, 12(4): 223-240.

[8] Bouchon M, Aki K. Discrete wave number representation of seismic source wave fields [J]. Bulletin of the Seismological Society of America, 1977, 67: 259-277.

[9] Bouchon M. A Review of the Discrete Wavenumber Method [J]. Pure and Applied Geophysics, 2003, 160 (3): 445-465.

[10] Deresiewicz H, Skalak R. On the uniquness in dynamic poroelasticity [J]. Bulletin of the Seismological Society of America, 1963, 53: 783-788.

[11] Lu J F, Hanyga A. Fundamental solution for a layered porous half space subject to a vertical point force or a point fluid source [J]. Computer Mechanics, 2005, 35(5): 376-391.

[12] Tadeu A, António J, Godinho L. Green's function for two – and – a – half dimensional elastodynamic problems in a half – space [J]. Computational Mechanics, 2001, 27(6): 484-491.

[13] Zheng P, Zhao S, Ding D. Dynamic Green's functions for a poroelastic half – space [J]. Acta Mechanica, 2013, 224(1): 17-39.

[14] Lu J F, Jeng S D, Williams S. A 2.5 – D dynamic model for a saturated porous medium: Part I. Green's function [J]. International Journal of Solids and Structures, 2008, 45(2): 378-391.

[15] Zheng P, Ding B, Zhao S, et al. 3D dynamic Green's functions in a multilayered poroelastic half-space [J]. Applied Mathematical Modelling, 2013, 37(24): 10203-10219.

第5章 饱和土-隧道系统车致振动响应的 2.5维有限元-边界元法

针对饱和土体中任意断面形状隧道的3维动力响应问题,建立了2.5维有限元-边界元法,将隧道结构视为无限长弹性体,采用2.5维有限元建立隧道模型,将地基土视为饱和多孔介质,采用2.5维边界元建立饱和土体模型。基于Biot理论、互易定理以及第四章中推导的Green函数,推导了计算饱和多孔介质位移和应力的2.5维边界积分方程,借助组合辅助问题基本解消除了边界积分方程的奇异性。利用隧道-饱和土体接触面的位移、面力连续条件以及完全透水或完全不透水边界条件,实现2.5维有限元法和2.5维边界元法的耦合求解,最后耦合轨道结构和行车荷载,建立了频率-波数域内的车辆-轨道-隧道-饱和土体耦合系统动力计算方法。通过双重Fourier逆变换将计算结果转换到时间-空间域内。

5.1 隧道-饱和土体系统的2.5维有限元-边界元法

图5-1为隧道-饱和土体耦合系统示意图,将隧道简化为弹性体,土体视为半空间饱和多孔介质,假设隧道Ω_t和饱和土体Ω_s沿z向(隧道轴线方向)无限长,隧道横断面A_t和饱和土体横断面A_s沿z向保持不变。S_t和S_s分别为隧道Ω_t和饱和土体Ω_s的外表面,S_{ts}为隧道-饱和土体接触面。Γ_t和Γ_s为S_t和S_s在横断面上的投影线,Γ_{ts}为隧道-饱和土体接触面S_{ts}在横断面的投影线。

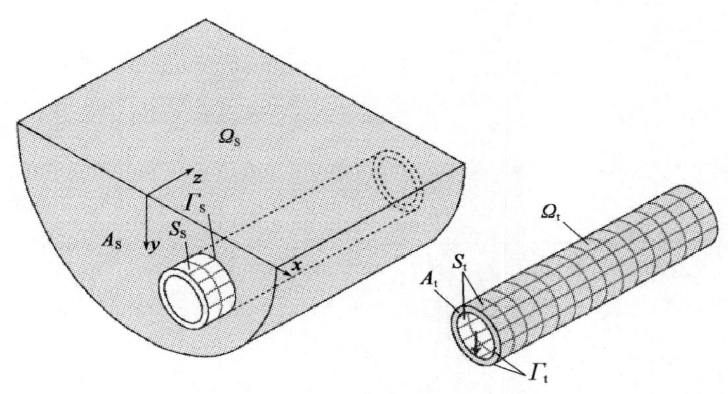

图5-1 隧道-饱和土体耦合系统

5.1.1 隧道的2.5维有限元法

将隧道视为弹性体，根据 Navier 方程，隧道的动力方程在频率内可表示为：

$$\mu_t \nabla^2 \hat{\boldsymbol{u}}_t + (\lambda_t + \mu_t) \nabla\nabla \cdot \hat{\boldsymbol{u}}_t + \omega^2 \rho_t \hat{\boldsymbol{u}}_t = \hat{\boldsymbol{f}}_t \tag{5-1}$$

式中，上标"^"表示变量位于频率内；$\hat{\boldsymbol{u}}_t = \{\hat{u}_x, \hat{u}_y, \hat{u}_z\}^T$ 为隧道的位移向量；λ_t、μ_t 为隧道的 Lamé 常数；ρ_t 为隧道的密度；$\boldsymbol{f}_t$ 为隧道所受的外荷载向量。

根据虚功原理可知，对于作用在隧道结构上的任意虚位移 $\delta\hat{\boldsymbol{u}}_t$，隧道内力所做的功与外力所做的功相等。由于假设隧道结构沿 z 向（隧道轴线方向）无限长，且横断面 A_t 保持一致。可将沿 Ω_t 的体积分改写为沿纵坐标 z 的积分和沿横断面 A_t 的面积分的乘积，沿 S_t 的面积分改写为沿纵坐标 z 的积分和沿 Γ_t 的线积分的乘积，从而得虚功方程：

$$\int_{-\infty}^{+\infty} \left(\int_{A_t} \delta \hat{\boldsymbol{\varepsilon}}_t \hat{\boldsymbol{\sigma}}_t \mathrm{d}A \right) \mathrm{d}z - \omega^2 \int_{-\infty}^{+\infty} \left(\int_{A_t} \delta \hat{\boldsymbol{u}}_t \rho_t \hat{\boldsymbol{u}}_t \mathrm{d}A \right) \mathrm{d}z = \int_{-\infty}^{+\infty} \left(\int_{\Gamma_t} \delta \hat{\boldsymbol{u}}_t \hat{\boldsymbol{f}}_t \mathrm{d}\Gamma \right) \mathrm{d}z \tag{5-2}$$

式中，$\hat{\boldsymbol{\varepsilon}}_t(\boldsymbol{x}, \omega) = \{\hat{\varepsilon}_{xx}, \hat{\varepsilon}_{yy}, \hat{\varepsilon}_{zz}, \hat{\gamma}_{xy}, \hat{\gamma}_{yz}, \hat{\gamma}_{xz}\}^{\mathrm{T}}$ 和 $\hat{\boldsymbol{\sigma}}_t(\boldsymbol{x}, \omega) = \{\hat{\sigma}_{xx}, \hat{\sigma}_{yy}, \hat{\sigma}_{zz}, \hat{\sigma}_{xy}, \hat{\sigma}_{yz}, \hat{\sigma}_{xz}\}^T$ 分别为隧道应变向量和应力向量。$\delta\hat{\boldsymbol{\varepsilon}}_t$ 为虚位移对应下的虚应变。$\boldsymbol{x} = x\boldsymbol{i}_x + y\boldsymbol{i}_y + z\boldsymbol{i}_z$，$\boldsymbol{i}_x$，$\boldsymbol{i}_y$ 和 $\boldsymbol{i}_z$ 为基向量。

弹性体的本构方程为：

$$\hat{\boldsymbol{\sigma}}_t = \boldsymbol{D} \hat{\boldsymbol{\varepsilon}}_t \tag{5-3}$$

式中，$\boldsymbol{D}$ 为弹性矩阵：

$$\boldsymbol{D} = \begin{bmatrix} \lambda_t + 2\mu_t & \lambda_t & \lambda_t & 0 & 0 & 0 \\ \lambda_t & \lambda_t + 2\mu_t & \lambda_t & 0 & 0 & 0 \\ \lambda_t & \lambda_t & \lambda_t + 2\mu_t & 0 & 0 & 0 \\ 0 & 0 & 0 & \mu_t & 0 & 0 \\ 0 & 0 & 0 & 0 & \mu_t & 0 \\ 0 & 0 & 0 & 0 & 0 & \mu_t \end{bmatrix} \tag{5-4}$$

几何方程可表示为：

$$\hat{\varepsilon}_t = \boldsymbol{B} \hat{\boldsymbol{u}}_t = \boldsymbol{B}_1 \hat{\boldsymbol{u}}_t + \boldsymbol{B}_2 \frac{\partial \hat{\boldsymbol{u}}_t}{\partial z} \tag{5-5}$$

式中，$\boldsymbol{B}_1$ 和 $\boldsymbol{B}_2$ 为应变矩阵：

$$\boldsymbol{B}_1 = \begin{bmatrix} \partial/\partial x & 0 & 0 \\ 0 & \partial/\partial y & 0 \\ 0 & 0 & 0 \\ \partial/\partial y & \partial/\partial x & 0 \\ 0 & 0 & \partial/\partial y \\ 0 & 0 & \partial/\partial x \end{bmatrix}, \boldsymbol{B}_2 = \begin{bmatrix} 0 & 0 & 0 \\ 0 & 0 & 0 \\ 0 & 0 & 1 \\ 0 & 0 & 0 \\ 0 & 1 & 0 \\ 1 & 0 & 0 \end{bmatrix} \tag{5-6}$$

假设隧道结构沿 z 向(隧道轴线方向)无限长,且横断面 A_t 保持一致。对位移 $\boldsymbol{u}_t(\boldsymbol{x},\omega)$ 在 $x-y$ 平面内进行离散,得:

$$\hat{\boldsymbol{u}}_t(\boldsymbol{x},\omega)=\boldsymbol{N}_t(\boldsymbol{x}_\perp)\,\hat{\boldsymbol{u}}_t(z,\omega) \tag{5-7}$$

式中,$\boldsymbol{N}_t(\boldsymbol{x}_\perp)$为形函数;$\hat{\boldsymbol{u}}_t(z,\omega)$为离散后的节点位移向量;$\boldsymbol{x}_\perp=x\boldsymbol{i}_x+y\boldsymbol{i}_y$。

将式 5-3、式 5-4 和式 5-7 代入式 5-2,可得:

$$\begin{aligned}&\int_{-\infty}^{+\infty}\left[\int_{A_t}\left(\delta\,\hat{\boldsymbol{u}}_t^{\mathrm{T}}\boldsymbol{N}_t^{\mathrm{T}}\boldsymbol{B}_1^{\mathrm{T}}+\frac{\partial\delta\,\hat{\boldsymbol{u}}_t^{\mathrm{T}}}{\partial z}\boldsymbol{N}_t^{\mathrm{T}}\boldsymbol{B}_2^{\mathrm{T}}\right)\boldsymbol{D}\left(\boldsymbol{B}_1\boldsymbol{N}_t\hat{\boldsymbol{u}}_t+\boldsymbol{B}_2\boldsymbol{N}_t\frac{\partial\,\hat{\boldsymbol{u}}_t}{\partial z}\right)\mathrm{d}A\right]\mathrm{d}z-\\&\omega^2\int_{-\infty}^{+\infty}\left[\int_{A_t}\delta\,\hat{\boldsymbol{u}}_t^{\mathrm{T}}\boldsymbol{N}_t^{\mathrm{T}}\rho_t\boldsymbol{N}_t\hat{\boldsymbol{u}}_t\mathrm{d}A\right]\mathrm{d}z=\int_{-\infty}^{+\infty}\left[\int_{\Gamma_t}\delta\,\hat{\boldsymbol{u}}_t^{\mathrm{T}}\boldsymbol{N}_t^{\mathrm{T}}\hat{\boldsymbol{f}}_t\mathrm{d}\Gamma\right]\mathrm{d}z\end{aligned} \tag{5-8}$$

对式(5-8)中含偏导数$\partial\delta\,\hat{\boldsymbol{u}}_t/\partial z$的积分项进行部分积分,并对式(5-8)中的纵坐标 z 进行如式(4-5)所示的 Fourier 变换,可得离散后的 2.5 维有限元方程:

$$(-\omega^2\boldsymbol{M}_t+\boldsymbol{K}_t^0-ik_z\boldsymbol{K}_t^1+k_z^2\boldsymbol{K}_t^2)\,\tilde{\boldsymbol{u}}_t=\tilde{\boldsymbol{F}}_t \tag{5-9}$$

式中,质量矩阵 $\boldsymbol{M}_t$,刚度矩阵 $\boldsymbol{K}_t^0$、$\boldsymbol{K}_t^1$ 和 $\boldsymbol{K}_t^2$ 以及节点力向量 $\tilde{\boldsymbol{F}}_t$ 的表达式如下:

$$\boldsymbol{M}_t=\int_{A_t}\boldsymbol{N}_t^{\mathrm{T}}\rho_t\boldsymbol{N}_t\mathrm{d}A \tag{5-10}$$

$$\boldsymbol{K}_t^0=\int_{A_t}\boldsymbol{N}_t^{\mathrm{T}}\boldsymbol{B}_1^{\mathrm{T}}\boldsymbol{D}\boldsymbol{B}_1\boldsymbol{N}_t\mathrm{d}A \tag{5-11}$$

$$\boldsymbol{K}_t^1=\int_{A_t}(\boldsymbol{N}_t^{\mathrm{T}}\boldsymbol{B}_1^{\mathrm{T}}\boldsymbol{D}\boldsymbol{B}_2\boldsymbol{N}_t-\boldsymbol{N}_t^{\mathrm{T}}\boldsymbol{B}_2^{\mathrm{T}}\boldsymbol{D}\boldsymbol{B}_1\boldsymbol{N}_t)\mathrm{d}A \tag{5-12}$$

$$\boldsymbol{K}_t^2=\int_{A_t}\boldsymbol{N}_t^{\mathrm{T}}\boldsymbol{B}_2^{\mathrm{T}}\boldsymbol{D}\boldsymbol{B}_2\boldsymbol{N}_t\mathrm{d}A \tag{5-13}$$

$$\tilde{\boldsymbol{F}}_t=\int_{\Gamma_t}\boldsymbol{N}_t^{\mathrm{T}}\tilde{\boldsymbol{f}}_t\mathrm{d}\Gamma \tag{5-14}$$

5.1.2 饱和土体的 2.5 维边界元法

(1)饱和多孔介质的 2.5 维边界积分方程

考虑饱和多孔介质任意 2 个状态(状态 1 和状态 2),根据饱和多孔介质在频率内的互易定理可得:

$$\hat{\sigma}_{ij}^{(1)}\hat{\varepsilon}_{ij}^{(2)}+\hat{p}^{(1)}\hat{\zeta}^{(2)}=\hat{\sigma}_{ij}^{(2)}\hat{\varepsilon}_{ij}^{(1)}+\hat{p}^{(2)}\hat{\zeta}^{(1)} \tag{5-15}$$

式中上标$^{(1)}$和$^{(2)}$表示饱和多孔介质状态 1 和状态 2。

将式(5-15)沿着饱和土体区域 Ω_s 进行积分,可得:

$$\int_{\Omega_s}(\hat{\sigma}_{ij}^{(1)}\hat{\varepsilon}_{ij}^{(2)}+\hat{p}^{(1)}\hat{\zeta}^{(2)})\mathrm{d}\Omega=\int_{\Omega_s}(\hat{\sigma}_{ij}^{(2)}\hat{\varepsilon}_{ij}^{(1)}+\hat{p}^{(2)}\hat{\zeta}^{(1)})\mathrm{d}\Omega \tag{5-16}$$

假设饱和土体沿 z 向(隧道轴线方向)无限长,且横断面 A_t 保持不变。则可将式(5-16)中的体积分改写成沿纵坐标 z 的积分和沿横断面 A_s 的面积分的乘积,在此基础上结合饱和多孔介质耦合动力学的本构方程式(5-1)、几何方程式(5-3)和运动方程式(5-2),可将式(5-16)写为如下形式：

$$
\begin{aligned}
&\int_{\Gamma_s}\int_{-\infty}^{+\infty}(\hat{t}_j^{(1)}\hat{u}_j^{(2)}+\hat{w}_n^{(1)}\hat{p}^{(2)})\mathrm{d}z\mathrm{d}\Gamma+\int_{A_s}\int_{-\infty}^{+\infty}(\hat{V}_f^{(1)}\hat{p}^{(2)}+\hat{F}_{gj}^{(1)}\hat{u}_j^{(2)})\mathrm{d}z\mathrm{d}A\\
&=\int_{\Gamma_s}\int_{-\infty}^{+\infty}(\hat{t}_j^{(2)}\hat{u}_j^{(1)}+\hat{w}_n^{(2)}\hat{p}^{(1)})\mathrm{d}z\mathrm{d}\Gamma+\int_{A_s}\int_{-\infty}^{+\infty}(\hat{V}_f^{(2)}\hat{p}^{(1)}+\hat{F}_{gj}^{(2)}\hat{u}_j^{(1)})\mathrm{d}z\mathrm{d}A
\end{aligned}
\tag{5-17}
$$

式中，$\hat{t}_j$是边界上的面力，$\hat{t}_j=\hat{\sigma}_{jk}n_k$；$\hat{w}_n$是孔隙流体相对于土骨架的位移沿边界外法线方向的分量，$\hat{w}_n=\beta_1/M(\hat{p}_{,j}-\rho_f\omega^2\hat{u}_j)n_j$；$n_j$为边界外法线的方向余弦；$\hat{V}_f=-\beta_1/M\hat{f}_{j,j}$。

为推导方便，定义饱和多孔介质的广义位移向量、广义面力向量和广义体力向量：

$$
\begin{aligned}
[\hat{u}_i]&=\hat{\boldsymbol{u}}=[\hat{u}_1,\hat{u}_2,\hat{u}_3,\hat{u}_4]^{\mathrm{T}}=[\hat{u}_x,\hat{u}_y,\hat{u}_z,\hat{p}]^{\mathrm{T}}\\
[\hat{t}_i]&=\hat{\boldsymbol{t}}=[\hat{t}_1,\hat{t}_2,\hat{t}_3,\hat{t}_4]^{\mathrm{T}}=[\hat{t}_x,\hat{t}_y,\hat{t}_z,\hat{w}_n]^{\mathrm{T}}\\
[\hat{F}_{gi}]&=\hat{\boldsymbol{F}}_g=[\hat{F}_{g1},\hat{F}_{g2},\hat{F}_{g3},\hat{F}_{g4}]^{\mathrm{T}}=[\hat{F}_{gx},\hat{F}_{gy},\hat{F}_{gz},\hat{V}_f]^{\mathrm{T}}
\end{aligned}
\tag{5-18}
$$

将式(5-18)代入式(5-17)，可得：

$$
\begin{aligned}
&\int_{\Gamma_s}\int_{-\infty}^{+\infty}\hat{t}_j^{(1)}(\boldsymbol{x}_\perp,z,\omega)\hat{u}_j^{(2)}(\boldsymbol{x}_\perp,z,\omega)\mathrm{d}z\mathrm{d}\Gamma+\\
&\int_{A_s}\int_{-\infty}^{+\infty}\hat{F}_{gj}^{(1)}(\boldsymbol{x}_\perp,z,\omega)\hat{u}_j^{(2)}(\boldsymbol{x}_\perp,z,\omega)\mathrm{d}z\mathrm{d}A\\
=&\int_{\Gamma_s}\int_{-\infty}^{+\infty}\hat{t}_j^{(2)}(\boldsymbol{x}_\perp,z,\omega)\hat{u}_j^{(1)}(\boldsymbol{x}_\perp,z,\omega)\mathrm{d}z\mathrm{d}\Gamma+\\
&\int_{A_s}\int_{-\infty}^{+\infty}\hat{F}_{gj}^{(2)}(\boldsymbol{x}_\perp,z,\omega)\hat{u}_j^{(1)}(\boldsymbol{x}_\perp,z,\omega)\mathrm{d}z\mathrm{d}A
\end{aligned}
\tag{5-19}
$$

由于饱和土体在纵向上无限长，对式(5-19)的纵坐标 z 进行如式(5-5)所示的 Fourier 变换，可得：

$$
\begin{aligned}
&\int_{\Gamma_s}\int_{-\infty}^{+\infty}\left[\int_{-\infty}^{+\infty}\tilde{t}_j^{(1)}(\boldsymbol{x}_\perp,k_z,\omega)e^{-ik_zz}\mathrm{d}k_z\times\int_{-\infty}^{+\infty}\tilde{u}_j^{(2)}(\boldsymbol{x}_\perp,k'_z,\omega)e^{-ik'_zz}\mathrm{d}k'_z\right]\mathrm{d}z\mathrm{d}\Gamma+\\
&\int_{A_s}\int_{-\infty}^{+\infty}\left[\int_{-\infty}^{+\infty}\tilde{F}_{gj}^{(1)}(\boldsymbol{x}_\perp,k_z,\omega)e^{-ik_zz}\mathrm{d}k_z\times\int_{-\infty}^{+\infty}\tilde{u}_j^{(2)}(\boldsymbol{x}_\perp,k'_z,\omega)e^{-ik'_zz}\mathrm{d}k'_z\right]\mathrm{d}z\mathrm{d}A\\
=&\int_{\Gamma_s}\int_{-\infty}^{+\infty}\left[\int_{-\infty}^{+\infty}\tilde{t}_j^{(2)}(\boldsymbol{x}_\perp,k'_z,\omega)e^{-ik'_zz}\mathrm{d}k'_z\times\int_{-\infty}^{+\infty}\tilde{u}_j^{(1)}(\boldsymbol{x}_\perp,k_z,\omega)e^{-ik_zz}\mathrm{d}k_z\right]\mathrm{d}z\mathrm{d}\Gamma+\\
&\int_{A_s}\int_{-\infty}^{+\infty}\left[\int_{-\infty}^{+\infty}\tilde{F}_{gj}^{(2)}(\boldsymbol{x}_\perp,k'_z,\omega)e^{-ik'_zz}\mathrm{d}k'_z\times\int_{-\infty}^{+\infty}\tilde{u}_j^{(1)}(\boldsymbol{x}_\perp,k_z,\omega)e^{-ik_zz}\mathrm{d}k_z\right]\mathrm{d}z\mathrm{d}A
\end{aligned}
\tag{5-20}
$$

为了简化式(5-20)中的积分，以等式左边第一个三重积分为例进行化简，

$$\begin{aligned}&\int_{-\infty}^{+\infty}\left[\int_{-\infty}^{+\infty}\tilde{t}_{j}^{(1)}(\boldsymbol{x}_{\perp},k_{z},\omega)e^{-ik_{z}z}\mathrm{d}k_{z}\times\int_{-\infty}^{+\infty}\tilde{u}_{j}^{(2)}(\boldsymbol{x}_{\perp},k'_{z},\omega)e^{-ik'_{z}z}\mathrm{d}k'_{z}\right]\mathrm{d}z\\&=\int_{-\infty}^{+\infty}\int_{-\infty}^{+\infty}\left[\tilde{t}_{j}^{(1)}(\boldsymbol{x}_{\perp},k_{z},\omega)\tilde{u}_{j}^{(2)}(\boldsymbol{x}_{\perp},k'_{z},\omega)\int_{-\infty}^{+\infty}e^{-i(k_{z}+k'_{z})z}\mathrm{d}z\right]\mathrm{d}k_{z}\mathrm{d}k'_{z}\\&=2\pi\int_{-\infty}^{+\infty}\tilde{t}_{j}^{(1)}(\boldsymbol{x}_{\perp},k_{z},\omega)\tilde{u}_{j}^{(2)}(\boldsymbol{x}_{\perp},-k_{z},\omega)\mathrm{d}k_{z}\end{aligned}\tag{5-21}$$

上式在推导过程中应用了如下等式：

$$\int_{-\infty}^{+\infty}e^{-i(k_{z}+k'_{z})z}\mathrm{d}z=2\pi\delta(k_{z}+k'_{z})\tag{5-22}$$

重复上述过程，可将式(5-20)化简为如下形式：

$$\begin{aligned}&\int_{-\infty}^{+\infty}\Big[\int_{\Gamma_{s}}(\tilde{t}_{j}^{(1)}(\boldsymbol{x}_{\perp},k_{z},\omega)\tilde{u}_{j}^{(2)}(\boldsymbol{x}_{\perp},-k_{z},\omega)\mathrm{d}\Gamma+\\&\int_{A_{s}}\tilde{F}_{gj}^{(1)}(\boldsymbol{x}_{\perp},k_{z},t)\tilde{u}_{j}^{(2)}(\boldsymbol{x}_{\perp},-k_{z},t)\mathrm{d}A\Big]\mathrm{d}k_{z}\\&=\int_{-\infty}^{+\infty}\Big[\int_{\Gamma_{s}}\tilde{t}_{j}^{(2)}(\boldsymbol{x}_{\perp},-k_{z},t)\tilde{u}_{j}^{(1)}(\boldsymbol{x}_{\perp},k_{z},t)\mathrm{d}\Gamma+\\&\int_{A_{s}}\tilde{F}_{gj}^{(2)}(\boldsymbol{x}_{\perp},-k_{z},t)\tilde{u}_{j}^{(1)}(\boldsymbol{x}_{\perp},k_{z},t)\mathrm{d}A\Big]\mathrm{d}k_{z}\end{aligned}\tag{5-23}$$

式(5-23)成立，则对于任意的 k_z，下式成立：

$$\begin{aligned}&\int_{\Gamma_{s}}(\tilde{t}_{j}^{(1)}(\boldsymbol{x}_{\perp},k_{z},\omega)\tilde{u}_{j}^{(2)}(\boldsymbol{x}_{\perp},-k_{z},\omega)\mathrm{d}\Gamma+\int_{A_{s}}\tilde{F}_{gj}^{(1)}(\boldsymbol{x}_{\perp},k_{z},t)\tilde{u}_{j}^{(2)}(\boldsymbol{x}_{\perp},-k_{z},t)\mathrm{d}A\\&=\int_{\Gamma_{s}}\tilde{t}_{j}^{(2)}(\boldsymbol{x}_{\perp},-k_{z},t)\tilde{u}_{j}^{(1)}(\boldsymbol{x}_{\perp},k_{z},t)\mathrm{d}\Gamma+\int_{A_{s}}\tilde{F}_{gj}^{(2)}(\boldsymbol{x}_{\perp},-k_{z},t)\tilde{u}_{j}^{(1)}(\boldsymbol{x}_{\perp},k_{z},t)\mathrm{d}A\end{aligned}\tag{5-24}$$

下面，假设状态 1 为真实状态，状态 2 为饱和多孔介质的 Green 函数。则可得到在点 $\boldsymbol{x}$ 处沿 i 轴作用单位点荷载或者作用单位流相点源时的饱和多孔介质 Somigliana 等式为：

$$\begin{aligned}\tilde{u}_{i}(\boldsymbol{x}_{\perp},k_{z},\omega)&=\int_{\Gamma_{s}}\tilde{U}_{ij}^{*}(\boldsymbol{x}'_{\perp}-\boldsymbol{x}_{\perp},-k_{z},\omega)\tilde{t}_{j}(\boldsymbol{x}'_{\perp},k_{z},\omega)\mathrm{d}\Gamma(\boldsymbol{x}'_{\perp})-\\&\int_{\Gamma_{s}}\tilde{T}_{ij}^{*}(\boldsymbol{x}'_{\perp}-\boldsymbol{x}_{\perp},-k_{z},\omega)\tilde{u}_{j}(\boldsymbol{x}'_{\perp},k_{z},\omega)\mathrm{d}\Gamma(\boldsymbol{x}'_{\perp})\quad(i,j=1,2,3,4)\end{aligned}\tag{5-25}$$

式中，$\tilde{U}_{ij}^{*}$ 和 $\tilde{T}_{ij}^{*}$ 为饱和多孔介质的 2.5 维动力 Green 函数，可写成如下形式：

$$\tilde{U}_{ij}^{*}=\begin{bmatrix}\tilde{U}_{kl}^{G_s} & \tilde{P}_{k}^{G_s}\\ M/\beta_1\tilde{U}_{l}^{G_f} & M/\beta_1\tilde{P}^{G_f}\end{bmatrix}$$

$$\tilde{T}_{ij}^{*}=\begin{bmatrix}\tilde{T}_{kl}^{G_s} & \hat{W}_{nk}^{G_s}\\ M/\beta_1\tilde{T}_{l}^{G_f} & M/\beta_1\hat{W}_{n}^{G_f}\end{bmatrix},k,l=1,2,3 \tag{5-26}$$

其中，$\tilde{U}_{kl}^{G_s}$、$\tilde{P}_{k}^{G_s}$、$\tilde{T}_{kl}^{G_s}$和 $\tilde{W}_{nk}^{G_s}$为单位点荷载作用下饱和多孔介质的2.5维动力 Green 函数。$\tilde{U}_{l}^{G_f}$、$\tilde{P}^{G_f}$、$\tilde{T}_{l}^{G_f}$ 和 $\tilde{W}_{n}^{G_f}$ 是单位流相点源作用下的饱和多孔介质的2.5维动力 Green 函数。

根据有关文献的方法，当荷载的作用点向边界无限趋近时，可得到计算饱和多孔介质位移的2.5维边界积分方程：

$$c_{ij}(\boldsymbol{x}_{\perp})\tilde{u}_{i}(\boldsymbol{x}_{\perp},k_z,\omega)=\int_{\Gamma_s}\tilde{U}_{ij}^{*}(\boldsymbol{x}'_{\perp}-\boldsymbol{x}_{\perp},-k_z,\omega)\tilde{t}_{j}(\boldsymbol{x}'_{\perp},k_z,\omega)\mathrm{d}\Gamma(\boldsymbol{x}'_{\perp})-\int_{\Gamma_s}\tilde{T}_{ij}^{*}(\boldsymbol{x}'_{\perp}-\boldsymbol{x}_{\perp},-k_z,\omega)\tilde{u}_{j}(\boldsymbol{x}'_{\perp},k_z,\omega)\mathrm{d}\Gamma(\boldsymbol{x}'_{\perp})\quad(i,j=1,2,3,4) \tag{5-27}$$

式中，自由项 $c_{ij}(\boldsymbol{x}_{\perp})$的取值由边界几何形状决定，对于光滑边界 $c_{ij}=0.5\delta_{ij}$。

结合饱和多孔介质耦合动力学的本构方程式(4-1)、几何方程式(4-3)和式(5-25)，可推导出计算饱和多孔介质应力的2.5维边界积分方程：

$$\begin{aligned}&\tilde{\sigma}_{ij}(\boldsymbol{x}_{\perp},k_z,\omega)\\&=\mu[\tilde{u}_{i,j}(\boldsymbol{x}_{\perp},k_z,\omega)+\tilde{u}_{j,i}(\boldsymbol{x}_{\perp},k_z,\omega)]+\delta_{ij}[\lambda\tilde{u}_{l,l}(\boldsymbol{x}_{\perp},k_z,\omega)-\alpha p(\boldsymbol{x}_{\perp},k_z,\omega)]\\&=\int_{\Gamma_s}\tilde{S}_{ijk}^{*}(\boldsymbol{x}'_{\perp}-\boldsymbol{x}_{\perp},-k_z,\omega)\tilde{t}_{k}(\boldsymbol{x}'_{\perp},k_z,\omega)\mathrm{d}\Gamma(\boldsymbol{x}'_{\perp})-\\&\quad\int_{\Gamma_s}\tilde{D}_{ijk}^{*}(\boldsymbol{x}'_{\perp}-\boldsymbol{x}_{\perp},-k_z,\omega)\tilde{u}_{k}(\boldsymbol{x}'_{\perp},k_z,\omega)\mathrm{d}\Gamma(\boldsymbol{x}'_{\perp})\quad(i,j=1,2,3\quad k=1,2,3,4)\end{aligned} \tag{5-28}$$

式中，

$$\tilde{S}_{ijk}^{*}=-\mu(\tilde{U}_{ij,k}^{*}+\tilde{U}_{ik,j}^{*})-\delta_{ij}(\lambda\tilde{U}_{lk,l}^{*}+\alpha\tilde{U}_{4k}^{*}) \tag{5-29}$$

$$\tilde{D}_{ijk}^{*}=-\mu(\tilde{T}_{ij,k}^{*}+\tilde{T}_{ik,j}^{*})-\delta_{ij}(\lambda\tilde{T}_{lk,l}^{*}+\alpha\tilde{T}_{4k}^{*}) \tag{5-30}$$

(2)移动简谐荷载问题的2.5维边界积分方程

当荷载为以频率 ω_0，恒定速度 v 沿 z 轴移动时，引起的饱和土体响应可表达为：

$$u_i(\boldsymbol{x},t)=u_i(\boldsymbol{x}_{\perp},z-vt)e^{i\omega_0 t},t_i(\boldsymbol{x},t)=t_i(\boldsymbol{x}_{\perp},z-vt)e^{i\omega_0 t} \tag{5-31}$$

对式(5-28)进行时间 t 和空间坐标 z 的双重 Fourier 变换，可得：

$$\begin{aligned}\tilde{u}_j(\boldsymbol{x}_{\perp},k_z,\omega)&=2\pi\delta(\omega-\omega_0-k_z v)\tilde{U}_j(\boldsymbol{x}_{\perp},k_z)\\\tilde{t}_j(\boldsymbol{x}_{\perp},k_z,\omega)&=2\pi\delta(\omega-\omega_0-k_z v)\tilde{T}_j(\boldsymbol{x}_{\perp},k_z)\end{aligned} \tag{5-32}$$

式中，

$$\begin{aligned}\tilde{U}_j(\boldsymbol{x}_{\perp},k_z)&=\int_{-\infty}^{+\infty}u_j(\boldsymbol{x}_{\perp},z-vt)e^{ik_z(z-vt)}\mathrm{d}(z-vt)\\\tilde{T}_j(\boldsymbol{x}_{\perp},k_z)&=\int_{-\infty}^{+\infty}t_j(\boldsymbol{x}_{\perp},z-vt)e^{ik_z(z-vt)}\mathrm{d}(z-vt)\end{aligned} \tag{5-33}$$

将式(5-32)代入式(5-27),可得移动荷载作用下饱和土体的2.5维边界积分方程:

$$c_{ij}(\boldsymbol{x}_\perp)\tilde{U}_j(\boldsymbol{x}_\perp,k_z)=\int_{\Gamma_s}\tilde{U}_{ij}^*(\boldsymbol{x}'_\perp-\boldsymbol{x}_\perp,-k_z)\tilde{T}_j(\boldsymbol{x}'_\perp,k_z)\mathrm{d}\Gamma(\boldsymbol{x}'_\perp)-\int_{\Gamma_s}\tilde{T}_{ij}^*(\boldsymbol{x}'_\perp-\boldsymbol{x}_\perp,-k_z)\tilde{U}_j(\boldsymbol{x}'_\perp,k_z)\mathrm{d}\Gamma(\boldsymbol{x}'_\perp)\quad(i,j=1,2,3,4)\tag{5-34}$$

(3)2.5维边界积分方程的奇异性处理

当场点$\boldsymbol{x}'_\perp$趋于源点$\boldsymbol{x}_\perp$时,式(5-27)中的动力Green函数存在奇异性。针对该奇异性,有两种处理方法:第一种是直接计算奇异积分;第二种是间接法,通过刚体位移法来计算奇异积分。本文采用第二种方法处理饱和多孔介质边界积分方程的奇异性。基于动力和静力Green函数在源点处的奇异性同阶,可借助组合辅助问题基本解来消除此奇异性。辅助问题为弹性静态Kelvin解与Laplace方程解的组合,其边界积分方程为:

$$c_{ij}^{(a)}(\boldsymbol{x}_\perp)u_i^{(a)}(\boldsymbol{x}_\perp)=\int_{\Gamma_s}U_{ij}^{(a)}(\boldsymbol{x}'_\perp-\boldsymbol{x}_\perp)t_j^{(a)}(\boldsymbol{x}'_\perp)\mathrm{d}\Gamma(\boldsymbol{x}'_\perp)-\int_{\Gamma_s}T_{ij}^{(a)}(\boldsymbol{x}'_\perp-\boldsymbol{x}_\perp)u_j^{(a)}(\boldsymbol{x}'_\perp)\mathrm{d}\Gamma(\boldsymbol{x}'_\perp)\quad(i,j=1,2,3,4)\tag{5-35}$$

式中,

$$U_{ij}^{(a)}=\begin{bmatrix}U_{11}^{(a)}&U_{12}^{(a)}&0&0\\U_{21}^{(a)}&U_{22}^{(a)}&0&0\\0&0&U_{33}^{(a)}&0\\0&0&0&P^{(a)}\end{bmatrix},T_{ij}^{(a)}=\begin{bmatrix}T_{11}^{(a)}&T_{12}^{(a)}&0&0\\T_{21}^{(a)}&T_{22}^{(a)}&0&0\\0&0&T_{33}^{(a)}&0\\0&0&0&W_n^{(a)}\end{bmatrix}\tag{5-36}$$

$$\begin{aligned}U_{ij}^{(a)}&=\frac{1}{8\pi\mu(1-\nu)}\left[(3-4\nu)\ln\frac{1}{r}\delta_{ij}+r_ir_j\right]\\U_{33}^{(a)}&=\frac{1}{8\pi\mu}\ln\frac{1}{r};P^{(a)}=\frac{1}{2\pi}\ln\frac{1}{r}\quad(i,j=1,2)\\T_{ij}^{(a)}&=-\frac{1}{4\pi r(1-\nu)}\left\{\frac{\partial r}{\partial n}\left[(1-2\nu)\delta_{ij}+2r_ir_j\right]-(1-2\nu)(r_in_j-r_jn_i)\right\}\quad(i,j=1,2)\\T_{33}^{(a)}&=-\frac{1}{2\pi r}r_kn_k;W_n^{(a)}=-\frac{1}{2\pi r}r_kn_k\quad(k=1,2)\end{aligned}\tag{5-37}$$

式中,$r=[(x-x)^2+(y-y)^2]^{1/2}$。

辅助问题与原问题具有相同的边界,但外法线方向相反,在此首先分析当原问题的计算域为无限域时的情况,此时辅助问题的计算域是相对应的有限区域。

当式(5-35)中辅助问题的位移为刚体平动位移时,则对应辅助问题在边界上的应力为0,则式(5-35)可重新写成:

$$c_{ij}^{(a)}u_i^{rig}(\boldsymbol{x}_\perp) = -\int_{\Gamma_s} T_{ij}^{(a)}(\boldsymbol{x}'_\perp - \boldsymbol{x}_\perp)u_j^{rig}(\boldsymbol{x}_\perp)\mathrm{d}\Gamma(\boldsymbol{x}'_\perp) i,j = 1,2,3,4 \tag{5-38}$$

令式(5-38)中的位移 $u_i^{rig}(\boldsymbol{x}_\perp)$ 等于原问题的位移 $\tilde{u}_i(\boldsymbol{x}_\perp,k_z,\omega)$，并代入式 5-27，可得：

$$\begin{aligned}\tilde{u}_i(\boldsymbol{x}_\perp,k_z,\omega) = &\int_\Gamma \tilde{U}_{ij}^*(\boldsymbol{x}'_\perp - \boldsymbol{x}_\perp, -k_z,\omega)\tilde{t}_j(\boldsymbol{x}'_\perp,k_z,\omega)\mathrm{d}\Gamma(\boldsymbol{x}'_\perp) - \\ &\int_\Gamma \tilde{T}_{ij}^*(\boldsymbol{x}'_\perp - \boldsymbol{x}_\perp, -k_z,\omega)\tilde{u}_j(\boldsymbol{x}'_\perp,k_z,\omega)\mathrm{d}\Gamma(\boldsymbol{x}'_\perp) + \\ &\int_\Gamma T_{ij}^{(a)}(\boldsymbol{x}'_\perp - \boldsymbol{x}_\perp)\tilde{u}_j(\boldsymbol{x}_\perp,k_z,\omega)\mathrm{d}\Gamma(\boldsymbol{x}'_\perp)\end{aligned} \tag{5-39}$$

由于式(5-39)中 $\tilde{T}_{ij}^*(\xi_\perp - \boldsymbol{x}_\perp, -k_z,\omega)$ 和 $T_{ij}^{(a)}(\xi_\perp - \boldsymbol{x}_\perp)$ 的奇异性同阶，所以上述积分中 Green 函数的奇异性被消除。当原问题的计算域为有限域或者半无限域时，通过相似的推导过程同样可以得到类似于式(5-39)的方程，仅 $\tilde{u}_i(\boldsymbol{x}_\perp,k_z,\omega)$ 前的系数不同：

$$\begin{aligned}\kappa\tilde{u}_i(\boldsymbol{x}_\perp,k_z,\omega) = &\int_\Gamma \tilde{U}_{ij}^*(\boldsymbol{x}'_\perp - \boldsymbol{x}_\perp, -k_z,\omega)\tilde{t}_j(\boldsymbol{x}'_\perp,k_z,\omega)\mathrm{d}\Gamma(\boldsymbol{x}'_\perp) - \\ &\int_\Gamma \tilde{T}_{ij}^*(\boldsymbol{x}'_\perp - \boldsymbol{x}_\perp, -k_z,\omega)\tilde{u}_j(\boldsymbol{x}'_\perp,k_z,\omega)\mathrm{d}\Gamma(\boldsymbol{x}'_\perp) + \\ &\int_\Gamma T_{ij}^{(a)}(\boldsymbol{x}'_\perp - \boldsymbol{x}_\perp)\tilde{u}_j(\boldsymbol{x}_\perp,k_z,\omega)\mathrm{d}\Gamma(\boldsymbol{x}'_\perp)\end{aligned} \tag{5-40}$$

式中，$\boldsymbol{\kappa}^* = 1, 0.5, 0$，对应于原问题的计算域分别为无限域、半无限域和有限域。

(4)2.5 维边界元离散

通常情况下，边界积分方程式(5-40)无法直接求解，需对边界积分方程进行离散，将其转化为一系列的线性代数方程组，以求出边界上离散节点的近似解，这就是边界元法。

基于此，将边界 $\boldsymbol{\Gamma}_s$ 离散为 N_e 个 1 维等参单元，每个单元有 N_n 个节点。并确保在饱和土体与隧道接触面上，边界元的结点和有限元的节点划分保持一致，则单元的广义位移和广义面力可表示为：

$$\tilde{u}_i(\boldsymbol{\eta}) = \sum_{l=1}^{N_n} N_l(\boldsymbol{\eta})\tilde{u}_i^{(l)}, \tilde{t}_i(\boldsymbol{\eta}) = \sum_{l=1}^{N_n} N_l(\boldsymbol{\eta})\tilde{t}_i^{(l)} \tag{5-41}$$

式中，$\tilde{u}_i^{(l)}$ 和 $\tilde{t}_i^{(l)}$ 表示单元的第 l 个节点的广义位移和广义面力；$N_l(\boldsymbol{\eta})$ 为第 l 个节点的插值形函数。

将式(5-41)带入式(5-40)便可得到饱和土体的 2.5 维边界元方程：

$$\boldsymbol{T}(-k_z,\omega)\tilde{\boldsymbol{u}}(k_z,\omega) = \boldsymbol{U}(-k_z,\omega)\tilde{\boldsymbol{t}}(k_z,\omega) \tag{5-42}$$

式中，$\tilde{\boldsymbol{U}}(-k_z,\omega)$ 和 $\tilde{\boldsymbol{T}}(-k_z,\omega)$ 为边界单元系统矩阵，由式 5-40 中的积分计算确定。

5.1.3 2.5 维有限元与边界元耦合

上述已推导出隧道的 2.5 维有限元法和饱和土体的 2.5 维边界元法，为实现隧道的 2.5 维有限元法和饱和土体的 2.5 维边界元法的耦合求解，对饱和土体与隧道接触面引入如下边界条件：

(1)饱和土体与隧道接触面位移、面力连续。

(2)饱和土体与隧道接触面的水力条件考虑完全透水和完全不透水两种情况。

完全透水条件下,饱和土体与隧道接触面处的孔隙水压力为零;完全不透水条件下,则孔隙流体相对于土骨架的位移沿边界外法线方向的分量为零。

然后设有限元区域和边界元区域的公共边界上的结点位移、面力、孔隙水压力、孔隙流体相对于土骨架的位移沿边界外法线方向的分量和结点力分别用 $\tilde{\boldsymbol{u}}_{\mathrm{I}}$、$\tilde{\boldsymbol{t}}_{\mathrm{I}}$、$\tilde{\boldsymbol{p}}_{\mathrm{beI}}$、$\tilde{\boldsymbol{w}}_{\mathrm{nbeI}}$ 和 $\tilde{\boldsymbol{F}}_{\mathrm{I}}$ 表示。有限元区域其余结点的位移和结点力用 $\tilde{\boldsymbol{u}}_{\mathrm{feR}}$ 和 $\tilde{\boldsymbol{F}}_{\mathrm{feR}}$ 表示。边界元区域其余结点的广义位移和面力用 $\tilde{\boldsymbol{u}}_{\mathrm{beR}}$、$\tilde{\boldsymbol{t}}_{\mathrm{beR}}$ 表示。

对有限元结点进行重新排列,使得 2.5 维有限元方程式(5-9)写成分块形式:

$$\begin{bmatrix} \boldsymbol{K}_{\mathrm{feII}} & \boldsymbol{K}_{\mathrm{feIR}} \\ \boldsymbol{K}_{\mathrm{feRI}} & \boldsymbol{K}_{\mathrm{feRR}} \end{bmatrix} \begin{Bmatrix} \tilde{\boldsymbol{u}}_{\mathrm{I}} \\ \tilde{\boldsymbol{u}}_{\mathrm{feR}} \end{Bmatrix} = \begin{Bmatrix} \tilde{\boldsymbol{F}}_{\mathrm{I}} \\ \tilde{\boldsymbol{F}}_{\mathrm{feR}} \end{Bmatrix} \tag{5-43}$$

同理,对边界元的自由度进行重新排列,使得 2.5 维边界元方程式(5-42)写成分块形式:

$$\begin{bmatrix} \boldsymbol{R}_{\mathrm{beRR1}} & \boldsymbol{R}_{\mathrm{beRR2}} & \boldsymbol{R}_{\mathrm{beRI1}} \\ \boldsymbol{R}_{\mathrm{beRR3}} & \boldsymbol{R}_{\mathrm{beRR4}} & \boldsymbol{R}_{\mathrm{beRI2}} \\ \boldsymbol{R}_{\mathrm{beIR1}} & \boldsymbol{R}_{\mathrm{beIR2}} & \boldsymbol{R}_{\mathrm{beII}} \end{bmatrix} \begin{Bmatrix} \tilde{\boldsymbol{u}}_{\mathrm{beR}} \\ \tilde{\boldsymbol{u}}_{\mathrm{beI}} \\ \tilde{\boldsymbol{u}}_{\mathrm{I}} \end{Bmatrix} = \begin{Bmatrix} \tilde{\boldsymbol{t}}_{\mathrm{beR}} \\ 0 \\ \tilde{\boldsymbol{t}}_{\mathrm{I}} \end{Bmatrix} \tag{5-44}$$

式中,对于完全透水条件:$\tilde{\boldsymbol{u}}_{\mathrm{beI}} = \tilde{\boldsymbol{w}}_{\mathrm{nbeI}}$;对于完全不透水条件:$\tilde{\boldsymbol{u}}_{\mathrm{beI}} = \tilde{\boldsymbol{p}}_{\mathrm{beI}}$。

有限元区域和边界元区域在公共界面上的相互作用力为面力。在边界元中,该面力被表达为结点面力的形式,而在有限元中,该面力被表达为等效结点力的形式。对此,利用虚功原理,可得有限元中的等效结点力与边界元中的结点面力之间的关系为:

$$\tilde{\boldsymbol{F}}_{\mathrm{I}} = \boldsymbol{T}\,\tilde{\boldsymbol{t}}_{\mathrm{I}} \tag{5-45a}$$

式中,

$$\boldsymbol{T} = \int_{\Gamma_{\mathrm{bs}}} N^{\mathrm{T}}(\eta) N(\eta)\,\mathrm{d}\Gamma_{\mathrm{bs}}(\eta) \tag{5-45b}$$

结合式(5-43)、式(5-44)和式(5-45),可得隧道-饱和土体耦合系统的 2.5 维有限元-边界元方程:

$$\begin{bmatrix} \boldsymbol{R}_{\mathrm{beRR1}} & \boldsymbol{R}_{\mathrm{beRR2}} & \boldsymbol{R}_{\mathrm{beRI1}} & 0 \\ \boldsymbol{R}_{\mathrm{beRR3}} & \boldsymbol{R}_{\mathrm{beRR4}} & \boldsymbol{R}_{\mathrm{beRI2}} & 0 \\ \boldsymbol{T}\boldsymbol{R}_{\mathrm{beIR1}} & \boldsymbol{T}\boldsymbol{R}_{\mathrm{beIR2}} & \boldsymbol{T}\boldsymbol{R}_{\mathrm{beII}} + \boldsymbol{K}_{\mathrm{feII}} & \boldsymbol{K}_{\mathrm{feIR}} \\ 0 & 0 & \boldsymbol{K}_{\mathrm{feRI}} & \boldsymbol{K}_{\mathrm{feRR}} \end{bmatrix} \begin{Bmatrix} \tilde{\boldsymbol{u}}_{\mathrm{beR}} \\ \tilde{\boldsymbol{u}}_{\mathrm{beI}} \\ \tilde{\boldsymbol{u}}_{I} \\ \tilde{\boldsymbol{u}}_{\mathrm{feR}} \end{Bmatrix} = \begin{Bmatrix} \tilde{\boldsymbol{t}}_{\mathrm{beR}} \\ 0 \\ 0 \\ \tilde{\boldsymbol{F}}_{\mathrm{feR}} \end{Bmatrix} \tag{5-46}$$

一旦利用式(5-46)求出边界上的位移和面力,则土体中任意点的位移、孔隙水压力和应力可利用离散后的式(5-25)和式(5-28)进行求解,即:

$$\tilde{\boldsymbol{u}}_{\mathrm{r}}(k_z,\omega) = \boldsymbol{U}(-k_z,\omega)\tilde{\boldsymbol{t}}(k_z,\omega) - \boldsymbol{T}(-k_z,\omega)\tilde{\boldsymbol{u}}(k_z,\omega) \tag{5-47}$$

$$\tilde{\boldsymbol{\sigma}}_{\mathrm{r}}(k_z,\omega) = \boldsymbol{S}(-k_z,\omega)\tilde{\boldsymbol{t}}(k_z,\omega) - \boldsymbol{D}(-k_z,\omega)\tilde{\boldsymbol{u}}(k_z,\omega) \tag{5-48}$$

式中，$\tilde{\boldsymbol{u}}_{\mathrm{r}}(k_z,\omega)$和$\tilde{\boldsymbol{\sigma}}_{\mathrm{r}}(k_z,\omega)$为饱和土体内点的位移向量和应力向量。

通过 MATLAB 自行编程，可在频率-波数域内对上述 2.5 维有限元-边界元法进行求解，然后采用快速 Fourier 逆变换（IFFT），可将频率-波数域内的解转换到时间-空间域中。

5.2 车辆-轨道-隧道-饱和土体耦合系统动力计算方法

在 5.1 推导的移动简谐荷载作用下饱和半空间土中隧道动力响应的 2.5 维有限元-边界元法基础上，进一步考虑列车荷载和轨道结构，建立频率-波数域内的车辆-轨道-隧道-饱和土体耦合系统（图 5-2）动力计算方法，用于分析饱和半空间土-隧道系统的车致动力响应情况，其中行车荷载简化为一系列以恒定速度移动的轮载，轨道结构考虑为实体结构，采用 2.5 维有限元模拟，而钢轨简化为无限长欧拉梁，轨下垫圈采用弹簧模拟，根据力与位移的协调条件，实现车辆-轨道-隧道-饱和土体系统的耦合求解。

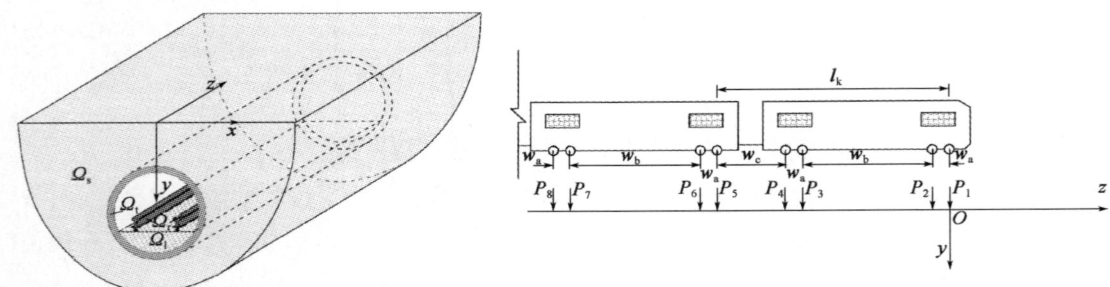

a）轨道-隧道-饱和土体耦合系统示意图

b）地铁行车荷载简化模型示意图

图 5-2　车辆-轨道-隧道-饱和土体耦合系统示意图

如图 5-2b）所示，将行车荷载视为由一系列初始频率为 ω_0，以恒定速度 v 沿 z 轴移动的轮载组成，由此可得时间-空间域内的行车荷载表达式：

$$F_{\mathrm{r}}(z,t) = \sum_{n=1}^{N_{\mathrm{T}}} F_{\mathrm{n}}(z-vt)e^{i\omega_0 t}$$

$$\begin{aligned} F_{\mathrm{n}}(z-vt) = P_{\mathrm{n}}\Big[&\delta\big(z-vt+\sum_{k=0}^{n-1}l_{\mathrm{k}}+l_{\mathrm{d}}\big)+\delta\big(z-vt+w_{\mathrm{a}}+\sum_{k=0}^{n-1}l_{\mathrm{k}}+l_{\mathrm{d}}\big)+ \\ &\delta\big(z-vt+w_{\mathrm{a}}+w_{\mathrm{b}}+\sum_{k=0}^{n-1}l_{\mathrm{k}}+l_{\mathrm{d}}\big)+\delta\big(z-vt+2w_{\mathrm{a}}+w_{\mathrm{b}}+\sum_{k=0}^{n-1}l_{\mathrm{k}}+l_{\mathrm{d}}\big)\Big] \end{aligned} \tag{5-49}$$

式中，$F_r(z,t)$为作用在钢轨上的列车荷载；P_{n}为车辆轴重；N_{T}为车厢数；l_{k} 为第 k 节车厢长度；l_{d}为行车荷载距离观察点的距离；w_{a}为相邻两组轮对间距离；w_{b}为第二组和第三组轮对之间的距离。

对式(5-49)进行时间 t 和空间坐标的 z 的 Fourier 变换,将其转换到频率-波数域内,可得:

$$\tilde{F}_{\mathrm{r}}(k_z,\omega) = 2\pi\delta(\omega - k_z v - \omega_0) \times \sum_{n=1}^{N_{\mathrm{T}}} P_{\mathrm{n}}\left[1 + e^{-ik_z w_{\mathrm{a}}} + e^{-ik_z(w_{\mathrm{a}}+w_{\mathrm{b}})} + e^{-ik_z(2w_{\mathrm{a}}+w_{\mathrm{b}})}\right] e^{-ik_z\left(\sum_{k=0}^{n-1} l_{\mathrm{k}} + l_{\mathrm{d}}\right)} \tag{5-50}$$

将钢轨视为无限长欧拉梁,轨下垫圈采用弹簧模拟。根据欧拉梁振动理论,可得钢轨在频率-波数域内的的控制方程:

$$\tilde{u}_{\mathrm{r}} = \tilde{H}_{\mathrm{r}}(\tilde{F}_{\mathrm{r}} - \tilde{G}_{\mathrm{r}}) \tag{5-51}$$

式中,$\tilde{u}_{\mathrm{r}}$ 为钢轨竖向位移;$\tilde{G}_{\mathrm{r}}$ 为钢轨传至轨道板的应力;$\tilde{H}_{\mathrm{r}} = 1/(E_{\mathrm{r}}I_{\mathrm{r}}k_z^4 - m_{\mathrm{r}}\omega^2)$ 是钢轨的传递函数。其中 $E_{\mathrm{r}}I_{\mathrm{r}}$ 和 m_{r} 分别为钢轨的抗弯刚度和单位长度质。

扣件的控制方程为:

$$\tilde{G}_{\mathrm{r}} = k_{\mathrm{r}}(\tilde{u}_{\mathrm{r}} - \tilde{u}_{\mathrm{s}}) \tag{5-52}$$

式中 $\tilde{u}_{\mathrm{s}}$ 为与钢轨接触点处的轨道板的竖向位移;k_{r} 为轨下弹簧刚度。

联合式(5-50)和式(5-51)可得:

$$\tilde{G}_{\mathrm{r}} = \frac{k_{\mathrm{r}}\tilde{H}_{\mathrm{r}}}{1 + k_{\mathrm{r}}\tilde{H}_{\mathrm{r}}}\tilde{F}_{\mathrm{r}} - \frac{k_{\mathrm{r}}}{1 + k_{\mathrm{r}}\tilde{H}_{\mathrm{r}}}\tilde{u}_{\mathrm{s}} \tag{5-53}$$

根据5.1的推导可知,简谐移动荷载作用下隧道-饱和土体的动力相互作用问题可通过2.5维有限元-边界元系统方程式(5-46)进行求解,而通过对有限元节点进行调整,可将式(5-46)进一步表示为:

$$\begin{bmatrix} \tilde{\boldsymbol{K}}_{\mathrm{RR}} & \tilde{\boldsymbol{K}}_{\mathrm{RI}} \\ \tilde{\boldsymbol{K}}_{\mathrm{IR}} & \tilde{\boldsymbol{K}}_{\mathrm{II}} \end{bmatrix} \begin{Bmatrix} \tilde{\boldsymbol{u}}_{\mathrm{R}} \\ \tilde{\boldsymbol{u}}_{\mathrm{st}} \end{Bmatrix} = \begin{Bmatrix} \tilde{\boldsymbol{F}}_{\mathrm{R}} \\ \tilde{\boldsymbol{F}}_{\mathrm{st}} \end{Bmatrix} \tag{5-54}$$

结合式(5-53)和式(5-54),便可在频率-波数域内获得车辆-轨道-隧道-地基系统的车致动力响应解,再利用式(5-47)和式(5-48)可获得地铁行车荷载作用下饱和地基的位移和应力。上述求解均通过 MATLAB 自行编程实现,而采用快速 Fourier 逆变换(IFFT),可将频率-空间域内的解转换到时间-空间域中。

5.3　算 例 分 析

为了验证上述工作的可靠性,通过3个特殊算例,将上述推导的隧道-饱和土体系统的2.5维有限元-边界元法与既有的计算方法进行对比分析。随后,分析了饱和土体中类矩形隧道的车致振动响应,重点分析了土体中孔隙水的存在对系统动力响应的影响。

5.3.1　与不透水条件下的半解析解对比分析

该算例分析了埋置于饱和全空间土体中的圆形隧道在轴对称法向移动荷载作用下的动

力响应。采用前述模型和半解析解计算了轴对称法向荷载移动速度 $v=10\text{m/s}$、土体分别为软土(soft soil)和硬土(stiff soil)时,$r=R_2$ 和 $r=1.5R_2$ 处的径向位移 u_r,R_2 为隧道外径,饱和土体与隧道的接触面完全不透水。两种土体的计算参数见表5-1。计算结果如图5-3所示,两者的计算结果吻合很好,验证了本章方法的正确性。

两种饱和土体的计算参数　　表5-1

计算参数	软土	硬土
$\rho_s(\text{kg/m}^3)$	2 650	2 650
$\rho_f(\text{kg/m}^3)$	1 000	1 000
$\lambda(\text{Pa})$	8.5×10^6	3.18×10^9
$\mu(\text{Pa})$	6×10^6	4.55×10^9
α	1.00	0.83
$M(\text{Pa})$	4.73×10^9	6.16×10^9
α_∞	1.63	2.015
ϕ	0.44	0.33
$b(\text{N}\cdot\text{s/m}^4)$	9.09×10^6	2×10^8

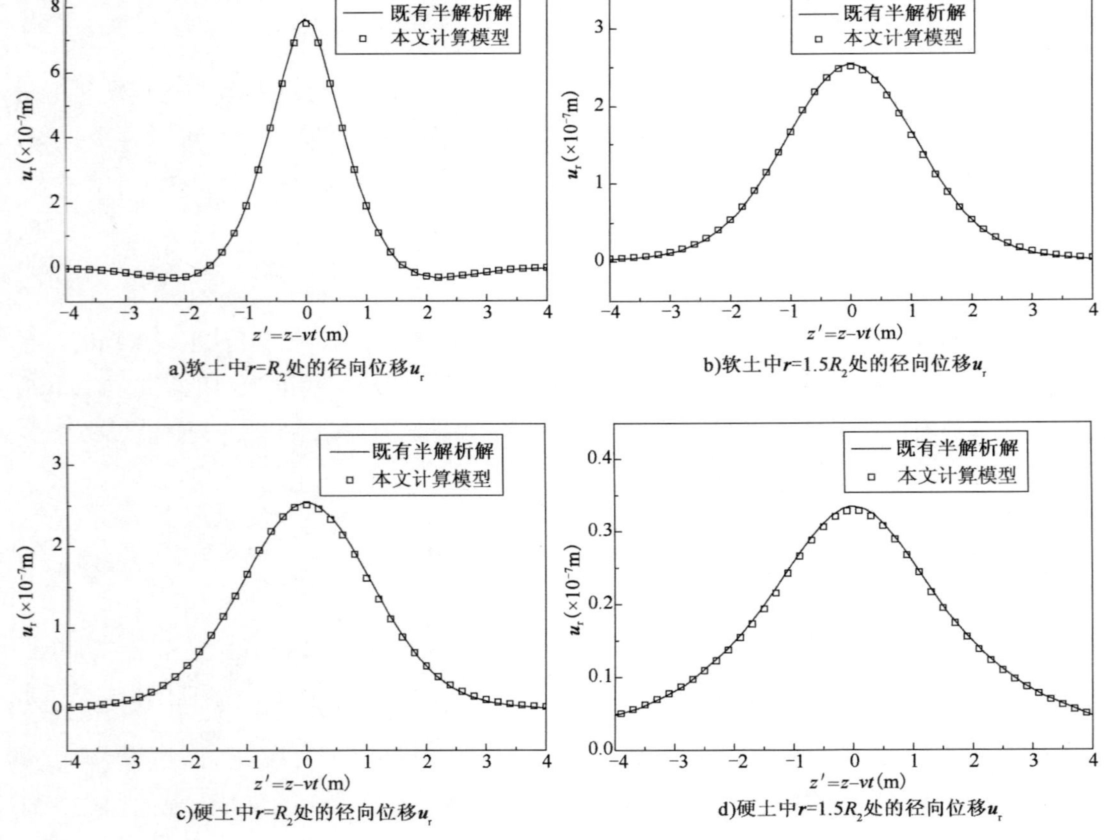

图5-3　本文计算结果与完全不透水条件下的半解析解的结果对比

5.3.2 与透水条件下的半解析解对比分析

在该算例中,考虑了饱和土与隧道的接触面透水的情况。采用本章计算方法和半解析解计算了轴对称法向荷载移动速度 $v=0.1v_0[v_0=(\mu/\rho_b)^{0.5}]$时,$r=1.5R_0$ 处的土体位移和孔隙水压力,其中 R_0 为隧道内径。结果如图 5-4 所示。由图可知,两者的计算结果吻合很好,验证了本章方法的正确性。

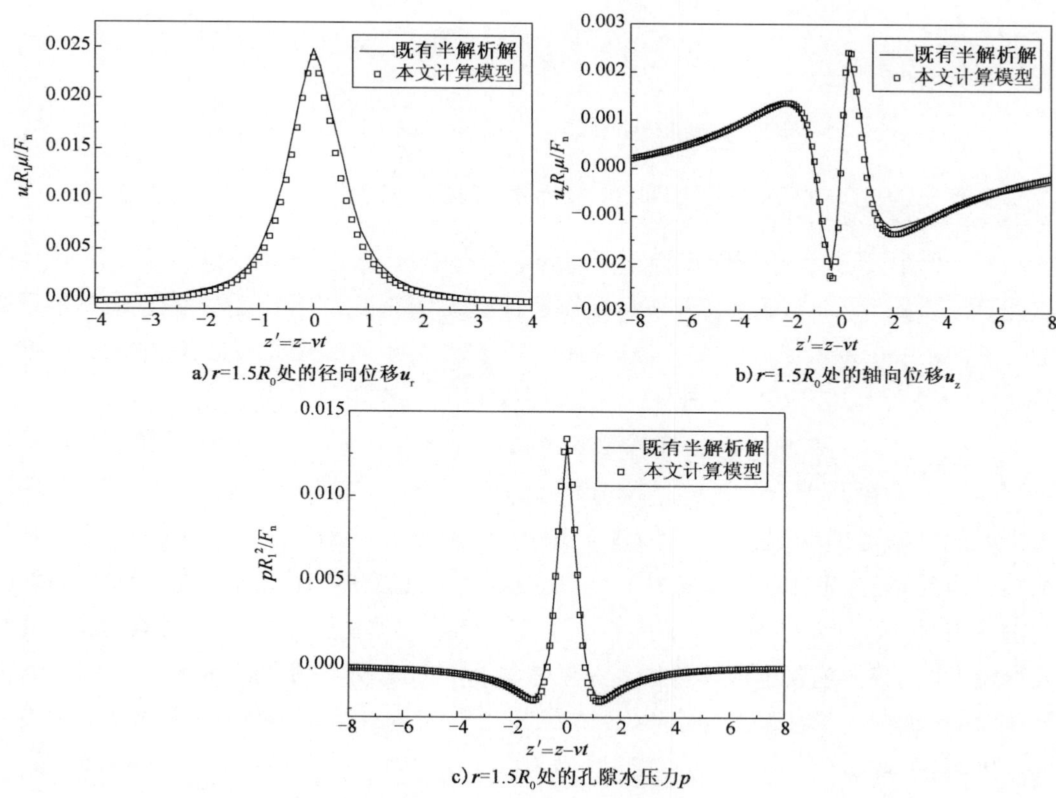

a) $r=1.5R_0$处的径向位移u_r

b) $r=1.5R_0$处的轴向位移u_z

c) $r=1.5R_0$处的孔隙水压力p

图 5-4 $v=0.1v_0$ 时本章计算结果与完全透水条件下的半解析解[10]的结果对比

5.3.3 与单相介质的 2.5 维有限元-边界元法对比分析

对与流体相关以及与流体和骨架耦合作用相关的参数进行如下取值:$\alpha=0.07$,$M=1.0\times10^3\text{Pa}$,$\rho_f=1.0\text{kg/m}^3$,$\eta=1.0\times10^{-3}\text{Pa}\cdot\text{s}$,$k=1.0\times10^2\text{m}^2$,$n=0.01$,使得饱和土体退化为单相介质土体。然后采用前述计算方法和单相介质土体的 2.5 维有限元-边界元法计算了中隧道底部作用频率 $f=200\text{Hz}$ 的竖向单位简谐点荷载时,隧道底部土体的竖向位移。如图 5-5 所示,两种方法的计算结果吻合很好,验证了本章方法的正确性。

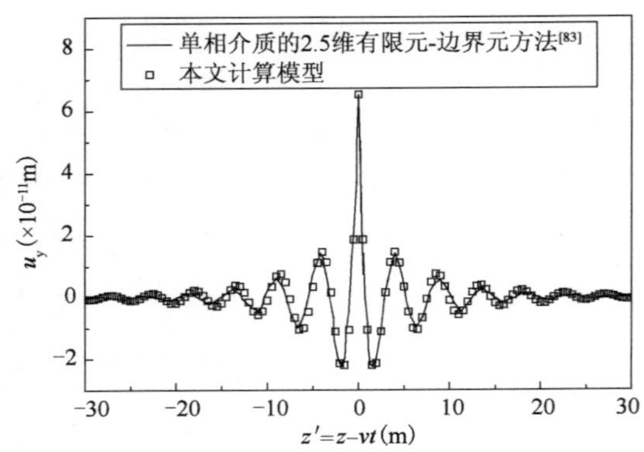

图 5-5 本章计算结果与单相介质的 2.5 维有限元-边界元法[2]的结果对比

5.3.4 饱和半空间中类矩形隧道的车致振动响应

相对于圆形隧道,类矩形隧道拥有更高的空间利用率,更适用于城市核心区和旧城区的地铁建设。2015 年,宁波地铁 3 号线类矩形盾构隧道工程正式开始,标志着我国类矩形盾构隧道迈向了一个新阶段。本文借助宁波地铁 3 号线类矩形隧道断面形式,采用 2.5 维有限元-边界元法计算饱和半空间中类矩形隧道在行车荷载作用下系统的动力响应。

如图 5-6 所示,隧道断面由四段圆弧组成,上下两段圆弧外径 R_1 = 15.45m,内径 R_2 = 15m,左右两段圆弧外径 R_3 = 3.2m,内径 R_4 = 2.75m,衬砌厚 0.45m,中隔柱厚 0.35m。隧道中心的埋深为 10m。轨道结构为普通道床板。饱和土参数取值见表 5-2,隧道和轨道结构的材料为混凝土,其材料参数见表 5-3。其中土体和混凝土的阻尼比分别取为0.03和0.04。钢轨为 60 轨,材料参数见表 5-4,钢轨的阻尼系数取值如下:钢轨弯曲刚度取 0.02,扣件支撑刚度取 0.3。地铁车辆参数见表 5-5,车辆为 6 节编制,车辆轴质量取 16t,同一转向架两轮对间的距离长 w_a 为 2.5m,同一节车厢第二、三轮对间的距离长 w_b 为 13.2m,单节车厢的长度为 22.8m。

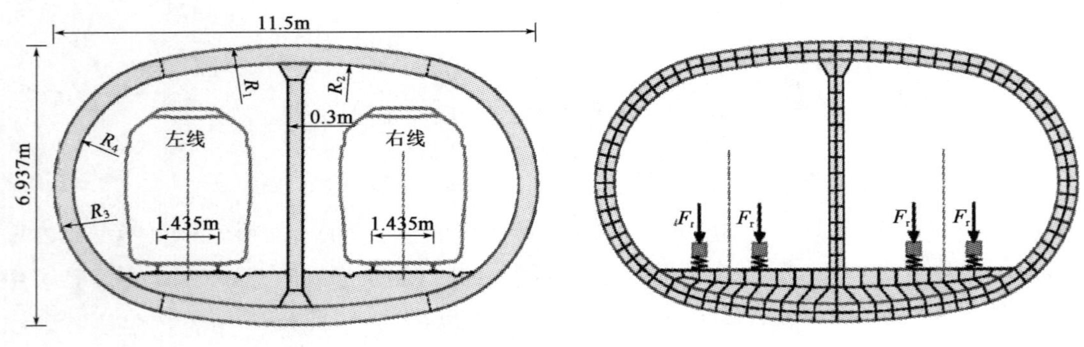

图 5-6 饱和半空间中类矩形盾构断面形式及网格划分图

饱和土体的计算参数　　表 5-2

λ(Pa)	μ(Pa)	ρ_s(kg/m^3)	ρ_f(kg/m^3)	n	α	M(Pa)	a_∞	b(N·s/m^4)
2×10^7	3×10^7	2 600	1 000	0.4	1	5×10^9	1.58	10^8

隧道和轨道板的计算参数　　表 5-3

E_t(Pa)	ρ_t(kg/m^3)	ν
5×10^{10}	2 500	0.3

钢轨的计算参数　　表 5-4

抗弯刚度 E_rI_r(Pa·m^4)	单位长度质量 m_s(kg/m)	轨下弹簧刚度 k_s(N/m^2)
6.62×10^6	60.64	83.3×10^6

地铁车辆静态轴重的计算参数　　表 5-5

N_T	P_n(N)	w_a(m)	w_b(m)	l_k(m)	l_d(m)
6	1.6×10^5	2.5	13.2	22.8	50

(1)简谐荷载作用下的动力响应

由于任何复杂的荷载都可以视为一系列简谐荷载叠加的结果,因此有必要分析简谐荷载作用于钢轨上引起的土体动力响应。图 5-7 为单线荷载和双线荷载作用下引起的土体竖向位移分布图,其中荷载的频率考虑 2Hz,10Hz 和 50Hz 三种情况。由图可知,简谐荷载作用下的土体位移具有明显的波动现象,随着荷载频率的增加,波动现象越发明显。此外,随着荷载频率的增加,土体竖向位移的幅值逐渐减小。

为了对比分析单线荷载和双线荷载引起的土体振动的差别,定义竖向位移插入增益 IG_u:

$$IG_u(\boldsymbol{x},\omega) = 20\log_{10}\left(\frac{|u_y^d(\boldsymbol{x},\omega)|}{|u_y^s(\boldsymbol{x},\omega)|}\right) \tag{5-55}$$

式中,$|u_y^d(\boldsymbol{x},\omega)|$和$|u_y^s(\boldsymbol{x},\omega)|$分别为单线荷载和双线荷载作用下引起的土体竖向位移幅值。

图 5-7(c)为对应荷载频率下的竖向位移插入增益。当荷载频率为 2Hz 时,竖向位移插入增益为 3 ~ 8dB。双线荷载引起的土体位移比单线荷载大。其中隧道右边土体的插入增益要大于隧道左边的。而当荷载频率为 10Hz 和 50Hz 时,对应的插入增益分别为 − 15 ~ 30Hz 和 − 37 ~ 37Hz。此时,在某些区域,双线荷载引起的土体位移幅值可能小于单线荷载引起的。

图 5-8 为不同频率的单线荷载和双线荷载作用下引起的土体孔隙水压力分布图。由图可知,孔隙水压力随着荷载频率的增加而有所增加。由图 5-8(c)可知,在大多数区域双线荷载引起的孔隙水压力要大于单线荷载引起的,且随着荷载频率的增加而增加。

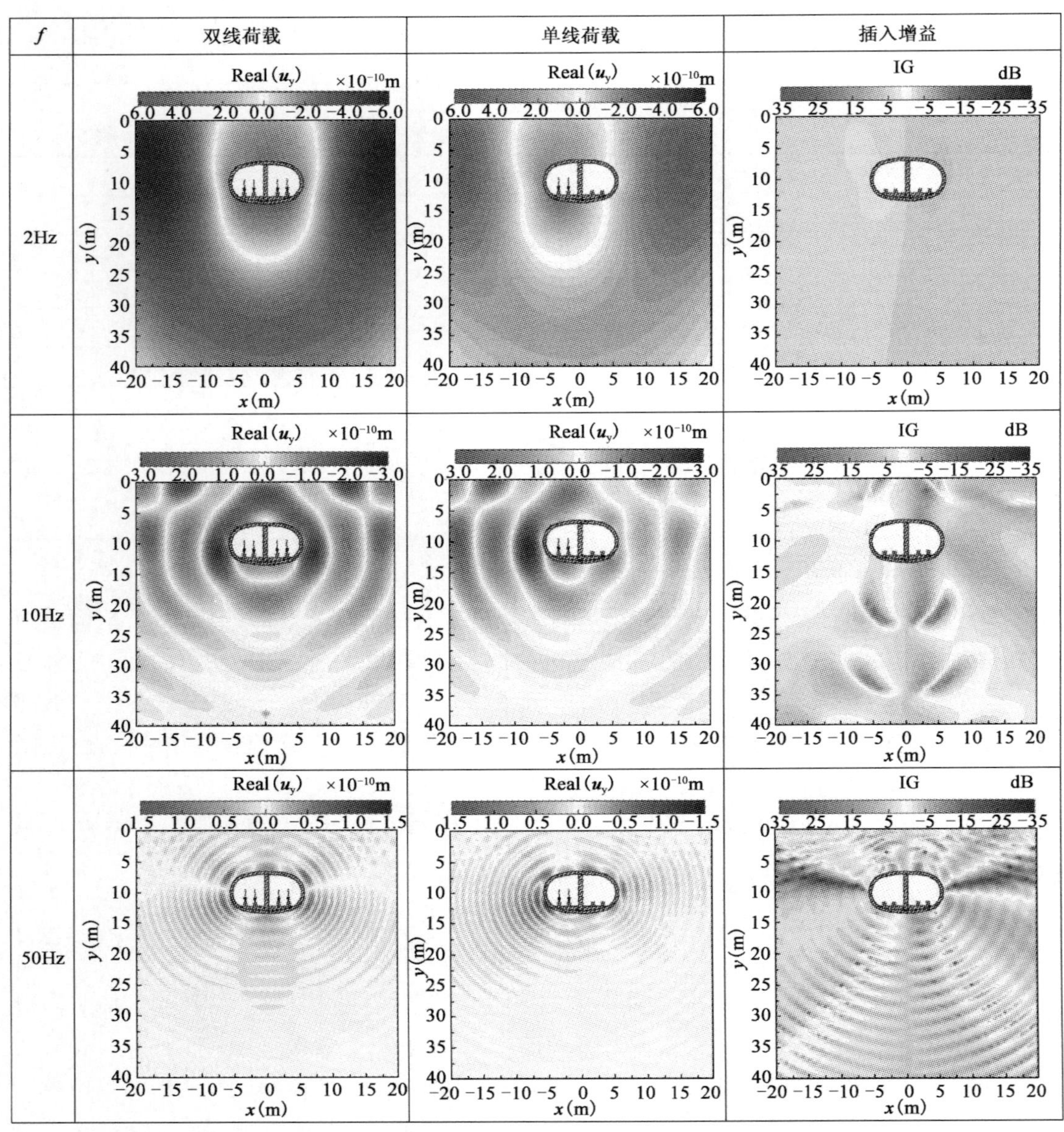

图 5-7

图 5-9 为不同荷载工况下，地表处点(0,0,0)和(0,0,10)的竖向位移幅值随频率的变化曲线。由图可知，在此两点，双线荷载引起的位移曲线随频率的变化规律与单线荷载引起的一致，双线荷载引起的竖向位移幅值比单线荷载引起的大 6dB。图 5-10 为地表处点(10,0,0)和(10,0,10)的竖向位移幅值随频率的变化曲线。在此两点处，双线荷载引起的位移曲线随频率的变化规律与单线荷载引起的不同，在某些频率下，双线荷载引起的竖向位移幅

值可能小于单线荷载引起的结果。这主要是因为该两点距离左线荷载和右线荷载的距离不同。

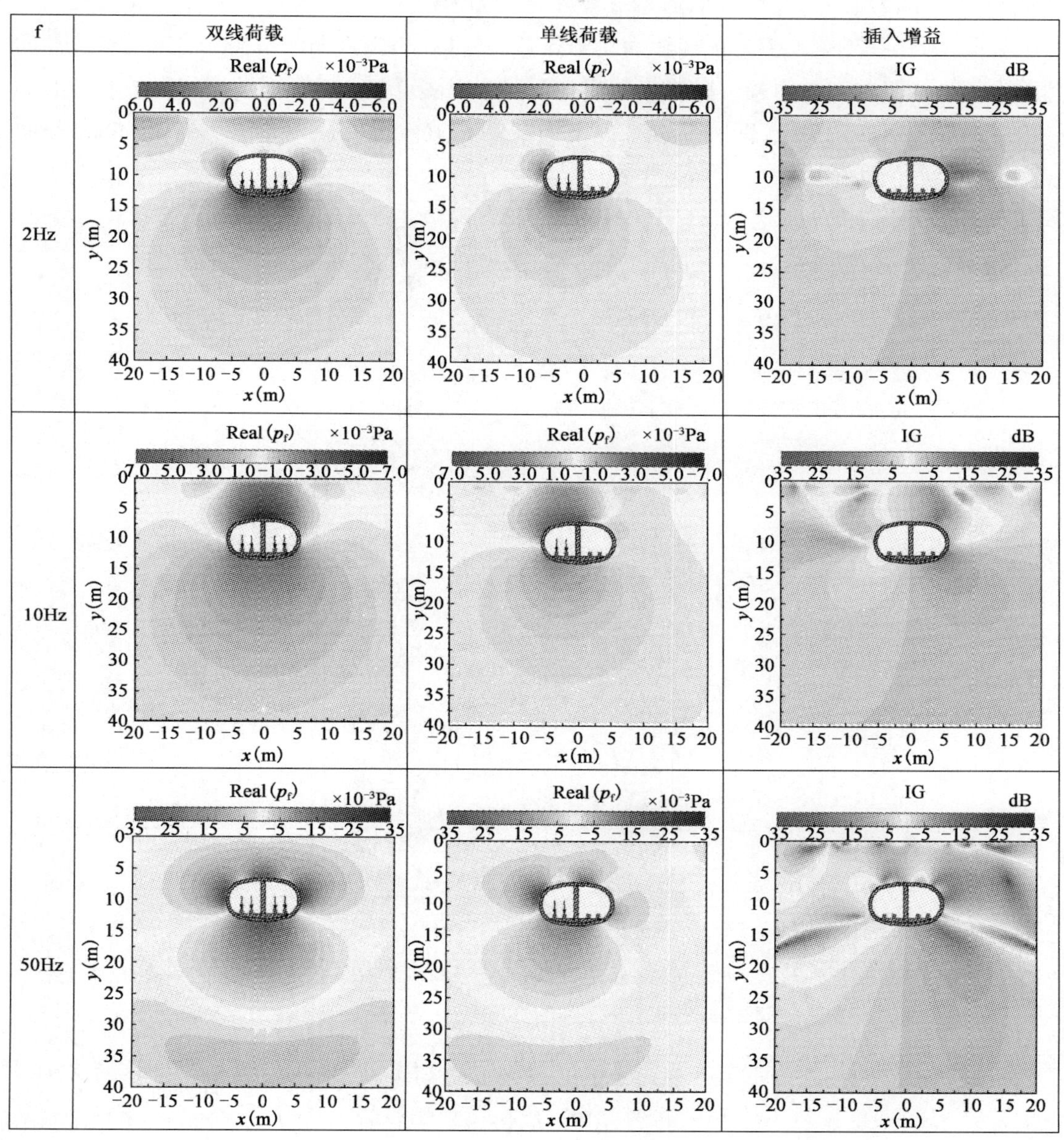

图 5-8

由于车载累积沉降始于土体应力和孔隙水压力的变化,因此分析地铁运行引起的附加动应力和超孔隙水压力对评估地铁隧道的车载累积沉降具有重要意义。图 5-11 为不同荷载工况作用下引起的隧道-土体接触面上的点(0,13.47,0)(即双线隧道的中心线处)的孔隙水压力和竖向正应力幅值随频率的变化曲线。由图可知,在该点,不同荷载工况引起的孔隙水压力和土体应力随频率变化的曲线基本一致。孔隙水压力和土体应力的幅值随着荷载频率的增加而增加。双线荷载引起的孔隙水压力和竖向正应力幅值比单线荷载引起的大6dB左右。图5-12为隧道-土体接触面上的点(2.55,13.26,0)(即右线隧道的中心线处)的孔隙水压力和竖向正应力幅值随频率的变化曲线。由图可知,在该点处,双线隧道引起的响应比单线隧道引起的更大,两种荷载工况下引起的孔隙水压力最大差值达到30dB30,竖向正压力最大差值达到20dB。

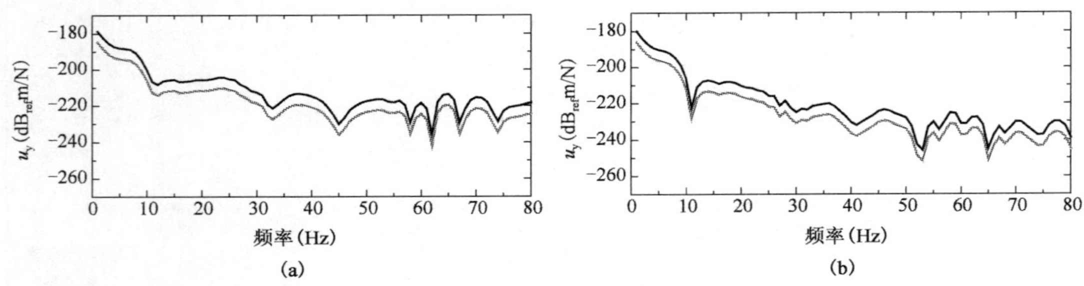

图5-9 不同荷载工况作用下,地表处点(a)(0,0,0)和(b)(0,0,10)的竖向位移幅值随频率的变化曲线;双线荷载引起的(黑线)和单线荷载引起的(灰线)

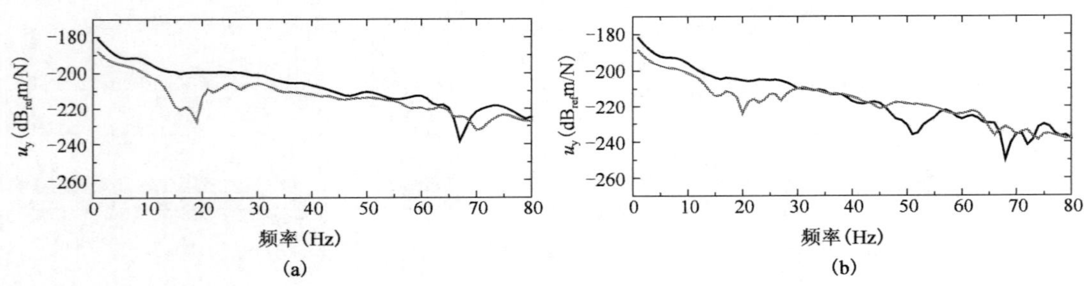

图5-10 不同荷载工况作用下,地表处点(a)(10,0,0)和(b)(10,0,10)的竖向位移幅值随频率的变化曲线;双线荷载引起的(黑线)和单线荷载引起的(灰线)

将饱和土体的相关参数设置为:$\alpha=0.01$,$M=1.0\times10^3$Pa,$\rho_f=1.0$kg/m^3,$\eta=1.0\times10^{-3}$Pa·s,$k=1.0\times10^2$m^2,$n=0.001$,可将饱和土退化为单相介质土体,从而分析土体中孔隙水对振动的影响。图5-13为不同土体模型条件下,隧道-土体接触面上的点(0,13.47,0)和地表上的点(10,0,0)的竖向位移幅值随频率的变化曲线。由图可知,忽略土体中孔隙水的存在会放大土体竖向位移的幅值。且地表处的差异要大于隧道-土体接触面上的差异,此外随着荷载频率的增加,差异性越大。这是因为单相介质土体模型忽略了土体固相和液相间的相对运动,导致更少的能量耗散,从而引起更高的土体位移幅值。图5-14为不同土体

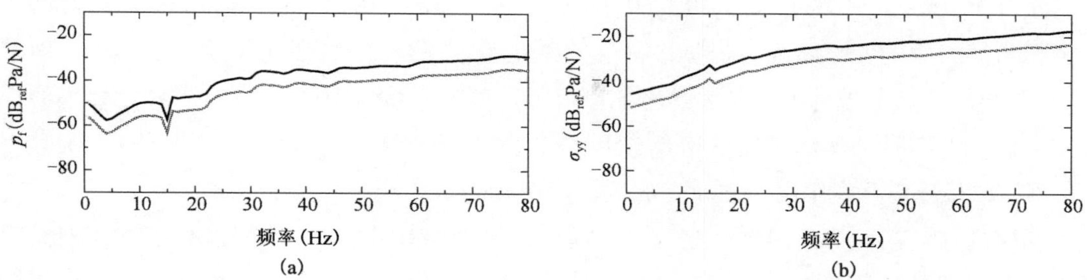

图5-11　不同荷载工况作用下,隧道-土体接触面上的点(0,13.47,0)的孔隙水压力(a)和竖向正应力(b)幅值随频率的变化曲线;双线荷载引起的(黑线)和单线荷载引起的(灰线)

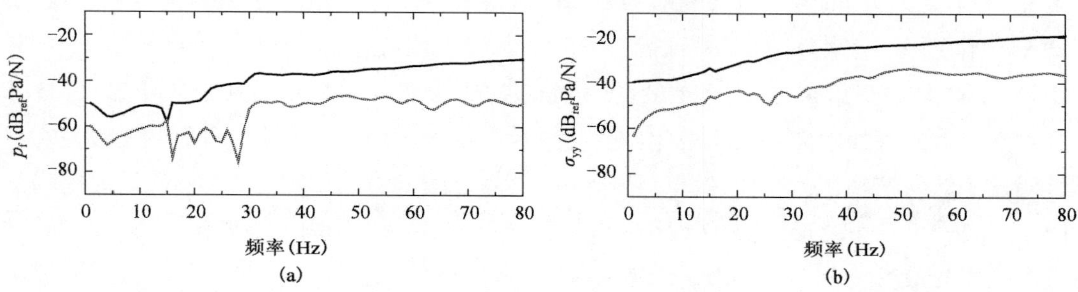

图5-12　不同荷载工况作用下,隧道-土体接触面上的点(2.55,13.26,0)的孔隙水压力(a)和竖向正应力(b)幅值随频率的变化曲线;双线荷载引起的(黑线)和单线荷载引起的(灰线)

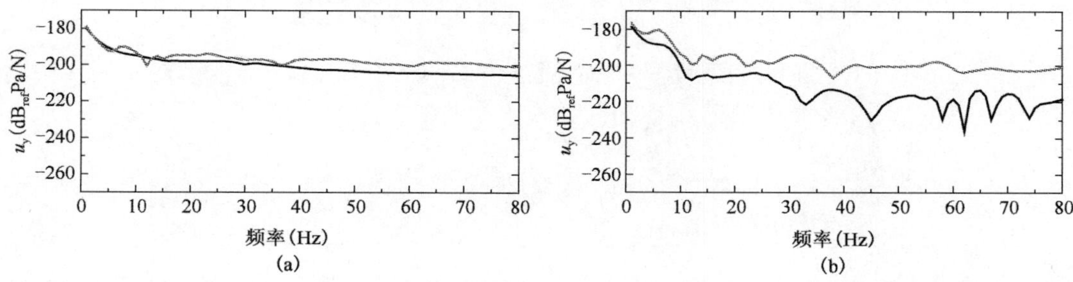

图5-13　不同土体模型条件下,隧道-土体接触面上的点(a)(0,13.47,0)和地表上的点(b)(10,0,0)的竖向位移幅值随频率的变化曲线;饱和土体(黑线)和单相介质土体(灰线)

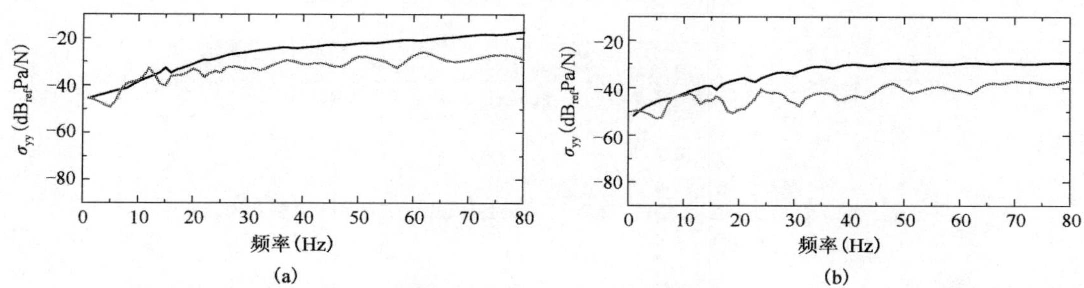

图5-14　不同土体模型条件下,隧道-土体接触面上的点(a)(0,13.47,0)和地表上的点(b)(2.55,13.26,0)的竖向正应力幅值随频率的变化曲线;饱和土体(黑线)和单相介质土体(灰线)

模型条件下,隧道-土体接触面上的点(0,13.47,0)和地表上的点(2.55,13.26,0)的竖向正应力幅值随频率的变化曲线。与位移相反,忽略土体中的孔隙水会导致竖向正应力幅值变低,且差异性依然会随着荷载频率的增加而增加。基于上述分析可知:采用饱和土体模型模拟富水地区的车致振动响应较单相介质土体模型更为合理。

(2)静态行车荷载作用下的动力响应

利用构建的车辆-轨道-隧道-饱和土体耦合系统动力计算方法,计算饱和半空间中类矩形隧道在地铁行车荷载作用下的动力响应。图 5-15 和图 5-16 分别为左线列车运行和双线列车运行(列车速度 $v=20\text{m/s}$)条件下,隧道左线中心线处地基土的孔隙水压力 p、竖向正应力 σ_{yy} 和剪应力 σ_{yz} 的竖向分布随时间变化图。由图可知:定幅值(荷载频率 $f=0\text{Hz}$)移动车辆荷载作用下,土体的响应是拟静态的,并未产生明显的波动现象。比较图 5-15 和图 5-16 可知,双线运行条件下,土体的动力响应较单线运行下的大,叠加效应明显,且位移和孔隙水压力的叠加效应比土体动应力的叠加效应更为明显。此外,土体的车致动力响应具有明显的转向架和车体特性,而轮对特性不明显,对于六节编组的列车而言,隧道底部的竖向正应力产生 7 个峰值,第一个峰值为第一节车厢的第一个转向架下两组轮对引起的,最后一个峰值为最后一节车厢的第二个转向架下的两组轮对引起的,中间 5 个峰值为相邻两节车厢的首末两个转向架下的四组轮对引起的,其中列车头部和尾部的峰值较中间 5 个峰值小。

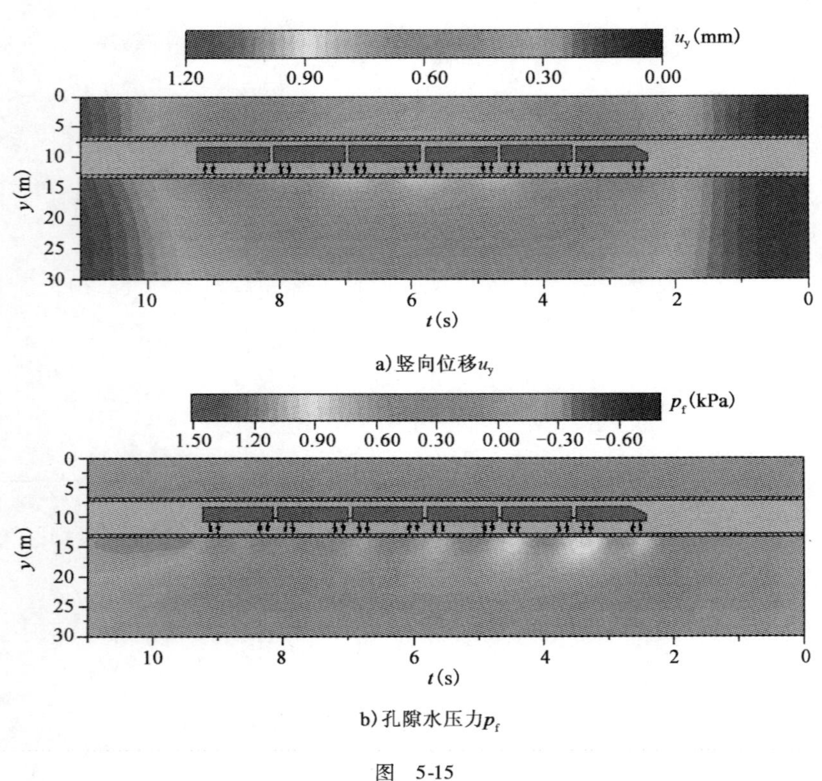

a) 竖向位移u_y

b) 孔隙水压力p_f

图 5-15

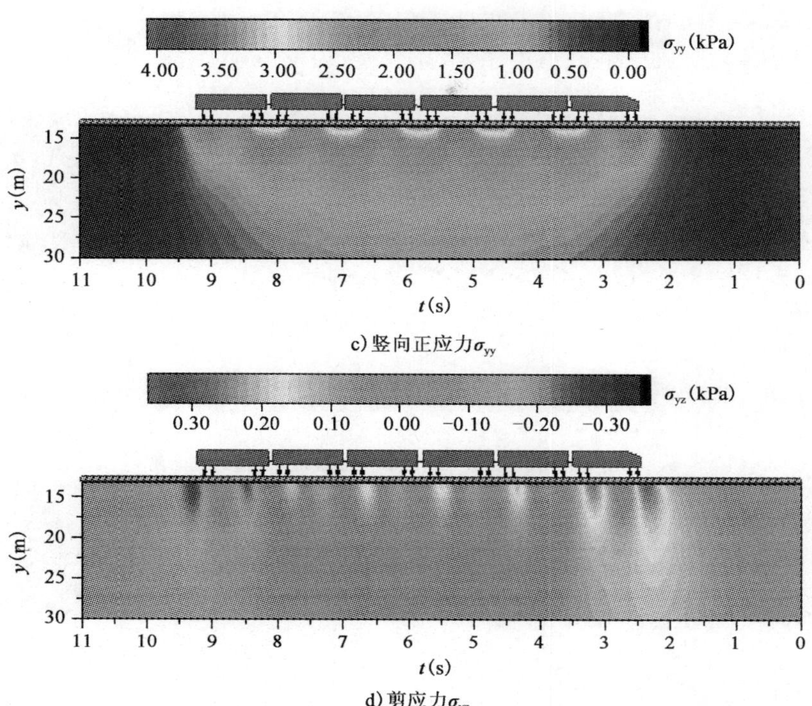

c) 竖向正应力σ_{yy}

d) 剪应力σ_{yz}

图 5-15　左线单线运行下饱和半空间土的车致动力响应竖向分布随时间变化图

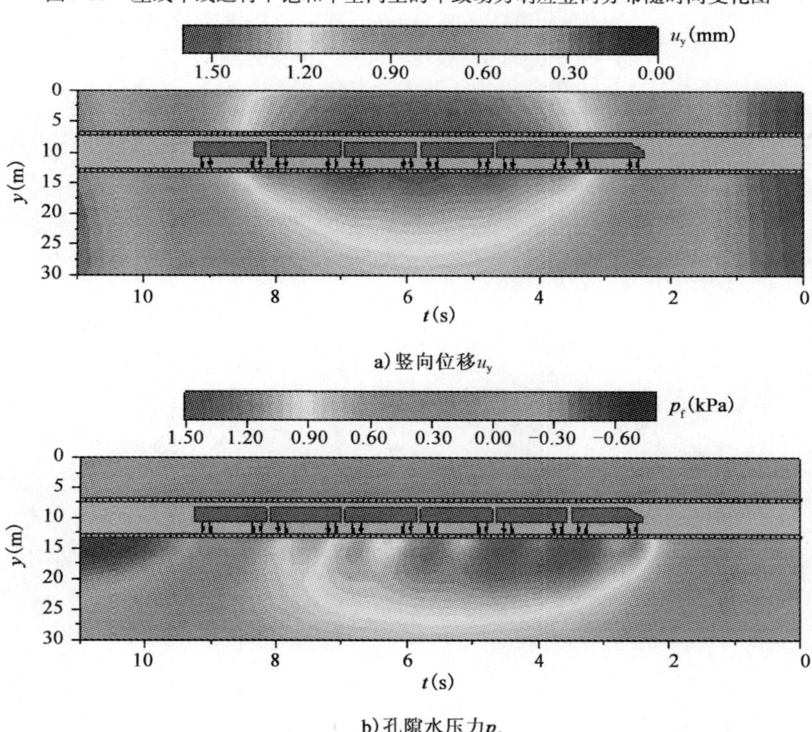

a) 竖向位移u_y

b) 孔隙水压力p_f

图　5-16

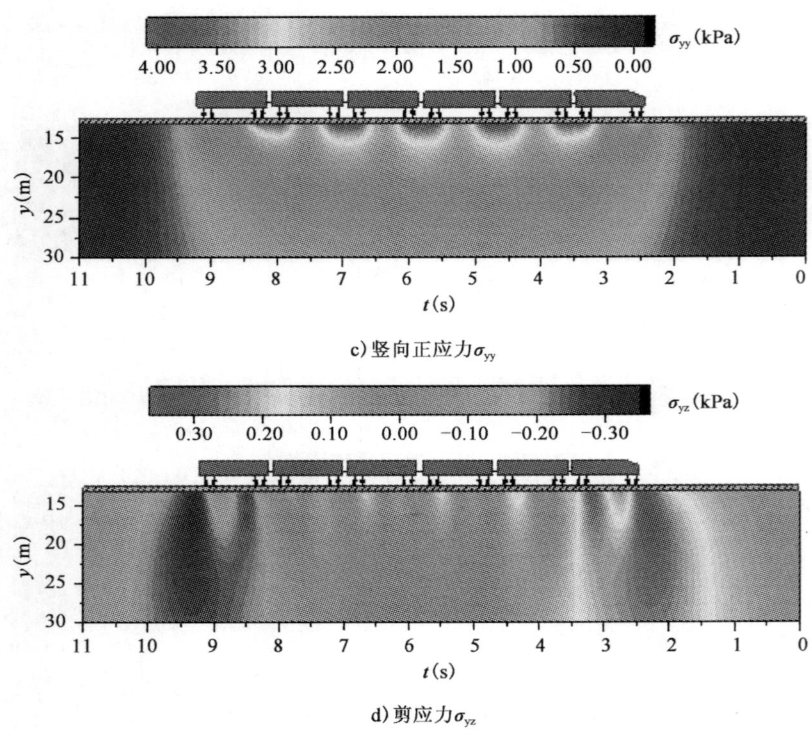

c)竖向正应力σ_{yy}

d)剪应力σ_{yz}

图 5-16 双线运行下饱和半空间土的车致动力响应竖向分布随时间变化图

图 5-17 和图 5-18 分别为左线单线运行和双线运行(列车速度 $v=20\mathrm{m/s}$)条件下,隧道底部 $y=14\mathrm{m}$ 处的孔隙水压力 p、竖向正应力 σ_{yy}和剪应力 σ_{yz}横向分布随时间变化图。由图可知:左线列车运行条件下,在隧道底部的水平面上,孔隙水压力和动应力主要分布在隧道中心线两侧约 5m 的范围内。双线运行条件下,土体孔隙水压力和动应力的响应更大,叠加效应明显。

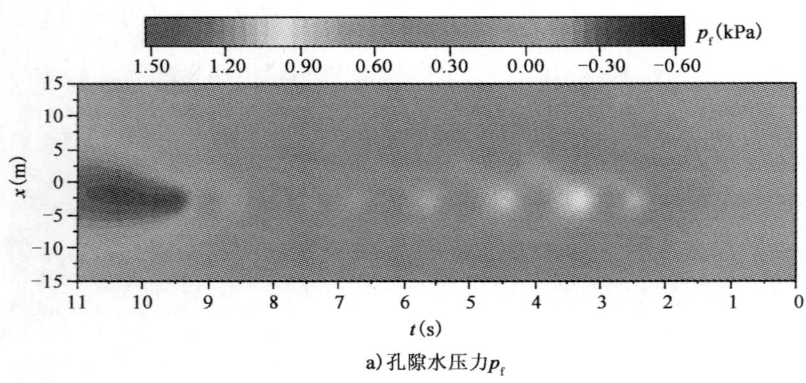

a)孔隙水压力p_f

图 5-17

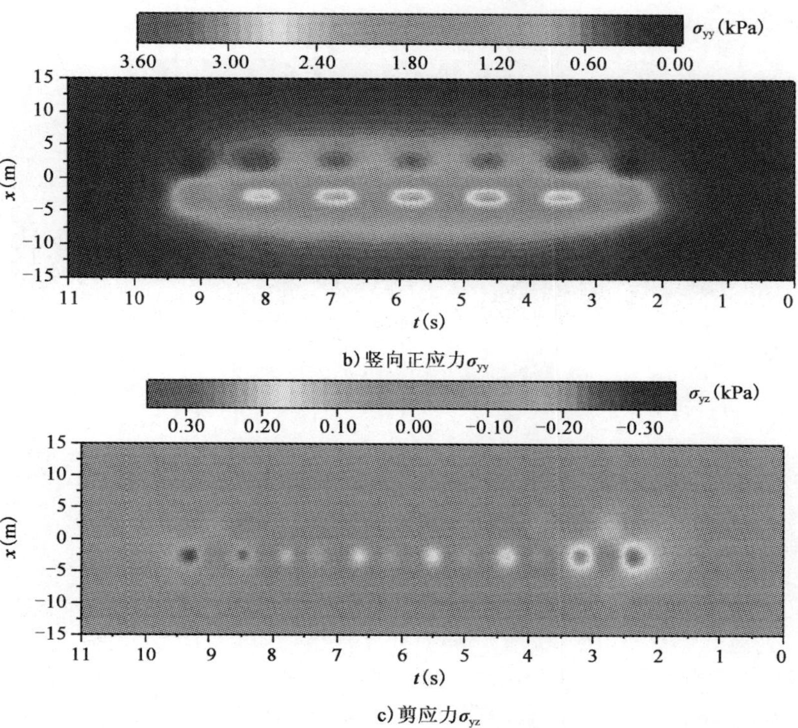

b) 竖向正应力σ_{yy}

c) 剪应力σ_{yz}

图 5-17　左线单线运行下饱和半空间土的车致动力响应横向分布随时间变化图

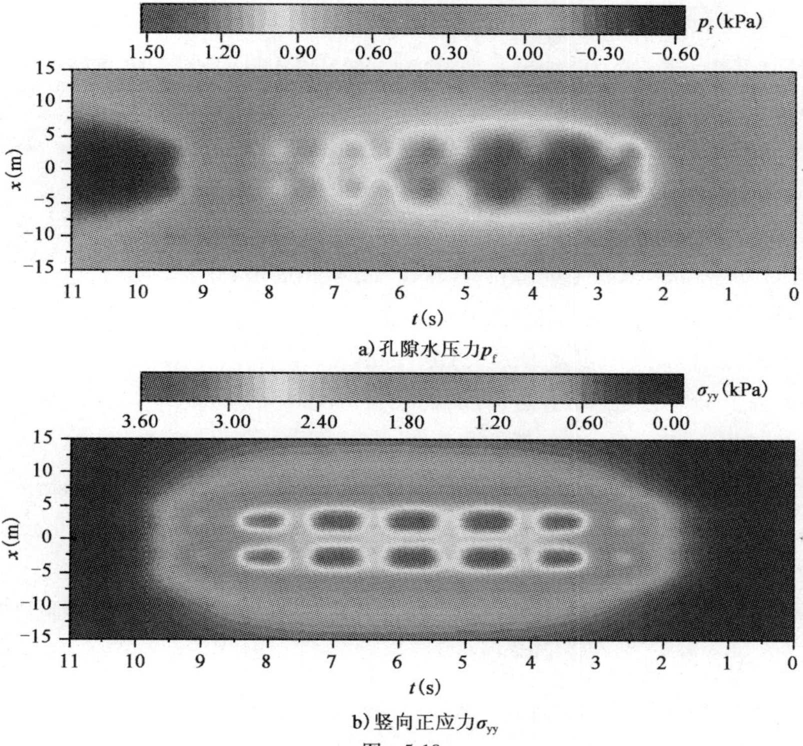

a) 孔隙水压力p_f

b) 竖向正应力σ_{yy}

图　5-18

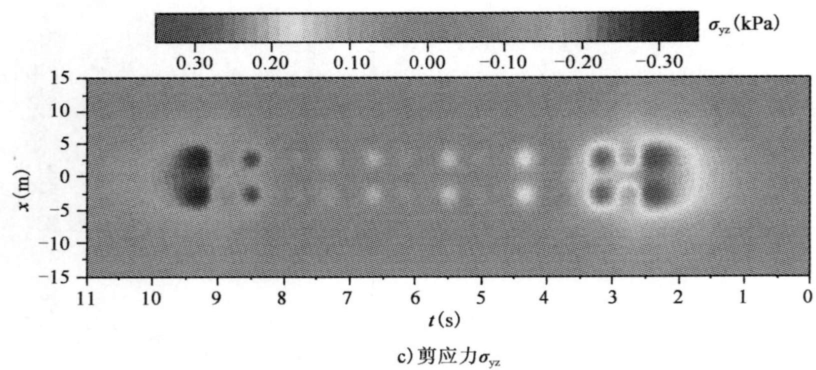

c) 剪应力σ_{yz}

图 5-18　双线运行下饱和半空间土的车致动力响应横向分布随时间变化图

主要参考文献

[1] Graff KF. Wave Motion in Elastic Solids, Oxford University Press, London, 1975.

[2] Sheng X, Jones C J C, Thompson D J. Modelling ground vibration from railways using wavenumber finite-and boundary-element methods [J]. Proceedings of the Royal Society A, 2005, 461(2059): 2043-2070.

[3] François S, Schevenels M, Galvín P, et al. A 2.5D coupled FE-BE methodology for the dynamic interaction between longitudinally invariant structures and a layered halfspace [J]. Computer Methods in Applied Mechanics and Engineering, 2010, 199(23-24): 1536-1548.

[4] Cheng, A H D, Predeleanu M. Transient boundary element formulation for linear poroelasticity[J]. Applied Mathematical Modelling, 1987, 11(4): 285-290.

[5] Zimmerman C, Stern M. Boundary element solution of 3-D wave scatter problems in a poroelastic medium [J]. Engineering Analysis with Boundary Elements, 1993, 12(4): 223-240.

[6] Hasheminejad S M, Hosseini H. Nonaxisymmetric interaction of a spherical radiator in a fluid-filled permeable borehole [J]. International Journal of Solids and Structures, 2008, 45(1): 24-47.

[7] Takemiya H. Simulation of track-ground vibrations due to a high-speed train: the case of X-2000 at Ledsgard [J]. Journal of Sound and Vibration, 2003, 261(3): 503-526.

[8] Hussein M F M, Hunt H E M. Modelling of floating-slab tracks with continuous slabs under oscillating moving loads [J]. Journal of Sound and Vibration 2006, 297(1-2): 37-54.

[9] Hasheminejad S M, Komeili M. Effect of imperfect bonding on axisymmetric elastodynamic response of a lined circular tunnel in poroelastic soil due to a moving ring load [J]. International Journal of Solids and Structures, 2009, 46(2): 398-411.

[10] 黄晓吉,扶名福,徐斌. 移动环形荷载作用下饱和土中圆形衬砌隧洞动力响应研究[J]. 岩土力学, 2012, 33(3): 892-898.

[11] Lu J F, Jeng S D, Williams S. A 2.5-D dynamic model for a saturated porous medium: Part I. Green's function [J]. International Journal of Solids and Structures, 2008, 45(2): 378-391.

[12] Hall WS. Integration methods for singular boundary element integrands. In：Brebbia CA, editors. Boundary Elements, X, vol. 1. Computational Mechanical Publications, Southampton; 1989, p. 219-236.

[13] Banerjee PK. Boundary Element Methods in Engineering Science. New York：McGraw-Hill-Book Co (UK)；1981.

第6章　饱和半空间中圆形隧道车致动力响应的子结构法

针对饱和半空间中圆形隧道的车致动力响应问题,利用基于壳柱法的车辆-轨道-隧道-土体车致振动响应解、饱和多孔介质的2.5维边界积分方程和饱和半空间问题的2.5维动力Green函数,提出了饱和半空间中圆形隧道车致动力响应的的子结构法。通过假设隧道近场的动力响应不受地表边界的影响,分两阶段计算饱和半空间中圆形隧道内作用地铁行车荷载时,土体的动力响应:首先利用基于壳柱法的车辆-轨道-隧道-土体车致振动响应解计算饱和全空间中土体-隧道接触面处的位移、孔隙水压力、面力;然后利用2.5维边界积分方程和饱和半空间问题的2.5维动力Green函数计算饱和半空间土体的动力响应。

6.1　计算条件

假设隧道近场的动力响应不受地表边界的影响,提出了饱和半空间中圆形隧道车致动力响应的子结构法。如图6-1所示,子结构法可分以下两阶段。在第一阶段[图6-1a)]中,行车荷载作用下饱和全空间中隧道-土体接触面的动力响应采用基于壳柱法的车辆-轨道-隧道-土体车致振动响应解计算,该方法解析求解,计算效率高;在第二阶段[图6-1(b)]中,将隧道-土体接触面离散,利用第一阶段计算的隧道-土体接触面的动力响应,获得离散节点处的广义节点位移和面力,并采用饱和多孔介质的2.5维边界积分方程和饱和半空间问题的2.5维动力Green函数,计算饱和半空间土体中任意位置的动力响应。

a)土体-隧道接触面动力响应计算

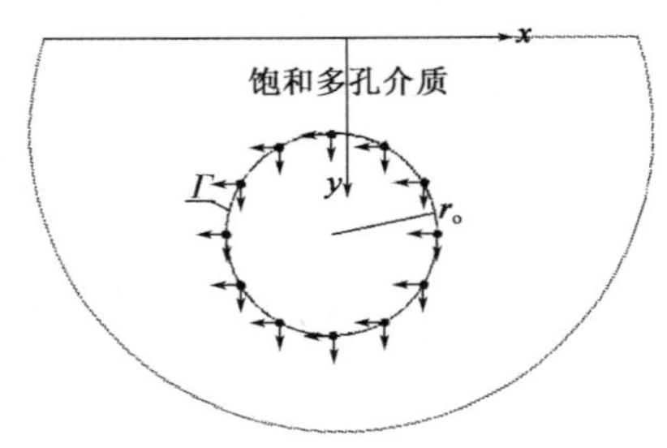

b)饱和半空间土体动力响应计算

图6-1　饱和半空间中圆形隧道车致动力响应的子结构法示意图

在第一阶段的计算中，第3章中提出的基于壳柱法的车辆-轨道-隧道-土体车致振动响应解将用于计算土体-隧道接触面的动力响应，关于该方法的更多细节可参见第3章中的相关章节，此章不再赘述。

基于壳柱法的车辆-轨道-隧道-土体车致振动响应解获得的土体与隧道接触面的位移、应力和孔隙水压力是采用柱坐标系描述的，而下文饱和半空间土体的动力响应是在直角坐标系下进行计算的，因此需要进行坐标转换。

将土体与隧道接触面Γ_{ts}离散为N_e个1维等参单元，每个单元有N_n个节点。利用前述求得的饱和土体-隧道接触面处的位移、应力和孔隙水压力，并通过坐标转换公式，可获得任意节点处的广义位移向量$\tilde{\boldsymbol{u}}_j=[\tilde{u}_{jx}\quad \tilde{u}_{jy}\quad \tilde{u}_{jz}\quad \tilde{p}_{fj}]^T$和广义面力向量$\tilde{\boldsymbol{t}}_j=[\tilde{t}_{jx}\quad \tilde{t}_{jy}\quad \tilde{t}_{jz}\quad \tilde{w}_{nj}]^T$，其中位移、应力的坐标转换公式如下：

$$
\begin{aligned}
\tilde{u}_{jx} &= -\tilde{u}_r(r_o,\theta_j)\sin\theta_j - \tilde{u}_\theta(r_o,\theta_j)\cos\theta_j \\
\tilde{u}_{jy} &= \tilde{u}_r(r_o,\theta_j)\cos\theta_j - \tilde{u}_\theta(r_o,\theta_j)\sin\theta_j \\
\tilde{u}_{jz} &= \tilde{u}_z(r_o,\theta_j)
\end{aligned}
\tag{6-1}
$$

$$
\begin{aligned}
\tilde{w}_{jx} &= -\tilde{w}_r(r_o,\theta_j)\sin\theta_j - \tilde{w}_\theta(r_o,\theta_j)\cos\theta_j \\
\tilde{w}_{jy} &= \tilde{w}_r(r_o,\theta_j)\cos\theta_j - \tilde{w}_\theta(r_o,\theta_j)\sin\theta_j \\
\tilde{w}_{jz} &= \tilde{w}_z(r_o,\theta_j)
\end{aligned}
\tag{6-2}
$$

$$
\begin{aligned}
\tilde{\sigma}_{jxx} &= \tilde{\sigma}_{rr}(r_o,\theta_j)\sin^2\theta_j + \tilde{\sigma}_{\theta\theta}(rr_o,\theta_j)\cos^2\theta_j + 2\tilde{\sigma}_{r\theta}(r_o,\theta_j)\sin\theta_j\cos\theta_j \\
\tilde{\sigma}_{jyy} &= \tilde{\sigma}_{rr}(r_o,\theta_j)\cos^2\theta_j + \tilde{\sigma}_{\theta\theta}(r_o,\theta_j)\sin^2\theta_j - 2\tilde{\sigma}_{r\theta}(r_o,\theta_j)\sin\theta_j\cos\theta_j \\
\tilde{\sigma}_{jzz} &= \tilde{\sigma}_{zz}(r_o,\theta_j) \\
\tilde{\sigma}_{jxy} &= [\tilde{\sigma}_{rr}(r_o,\theta_j) - \tilde{\sigma}_{\theta\theta}(r_o,\theta_j)]\sin\theta_j\cos\theta_j + \tilde{\sigma}_{r\theta}(r_o,\theta_j)(\cos^2\theta_j - \sin^2\theta_j) \\
\tilde{\sigma}_{jyz} &= -\tilde{\sigma}_{rz}(r_o,\theta_j)\cos\theta_j - \tilde{\sigma}_{\theta z}(r_o,\theta_j)\sin\theta_j \\
\tilde{\sigma}_{jxz} &= \tilde{\sigma}_{rz}(r_o,\theta_j)\sin\theta_j - \tilde{\sigma}_{\theta z}(r_o,\theta_j)\cos\theta_j
\end{aligned}
\tag{6-3}
$$

而饱和半空间土体中任意点的位移、孔隙水压力以及应力则可采用离散后的2.5维饱和多孔介质的边界积分方程式(5-47)和式(5-48)进行计算，而通过Fourier逆变换，便可获得时间-空间域内的车致动力响应。

6.2　算例分析

为了评估前述子结构法的可靠性，首先将其与完全耦合的2.5维有限元-边界元法进行对比分析。随后，计算了饱和半空间中圆形隧道在列车荷载作用下引起的动力响应，重点分析了土体中孔隙水的存在和浮置板自振频率的影响。

6.2.1 与2.5维有限元-边界元法对比分析

考虑埋置于半空间中的隧道底部作用一单位简谐荷载时,引起的地表动力响应情况,荷载频率考虑1~80Hz,隧道的内径 $r_i=2.7$m,外径 $r_o=3.0$m,隧道中心埋深考虑5m、10m和20m三种情况。隧道的其他参数见表5-1。土体的计算参数见参考文献,其中土体横波波速 $C_s=200$m/s,纵波波速 $C_p=400$m/s,土体密度 $\rho_s=1800\text{kg/m}^3$。

分别采用2.5维有限元-边界元法、前述提出的饱和半空间中圆形隧道车致动力响应的子结构法计算了隧道埋深为5m、10m和20m三种情况时,地表点(0,0,0)、(20,0,0)和(20,0,20)的位移情况,同时还与相同位置的饱和全空间土-隧道系统动力响应的修正PiP模型结果进行了对比,即半空间直角坐标中的点(0,0,0)、(20,0,0)和(20,0,20)对应于全空间柱坐标中的点(20,180°,0)、(28.28,225°,0)和(28.28,225°,20)。对比结果如图6-2~图6-7

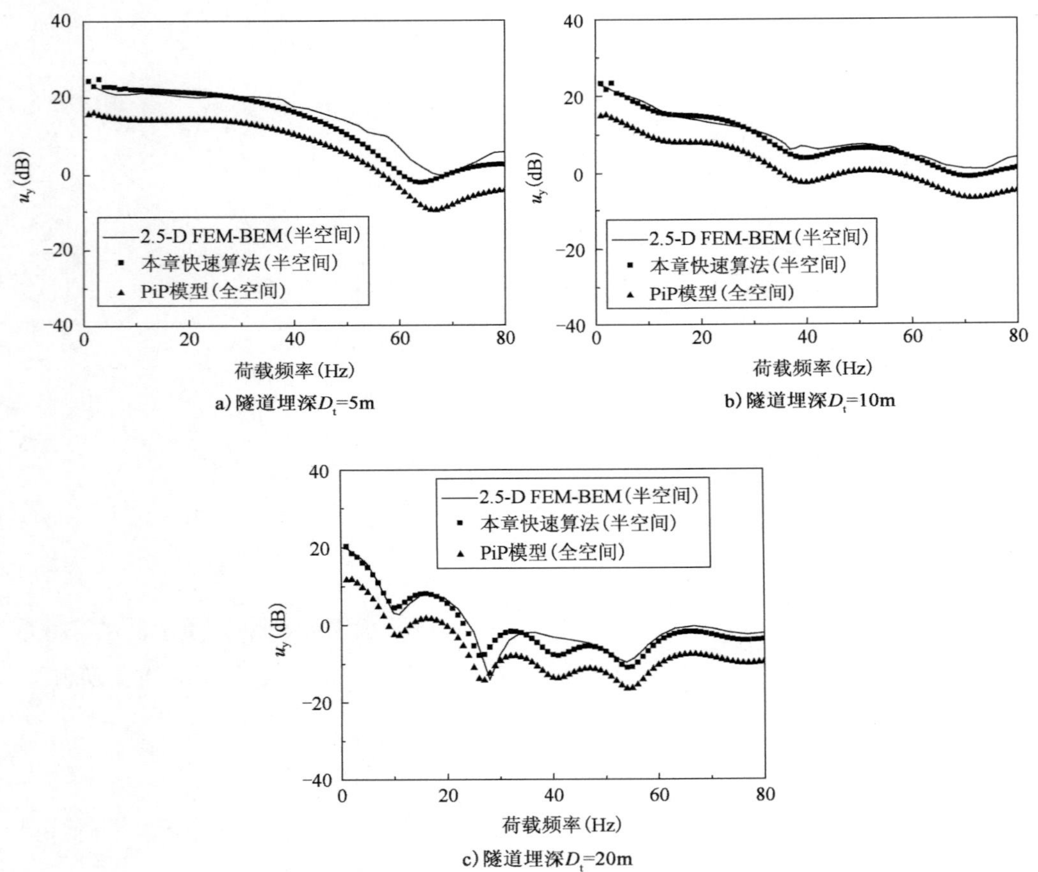

图6-2 点(0,0,0)竖向位移 u_y 的子结构法结果与2.5维有限元-边界元法结果对比

所示，响应水平采用单位 dB 来描述：$L=20\lg(u_i/U_0)$，U_0 取 10^{-11}m。由于点(0,0,0)的水向位移 u_x 和轴向位移 u_z 以及点(20,0,0)的轴向位移 u_z 均等于0，因此没有列出。通过与全空间条件下的修正 PiP 模型结果对比可知，无论隧道埋深多少，采用前述子结构法的计算结果均比修正 PiP 模型更加符合实际。而通过不同埋深条件下，2.5 维有限元-边界元法和前述提出的子结构法的计算结果对比可知，两者随频率的变化规律一致。当隧道埋深为 5m 时，两种方法的计算结果具有一定的误差，这是引文地表距离隧道较近，其对波的反射导致了两者的计算误差。而当隧道埋深为 10m 和 20m 时，由于隧道到地表距离增加会使得地表边界对隧道近场响应的影响减小，两种方法的计算结果吻合度越高，由此说明采用前述提出的子结构法计算饱和半空间中圆形隧道的动力响应是可行的，且埋深越大，精度越高。

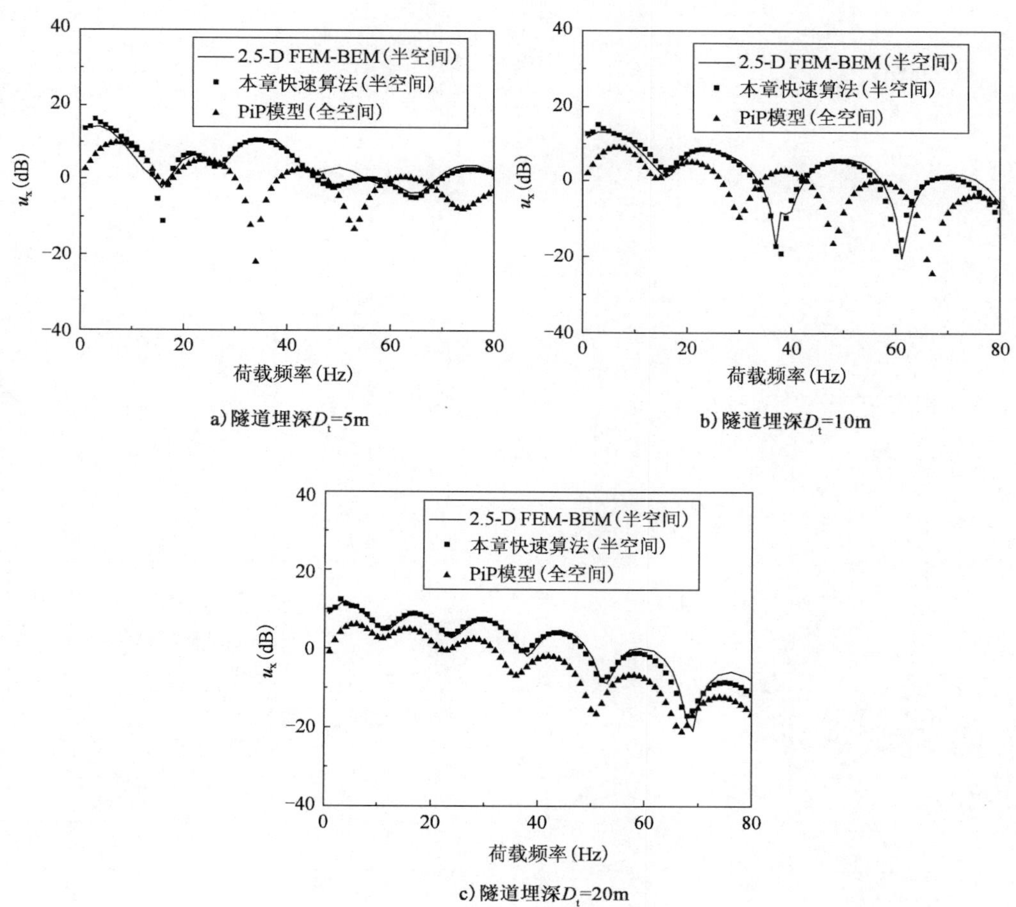

a) 隧道埋深D_t=5m

b) 隧道埋深D_t=10m

c) 隧道埋深D_t=20m

图 6-3　点(20,0,0)水平位移 u_x 的子结构法结果与2.5 维有限元-边界元法结果对比

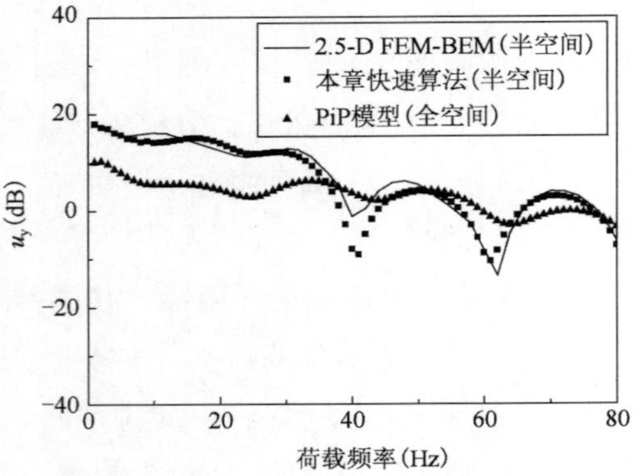

a) 隧道埋深D_t=5m

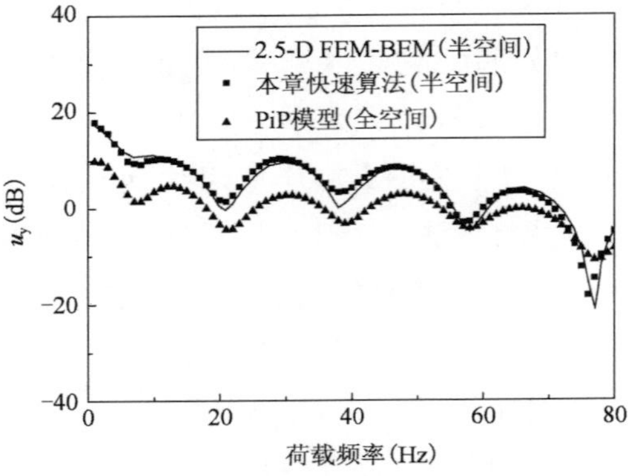

b) 隧道埋深D_t=10m

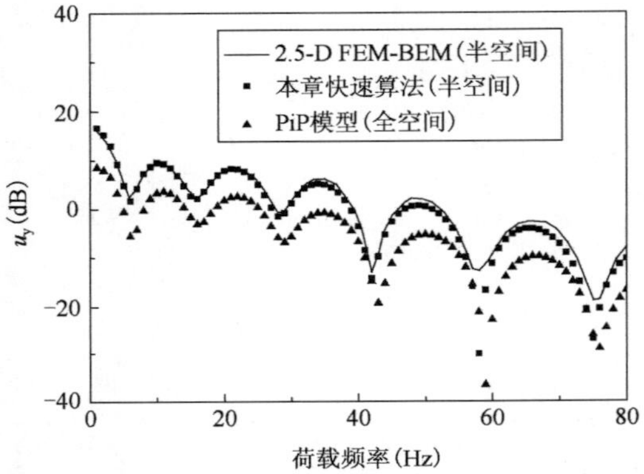

c) 隧道埋深D_t=20m

图 6-4　点(20,0,0)竖向位移 u_y 的子结构法结果与 2.5 维有限元-边界元法结果对比

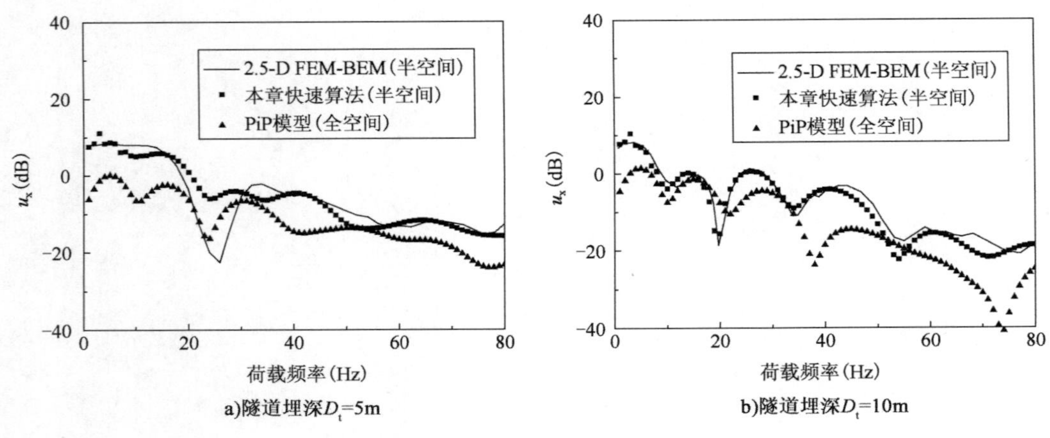

a)隧道埋深D_t=5m

b)隧道埋深D_t=10m

图　6-5

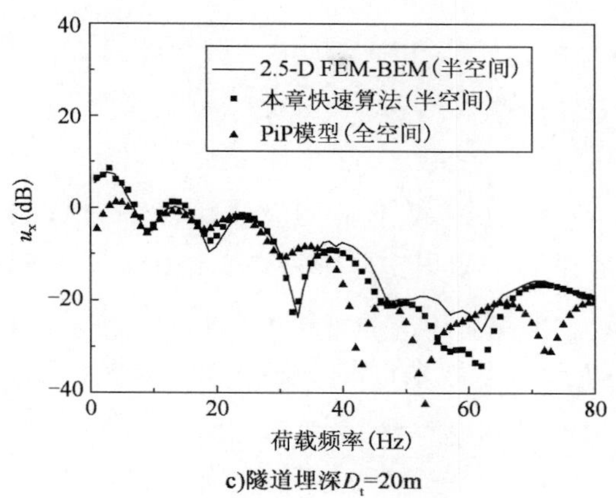

c)隧道埋深D_t=20m

图6-5　点(20,0,20)水平位移 u_x 的子结构法结果与2.5维有限元-边界元法结果对比

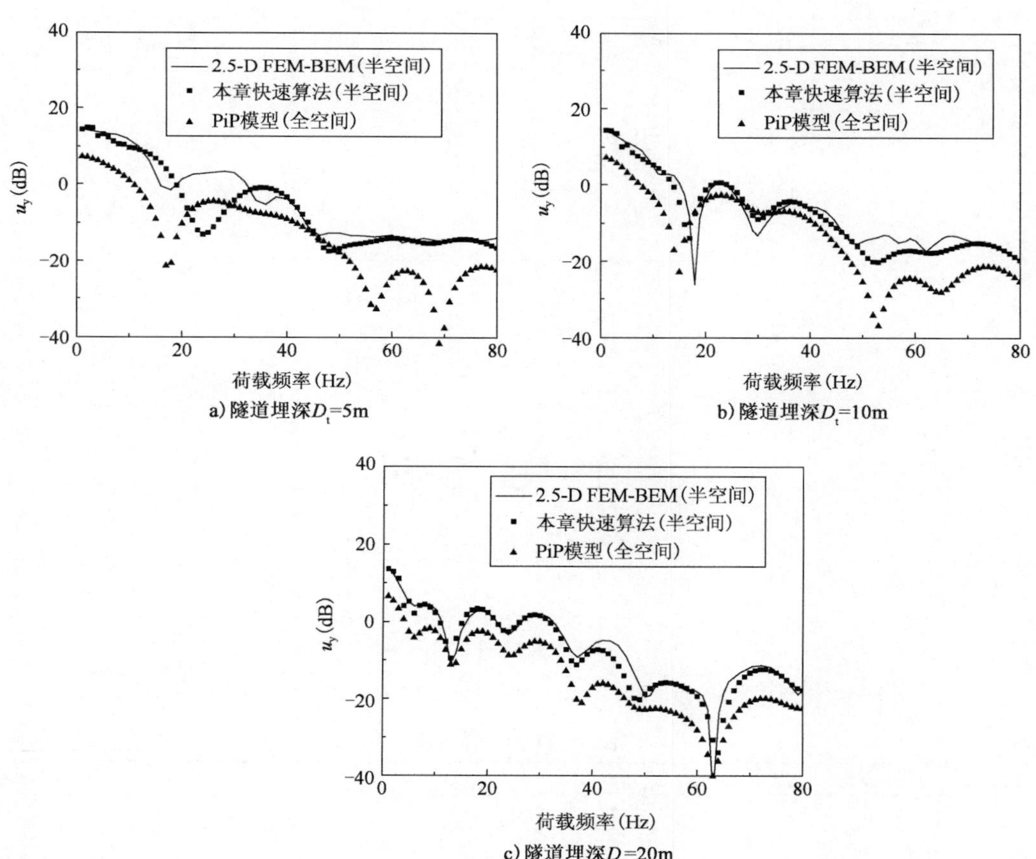

a)隧道埋深D_t=5m

b)隧道埋深D_t=10m

c)隧道埋深D_t=20m

图6-6　点(20,0,20)竖向位移 u_y 的子结构法结果与2.5维有限元-边界元法结果对比

6.2.2 饱和半空间中圆形隧道的车致振动响应

采用上述子结构法计算位于饱和半空间中的圆形隧道在动力荷载作用下的动力响应。土体、隧道和轨道结构的计算参数见表6-1～表6-4,其中饱和土体和隧道的参数来自参考文献[2]和[3],钢轨和道床板的参数来自参考文献[4]和[5]。土体和隧道的阻尼比分别为0.04和0.03。隧道结构的阻尼系数取值如下:钢轨弯曲刚度为0.02、轨道板弯曲和转动刚度为0.05,扣件和轨下垫板的阻尼比分别为0.3和0.1。对于行车荷载,可分为静态轴重和动态荷载两种类型,静态轴重是由于车体轴向荷载的运动产生的;动态荷载是由于轮轨相互作用所引起的。对应的计算参数来自参考文献[6],见表6-5。

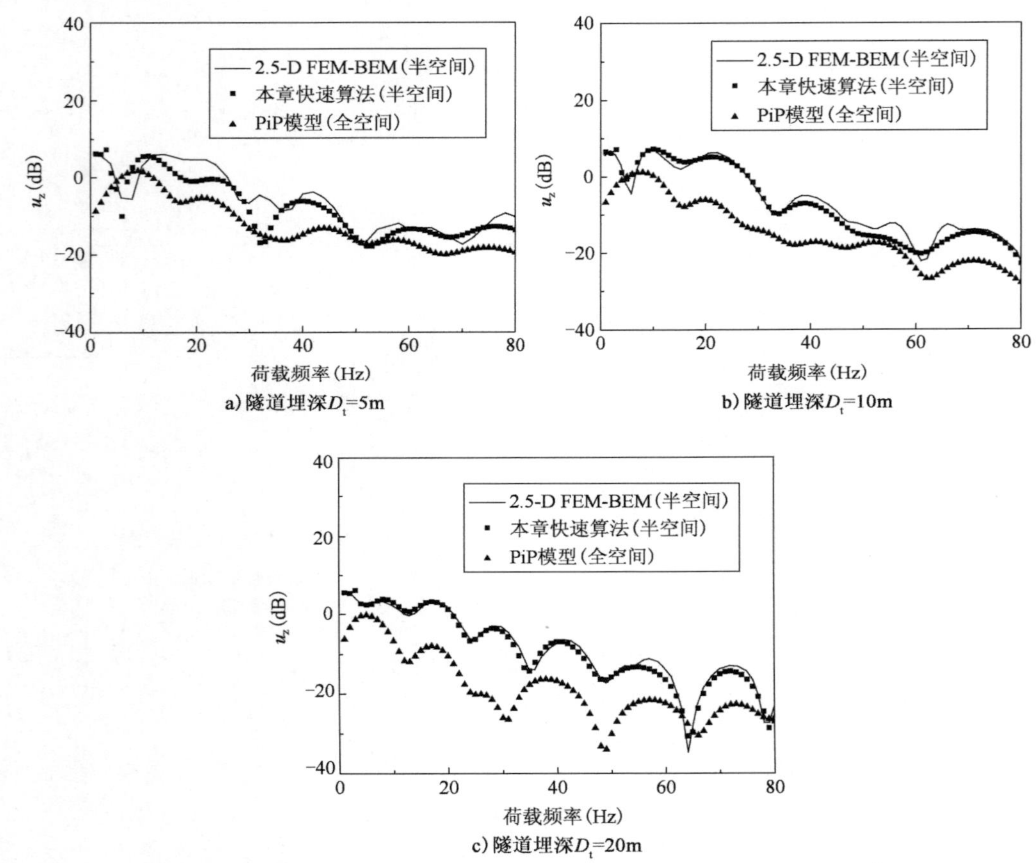

图6-7　点(20,0,20)轴向位移 u_z 的子结构法结果与2.5维有限元-边界元法结果对比

饱和土体的计算参数　　表6-1

λ(Pa)	μ(Pa)	ρ_s(kg/m³)	ρ_f(kg/m³)	n	α	M(Pa)	a_∞	b(N·s/m⁴)
2×10^7	3×10^7	2 600	1 000	0.4	1	5×10^9	1.58	$10^{6\sim9}$

隧道的计算参数　　表6-2

E_t(Pa)	ρ_t(kg/m³)	ν	a(m)	h(m)
5×10^{10}	2 500	0.3	3	0.25

浮置板轨道的计算参数　　表 6-3

竖向抗弯刚度 E_sI_v(Pa·m^4)	横向抗弯刚度 E_sI_h(Pa·m^4)	扭转刚度 GK(Pa·m^4)	轨距 $2a_t$(m)	轨道板形心到底部的距离 b_b(m)	单位长度质量 m_s(kg/m)	轨道板自振频率 f_n(Hz)
$1\,430\times10^6$	41 699 × 106	1.875 × 109	0.75	0.3	3 500	∞

钢轨的计算参数　　表 6-4

抗弯刚度 E_rI_r (Pa·m^4)	单位长度质量 m_s (kg/m)	轨下弹簧刚度 k_s (N/m^2)
6.62×10^6	60.64	83.3×10^6

地铁车辆静态轴重的计算参数　　表 6-5

N_T	P_n(N)	w_a(m)	w_b(m)	l_k(m)	l_d(m)
6	1.6×10^5	2.5	13.2	22.8	50
M_C(kg)	J_C(kg·m^2)	M_B(kg)	J_B(kg·m^2)	k_2(N/m)	c_2(N/m)
50160	1897250	4618	2000	0.24×10^6	0.50×10^5
k_{s1}(N/m)	c_{s1}(N/m)	M_W(kg)	车轮直径 D_w		
1.45×10^6	0	16270	0.42		

(1)简谐荷载作用下的动力响应

图 6-8 为固定简谐荷载作用于钢轨上时,地表处点(0,0,0)和点(0,0,20)的竖向位移。为了研究土体渗透性的影响,将不同 b 值的饱和土体和单相介质土体进行了对比分析。轨道板采用普通道床板,通过将轨道板的自振频率设置为比分析的最高频率高得多的频率值实现。如图所示,点(0,0,0)和点(0,0,20)的竖向位移随频率呈现出明显的波动,波动的频率间隔在 11 ~ 14Hz 之间。这是由土体中剪切波和压缩波相互作用所引起的。根据参考文献可知,对于距离荷载源 r 的点,波动的频率间隔可通过式 $\Delta f = c_pc_s/[r(c_p - c_s)]$ 进行计算,其中 c_p 和 c_s 分别为传播介质的压缩波和剪切波的波速。在本算例中,$r = 10$m,而不同 b 值和频率下,土体的 P1 波和 S 波的波速分别为 $c_{p1} = 1\,608 \sim 1\,685$m/s 和 $c_s = 101 \sim 106$m/s,参照上述式计算可得 Δf 在 11Hz 左右。此外,根据图 6-8 还可知,竖向位移的幅值随着荷载频率的增加而有降低的趋势,这是因为土体的材料阻尼和固相与液相间的相对摩擦均会随着荷载频率的增加而增加,从而导致土体中波的衰减速度更快。而通过对比不同 b 值下的位移曲线可知,当频率很低时,由于土体的固相骨架和流体之间很高的黏性,使得它们的相对运动很小,改变土体渗透性对土体竖向位移的影响很小,从而导致不同 b 值的位移曲线基本重合。而随着频率的升高,土体固相和液相的相对运动开始变大,不同渗透性下的土体位移也就开始变得不同了。最后,通过对比单相介质土体和饱和土体的竖向位移曲线可发现,单相介质的土体竖向位移幅值更大,这是因为单相介质的土体忽略了固相和液相的相对运动,从而

导致能量的耗散更低。由此可知，采用饱和土体模型模拟富水地区的车致振动响应更为合理。

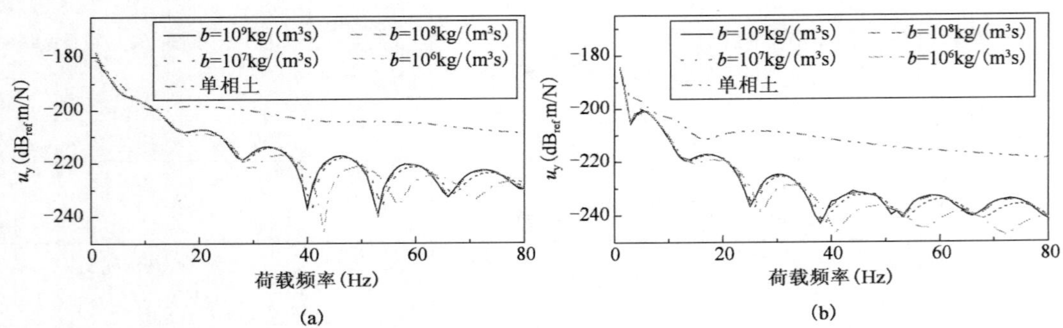

图6-8 不同b值时地表的竖向位移随荷载频率的变化曲线(a)点(0m,0m,0m)；和(b)点(0m,0m,20m)

图6-9为地表处点(0,0,0)、(0,0,20)和(0,0,40)的竖向位移。为了分析浮置板轨道的减振效果，将不同自振频率的浮置板和普通轨道板支撑下引起的地表位移进行了对比分析。如图6-9a)所以，当$z=0$时，自振频率为f_n的浮置板轨道能够减小频率大于$\sqrt{2}f_n$的竖向位移，与隔振理论相符合。当$z=20$m和$z=40$m时，类似的规律仍然存在，但是浮置板支撑引起的动力响应要在更高的频率下超越普通轨道板支撑的动力响应。这是因为能量在进入土体之前会在浮置板内沿着隧道纵向传播，从而使得在轨道纵向上距离荷载有一定距离的点具有更高的响应水平。

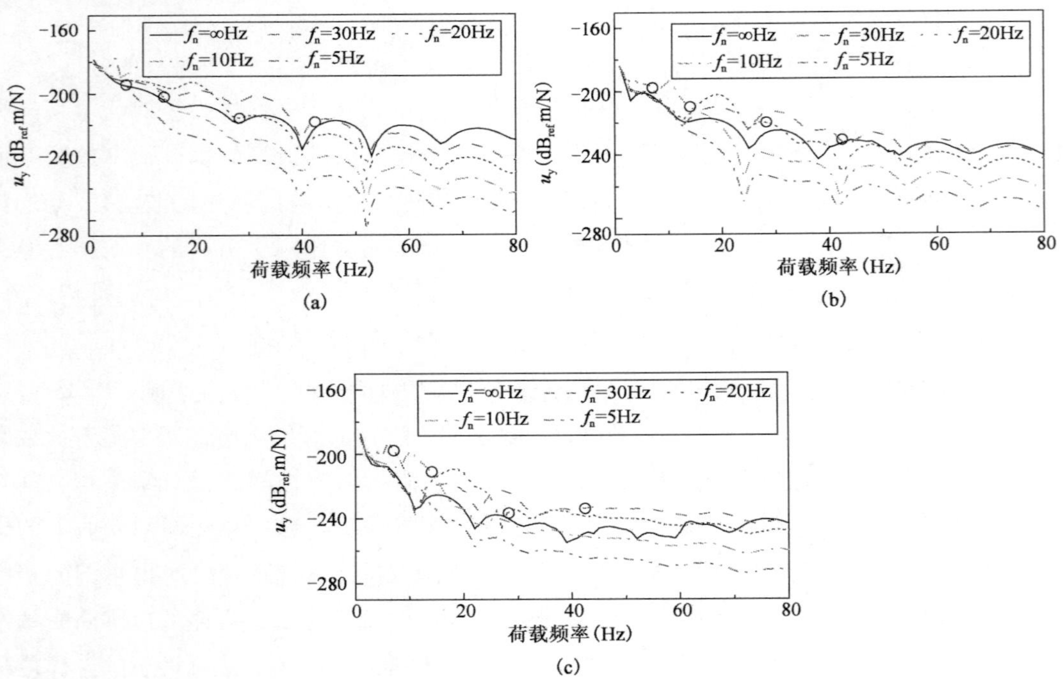

图6-9 不同自振频率的浮置板支撑下引起的地表竖向位移随荷载频率的变化曲线(a)点(0m,0m,0m)；(b)点(0m,0m,20m)和(c)点(0m,0m,40m)

(2)静态行车荷载作用下的动力响应

接下来分析静态行车荷载作用下引起的土体动力响应，车体的计算参数见表6-5。图6-10为静态行车荷载作用下引起的土体竖向位移和孔隙水压力，其中行车速度为20m/s。由于地表的水力边界条件假设为完全透水边界，因此地表处的孔隙水压力为0，故没有显示在图6-9(b)中。由图可知，静态行车荷载作用引起的动力响应为拟静态的。隧道仰拱处的响应具有12个峰值，对应于6节车厢的12个转向架。而地表处的位移则表现为整体式下沉。这是因为此时的行车速度相对于土体的锐利波速小得多，因此无波动现象产生。

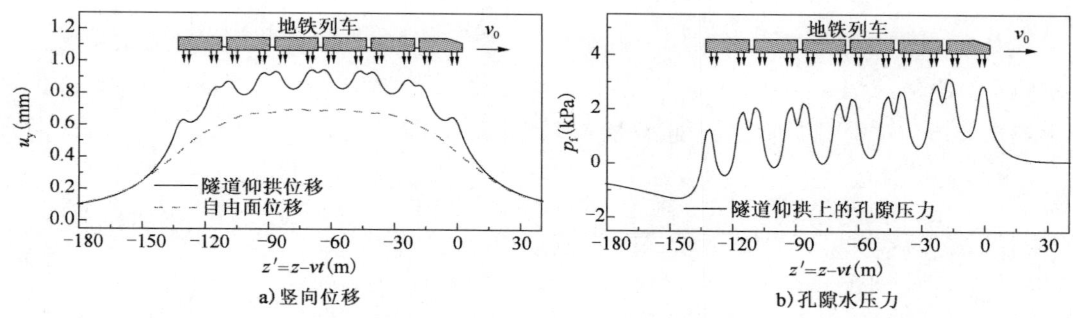

图6-10　静态行车荷载作用下引起的土体动力响应

图6-11显示了行车速度对土体位移和孔隙水压力的影响。有图6-11a)可知，当速度较低时，随着行车速度的增加，地表竖向位移增加缓慢，当速度接土体瑞丽波速时，地表竖向位移随速度增长迅速。由图6-11(b)可知，孔隙水压力随着行车速度大的增加而增加，但并不像竖向位移那样再瑞丽波速附近增加迅速，这是因为孔隙水压力仅由压缩波产生。

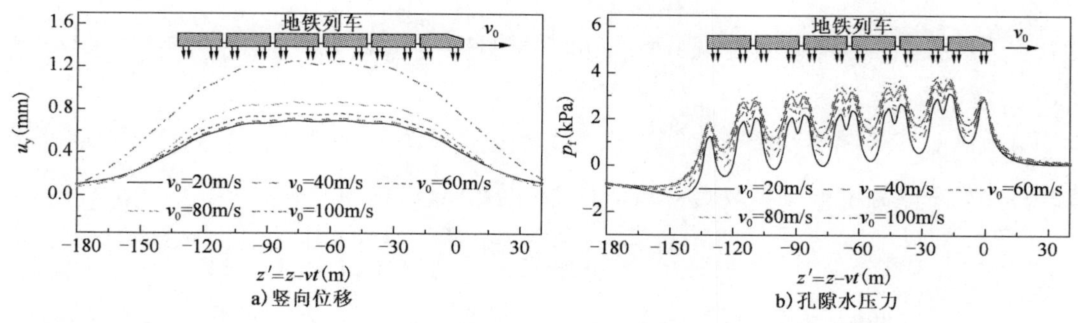

图6-11　不同行车速度的静态行车荷载作用引起的地表竖向位移和隧道仰拱处的孔隙水压力

(3)动态行车荷载作用下的动力响应

图6-12为不同不平顺波幅下，轮轨力的幅值和钢轨位移随激扰频率(激扰频率等于行车速度除以不平顺波长)的变化曲线，车辆的行车速度为$v_0=20$m/s。由图可知，轮轨力和钢轨位移随着激扰频率的增加而增加，并在50Hz附近达到最大值，随后随着激扰频率增加而减小。另外，相同激扰频率下，不平顺波幅越大，引起的轮轨力和钢轨位移越大。

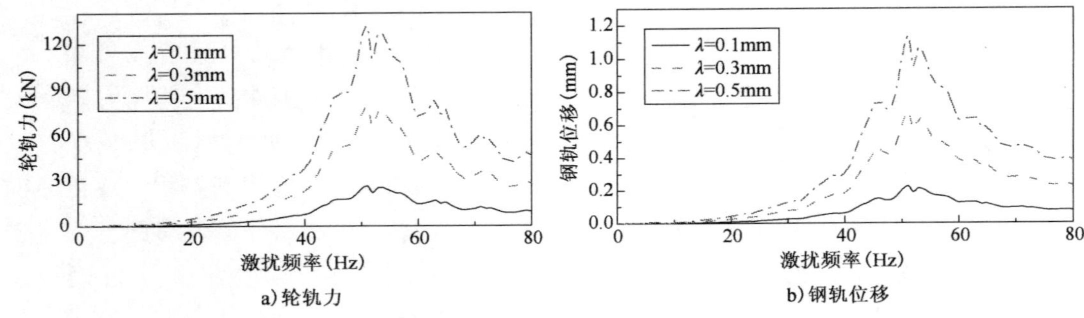

a)轮轨力　　b)钢轨位移

图6-12　不同不平顺波幅下,轮轨力和钢轨位移随激扰频率的变化曲线

图6-13显示了动态行车荷载作用下,土体渗透性对地表位移和孔隙水压力的影响。其中钢轨不平顺的波幅 $\lambda=0.3\text{mm}$。有图可知,动态行车荷载作用下,土体渗透性对地表位移的影响规律与简谐荷载类似。而随着土体渗透性的降低(b 值的升高)孔隙水压力逐渐升高,且激扰频率越大,差异越明显。

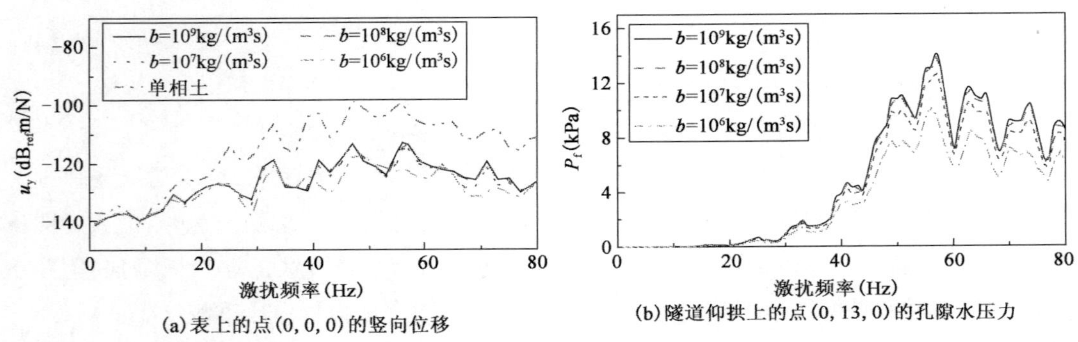

(a)表上的点(0, 0, 0)的竖向位移　　(b)隧道仰拱上的点(0, 13, 0)的孔隙水压力

图6-13　不同 b 值时(a)地表上的点(0m,0m,0m)的竖向位移和(b)隧道仰拱上的点(0m,13m,0m)的孔隙水压力随激扰频率的变化曲线

图6-14显示了动态行车荷载作用下,浮置板轨道结构的减振效率,有图可知,自振频率为 f_n 的浮置板轨道能够减小激扰频率大于 $\sqrt{2}f_n$ 的竖向位移。

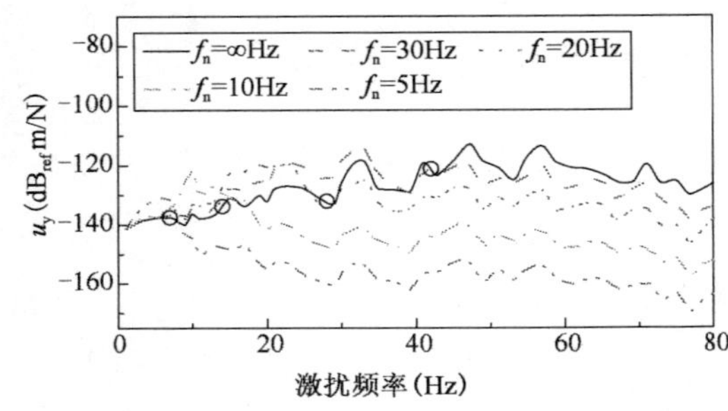

图6-14　不同自振频率的浮置板支撑下,地表上的点(0,0,0)的竖向位移随激扰频率的变化曲线

主要参考文献

[1] Hussein M F M, François S, Schevenels M, et al. The fictitious force method for efficient calculation of vibration from a tunnel embedded in a multi-layered half-space. Journal of Sound and Vibration, 2014, 333(25): 6996-7018.

[2] Shi L, Sun H L, Cai Y Q, et al. Validity of fully drained, fully undrained and u-p formulations for modeling a poroelastic half-space under a moving harmonic point load. Soil Dynamic and Earthquake Engineering, 2012, 42: 292-301.

[3] Forrest J A, Hunt H E M. A three-dimensional tunnel model for calculation of train-induced ground vibration. Journal of Sound and Vibration, 2006, 294(4-5): 678-705.

[4] Galvín P, François S, Schevenels M, et al. A 2.5D coupled FE-BE model for the prediction of railway induced vibrations. Soil Dynamic and Earthquake Engineering, 2010, 30(12): 1500-1512.

[5] Hussein M F M, Hunt H E M. A numerical model for calculating vibration from a railway tunnel embedded in a full-space. Journal of Sound and Vibration, 2007, 305(3): 401-431.

[6] Wu H N, Shen S L, Chai J C, et al. Evaluation of train-load-induced settlement in metro tunnels. Proceedings of the Institution of Civil Engineers - Geotechnical Engineering, 2014, 167: 1-11.

第 7 章　时域内隧道-土体振动的半解析动力子结构法

前述计算方法关注的重点在于土层对隧道系统的影响，事实上系统的动力响应对隧道结构、轨道结构和车辆结构的影响是不可忽视的，为此，将采用子结构法，重点细化解析隧道结构、轨道结构和车辆结构的响应规律[1]。

7.1　圆形隧道-土体半解析子结构力学模型

要在时域内建立能够考虑复杂非线性激扰的隧道-土体耦合计算模型，必须解决模型计算精度和效率的问题，采用半解析数值方法[2]的基本原理建立时域内隧道-土体半解析动力子结构模型是提高计算效率的途径之一。半解析数值方法是一种由解析法和数值法相结合而形成的计算方法，其主要优点为能够在一定程度上兼顾解析法的高精度、高效性及数值法的强适应性，在处理系统振动问题时可能取得较为理想的效果。

隧道-土体动力响应的半解析子结构模型需对圆形盾构隧道作如下简化假定：隧道周边土体视为三维黏弹性空心圆柱体、隧道视为三维黏弹性体或薄壳体。该模型属于分向半解析模型，即在隧道轴向和环向两个方向上解析、在隧道径向离散分层（图 7-1），层与层之间位移协调、应力连续，最外层土体外表面施加黏弹性边界以减小径向有限的离散分层对振动计算的影响，该模型在时域内求解，能够适应复杂的荷载和结构非线性情况。

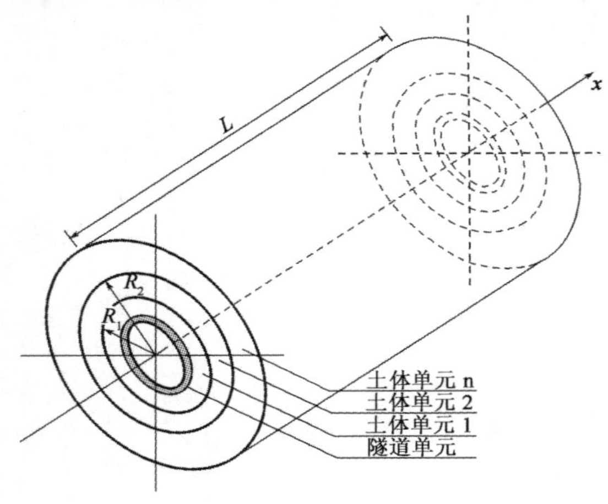

图 7-1　隧道-土体半解析动力子结构模型示意图

7.2　系统动力学方程建立和求解

依据动力子结构法的基本原理[3]，将隧道-土体系统分解为两部分进行处理并建立其动力学方程，其中土体使用环状层单元模拟，隧道采用三维环状层单元或薄壁圆柱壳单元模拟。

7.2.1　土体动力学方程

根据如前所述的半解析模型，在隧道周边土体径向上离散分层，即为环状层单元，取其中的一子结构层作为研究对象（图7-2），环状子结构层的计算长度为L，内表面和外表面的半径分别为R_1和R_2，在$x=0$和$x=L$两端面为自由边界，内表面和外表面之间的动力响应假定为线性分布。

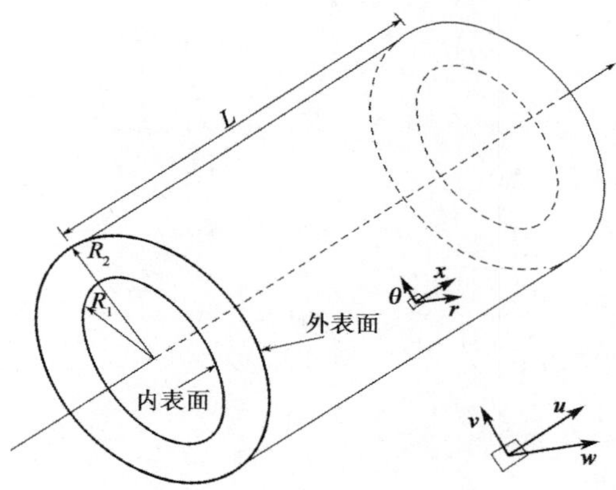

图7-2　土体的环状子结构层、坐标主方向及其位移分量

为建立该环状层单元的半解析单元法算式，首先构造满足边界条件的半解析解函数，对于作用点在$\theta=0°$平面内的系列轴对称荷载（切向荷载分量为零）而言，其位移解函数可以表达为：

$$\begin{cases} u_{\mathrm{s}} = \sum_{m=1}^{N_{\mathrm{sx}}}\sum_{n=1}^{N_{\mathrm{s}\theta}} X'_{\mathrm{sm}}(x)\cos n\theta\left[(1-\xi)T_{\mathrm{smnu}}^{\mathrm{in}}(t)+\xi T_{\mathrm{smnv}}^{\mathrm{out}}(t)\right] \\ v_{\mathrm{s}} = \sum_{m=1}^{N_{\mathrm{sx}}}\sum_{n=1}^{N_{\mathrm{s}\theta}} X_{\mathrm{sm}}(x)\sin n\theta\left[(1-\xi)T_{\mathrm{smnv}}^{\mathrm{in}}(t)+\xi T_{\mathrm{smnv}}^{\mathrm{out}}(t)\right] \\ w_{\mathrm{s}} = \sum_{m=1}^{N_{\mathrm{sx}}}\sum_{n=1}^{N_{\mathrm{s}\theta}} X_{\mathrm{sm}}(x)\cos n\theta\left[(1-\xi)T_{\mathrm{smnw}}^{\mathrm{in}}(t)+\xi T_{\mathrm{smnw}}^{\mathrm{out}}(t)\right] \end{cases} \tag{7-1}$$

其中，$\xi=(r-R_1)/(R_2-R_1)$，u_{s}、v_{s}和w_{s}分别为环状层单元沿轴向、切向和径向的位移分量；$T_{\mathrm{smnu}}^{\mathrm{in}}(t)$，$T_{\mathrm{smnv}}^{\mathrm{in}}(t)$和$T_{\mathrm{smnw}}^{\mathrm{in}}(t)$分别为半解析环状层内结面沿轴向、切向和径向的广义位移坐标，$T_{\mathrm{smnv}}^{\mathrm{out}}(t)$，$T_{\mathrm{smnv}}^{\mathrm{out}}(t)$和$T_{\mathrm{smnw}}^{\mathrm{out}}(t)$分别为半解析环状层外结面沿轴向、切向和径向的广义位移坐标；$X_{\mathrm{sm}}(x)$为自由梁模态，其取值见式(7-2)，N_{sx}和$N_{\mathrm{s}\theta}$为模型沿轴向、环向的截止模态阶数。

$$\begin{cases} X_{s1} = 1 \\ X_{s2} = \sqrt{30}\left(1 - \dfrac{2x}{L}\right) \\ X_{sm} = (\text{ch}a_m x + \cos a_m x) - C_m(\text{sh}a_m x + \sin a_m x)\,(m > 2) \end{cases} \tag{7-2}$$

其中,a_m 为两端自由梁频率系数,取值见式 7-3,C_m 为两端自由梁函数系数,取值见式(7-4)。

$$\begin{cases} a_1 = 0 \\ a_2 = 0 \\ a_m = \dfrac{(2m-3)\pi}{2L}(m > 2) \end{cases} \tag{7-3}$$

$$C_m = \frac{\text{ch}a_m L + \cos a_m xL}{\text{sh}a_m L + \sin a_m L} \tag{7-4}$$

令:

$$\boldsymbol{N}_{smn} = \begin{bmatrix} N_{11mn} & 0 & 0 & N_{14mn} & 0 & 0 \\ 0 & N_{22mn} & 0 & 0 & N_{25mn} & 0 \\ 0 & 0 & N_{33mn} & 0 & 0 & N_{36mn} \end{bmatrix} \tag{7-5}$$

$$\boldsymbol{\delta}_{smn} = \{T^{in}_{smnu} \quad T^{in}_{smnv} \quad T^{in}_{smnw} \quad T^{out}_{smnu} \quad T^{out}_{smnv} \quad T^{out}_{smnw}\}^{T} \tag{7-6}$$

其中矩阵元素的表达式如下:

$$\begin{cases} N_{11mn} = \dfrac{R_2 - r}{R_2 - R_1}X'_{sm}(x)\cos n\theta \\ N_{14mn} = \dfrac{r - R_1}{R_2 - R_1}X'_{sm}(x)\cos n\theta \\ N_{22mn} = \dfrac{R_2 - r}{R_2 - R_1}X_{sm}(x)\sin n\theta \\ N_{25mn} = \dfrac{r - R_1}{R_2 - R_1}X_{sm}(x)\sin n\theta \\ N_{33mn} = \dfrac{R_2 - r}{R_2 - R_1}X_{sm}(x)\cos n\theta \\ N_{36mn} = \dfrac{r - R_1}{R_2 - R_1}X_{sm}(x)\cos n\theta \end{cases} \tag{7-7}$$

将式(7-5)、式(7-6)和式(7-7)代入式(7-1)中,得到盾构隧道-周边土体动力响应半解析单元环状层针对作用点在 $\theta = 0°$ 平面内的系列轴对称荷载而言的位移解函数的化简形式:

$$\{u_s \quad v_s \quad w_s\}^{T} = \sum_{m=1}^{N_{sx}}\sum_{n=1}^{N_{s\theta}}\boldsymbol{N}_{smn}\boldsymbol{\delta}_{smn} = [\boldsymbol{N}_s]\{\boldsymbol{\delta}_s\} \tag{7-8}$$

其中,$\{\boldsymbol{\delta}_s\}$ 为土体环状层单元的广义唯一向量,$[\boldsymbol{N}_s]$ 为与之对应的形函数,其具体表达式如下：

$$[\boldsymbol{N}_{\rm s}] = [\boldsymbol{N}_{\rm s11} \quad \boldsymbol{N}_{\rm s12} \quad \cdots \quad \boldsymbol{N}_{\rm s21} \quad \boldsymbol{N}_{\rm s22} \quad \cdots \quad \cdots \quad \boldsymbol{N}_{{\rm s}N_{\rm sx}N_{\rm s\theta}}] \tag{7-9}$$

$$\{\boldsymbol{\delta}_{\rm s}\} = \{\boldsymbol{\delta}_{\rm s11} \quad \boldsymbol{\delta}_{\rm s12} \quad \cdots \quad \boldsymbol{\delta}_{\rm s21} \quad \boldsymbol{\delta}_{\rm s22} \quad \cdots \quad \cdots \quad \boldsymbol{\delta}_{{\rm s}N_{\rm sx}N_{\rm s\theta}}\}^{\rm T} \tag{7-10}$$

依据三维弹性理论，在柱坐标系下，环状层单元的应变与位移关系可表示为下列基本形式：

$$\begin{cases} \varepsilon_{\rm x} = \dfrac{\partial u_{\rm s}}{\partial x} \\ \varepsilon_{\theta} = \dfrac{\partial v_{\rm s}}{r\partial\theta} + \dfrac{w_{\rm s}}{r} \\ \varepsilon_{\rm r} = \dfrac{\partial w_{\rm s}}{\partial r} \\ \gamma_{\theta{\rm r}} = \dfrac{\partial w_{\rm s}}{r\partial\theta} + \dfrac{\partial v_{\rm s}}{\partial r} - \dfrac{v_{\rm s}}{r} \\ \gamma_{\rm rx} = \dfrac{\partial u_{\rm s}}{\partial r} + \dfrac{\partial w_{\rm s}}{\partial x} \\ \gamma_{{\rm x}\theta} = \dfrac{\partial u_{\rm s}}{r\partial\theta} + \dfrac{\partial v_{\rm s}}{\partial x} \end{cases} \tag{7-11}$$

其中，$\varepsilon_{\rm x}$，ε_{θ}，$\varepsilon_{\rm r}$，$\gamma_{\theta{\rm r}}$，$\gamma_{\rm rx}$和$\gamma_{{\rm x}\theta}$为土体单元的应变分量。将式(7-1)代入式(7-11)，并写为矩阵形式，可得：

$$\{\boldsymbol{\varepsilon}_{\rm s}\} = \sum_{m=1}^{N_{\rm sx}}\sum_{n=1}^{N_{\rm s\theta}} \boldsymbol{B}_{\rm smn}\boldsymbol{\delta}_{\rm smn} = [\boldsymbol{B}_{\rm s}]\{\boldsymbol{\delta}_{\rm s}\} \tag{7-12}$$

其中：

$$[\boldsymbol{B}_{\rm s}] = [\boldsymbol{B}_{\rm s11} \quad \boldsymbol{B}_{\rm s12} \quad \cdots \quad \boldsymbol{B}_{\rm s21} \quad \boldsymbol{B}_{\rm s22} \quad \cdots \quad \cdots \quad \boldsymbol{B}_{{\rm s}N_{\rm sx}N_{\rm s\theta}}] \tag{7-13}$$

其中，$\boldsymbol{B}_{\rm smn}$为规模6×6的矩阵，其元素取值如下（未列出的元素值为0）：

$$\begin{cases} B_{\rm smn}(1,1) = \dfrac{R_2 - r}{R_2 - R_1}X''_{\rm sm}(x)\cos n\theta \\ B_{\rm smn}(1,4) = \dfrac{r - R_1}{R_2 - R_1}X''_{\rm sm}(x)\cos n\theta \\ B_{\rm smn}(2,2) = \dfrac{R_2 - r}{r(R_2 - R_1)}X_{\rm tm}(x)\ \sin' n\theta \\ B_{\rm smn}(2,3) = \dfrac{R_2 - r}{r(R_2 - R_1)}X_{\rm tm}(x)\cos n\theta \\ B_{\rm smn}(2,5) = \dfrac{r - R_1}{r(R_2 - R_1)}X_{\rm tm}(x)\sin' n\theta \\ B_{\rm smn}(2,6) = \dfrac{r - R_1}{r(R_2 - R_1)}X_{\rm tm}(x)\cos n\theta \end{cases}$$

$$\begin{cases}B_{smn}(3,3)=-\dfrac{1}{R_2-R_1}X_{tm}(x)\cos n\theta\\B_{smn}(3,6)=\dfrac{1}{R_2-R_1}X_{tm}(x)\cos n\theta\\B_{smn}(4,2)=-\dfrac{R_2}{r(R_2-R_1)}X_{tm}(x)\sin n\theta\\B_{smn}(4,3)=\dfrac{R_2-r}{r(R_2-R_1)}X_{tm}(x)\ \cos' n\theta\\B_{smn}(4,5)=\dfrac{R_1}{r(R_2-R_1)}X_{tm}(x)\sin n\theta\\B_{smn}(4,6)=-\dfrac{R_1-r}{r(R_2-R_1)}X_{tm}(x)\cos' n\theta\\B_{smn}(5,1)=-\dfrac{1}{R_2-R_1}X'_{sm}(x)\cos n\theta\\B_{smn}(5,3)=\dfrac{R_2-r}{R_2-R_1}X'_{sm}(x)\cos n\theta\\B_{smn}(5,4)=\dfrac{1}{R_2-R_1}X'_{sm}(x)\cos n\theta\\B_{smn}(5,6)=\dfrac{r-R_1}{R_2-R_1}X'_{sm}(x)\cos n\theta\\B_{smn}(6,1)=\dfrac{R_2-r}{r(R_2-R_1)}X'_{sm}(x)\cos' n\theta\\B_{smn}(6,2)=\dfrac{R_2-r}{R_2-R_1}X'_{sm}(x)\sin n\theta\\B_{smn}(6,4)=\dfrac{r-R_1}{r(R_2-R_1)}X'_{sm}(x)\cos' n\theta\\B_{smn}(6,5)=\dfrac{r-R_1}{R_2-R_1}X'_{sm}(x)\sin n\theta\end{cases}\tag{7-14}$$

依据三维弹性理论,在柱坐标系下,环状层单元的应力应变关系可表示为下列基本形式:

$$\begin{cases}\sigma_x=\lambda\,\theta_s+2\mu\,\varepsilon_x\\\sigma_\theta=\lambda\,\theta_s+2\mu\,\varepsilon_\theta\\\sigma_r=\lambda\,\theta_s+2\mu\,\varepsilon_r\\\tau_{\theta r}=\mu\,\gamma_{\theta r}\\\tau_{rx}=\mu\,\gamma_{rx}\\\tau_{x\theta}=\mu\,\gamma_{x\theta}\end{cases}\tag{7-15}$$

其中，σ_x，σ_θ，σ_r，$\tau_{\theta r}$，τ_{rx}和$\tau_{x\theta}$为土体单元的应力分量，θ_s 是体积应变，λ 和 μ 为拉梅常数。

将式 7-1 和式 7-11 代入式 7-15，并写为矩阵形式：

$$\{\boldsymbol{\sigma}_s\} = [\boldsymbol{D}_s]\{\boldsymbol{\varepsilon}_s\} = [\boldsymbol{D}_s][\boldsymbol{B}_s]\{\boldsymbol{\delta}_s\} \tag{7-16}$$

其中，$[\boldsymbol{D}_s]$的表达形式如下：

$$[\boldsymbol{D}_s] = K\begin{bmatrix} \frac{1-v_s}{v_s} & 1 & 1 & & & \\ 1 & \frac{1-v_s}{v_s} & 1 & & & \\ 1 & 1 & \frac{1-v_s}{v_s} & & & \\ & & & \frac{1-2v_s}{2v_s} & & \\ & & & & \frac{1-2v_s}{2v_s} & \\ & & & & & \frac{1-2v_s}{2v_s} \end{bmatrix} \tag{7-17}$$

其中，v_s 为土体单元的泊松比，$K = v_sE_s/(1+v_s)/(1-2v_s)$，$E_s$ 为土体单元的杨氏模量。

根据虚功原理[5]，建立半解析环状层单元的系统应变能 U、外力功 W 和势能泛函 $\boldsymbol{\Phi}$ 的基本算式：

$$\begin{cases} U = \dfrac{1}{2}\displaystyle\int_0^L\int_0^{2\pi}\int_{R_1}^{R_2}\{\boldsymbol{\varepsilon}_s\}^{\mathrm{T}}\{\boldsymbol{\sigma}_s\}r\mathrm{d}r\mathrm{d}\theta\mathrm{d}x \\ W = -\displaystyle\int_0^L\int_0^{2\pi}\int_{R_1}^{R_2}\{\boldsymbol{u}_s\}^{\mathrm{T}}(\{q_s\} - \rho_s\{\ddot{\boldsymbol{u}}_s\})r\mathrm{d}r\mathrm{d}\theta\mathrm{d}x \\ \boldsymbol{\Phi} = U + W \end{cases} \tag{7-18}$$

其中，$\{q_s\} = \{q_{sx} \quad q_{s\theta} \quad q_{sr}\}^T$ 为外荷载向量在 3 个主方向上的分量，ρ_s 为土体环状层单元的材料密度。

将式 7-1、式 7-12 和式 7-16 代入式 7-18，并用变分原理建立半解析模型的基本算式，则可得半解析子结构环状层单元关于系统广义位移坐标$\{\boldsymbol{\delta}_s\}$的动力方程：

$$[\boldsymbol{M}_s]\{\ddot{\boldsymbol{\delta}}_s\} + [\boldsymbol{C}_s]\{\dot{\boldsymbol{\delta}}_s\} + [\boldsymbol{K}_s]\{\boldsymbol{\delta}_s\} = \{\boldsymbol{F}_s\} \tag{7-19}$$

其中$\{\ddot{\boldsymbol{\delta}}_s\}$为环状层单元的广义加速度向量，$\{\dot{\boldsymbol{\delta}}_s\}$为环状层单元的广义速度向量，

$\{\boldsymbol{\delta}_s\}$为环状层单元的广义位移向量,质量矩阵$[\boldsymbol{M}_s]$、刚度矩阵$[\boldsymbol{K}_s]$和荷载向量$\{\boldsymbol{F}_s\}$取值如下:

$$\begin{cases} [\boldsymbol{K}_s] = \int_0^L \int_0^{2\pi} \int_{R_1}^{R_2} [\boldsymbol{B}_s]^T [\boldsymbol{D}_s][\boldsymbol{B}_s] r\mathrm{d}r\mathrm{d}\theta\mathrm{d}x \\ [\boldsymbol{M}_s] = \int_0^L \int_0^{2\pi} \int_{R_1}^{R_2} [\boldsymbol{N}_s]^T [\boldsymbol{N}_s] \rho_s r\mathrm{d}r\mathrm{d}\theta\mathrm{d}x \\ \{\boldsymbol{F}_s\} = \int_0^L \int_0^{2\pi} \int_{R_1}^{R_2} [\boldsymbol{N}_s]^T \{q_s\} r\mathrm{d}r\mathrm{d}\theta\mathrm{d}x \end{cases} \tag{7-20}$$

其中材料阻尼采用瑞利阻尼,$[\boldsymbol{C}_s] = \alpha[\boldsymbol{M}_s] + \beta[\boldsymbol{K}_s]$,将$[\boldsymbol{B}_s]$,$[\boldsymbol{D}_s]$和$[\boldsymbol{N}_s]$代入式(7-20),可得刚度矩阵、质量矩阵的具体形式。

在荷载向量中,外荷载以体荷载的形式施加,对于一系列集中荷载(其沿轴向、切向和径向的荷载分量分别为$P_{xi}(t)$,$P_{si}(t)$和$P_{vi}(t)$,其中$P_{si}(t)=0$),其中第i个荷载如图7-3所示。

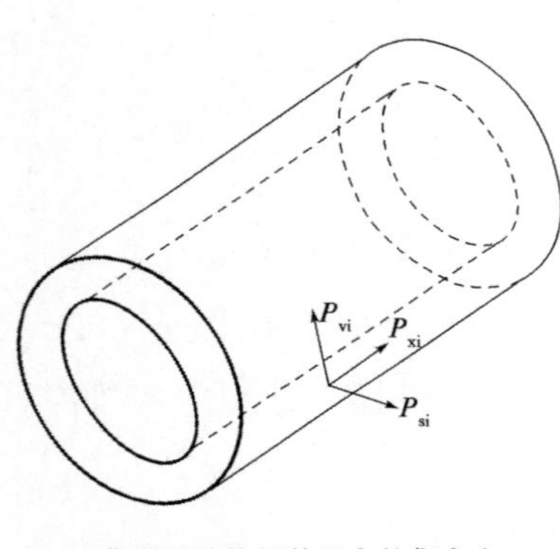

a)作用于环状层单元上的集中力

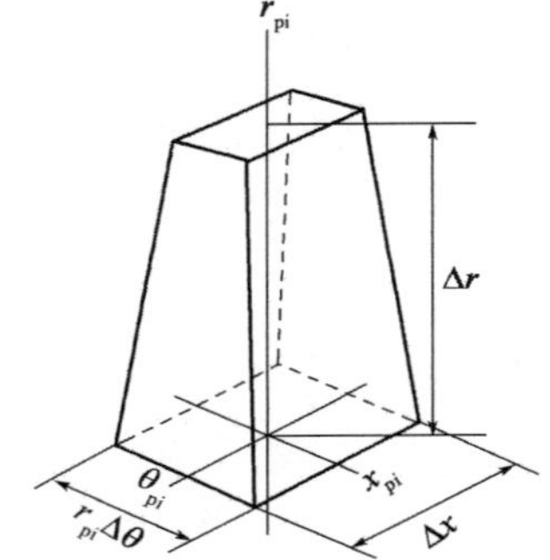

b)等效应力作用的四面体空间

图7-3 激振点荷载

则该荷载沿x,θ和r方向产生的应力分量可以描述成如式7-21的形式:

$$\begin{cases} q_{sx} = P_{xi}(t)\dfrac{\delta(x-x_{pi})\delta(\theta)\delta(r-r_{pi})}{r_{pi}} \\ q_{s\theta} = 0 \\ q_{sr} = P_{vi}(t)\dfrac{\delta(x-x_{pi})\delta(\theta)\delta(r-r_{pi})}{r_{pi}} \end{cases} \tag{7-21}$$

其中,x_{pi}、$\theta_{pi}=0$和r_{pi}为荷载作用点位置,$\delta(x-x_{pi})$,$\delta(\theta)$和$\delta(r-r_{pi})$和均为狄拉克δ函数,则荷载向量的组成元素可表达为:

$$
\{\boldsymbol{F}_{\mathrm{s}}\}_{\mathrm{mn}}=\left\{\begin{array}{c}
\sum_{i=1}^{N_{\mathrm{p}}}\frac{R_2-r_{\mathrm{pi}}}{R_2-R_1}X'_{\mathrm{sm}}(x_{\mathrm{pi}})\cos n\,\theta_{\mathrm{pi}}\,P_{\mathrm{xi}}(t)\\
0\\
\sum_{i=1}^{N_{\mathrm{p}}}\frac{R_2-r_{\mathrm{pi}}}{R_2-R_1}X_{\mathrm{sm}}(x_{\mathrm{pi}})\cos n\,\theta_{\mathrm{pi}}\,P_{\mathrm{vi}}(t)\\
\sum_{i=1}^{N_{\mathrm{p}}}\frac{r_{\mathrm{pi}}-R_1}{R_2-R_1}X'_{\mathrm{sm}}(x_{\mathrm{pi}})\cos n\,\theta_{\mathrm{pi}}\,P_{\mathrm{si}}(t)\\
0\\
\sum_{i=1}^{N_{\mathrm{p}}}\frac{r_{\mathrm{pi}}-R_1}{R_2-R_1}X_{\mathrm{sm}}(x_{\mathrm{pi}})\cos n\,\theta_{\mathrm{pi}}\,P_{\mathrm{si}}(t)
\end{array}\right\} \tag{7-22}
$$

以上内容推导了在作用点位于 $\theta=0°$ 平面内的系列(亦可退化为单一荷载)轴对称荷载作用下环状层单元相对于广义位移坐标的质量矩阵、刚度矩阵、阻尼矩阵和荷载向量。

而对于作用点在 $\theta=0°$ 平面内的系列特殊非轴对称荷载(轴向和径向荷载分量均为零,而切向荷载分量不为零)而言,其位移解函数可以表达为:

$$
\begin{cases}
u_{\mathrm{s}}=\sum_{m=1}^{N_{\mathrm{sx}}}\sum_{n=1}^{N_{\mathrm{s}\theta}}X'_{\mathrm{sm}}(x)\sin n\theta[(1-\xi)T^{\mathrm{in}}_{\mathrm{smnu}}(t)+\xi T^{\mathrm{out}}_{\mathrm{smnv}}(t)]\\
v_{\mathrm{s}}=\sum_{m=1}^{N_{\mathrm{sx}}}\sum_{n=1}^{N_{\mathrm{s}\theta}}X_{\mathrm{sm}}(x)\cos n\theta[(1-\xi)T^{\mathrm{in}}_{\mathrm{smnv}}(t)+\xi T^{\mathrm{out}}_{\mathrm{smnv}}(t)]\\
w_{\mathrm{s}}=\sum_{m=1}^{N_{\mathrm{sx}}}\sum_{n=1}^{N_{\mathrm{s}\theta}}X_{\mathrm{sm}}(x)\sin n\theta[(1-\xi)T^{\mathrm{in}}_{\mathrm{smnw}}(t)+\xi T^{\mathrm{out}}_{\mathrm{smnw}}(t)]
\end{cases} \tag{7-23}
$$

根据与前述相似的推导过程同样可以得到此种特殊荷载作用下系统相对于广义位移坐标的相关矩阵:

$$
[\boldsymbol{M}_{\mathrm{s2}}]_{\mathrm{mn}}=[\boldsymbol{M}_{\mathrm{s1}}]_{\mathrm{mn}} \tag{7-24}
$$

$$
[\boldsymbol{K}_{\mathrm{s2}}]_{\mathrm{mn}}=\begin{bmatrix}
1 & -1 & 1 & 1 & -1 & 1\\
-1 & 1 & -1 & -1 & 1 & -1\\
1 & -1 & 1 & 1 & -1 & 1\\
1 & -1 & 1 & 1 & -1 & 1\\
-1 & 1 & -1 & -1 & 1 & -1\\
1 & -1 & 1 & 1 & -1 & 1
\end{bmatrix}.*[\boldsymbol{K}_{\mathrm{s1}}]_{\mathrm{mn}} \tag{7-25}
$$

其阻尼矩阵同样可以依据瑞利阻尼求得。

在工程实践中,荷载的作用形式较为复杂,一般可分别计算荷载沿轴向、切向和径向荷载分量作用下系统的响应,然后叠加得到系统的真实响应。

$$\{\boldsymbol{F}_{s2}\}_{mn}=\left\{\begin{array}{c}0\\ \sum_{i=1}^{N_p}\dfrac{R_2-r_{pi}}{R_2-R_1}X_{sm}(x_{pi})\cos n\theta_{pi}P_{si}(t)\\ 0\\ 0\\ \sum_{i=1}^{N_p}\dfrac{r_{pi}-R_1}{R_2-R_1}X_{sm}(x_{pi})\cos n\theta_{pi}P_{si}(t)\\ 0\end{array}\right\} \tag{7-26}$$

7.2.2 隧道动力学方程

盾构隧道-土体的动力响应半解析子结构模型中盾构隧道的模拟有两种方法：①将隧道模拟为由均质、各向同性材料组成的三维环状层单元，其动力学方程与7.2.1节中介绍的土体的动力学方程相同，此处不赘述；②将隧道模拟为三维线弹性薄壁圆柱壳体，其坐标系及位移分量如图7-4所示。

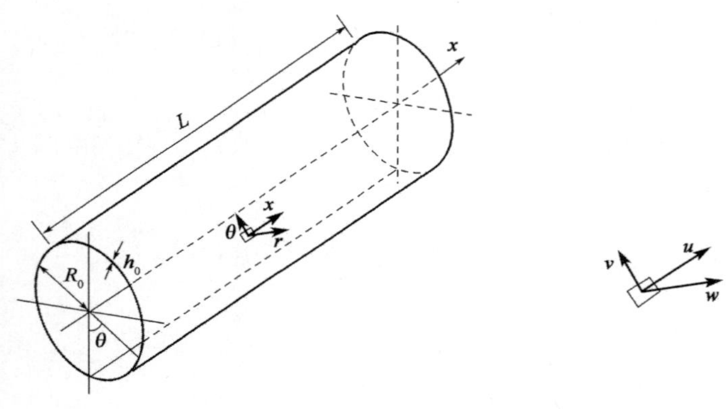

a)单元的主坐标轴方向　　b)位移分量

图7-4　隧道的薄壁圆柱壳体模型

与环状层单元类似，根据薄壁圆柱壳体的特点，基于Galerkin法，确定该圆柱壳体动力响应的半解析解函数，对于作用点在$\theta=0°$的母线上的系列轴对称荷载(切向荷载分量为零)而言，其位移解函数可以表达为：

$$\left\{\begin{aligned}u_t&=\sum_{m=1}^{N_{tx}}\sum_{n=1}^{N_{t\theta}}X'_{tm}(x)\cos n\theta T_{tmnu}(t)\\ v_t&=\sum_{m=1}^{N_{tx}}\sum_{n=1}^{N_{t\theta}}X_{tm}(x)\sin n\theta T_{tmnv}(t)\\ w_t&=\sum_{m=1}^{N_{tx}}\sum_{n=1}^{N_{t\theta}}X_{tm}(x)\cos n\theta T_{tmnw}(t)\end{aligned}\right. \tag{7-27}$$

其中，u_t、v_t 和w_t 分别为圆柱壳沿轴向、切向和径向的位移分量；N_{tx} 和 $N_{t\theta}$ 为壳体沿轴向和环向方向的截止模态阶数，X_{tm} 为自由梁模态，其取值与 7.2.1 节中土体动力学方程中的自由梁模态相同，T_{tmnu}、T_{tmnv} 和 T_{tmnw} 分别为壳单元沿轴向、切向和径向的广义位移坐标。进一步化简可得：

$$\{u_t \quad v_t \quad w_t\}^T = \sum_{m=1}^{N_{tx}}\sum_{n=1}^{N_{t\theta}} \boldsymbol{N}_{tmn}\boldsymbol{\delta}_{tmn} = [\boldsymbol{N}_t]\{\boldsymbol{\delta}_t\} \tag{7-28}$$

其中，$\{\boldsymbol{\delta}_t\}$ 为隧道薄壁壳单元的广义位移向量，$[\boldsymbol{N}_t]$ 为与之对应的形函数，其变量的表达式如下：

$$\begin{cases} \boldsymbol{N}_{tmn} = diag(X'_{tm}(x)\cos n\theta, X_{tm}(x)\sin n\theta, X_{tm}(x)\cos n\theta) \\ \boldsymbol{\delta}_{tmn} = \{T_{tmnu}(t) \quad T_{tmnv}(t) \quad T_{tmnw}(t)\}^T \\ [\boldsymbol{N}_t] = [\boldsymbol{N}_{t11} \quad \boldsymbol{N}_{t12} \quad \cdots \quad \boldsymbol{N}_{t21} \quad \boldsymbol{N}_{t22} \quad \cdots \quad \cdots \quad \boldsymbol{N}_{tN_{tx}N_{t\theta}}] \\ \{\boldsymbol{\delta}_t\} = \{\boldsymbol{\delta}_{t11} \quad \boldsymbol{\delta}_{t12} \quad \cdots \quad \boldsymbol{\delta}_{t21} \quad \boldsymbol{\delta}_{t22} \quad \cdots \quad \cdots \quad \boldsymbol{\delta}_{tN_{tx}N_{t\theta}}\}^T \end{cases} \tag{7-29}$$

根据薄壁圆柱壳理论，得其应变列阵$\{\boldsymbol{\varepsilon}_t\}$如下：

$$\{\boldsymbol{\varepsilon}_t\} = \{\varepsilon_{tx} \quad \varepsilon_{t\theta} \quad \gamma_{tx\theta} \quad \chi_{tx} \quad \chi_{t\theta} \quad \chi_{tx\theta}\}^T = \begin{Bmatrix} \dfrac{\partial u_t}{\partial x} \\ \dfrac{\partial v_t}{R_0\partial\theta} + \dfrac{w_t}{R_0} \\ \dfrac{\partial u_t}{R_0\partial\theta} + \dfrac{\partial v_t}{\partial x} \\ -\dfrac{\partial^2 w_t}{\partial x^2} \\ \dfrac{\partial v_t}{R_0^2\partial\theta} - \dfrac{\partial^2 w_t}{R_0^2\partial\theta^2} \\ \dfrac{\partial v_t}{R_0\partial x} + \dfrac{2\partial^2 w_t}{R_0\partial x\partial\theta} \end{Bmatrix} \tag{7-30}$$

其中，ε_{tx}，$\varepsilon_{t\theta}$，$\gamma_{tx\theta}$，χ_{tx}，$\chi_{t\theta}$和$\chi_{tx\theta}$为隧道薄壁壳单元的应变分量，R_0 为隧道圆柱壳体中面半径，将式 7-27 代入式 7-30，并化简为矩阵形式可表示为：

$$\{\boldsymbol{\varepsilon}_t\} = \sum_{m=1}^{N_{tx}}\sum_{n=1}^{N_{t\theta}} \boldsymbol{B}_{tmn}\boldsymbol{\delta}_{tmn} = [\boldsymbol{B}_t]\{\boldsymbol{\delta}_t\} \tag{7-31}$$

其中，

$$[\boldsymbol{B}_t] = [\boldsymbol{B}_{t11} \quad \boldsymbol{B}_{t12} \quad \cdots \quad \boldsymbol{B}_{t21} \quad \boldsymbol{B}_{t22} \quad \cdots \quad \cdots \quad \boldsymbol{B}_{tN_{tx}N_{t\theta}}] \tag{7-32}$$

其中：$\boldsymbol{B}_{tmn}$为 6×3 规模的矩阵，其元素取值如下（未列出的元素值为 0）：

$$\begin{cases} B_{\mathrm{tmn}}(1,1) = X''_{\mathrm{tm}}(x)\cos n\theta \\ B_{\mathrm{tmn}}(2,2) = \dfrac{1}{R_0}X_{\mathrm{tm}}(x)\sin' n\theta \\ B_{\mathrm{tmn}}(2,3) = \dfrac{1}{R_0}X_{\mathrm{tm}}(x)\cos n\theta \\ B_{\mathrm{tmn}}(3,1) = \dfrac{1}{R_0}X'_{\mathrm{tm}}(x)\cos' n\theta \\ B_{\mathrm{tmn}}(3,2) = X'_{\mathrm{tm}}(x)\sin n\theta \\ B_{\mathrm{tmn}}(4,3) = -X''_{\mathrm{tm}}(x)\cos n\theta \\ B_{\mathrm{tmn}}(5,2) = \dfrac{1}{R_0^2}X_{\mathrm{tm}}(x)\sin' n\theta \\ B_{\mathrm{tmn}}(5,3) = -\dfrac{1}{R_0^2}X_{\mathrm{tm}}(x)\cos'' n\theta \\ B_{\mathrm{tmn}}(6,2) = \dfrac{1}{R_0}X'_{\mathrm{tm}}(x)\sin n\theta \\ B_{\mathrm{tmn}}(6,2) = \dfrac{1}{R_0}X'_{\mathrm{tm}}(x)\sin n\theta \end{cases} \tag{7-33}$$

根据薄壁圆柱壳体理论,其内力与中面应变的关系如下:

$$\begin{cases} N_{\mathrm{x}} = \dfrac{12K_{\mathrm{t}}}{h_0^2}\varepsilon_{\mathrm{tx}} + \dfrac{12K_{\mathrm{t}}v_{\mathrm{t}}}{h_0^2}\varepsilon_{\mathrm{t\theta}} \\ N_{\theta} = \dfrac{12K_{\mathrm{t}}v_{\mathrm{t}}}{h_0^2}\varepsilon_{\mathrm{tx}} + \dfrac{12K_{\mathrm{t}}}{h_0^2}\varepsilon_{\mathrm{t\theta}} \\ N_{\mathrm{r}} = \dfrac{6K_{\mathrm{t}}(1-v_{\mathrm{t}})}{h_0^2}\gamma_{\mathrm{tx\theta}} \\ M_{\theta\mathrm{r}} = K\chi_{\mathrm{tx}} + K_{\mathrm{t}}v_{\mathrm{t}}\chi_{\mathrm{t\theta}} \\ M_{\mathrm{rx}} = K_{\mathrm{t}}v_{\mathrm{t}}\chi_{\mathrm{tx}} + K\chi_{\mathrm{t\theta}} \\ M_{\mathrm{x\theta}} = \dfrac{1-v_{\mathrm{t}}}{2}K_{\mathrm{t}}\chi_{\mathrm{tx\theta}} \end{cases} \tag{7-34}$$

其中,N_{x},N_{θ},N_{r},$M_{\theta\mathrm{r}}$,M_{rx}和$M_{\mathrm{x\theta}}$为隧道薄壁壳单元的应力分量,K_{t} 为壳体的弯曲刚度,h_0 为薄壁壳体的厚度,v_{t} 为壳体的泊松比,将其写为矩阵形式可得薄壁圆柱壳的内力矩阵:

$$\{\boldsymbol{\sigma}_{\mathrm{t}}\} = [\boldsymbol{D}_{\mathrm{t}}]\{\boldsymbol{\varepsilon}_{\mathrm{t}}\} = [\boldsymbol{D}_{\mathrm{t}}][\boldsymbol{B}_{\mathrm{t}}]\{\boldsymbol{\delta}_{\mathrm{t}}\} \tag{7-35}$$

其中,$[\boldsymbol{D}_{\mathrm{t}}]$为隧道薄壁壳单元的应力-应变矩阵,其表达式如下:

$$
[\boldsymbol{D}_{\mathrm{t}}] = K_{\mathrm{t}}\begin{bmatrix}
\frac{12}{h_0^2} & \frac{12\,v_{\mathrm{t}}}{h_0^2} & & & & \\
\frac{12\,v_{\mathrm{t}}}{h_0^2} & \frac{12}{h_0^2} & & & & \\
 & & \frac{6(1-v_{\mathrm{t}})}{h_0^2} & & & \\
 & & & 1 & h_0^2 & \\
 & & & h_0^2 & 1 & \\
 & & & & & \frac{1-v_{\mathrm{t}}}{2}
\end{bmatrix} \tag{7-36}
$$

同样,根据虚功原理,建立薄壁圆柱壳单元的系统应变能、外力功和势能泛函的基本算式:

$$
\begin{cases}
U_{\mathrm{t}} = \dfrac{1}{2}\displaystyle\int_0^L\int_0^{2\pi}\{\boldsymbol{\varepsilon}_{\mathrm{t}}\}^{\mathrm{T}}\{\boldsymbol{\sigma}_{\mathrm{t}}\}R_0\mathrm{d}\theta\mathrm{d}x \\
W_{\mathrm{t}} = -\displaystyle\int_0^L\int_0^{2\pi}\{u_{\mathrm{t}}\}^{\mathrm{T}}(\{q_{\mathrm{t}}\} - \boldsymbol{\rho}_{\mathrm{t}}h_0\{\ddot{\boldsymbol{u}}_{\mathrm{t}}\})R_0\mathrm{d}\theta\mathrm{d}x \\
\boldsymbol{\Phi}_{\mathrm{t}} = U + W
\end{cases} \tag{7-37}
$$

其中,ρ_{t} 为隧道壳体的材料密度,$\{q_{\mathrm{t}}\}$ 为面荷载向量,$\{q_{\mathrm{t}}\}=\{q_{\mathrm{tx}}\quad q_{\mathrm{t\theta}}\quad q_{\mathrm{tr}}\}^T$。

用变分原理建立隧道薄壁圆柱壳单元关于系统广义位移坐标的动力学方程如下:

$$
[\boldsymbol{M}_{\mathrm{t}}]\{\ddot{\boldsymbol{\delta}}_{\mathrm{t}}\} + [\boldsymbol{K}_{\mathrm{t}}]\{\boldsymbol{\delta}_{\mathrm{t}}\} = \{\boldsymbol{F}_{\mathrm{t}}\} \tag{7-38}
$$

其中,$\{\ddot{\boldsymbol{\delta}}_{\mathrm{t}}\}$ 为隧道薄壁圆柱壳单元的广义加速度向量,$\{\boldsymbol{\delta}_{\mathrm{t}}\}$ 为隧道薄壁圆柱壳单元的广义唯一向量,则圆柱壳单元关于系统广义位移坐标的刚度矩阵$[\boldsymbol{K}_{\mathrm{t}}]$、质量矩阵$[\boldsymbol{M}_{\mathrm{t}}]$和荷载向量$\{\boldsymbol{F}_{\mathrm{t}}\}$如下:

$$
\begin{cases}
[\boldsymbol{K}_{\mathrm{t}}] = R_0\displaystyle\int_0^L\int_0^{2\pi}[\boldsymbol{B}_{\mathrm{t}}]^{\mathrm{T}}[\boldsymbol{D}_{\mathrm{t}}][\boldsymbol{B}_{\mathrm{t}}]\mathrm{d}\theta\mathrm{d}x \\
[\boldsymbol{M}_{\mathrm{t}}] = R_0\displaystyle\int_0^L\int_0^{2\pi}[\boldsymbol{N}_{\mathrm{t}}]^{\mathrm{T}}[\boldsymbol{N}_{\mathrm{t}}]h_0\,\rho_{\mathrm{t}}\mathrm{d}\theta\mathrm{d}x \\
\{\boldsymbol{F}_{\mathrm{t}}\} = R_0\displaystyle\int_0^L\int_0^{2\pi}[\boldsymbol{N}_{\mathrm{t}}]^{\mathrm{T}}\{q_{\mathrm{t}}\}\mathrm{d}\theta\mathrm{d}x
\end{cases} \tag{7-39}
$$

由于荷载向量$\{\boldsymbol{F}_{\mathrm{t}}\}$中外荷载为面荷载形式,因此若在薄壁圆柱壳体表面($x=x_{\mathrm{pi}},\theta=0$,$r=R_0$)的位置作用一集中荷载(其沿 x,θ 和 r 方向的荷载分量分别为P_{xi},P_{si}和P_{vi},其中$P_{\mathrm{si}}=0$),则须将荷载在微面内进行等效处理如图 7-5 所示。

则等效处理后该荷载沿 x,θ 和 r 方向产生的均布应力分量可以描述成:

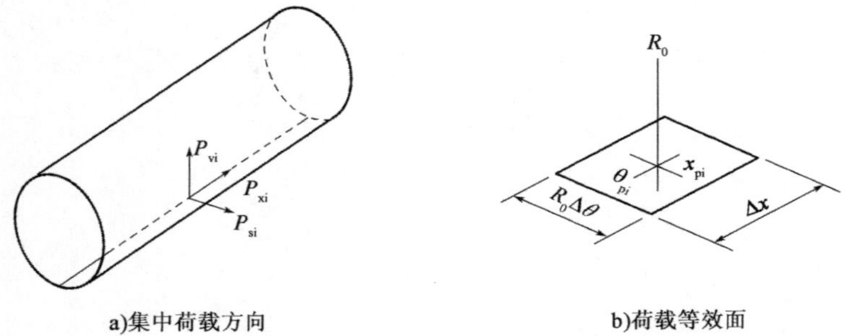

a)集中荷载方向　　b)荷载等效面

图 7-5　激振点荷载

$$\begin{cases} q_{tx} = P_{xi}(t)\dfrac{\delta(x - x_{pi})\delta(\theta)}{R_0} \\ q_{t\theta} = 0 \\ q_{tr} = P_{vi}(t)\dfrac{\delta(x - x_{pi})\delta(\theta)}{R_0} \end{cases} \tag{7-40}$$

将式(7-40)代入式(3-38),并根据狄拉克 δ 函数的挑选性,可得荷载 x 向量中各元素的取值:

$$\{\boldsymbol{F}_t\}_{mn}\begin{Bmatrix} \sum_{i=1}^{N_p} X'_{tm}(x_{pi})\cos n\,\theta_{pi}\,P_{xi}(t) \\ 0 \\ \sum_{i=1}^{N_p} X_{tm}(x_{pi})\cos n\,\theta_{pi}\,P_{xi}(t) \end{Bmatrix} \tag{7-41}$$

通过以上计算式,可以得到隧道动力响应的半解析薄壁圆柱壳单元的刚度矩阵、质量矩阵和荷载矩阵,由于隧道被视为三维线弹性体,所以可假定该单元阻尼矩阵为零。

与环状层单元类似,对于作用点在 $\theta = 0°$母线上的系列特殊非轴对称荷载(轴向和径向荷载分量均为零,而切向荷载分量不为零)而言,隧道位移解函数可以表达为:

$$\begin{cases} u_t = \sum_{m=1}^{N_{tx}}\sum_{n=1}^{N_{t\theta}} X'_{tm}(x)\sin n\theta T_{tmnu}(t) \\ v_t = \sum_{m=1}^{N_{tx}}\sum_{n=1}^{N_{t\theta}} X_{tm}(x)\cos n\theta T_{tmnv}(t) \\ w_t = \sum_{m=1}^{N_{tx}}\sum_{n=1}^{N_{t\theta}} X_{tm}(x)\sin n\theta T_{tmnw}(t) \end{cases} \tag{7-41}$$

根据与前述相似的推导过程同样可以得到此种特殊荷载作用下系统相对于广义位移坐标的相关矩阵:

$$[\boldsymbol{M}_{t2}]_{mn} = [\boldsymbol{M}_{t1}]_{mn} \tag{7-42}$$

$$[\boldsymbol{K}_{t2}]_{mn}=\begin{bmatrix}1&-1&1\\-1&1&-1\\1&-1&1\end{bmatrix}.*[\boldsymbol{K}_{t1}]_{mn} \tag{7-43}$$

$$\{\boldsymbol{F}_{t2}\}_{mn}=\begin{Bmatrix}0\\ \sum_{i=1}^{N_p}X_{tm}(x_{pi})\cos n\,\theta_{pi}\,P_{si}(t)\\ 0\end{Bmatrix} \tag{7-44}$$

对于复杂的荷载而言,可分别计算荷载沿轴向、切向和径向荷载分量作用下系统的响应,然后叠加得到系统的真实响应。

7.2.3　整体方程的建立

在前述独立分析求得的土体环状层单元、隧道的薄壁圆柱壳单元的质量矩阵、刚度矩阵、阻尼矩阵和荷载向量的基础上,使用动态子结构法[3]建立隧道-土体系统振动分析的整体方程。

(一)动态子结构法的基本步骤

假设将整体结构划分为子结构1和子结构2两个子结构,则系统的总动能 T_z 和总势能 V_z 可以表示为:

$$\begin{cases}T_z=T_1+T_2=\dfrac{1}{2}\{\boldsymbol{\delta}_1\}^{\mathrm{T}}[\boldsymbol{M}_1]\{\boldsymbol{\delta}_1\}+\dfrac{1}{2}\{\boldsymbol{\delta}_2\}^{\mathrm{T}}[\boldsymbol{M}_2]\{\boldsymbol{\delta}_2\}\\[2ex] V_z=C_1+C_2=\dfrac{1}{2}\{\boldsymbol{\delta}_1\}^{\mathrm{T}}[\boldsymbol{K}_1]\{\boldsymbol{\delta}_1\}+\dfrac{1}{2}\{\boldsymbol{\delta}_2\}^{\mathrm{T}}[\boldsymbol{K}_2]\{\boldsymbol{\delta}_2\}\end{cases} \tag{7-45}$$

其中,$\{\boldsymbol{\delta}_1\}$和$\{\boldsymbol{\delta}_2\}$分别为子结构1和子结构2的广义位移坐标,$[\boldsymbol{M}_1]$和$[\boldsymbol{M}_2]$分别为子结构1和子结构2相应于广义位移坐标的质量矩阵,$[\boldsymbol{K}_1]$和$[\boldsymbol{K}_2]$分别为子结构1和子结构2相应于广义位移坐标的刚度矩阵。

在不考虑子结构1和子结构2之间的相互作用情况下,独立处理各子结构可以得到整体结构的总动能和总势能:

$$\begin{cases}T_z=T_1+T_2=\dfrac{1}{2}\{\boldsymbol{\delta}_{12}\}^{\mathrm{T}}[\boldsymbol{M}_{12}]\{\boldsymbol{\delta}_{12}\}\\[2ex] V_z=C_1+C_2=\dfrac{1}{2}\{\boldsymbol{\delta}_{12}\}^{\mathrm{T}}[\boldsymbol{K}_{12}]\{\boldsymbol{\delta}_{12}\}\end{cases} \tag{7-46}$$

其中:

$$\{\boldsymbol{\delta}_{12}\}=\{\{\boldsymbol{\delta}_1\}\{\boldsymbol{\delta}_2\}\}^{\mathrm{T}} \tag{7-47}$$

$$\begin{cases}[\boldsymbol{M}_{12}]=\begin{bmatrix}[\boldsymbol{M}_1]&0\\0&[\boldsymbol{M}_2]\end{bmatrix}\\[2ex] [\boldsymbol{K}_{12}]=\begin{bmatrix}[\boldsymbol{K}_1]&0\\0&[\boldsymbol{K}_2]\end{bmatrix}\end{cases} \tag{7-48}$$

由于$[\boldsymbol{M}_{12}]$和$[\boldsymbol{K}_{12}]$实际上是独立处理两个子结构后得到的,与实际情况并不相符,两个子结构在其连接界面J处的自由度$\{\boldsymbol{\delta}_1^{\mathrm{J}}\}$和$\{\boldsymbol{\delta}_2^{\mathrm{J}}\}$并不独立,由界面连续条件$\{\boldsymbol{u}_1^{\mathrm{J}}\}=\{\boldsymbol{u}_2^{\mathrm{J}}\}$($\{\boldsymbol{u}_1^{\mathrm{J}}\}$和$\{\boldsymbol{u}_2^{\mathrm{J}}\}$分别为子结构1和子结构2在连接界面处的真实位移)可得:

$$[\boldsymbol{N}_1^{\mathrm{J}}]\{\boldsymbol{\delta}_1\}=[\boldsymbol{N}_2^{\mathrm{J}}]\{\boldsymbol{\delta}_2\} \tag{7-49}$$

其中$[\boldsymbol{N}_1^{\mathrm{J}}]$和$[\boldsymbol{N}_2^{\mathrm{J}}]$分别为与连接界面广义位移坐标相关的形函数。将式(7-49)进一步化简可得:

$$[\boldsymbol{N}_1^{\mathrm{J}}]\{\boldsymbol{\delta}_1\}-[\boldsymbol{N}_2^{\mathrm{J}}]\{\boldsymbol{\delta}_2\}=[\boldsymbol{N}_1^{\mathrm{J}}\quad -\boldsymbol{N}_2^{\mathrm{J}}]\{\boldsymbol{\delta}_{12}\}=0 \tag{7-50}$$

假设$\{\boldsymbol{\delta}_{12}\}$中独立的广义坐标为$\{\boldsymbol{\delta}_{\mathrm{I}}\}$,非独立的广义坐标为$\{\boldsymbol{\delta}_{\mathrm{d}}\}$,则式(7-50)必然可以写为以下形式:

$$[\boldsymbol{N}_{\mathrm{d}}\quad \boldsymbol{N}_{\mathrm{I}}]\{\boldsymbol{\delta}_{\mathrm{d}}\quad \boldsymbol{\delta}_{\mathrm{I}}\}^{\mathrm{T}}=0 \tag{7-51}$$

其中,$\boldsymbol{N}_{\mathrm{d}}$和$\boldsymbol{N}_{\mathrm{I}}$分别为相应于独立的广义坐标及非独立的广义坐标的形函数,所以可以得出包含非独立广义坐标的坐标向量与仅包含独立广义坐标的坐标向量之间的关系:

$$\{\boldsymbol{\delta}_{12}\}=\left\{\begin{matrix}\boldsymbol{\delta}_{\mathrm{d}}\\ \boldsymbol{\delta}_{\mathrm{I}}\end{matrix}\right\}=\begin{bmatrix}\boldsymbol{N}_{\mathrm{d}}^{-1}\boldsymbol{N}_{\mathrm{I}}\\ [I]\end{bmatrix}\{\boldsymbol{\delta}_{\mathrm{I}}\}=[\boldsymbol{S}]\{\boldsymbol{\delta}_{\mathrm{I}}\} \tag{7-52}$$

其中,$[\boldsymbol{S}]$为独立变换矩阵,将式(7-52)代入式(7-46)可得到使用独立的广义位移表示的系统的动能和势能:

$$\begin{cases}T_{\mathrm{z}}=\dfrac{1}{2}\{\boldsymbol{\delta}_{\mathrm{I}}\}^{\mathrm{T}}[\boldsymbol{S}]^{\mathrm{T}}[\boldsymbol{M}_{12}][\boldsymbol{S}]\{\boldsymbol{\delta}_{\mathrm{I}}\}=\dfrac{1}{2}\{\boldsymbol{\delta}_{\mathrm{I}}\}^{\mathrm{T}}[\boldsymbol{M}_{12}]^{*}\{\boldsymbol{\delta}_{\mathrm{I}}\}\\ V_{\mathrm{z}}=\dfrac{1}{2}\{\boldsymbol{\delta}_{\mathrm{I}}\}^{\mathrm{T}}[\boldsymbol{S}]^{\mathrm{T}}[\boldsymbol{K}_{12}][\boldsymbol{S}]\{\boldsymbol{\delta}_{\mathrm{I}}\}=\dfrac{1}{2}\{\boldsymbol{\delta}_{\mathrm{I}}\}^{\mathrm{T}}[\boldsymbol{K}_{12}]^{*}\{\boldsymbol{\delta}_{\mathrm{I}}\}\end{cases} \tag{7-53}$$

同理可得到去除非独立变量的系统的质量矩阵、刚度矩阵、阻尼矩阵和荷载矩阵的表达形式:

$$\begin{cases}[\boldsymbol{M}_{12}]^{*}=[\boldsymbol{S}]^{\mathrm{T}}[\boldsymbol{M}_{12}][\boldsymbol{S}]\\ [\boldsymbol{K}_{12}]^{*}=[\boldsymbol{S}]^{\mathrm{T}}[\boldsymbol{K}_{12}][\boldsymbol{S}]\\ [\boldsymbol{C}_{12}]^{*}=[\boldsymbol{S}]^{\mathrm{T}}[\boldsymbol{C}_{12}][\boldsymbol{S}]\\ [\boldsymbol{F}_{12}]^{*}=[\boldsymbol{S}]^{\mathrm{T}}[\boldsymbol{F}_{12}]\end{cases} \tag{7-54}$$

因此,在盾构隧道-土体动力响应的半解析模型中使用动态子结构法建立整体方程的关键为通过子结构之间的位移协调条件找到子结构之间的独立变换矩阵,下面将详细介绍环状层单元之间的独立变化矩阵以及环状层单元与薄壁圆柱壳单元之间的独立变换矩阵。

(二)环状层单元之间的独立变换矩阵

如图7-6所示的环状层单元i与环状层单元j之间的位移协调条件为环状层单元i的内表面的位移与环状层单元j的外表面的位移相等,即:

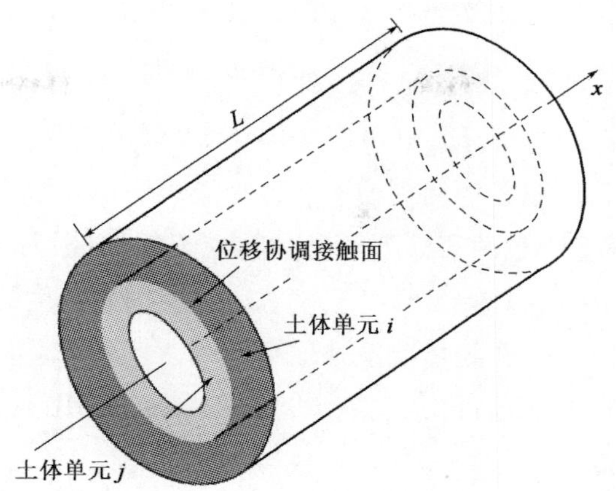

图 7-6　环状层单元的位移协调条件

$$\begin{Bmatrix} u_{\mathrm{si}} \\ v_{\mathrm{si}} \\ w_{\mathrm{si}} \end{Bmatrix}_{in} = \begin{Bmatrix} u_{\mathrm{sj}} \\ v_{\mathrm{sj}} \\ w_{\mathrm{sj}} \end{Bmatrix}_{\mathrm{out}} \tag{7-55}$$

以作用点在 $\theta = 0°$ 面内轴对称荷载时的位移解函数为例，将式 7-1 代入式 7-55 可得：

$$\begin{cases} \sum_{m=1}^{N_{\mathrm{sxi}}}\sum_{n=1}^{N_{\mathrm{s\theta i}}} X'_{\mathrm{smi}}(x)\cos n\theta T_{\mathrm{simnu}}^{\mathrm{in}}(t) = \sum_{m=1}^{N_{\mathrm{sxj}}}\sum_{n=1}^{N_{\mathrm{s\theta j}}} X'_{\mathrm{smj}}(x)\cos n\theta T_{\mathrm{sjmnv}}^{\mathrm{out}}(t) \\ \sum_{m=1}^{N_{\mathrm{sxi}}}\sum_{n=1}^{N_{\mathrm{s\theta i}}} X_{\mathrm{smi}}(x)\sin n\theta T_{\mathrm{simnv}}^{\mathrm{in}}(t) = \sum_{m=1}^{N_{\mathrm{sxj}}}\sum_{n=1}^{N_{\mathrm{s\theta j}}} X_{\mathrm{smj}}(x)\sin n\theta T_{\mathrm{sjmnv}}^{\mathrm{out}}(t) \\ \sum_{m=1}^{N_{\mathrm{sxi}}}\sum_{n=1}^{N_{\mathrm{s\theta i}}} X_{\mathrm{smi}}(x)\cos n\theta T_{\mathrm{simnw}}^{\mathrm{in}}(t) = \sum_{m=1}^{N_{\mathrm{sxj}}}\sum_{n=1}^{N_{\mathrm{s\theta j}}} X_{\mathrm{smj}}(x)\cos n\theta T_{\mathrm{sjmnw}}^{\mathrm{out}}(t) \end{cases} \tag{7-56}$$

在 3 个表达式的两边分别同时乘以 $X'''_{\mathrm{smi}}(x)\cos n\theta$、$X_{\mathrm{smi}}(x)\sin n\theta$ 和 $X_{\mathrm{smi}}(x)\cos n\theta$（$m = 1 \sim N_{\mathrm{sxi}}, n = 1 \sim N_{\mathrm{s\theta i}}$），并沿连接界面积分，利用振型函数的正交性以及三角函数的正交性可得：

（1）如果 $N_{\mathrm{sxi}} > N_{\mathrm{sxj}}$ 或 $N_{\mathrm{s\theta i}} > N_{\mathrm{s\theta j}}$

$$\begin{cases} T_{\mathrm{simnu}}^{\mathrm{in}}(t) = T_{\mathrm{sjmnv}}^{\mathrm{out}}(t)((m \leqslant N_{\mathrm{sxi}})\&(n \leqslant N_{\mathrm{s\theta i}})) \\ T_{\mathrm{simnv}}^{\mathrm{in}}(t) = T_{\mathrm{sjmnv}}^{\mathrm{out}}(t)((m \leqslant N_{\mathrm{sxi}})\&(n \leqslant N_{\mathrm{s\theta i}})) \\ T_{\mathrm{simnw}}^{\mathrm{in}}(t) = T_{\mathrm{sjmnw}}^{\mathrm{out}}(t)((m \leqslant N_{\mathrm{sxi}})\&(n \leqslant N_{\mathrm{s\theta i}})) \\ T_{\mathrm{simnu}}^{\mathrm{in}}(t) = 0((N_{\mathrm{sxi}} < m < N_{\mathrm{sxj}}) \parallel (N_{\mathrm{s\theta i}} < n < N_{\mathrm{s\theta j}})) \\ T_{\mathrm{simnv}}^{\mathrm{in}}(t) = 0((N_{\mathrm{sxi}} < m < N_{\mathrm{sxj}}) \parallel (N_{\mathrm{s\theta i}} < n < N_{\mathrm{s\theta j}})) \\ T_{\mathrm{simnw}}^{\mathrm{in}}(t) = 0((N_{\mathrm{sxi}} < m < N_{\mathrm{sxj}}) \parallel (N_{\mathrm{s\theta i}} < n < N_{\mathrm{s\theta j}})) \end{cases} \tag{7-57}$$

（2）如果 $N_{\mathrm{sxi}} \leqslant N_{\mathrm{sxj}}$ 且 $N_{\mathrm{s\theta i}} \leqslant N_{\mathrm{s\theta j}}$

$$\begin{cases} T_{\mathrm{simnu}}^{\mathrm{in}}(t) = T_{\mathrm{sjmnv}}^{\mathrm{out}}(t)((m \leqslant N_{\mathrm{sxi}})\&(n \leqslant N_{\mathrm{s\theta i}})) \\ T_{\mathrm{simnv}}^{\mathrm{in}}(t) = T_{\mathrm{sjmnv}}^{\mathrm{out}}(t)((m \leqslant N_{\mathrm{sxi}})\&(n \leqslant N_{\mathrm{s\theta i}})) \\ T_{\mathrm{simnw}}^{\mathrm{in}}(t) = T_{\mathrm{sjmnw}}^{\mathrm{out}}(t)((m \leqslant N_{\mathrm{sxi}})\&(n \leqslant N_{\mathrm{s\theta i}})) \end{cases} \tag{7-58}$$

综上所述,当外层环状层单元的两项模态阶数大于内层单元模态阶数的时候,外层单元模态阶数大于内层单元模态阶数的部分则不会参与模态叠加(其模态坐标为0),所以为保证不存在不参与叠加计算的模态信息,且外层模态有足够满足精度的模态数目,通常令内外层单元所截取的模态阶数相等,在此情况下外层单元内表面模态坐标与内层单元外表面模态坐标一一对应,其独立变换矩阵可由式(7-52)计算得到。作用点在 $\theta=0°$ 面内非轴对称荷载时的位移解函数情况与此相同。

(三)环状层单元与薄壁圆柱壳单元的独立变换矩阵

第7.2.2节中所建立的相关矩阵是基于中面位移的半解析薄壁圆柱壳体振动理论的基本方程组,其非中面位移可由中面位移与非中面位移的关系求得。由图7-7可知,环状层单元与薄壁圆柱壳单元的位移协调条件为环状层单元内表面位移与薄壁圆柱壳单元外表面位移(非中面位移)相等。

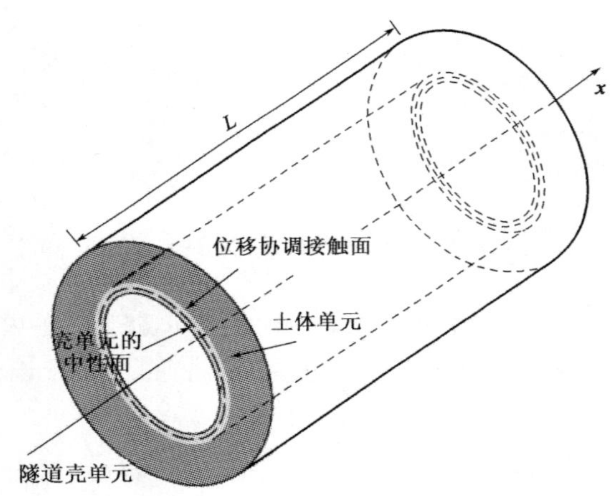

图7-7 环状层单元与薄壁圆柱壳单元的位移协调条件

由薄壁圆柱壳单元振动理论中中面位移与非中面位移的关系可以得到:

$$\begin{cases} u_{\mathrm{s}} = u_{\mathrm{t}} - \dfrac{h_0}{2}\dfrac{\partial w_{\mathrm{t}}}{\partial x} \\ v_{\mathrm{s}} = v_{\mathrm{t}} + \dfrac{h_0}{2}\dfrac{v_{\mathrm{t}}}{R_0} - \dfrac{h_0}{2R_0}\dfrac{\partial w_{\mathrm{t}}}{\partial \theta} \\ w_{\mathrm{s}} = w_{\mathrm{t}} \end{cases} \tag{7-59}$$

根据其与环状层单元内表面的位移协调条件,以作用点在 $\theta=0°$ 面内轴对称荷载时的土体位移解函数和作用点在 $\theta=0°$ 母线上轴对称荷载时的隧道位移解函数为例,将式(7-1)

和式(7-27)代入式(7-59),在表达式两边分别同时乘以 $X'''_{sm}(x)\cos n\theta$、$X_{sm}(x)\sin n\theta$ 和 $X_{sm}(x)\cos n\theta(m=1\sim N_{sx},n=1\sim N_{s\theta})$,并沿环状层单元内表面积分,利用梁函数的正交性以及三角函数的正交性可得:

(1)如果 $N_{sx}>N_{tx}$ 或 $N_{s\theta}>N_{t\theta}$

$$\begin{cases}T^{in}_{smnu}(t)=T_{tmnu}(t)-\dfrac{h_0}{2}T_{tmnw}(t) & ((m\leqslant N_{sx})\&(n\leqslant N_{s\theta}))\\ T^{in}_{smnv}(t)=(1+\dfrac{h_0}{2R_0})T_{tmnv}(t)+\dfrac{nh_0}{2R_0}T_{tmnw}(t) & ((m\leqslant N_{sx})\&(n\leqslant N_{s\theta}))\\ T^{in}_{smnw}(t)=T_{tmnw}(t) & ((m\leqslant N_{sx})\&(n\leqslant N_{s\theta}))\\ T^{in}_{smnu}(t)=0 & ((N_{sx}<m<N_{sx})\parallel(N_{s\theta}<n<N_{s\theta}))\\ T^{in}_{smnv}(t)=0 & ((N_{sx}<m<N_{sx})\parallel(N_{s\theta i}<n<N_{s\theta}))\\ T^{in}_{smnw}(t)=0 & ((N_{sx}<m<N_{sx})\parallel(N_{s\theta i}<n<N_{s\theta}))\end{cases} \tag{7-60}$$

(2)如果 $N_{sx}\leqslant N_{tx}$ 且 $N_{s\theta}\leqslant N_{t\theta}$

$$\begin{cases}T^{in}_{smnu}(t)=T_{tmnu}(t)-\dfrac{h_0}{2}T_{tmnw}(t) & ((m\leqslant N_{sx})\&(n\leqslant N_{s\theta}))\\ T^{in}_{smnv}(t)=\left(1+\dfrac{h_0}{2R_0}\right)T_{tmnv}(t)+\dfrac{nh_0}{2R_0}T_{tmnw}(t) & ((m\leqslant N_{sx})\&(n\leqslant N_{s\theta}))\\ T^{in}_{smnw}(t)=T_{tmnw}(t) & ((m\leqslant N_{sx})\&(n\leqslant N_{s\theta}))\end{cases} \tag{7-61}$$

与环状层单元之间的情况类似,当环状层单元的两项模态阶数大于薄壁圆柱壳单元的模态阶数时,环状层单元模态阶数大于壳单元模态阶数的部分则不会参与模态叠加(其模态坐标为0),故一般情况下取环状层单元的模态阶数与薄壁圆柱壳单元的模态阶数相等,在此情况下,系统的独立变化矩阵可由式(7-61)计算得到。作用点在 $\theta=0°$ 面内非轴对称荷载时的土体位移解函数和作用点在 $\theta=0°$ 母线上非轴对称荷载时的隧道位移解函数的情况与此相同。

在求得环状层单元之间的、环状层单元与薄壁圆柱壳单元的独立变换矩阵之后,即可通过各单元的质量矩阵、刚度矩阵、阻尼矩阵和荷载矩阵得到不含非独立变量的整体系统的相关矩阵,即仅含有独立变量的隧道-土体广义位移坐标的运动方程为:

$$[\boldsymbol{M}^*_{ts}]\{\ddot{\boldsymbol{T}}_{ts}\}+[\boldsymbol{C}^*_{ts}]\{\dot{\boldsymbol{T}}_{ts}\}+[\boldsymbol{K}^*_{ts}]\{\boldsymbol{T}_{ts}\}=\{\boldsymbol{F}^*_{ts}\} \tag{7-62}$$

其中,$[\boldsymbol{M}^*_{ts}]$、$[\boldsymbol{C}^*_{ts}]$、$[\boldsymbol{K}^*_{ts}]$ 和 $\{\boldsymbol{F}^*_{ts}\}$ 分别为隧道-土体系统的综合质量矩阵、阻尼矩阵、刚度矩阵和荷载向量,$\{\ddot{\boldsymbol{T}}_{ts}\}$、$\{\dot{\boldsymbol{T}}_{ts}\}$ 和 $\{\boldsymbol{T}_{ts}\}$ 分别为隧道-土体系统的综合广义加速度坐标、速度坐标和位移坐标。

7.2.4 半解析黏弹性边界

时域内隧道-土体半解析子结构模型属于半解析有限元模型的范畴,因而与常规有限元数值方法相同，均需要从无限的土体介质中截取有限的尺寸作为计算区域，而模拟无限远土体介质的辐射阻尼作用是进行结构与土体动力相互作用问题的关键环节，通常做法为在计算区域的外部边界上施加相应的人工边界条件。黏弹性边界由于其良好的时空解耦性、较强的模型适应性及重要的频率稳定性而在常规有限元数值方法中有着广泛的应用，本节将推导适用于本章半解析子结构模型的半解析黏弹性边界的附加刚度矩阵和附加阻尼矩阵，以保证模型动力计算的准确性。

黏弹性人工边界可以通过在计算区域外边界连续均匀分布弹簧-阻尼体系来实现，其中的法向和切向弹簧刚度和阻尼系数的取值见式：

$$\begin{cases} K_{\mathrm{BT}} = \alpha_{\mathrm{T}} \dfrac{G_{\mathrm{s}}}{R} \\ K_{\mathrm{BN}} = \alpha_{\mathrm{N}} \dfrac{G_{\mathrm{s}}}{R} \\ C_{\mathrm{BT}} = \rho_{\mathrm{s}} c_{\mathrm{s}} \\ C_{\mathrm{BN}} = \rho_{\mathrm{s}} c_{\mathrm{p}} \end{cases} \tag{7-63}$$

其中，K_{BT}和K_{BN}为弹簧的切向刚度和法向刚度，C_{BT}和C_{BN}为切向阻尼和法向阻尼，α_{T}和α_{N}为黏弹性人工边界的切向和法向修正系数，G_{s}为隧道周边土体的剪切模量，R为振源到黏弹性边界的距离，ρ_{s}为隧道周边土体的密度，c_{s}和c_{p}为隧道周边土体中的S波和P波的波速，其计算公式如下：

$$\begin{cases} c_{\mathrm{s}} = \sqrt{\dfrac{G_{\mathrm{s}}}{\rho_{\mathrm{s}}}} \\ c_{\mathrm{p}} = \sqrt{\dfrac{\lambda + 2G_{\mathrm{s}}}{\rho_{\mathrm{s}}}} \end{cases} \tag{7-64}$$

其中，λ为隧道周边土体的拉梅常数。

对于隧道-土体半解析子结构模型中的粘弹性边界而言，以作用点在$\theta=0$面内轴对称荷载时的土体位移解函数为例，最外层土体的位移可表示为：

$$\begin{Bmatrix} u_{\mathrm{sou}} \\ v_{\mathrm{sou}} \\ w_{\mathrm{sou}} \end{Bmatrix} = \sum_{m=1}^{N_{\mathrm{sx}}} \sum_{n=1}^{N_{\mathrm{s}\theta}} \left\{ \begin{bmatrix} X'_{\mathrm{sm}}(x)\cos n\theta & 0 & 0 \\ 0 & X_{\mathrm{sm}}(x)\sin n\theta & 0 \\ 0 & 0 & X_{\mathrm{sm}}(x)\cos n\theta \end{bmatrix} \begin{Bmatrix} T_{\mathrm{osmnu}}^{\mathrm{out}} \\ T_{\mathrm{osmnv}}^{\mathrm{out}} \\ T_{\mathrm{osmnw}}^{\mathrm{out}} \end{Bmatrix} \right\} \tag{7-65}$$

其中，u_{sou}，v_{sou}和w_{sou}分别为最外层环状层单元外表面沿轴向、切向和径向的位移分量；$T_{\mathrm{osmnu}}^{\mathrm{out}}$，$T_{\mathrm{osmnv}}^{\mathrm{out}}$和$T_{\mathrm{osmnw}}^{\mathrm{out}}$分别为最外层环状层单元外表面沿轴向、切向和径向的广义位移坐标。

令：

$$[\boldsymbol{N}]_{\mathrm{mn}} = \begin{bmatrix} X'_{\mathrm{sm}}(x)\cos n\theta & 0 & 0 \\ 0 & X_{\mathrm{sm}}(x)\sin n\theta & 0 \\ 0 & 0 & X_{\mathrm{sm}}(x)\cos n\theta \end{bmatrix} \tag{7-66}$$

$$\{\boldsymbol{\delta}\}_{mn} = \{T_{osmnu}^{out} \quad T_{osmnv}^{out} \quad T_{osmnw}^{out}\}^{\mathrm{T}} \tag{7-67}$$

将式(7-65)和式(7-66)代入式3-64中可得：

$$\begin{Bmatrix} u_{sou} \\ v_{sou} \\ w_{sou} \end{Bmatrix} = \sum_{m=1}^{N_{sx}}\sum_{n=1}^{N_{s\theta}} [\boldsymbol{N}]_{mn} \{\boldsymbol{\delta}\}_{mn} = [\boldsymbol{N}]\{\boldsymbol{\delta}\} \tag{7-68}$$

其中，

$$[\boldsymbol{N}] = [\boldsymbol{N}_{11} \quad \boldsymbol{N}_{12} \quad \cdots \quad \boldsymbol{N}_{21} \quad \boldsymbol{N}_{22} \quad \cdots \quad \cdots \quad \boldsymbol{N}_{N_{sx}N_{s\theta}}] \tag{7-69}$$

$$\{\boldsymbol{\delta}\} = \{\boldsymbol{\delta}_{11} \quad \boldsymbol{\delta}_{12} \quad \cdots \quad \boldsymbol{\delta}_{21} \quad \boldsymbol{\delta}_{22} \quad \cdots \quad \cdots \quad \boldsymbol{\delta}_{sN_{sx}N_{s\theta}}\}^{\mathrm{T}} \tag{7-70}$$

黏弹性人工边界的均匀分布的弹簧刚度矩阵和阻尼矩阵为：

$$\begin{cases} [K_b] = \begin{bmatrix} K_{BT} & & \\ & K_{BT} & \\ & & K_{BN} \end{bmatrix} \\ [C_b] = \begin{bmatrix} C_{BT} & & \\ & C_{BT} & \\ & & C_{BN} \end{bmatrix} \end{cases} \tag{7-71}$$

则隧道-土体动力响应的半解析子结构模型的黏弹性人工边界单元的刚度矩阵及阻尼矩阵可由以下公式计算：

$$\begin{aligned} [K_{vs}] &= \iint [\boldsymbol{N}_{os}]^{T}[K_b][\boldsymbol{N}_{os}]dA \\ &= R_b\int_0^L\int_0^{2\pi} \{\mathrm{diag}(k_{vs11} \quad k_{vs12} \quad \cdots \quad k_{vs21} \quad k_{vs22} \quad \cdots \quad k_{vsmn})\}\,\mathrm{d}x\mathrm{d}\boldsymbol{\theta} \end{aligned} \tag{7-72}$$

$$\begin{aligned} [C_{vs}] &= \iint [\boldsymbol{N}_{os}]^{T}[C_b][\boldsymbol{N}_{os}]dA \\ &= R_b\int_0^L\int_0^{2\pi} \{\mathrm{diag}(c_{vs11} \quad c_{vs12} \quad \cdots \quad c_{vs21} \quad c_{vs22} \quad \cdots \quad c_{vsmn})\}\,\mathrm{d}x\mathrm{d}\boldsymbol{\theta} \end{aligned} \tag{7-73}$$

其中，$[K_{vs}]$和$[C_{vs}]$为黏弹性边界附加刚度矩阵和附加阻尼矩阵，A为均布黏弹性弹簧阻尼的面域，R_b为黏弹性边界半径，k_{vsmn}和c_{vsmn}的取值如下：

$$\begin{aligned} k_{vsmn} &= [\boldsymbol{N}_{osmn}]^{\mathrm{T}}[K_b][\boldsymbol{N}_{osmn}] \\ &= \begin{bmatrix} k_{bt}[X'_{sm}(x)\cos n\boldsymbol{\theta}]^2 & 0 & 0 \\ 0 & k_{bt}[X_{sm}(x)\sin n\boldsymbol{\theta}]^2 & 0 \\ 0 & 0 & k_{bn}[X_{sm}(x)\cos n\boldsymbol{\theta}]^2 \end{bmatrix} \end{aligned} \tag{7-74}$$

$$c_{vsmn} = [\boldsymbol{N}_{osmn}]^{\mathrm{T}}[C_b][\boldsymbol{N}_{osmn}]$$

$$=\begin{bmatrix} c_{\mathrm{bt}}\left[X'_{\mathrm{sm}}(x)\cos n\theta\right]^2 & 0 & 0 \\ 0 & c_{\mathrm{bt}}\left[X_{\mathrm{sm}}(x)\sin n\theta\right]^2 & 0 \\ 0 & 0 & c_{\mathrm{bn}}\left[X_{\mathrm{sm}}(x)\cos n\theta\right]^2 \end{bmatrix} \tag{7-75}$$

将计算得到的黏弹性边界附加刚度矩阵和附加阻尼矩阵直接组装到与此对应的隧道-周边土体系统的整体刚度矩阵中,即可完成适用于隧道-周边土体半解析子结构动力分析的半解析三维黏弹性人工边界的施加。此外,作用点在 $\theta=0$ 面内非轴对称荷载时的土体位移解函数的情况与此相同。

7.2.5 动力方程的求解

在前述求得隧道-土体系统振动的整体方程的基础上,将黏弹性边界附加刚度矩阵 $[K_{\mathrm{vs}}]$ 和附加阻尼矩阵 $[C_{\mathrm{vs}}]$ 直接组装到整体刚度矩阵中,得到最终的隧道-土体广义位移坐标的运动方程为:

$$[\boldsymbol{M}_{\mathrm{ts}}]\{\ddot{\boldsymbol{T}}_{\mathrm{ts}}\}+[\boldsymbol{C}_{\mathrm{ts}}]\{\dot{\boldsymbol{T}}_{\mathrm{ts}}\}+[\boldsymbol{K}_{\mathrm{ts}}]\{\boldsymbol{T}_{\mathrm{ts}}\}=\{\boldsymbol{F}_{\mathrm{ts}}\} \tag{7-76}$$

其中,$[\boldsymbol{M}_{\mathrm{ts}}]$、$[\boldsymbol{C}_{\mathrm{ts}}]$、$[\boldsymbol{K}_{\mathrm{ts}}]$ 和 $\{\boldsymbol{F}_{\mathrm{ts}}\}$ 分别为隧道-土体系统的综合质量矩阵、阻尼矩阵、刚度矩阵和荷载向量,$\{\ddot{\boldsymbol{T}}_{\mathrm{ts}}\}$、$\{\dot{\boldsymbol{T}}_{\mathrm{ts}}\}$ 和 $\{\boldsymbol{T}_{\mathrm{ts}}\}$ 分别为隧道-土体系统的广义加速度坐标、速度坐标和位移坐标。

求解此动力方程采用由翟婉明院士首次提出的新型快速数值积分方法(翟方法[7]),该方法经过长期的理论及实践证明其具有较高的稳定性和精度,其计算格式如下:

$$\begin{cases} \{\boldsymbol{T}_{\mathrm{ts}}\}_{n+1}=\{\boldsymbol{T}_{\mathrm{ts}}\}_{\mathrm{n}}+\{\dot{\boldsymbol{T}}_{\mathrm{ts}}\}_{\mathrm{n}}\Delta t+(0.5+\psi)\{\ddot{\boldsymbol{T}}_{\mathrm{ts}}\}_{\mathrm{n}}\Delta t^2-\psi\{\ddot{\boldsymbol{T}}_{\mathrm{ts}}\}_{n-1}\Delta t^2 \\ \{\dot{\boldsymbol{T}}_{\mathrm{ts}}\}_{n+1}=\{\dot{\boldsymbol{T}}_{\mathrm{ts}}\}_{\mathrm{n}}+(1+\varphi)\{\ddot{\boldsymbol{T}}_{\mathrm{ts}}\}_{\mathrm{n}}\Delta t-\varphi\{\ddot{\boldsymbol{T}}_{\mathrm{ts}}\}_{n-1}\Delta t \\ \{\ddot{\boldsymbol{T}}_{\mathrm{ts}}\}_{n+1}=[\boldsymbol{M}_{\mathrm{ts}}]^{-1}\{\{\boldsymbol{F}_{\mathrm{ts}}\}_{n+1}-[\boldsymbol{K}_{\mathrm{ts}}]\{\boldsymbol{T}_{\mathrm{ts}}\}_{n+1}-[\boldsymbol{C}_{\mathrm{ts}}]\{\dot{\boldsymbol{T}}_{\mathrm{ts}}\}_{n+1}\} \end{cases} \tag{7-77}$$

其中,$\{\boldsymbol{T}_{\mathrm{ts}}\}_{n+1}$,$\{\dot{\boldsymbol{T}}_{\mathrm{ts}}\}_{n+1}$ 和 $\{\ddot{\boldsymbol{T}}_{\mathrm{ts}}\}_{n+1}$ 分别为 $\{\boldsymbol{T}_{\mathrm{ts}}\}$,$\{\dot{\boldsymbol{T}}_{\mathrm{ts}}\}$ 和 $\{\ddot{\boldsymbol{T}}_{\mathrm{ts}}\}$ 在 $t=(n+1)\Delta t$ 时刻的近似值;ψ 和 φ 为控制计算稳定性和数值耗散的参数。

7.3 计算参数的确定

动力问题的计算效率与单元形式、时间步长等因素有关,为了更为有效的获得计算结果,有必要对计算参数的选取进行讨论。

7.3.1 隧道单元形式

前述内容详细地介绍了时域内隧道-土体振动的系统动力方程的建立、半解析黏弹性边界条件的施加以及系统动力方程的求解。在半解析模型中,隧道可以使用薄壁圆柱壳单元和环状层单元进行模拟,实体单元在一定程度上更加符合工程实际,薄壳单元对结构进行了适当的简化，计算效率更高，所以本节将首先依据数值试算结果确定隧道的单元形式。用于数值试算的工况为隧道-土体系统受到单一集中简谐荷载作用下的相关响应。

计算范围长度50m，直径36m，隧道直径6m，土体共分为14个单元，单元最小厚度为0.2m，隧道采用实体单元或壳单元模拟，隧道与土体单元的轴向模态阶数取为120，横向模态阶数取为15，土体及隧道结构的基本参数见表7-1，荷载作用于隧道单元（$x=25\text{m},\theta=0°$）位置，方向为沿系统径向向外，计算中所采用的时间步长为较小步长 $\Delta t=1\times10^{-6}\text{s}$（保证计算精度）。

相关结构参数　　表7-1

参数 / 结构	动弹性模量（Pa）	动泊松比	密度（kg/m^3）	厚度（m）	直径（m）
隧道	501000	0.3	2 500	0.25	6
土体	550	0.44	2 000	—	—

图7-8为隧道为壳单元和实体单元时隧道底部（$\theta=0°$）径向位移和轴向位移的对比（切向位移均为0），由图可知，壳单元和实体单元情况下的隧道位移响应非常相近，仅在荷载作用点前后2m范围内隧道底部的轴向位移形态有所区别：壳单元隧道位移变化更为平滑。

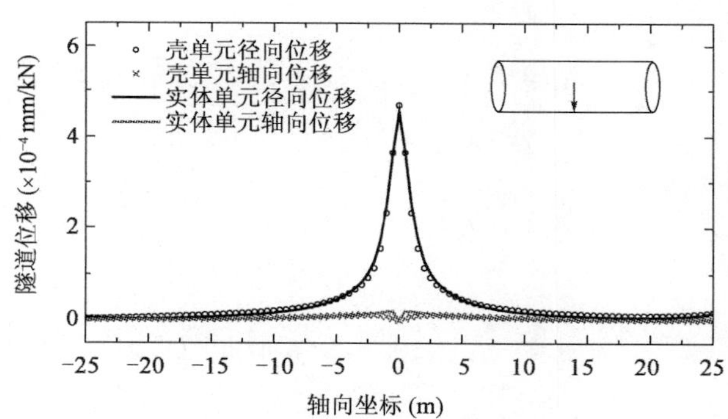

图7-8　隧道底部径向位移及轴向位移的对比

图7-9为隧道在荷载作用点处一周的径向位移、切向位移和轴向位移的对比，由图可知，壳单元和实体单元情况下的各向隧道位移响应非常相近，仅在荷载作用点左右各30°范围内隧道底部的切向位移形态有所区别：实体单元的切向位移稍大一些。

图7-10为径向位移沿水平和竖直方向的衰减对比。由图可知，沿竖向的径向位移数值更大，衰减更快，但总体上隧道使用壳单元和实体单元时的径向位移沿竖向和水平向衰减曲线呈现很高的吻合度。

综合上述试算中隧道模拟为壳单元和实体单元时的隧道底部位移、荷载作用点一周位移以及位移沿水平和竖向的衰减对比可知，总体上壳单元和实体单元的计算结果具有很高的吻合度，仅有部分区域有所差别，为提高计算效率，在本章中之后所使用的隧道-土体半解析子结构模型中隧道均使用壳单元进行模拟。

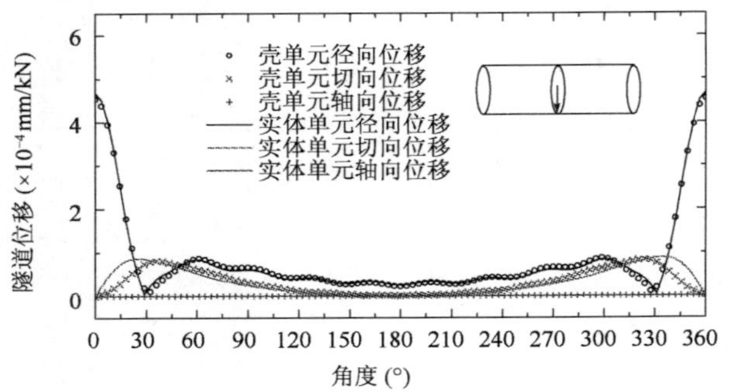

图 7-9　荷载作用点隧道一周的位移对比

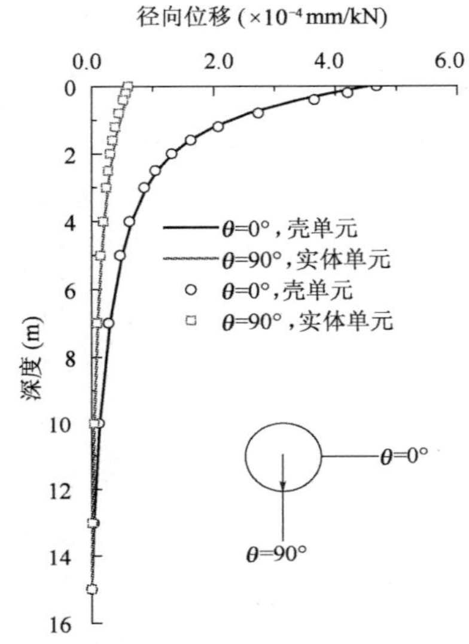

图 7-10　径向位移沿水平和竖直方向的衰减对比

7.3.2　时间步长

由于在上述隧道单元选择的数值试算中，相关计算参数（时间步长、轴向截止模态阶数和环向截止模态阶数）均选择较为保守的数值，为了进一步确定隧道-土体半解析子结构模型的计算参数，现对其进行必要的数值试算。

使用与隧道单元选择试算时相同的计算参数，计算在 5Hz 及 65Hz 频率的简谐荷载作用下取不同计算时步（$\Delta t=5\times10^{-5}$s、$\Delta t=1\times10^{-5}$s、$\Delta t=1\times10^{-6}$s 和 $\Delta t=1\times10^{-7}$s）时隧道底部的径向位移，计算结果如图 7-11 所示（以 5Hz 简谐荷载为例，65Hz 曲线形态相同，此处不赘述）。

由图 7-11 可知，取值为该范围内的不同时间步长时，隧道的径向位移的计算结果相差非常小，但计算显示当时间步长 $\Delta t>5\times10^{-5}$s 时，计算结果已不收敛，而继续缩小时步 $\Delta t=1\times10^{-7}$s 也并没有带来计算精度的改善，所以，通过详尽的数值试算，采用新型显示积分方法求解本节工况下的隧道-土体半解析子结构模型时,最大的有效计算时间步长为 $\Delta t = 5\times10^{-5}$s。

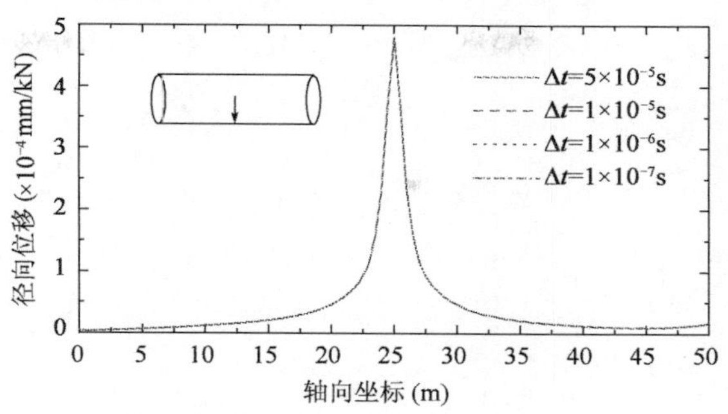

7-11 5Hz 频率简谐荷载下积分步长对隧道径向振动位移的影响

7.3.3 模态截止阶数

在隧道-土体半解析子结构模型中轴向和环向通过模态叠加法计算,因此只有选择合适的模态截止阶数才能够既保证计算精度又能够最大限度提高计算效率,下面将通过试算法确定模型模态截止阶数。试算的隧道与土体计算参数与时步确定时选择的参数相同,隧道与土体的各向模态阶数相同,轴向模态阶数从 40 到 180 变化,环向模态阶数从 5 到 20 变化,荷载频率为 5Hz 和 65Hz。

图 7-12 为隧道底部径向位移随轴向模态截止阶数变化图(以 5Hz 简谐荷载为例,65Hz 曲线形态相同,此处不赘述),由图可知,随着轴向截止模态阶数的增加,隧道径向位移曲线的形态更加光滑,当模态阶数过小时,曲线上有明显的波动,将不同轴向模态截止阶数下隧道径向位移的最大值绘制于图 7-13。

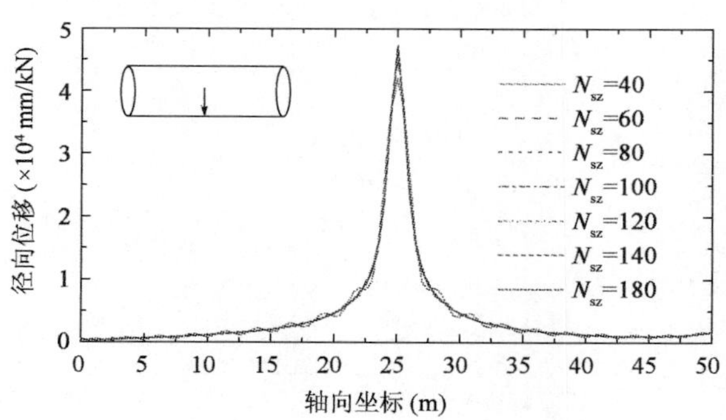

图 7-12 隧道径向位移随轴向模态阶数变化

由图 7-13 可知,随着轴向模态截止阶数的增加,隧道径向位移最大值逐渐增大,并趋于稳定,观察可知对于 5Hz 和 65Hz 简谐荷载而言,当模态阶数大于 100 以后,隧道径向位移的最大值已经基本不随模态截止阶数变化,故认为在此类试算工况下,隧道-土体半解析子结构模型的轴向模态阶数须大于 100。

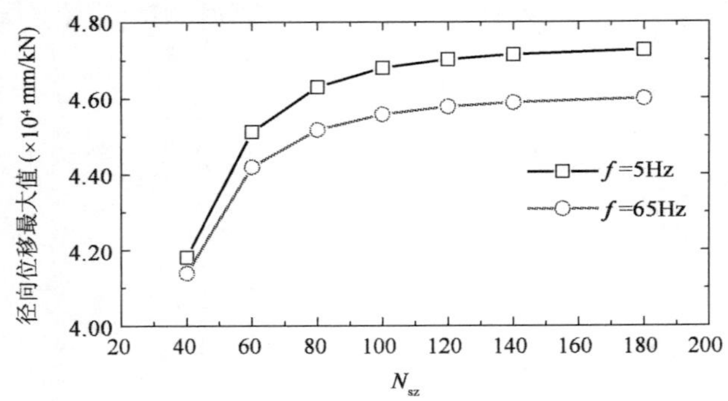

图 7-13 隧道径向位移最大值随轴向模态阶数变化

图 7-14 为隧道在荷载作用点处一周的径向位移随环向模态截止阶数变化图，由图可知，对于所有的环向模态截止阶数隧道径向位移在荷载作用点两侧 30°位置都出现最小值，当环向模态截止阶数过小时隧道径向位移波动较大，将不同环向截止模态阶数下的隧道径向位移最大值绘制于图 7-15。

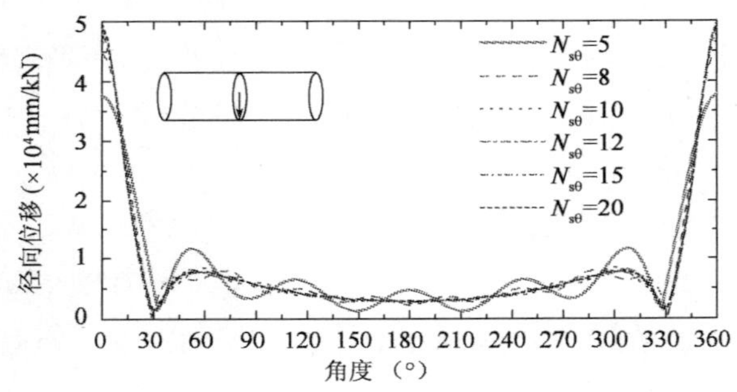

图 7-14 隧道径向位移随环向模态截止阶数变化

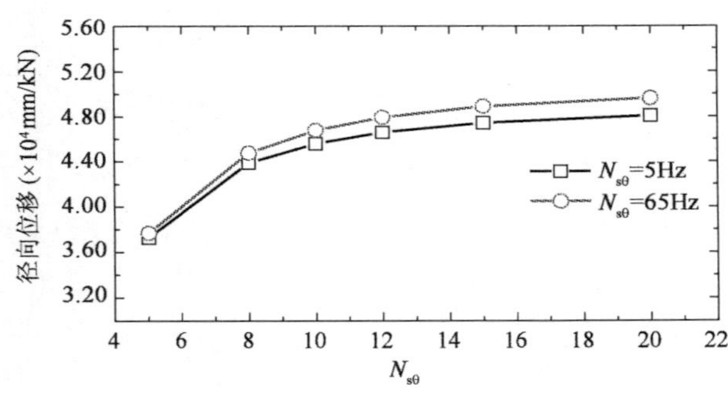

图 7-15 隧道径向位移最大值随环向模态截止阶数变化

由图 7-15 可知，随着环向模态截止阶数的增加，隧道径向位移最大值逐渐增大，并趋于稳定，观察可知对于 5Hz 和 65Hz 简谐荷载而言，当环向模态阶数大于 12 以后，隧道径向位移的最大值已经基本不随模态截止阶数变化，故认为在此类试算工况下，隧道-土体半解析子结构模型的环向模态阶数须大于 12。

在确定新型显式积分时间步长、模型轴向和环向截止模态阶数之后，即可使用隧道-土体半解析动力子结构模型，计算相关荷载作用下隧道和土体的动力响应。

7.4　隧道-土体动力响应分析

为了对上述方法的可靠性进行验证，选取典型的算例进行对比性分析，研究简谐荷载和移动荷载作用下系统的动力响应特征。

7.4.1　简谐荷载作用下隧道-土体动力响应的对比分析

与 PiP 模型计算得到的稳态结果相比，本章提出的隧道-土体半解析子结构模型计算得到的结果是时域范围内的时变结果，在荷载的形式为简谐荷载的情况下，可以通过计算足够数量的循环振次的相关响应，以确保系统处于稳定状态，统计得到各位置处系统的响应幅值，与 PiP 模型计算得到的响应幅值进行对比。选取工况为隧道-土体系统在固定位置的正弦点荷载作用下的动力响应，荷载频率为 5Hz，隧道和土体的参数与 7.3 节中参数相同，本节将分别使用薄壁圆柱壳体单元和环状层单元模拟隧道，模型计算参数依 7.3 节确定，对比的计算结果包括径向、轴向和切向位移沿 x 方向、θ 方向和 r 方向上的变化规律。

图 7-16 中对比了时域内隧道-土体模型与 PiP 模型计算结果中隧道位移（$\theta = 0°$，$r = 3$m）沿 x 方向的变化规律。图中位移值为负的情况意味着其位移的方向与 7.2 节中指定的坐标的正方向相反。从图中可以看出，隧道径向位移关于荷载作用点对称分布，在荷载作用点处取得最大值。隧道轴向位移亦关于荷载作用点对称分布，使用环状层单元模拟隧道结构取得的隧道位移结果要高于使用薄壁圆柱壳单元模拟隧道结构的结果。使用薄壁圆柱壳单元模拟隧道结构的轴向位移结果与 PiP 模型结果吻合度较高，且均在距离荷载作用点约 2.0m 处取得最大值。

图 7-17 中对比了时域内隧道-土体模型与 PiP 模型计算结果中隧道位移（$x = 0$m，$r = 3$m）沿 θ 方向的变化规律。从图中可以看出，时域内隧道-土体模型与 PiP 模型中隧道径向位移关于荷载作用点对称分布，在荷载作用点两侧 30°位置取得最小值。隧道切向位移亦关于荷载作用点对称分布，但方向相反。与使用环状层单元模拟隧道相比，使用薄壁圆柱壳单元模拟隧道结构的轴向位移结果与 PiP 模型结果吻合度较高，且均在距离荷载作用点约 30°处取得最大值。

图 7-18 中对比了时域内隧道-土体模型与 PiP 模型计算结果中隧道位移（$x = 0$m，$\theta = 0°$ 或 $\theta = 90°$）沿 r 方向的变化规律。从图中可以看出，PiP 模型的计算结果比时域内隧道-土体模型的结果稍大，时域内模型的计算结果衰减更快。与使用环状层单元模拟隧道相比，使用薄壁圆柱壳单元模拟隧道结构的轴向位移结果与 PiP 模型结果吻合度较高。土体的径向位移在距离隧道底部约 13m 时已衰减为最大值的 10%。

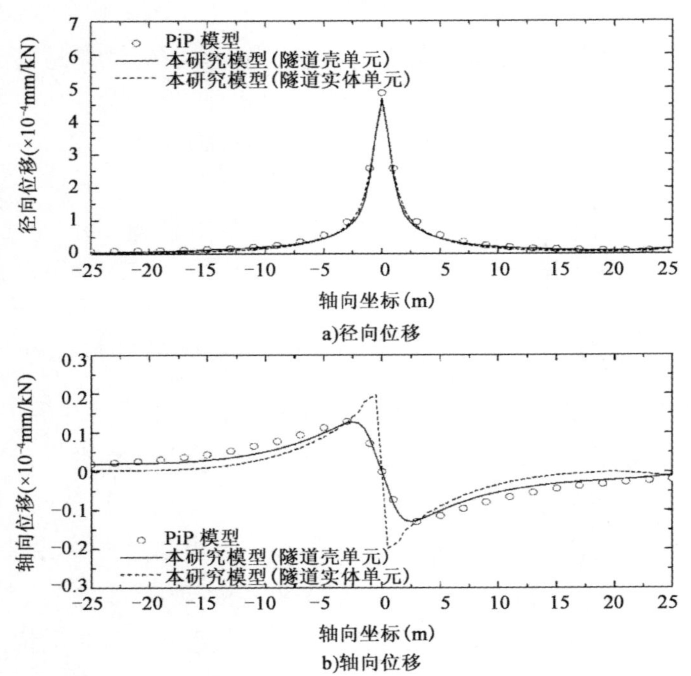

a)径向位移

b)轴向位移

图 7-16　隧道位移沿 x 方向的分布

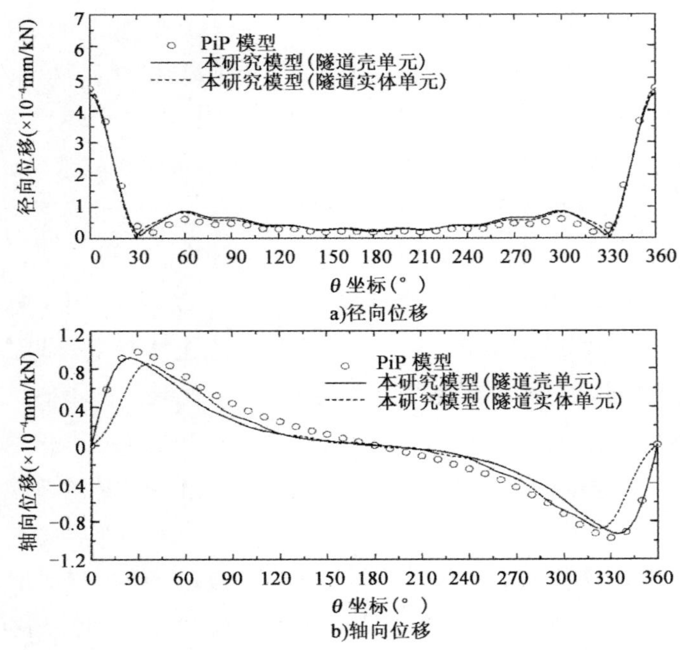

a)径向位移

b)轴向位移

图 7-17　隧道位移沿 θ 方向的分布

时域内隧道-土体模型计算结果与 PiP 模型计算结果差异的原因在于:PiP 模型在轴向上使用波数离散、环向使用三角级数叠加、径向上解析求解,模型的计算域为全空间域,没有截断边界的影响；而时域内模型在轴向上使用梁函数叠加、环向使用三角级数叠加、径向上进行离散处理，模型的计算域为所截取的三维圆柱空间，受截断边界的制约，相比 PiP 模型而言，时域内模型解析度更低，但也因此而具有更高的适用性，能够适用于更加复杂的荷载形式、非线性问题等工程情况。

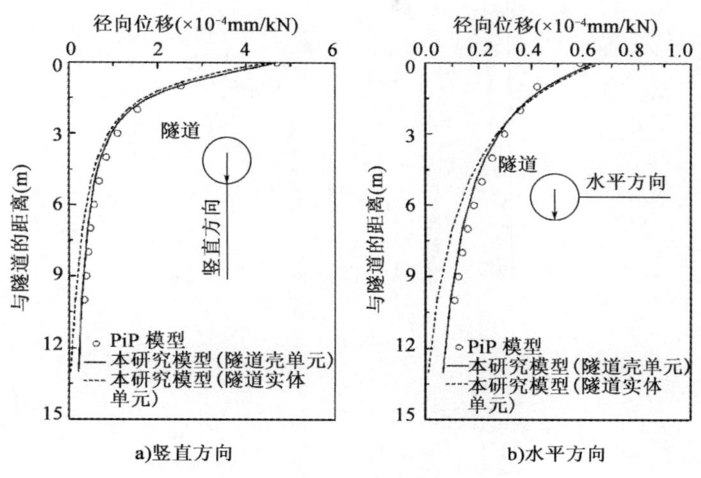

图 7-18　隧道位移沿 r 方向的分布

7.4.2　简谐荷载作用下隧道-土体动力响应分布特征

图 7-19 为 5Hz 简谐荷载作用下土体在荷载达到最大值时，断面 A($x=25$m，即荷载作用点)的径向位移云图、径向正应力σ_r 云图、剪应力$\tau_{\theta r}$云图和剪应力τ_{rx}云图(由于断面($x=25$m)内剪应力τ_{rx}始终为零，故此处选择断面为($x=25.5$m)断面，即荷载作用点附近)。由图可知：在固定位置的简谐荷载作用下，土体的振动响应主要集中于荷载作用点两侧各 30°范围内，并沿径向迅速衰减，在距离隧道外侧 2D(D 为隧道外径，下同)处土体的振动响应已基本为 0；在振动响应的主要影响区域两侧分别出现了一定范围径向位移和径向正应力为负值的情况，该现象的主要原因为模型的假设中认为隧道和周边土体位移连续，在径向荷载作用下隧道在荷载作用点附近产生较大径向位移，进而周边壳体结构产生轻微翘曲，带动土体产生负的径向位移和径向应力，然而该负值响应的绝对数值较小，约为响应峰值的 7% ~10%；剪应力$\tau_{\theta r}$在荷载作用点两侧各 15°位置出现最大值，两侧方向相反，在 $\theta=0°$位置，剪应力$\tau_{\theta r}$为 0；(4)剪应力τ_{rx}在位置($\theta=0°$，$r=3.5$m)附近出现最大值，其影响范围集中在荷载作用点左右 30°范围以内。

图 7-20 为 5Hz 简谐荷载作用下土体在荷载达到最大值时，断面 B($\theta=0°$，即荷载作用点)的径向位移云图、径向应力σ_r 云图、剪应力τ_{rx}云图和剪应力$\tau_{\theta r}$云图(由于断面($\theta=0°$)内剪应力$\tau_{\theta r}$始终为零，故此处选择断面为($\theta=15°$)断面，即荷载作用点附近)。由图可知：在固定位置的简谐荷载作用下，径向位移和径向正应力均在荷载作用点位置达到最大值，隧

道和周边土体沿轴向在荷载作用点两侧的动力响应基本完全对称，动力响应在轴向上的影响范围约 2D ~ 3D；剪应力 τ_{rx} 关于荷载作用点位置幅值对称但方向相反，在荷载作用点位置为 0，其最大值出现在荷载作用点两侧约 0.5m 处；剪应力 $\tau_{\theta r}$ 在土体中距离隧道外侧约 0.5m 处（$\theta = 0°$，$r = 3.5$m）出现最大值。

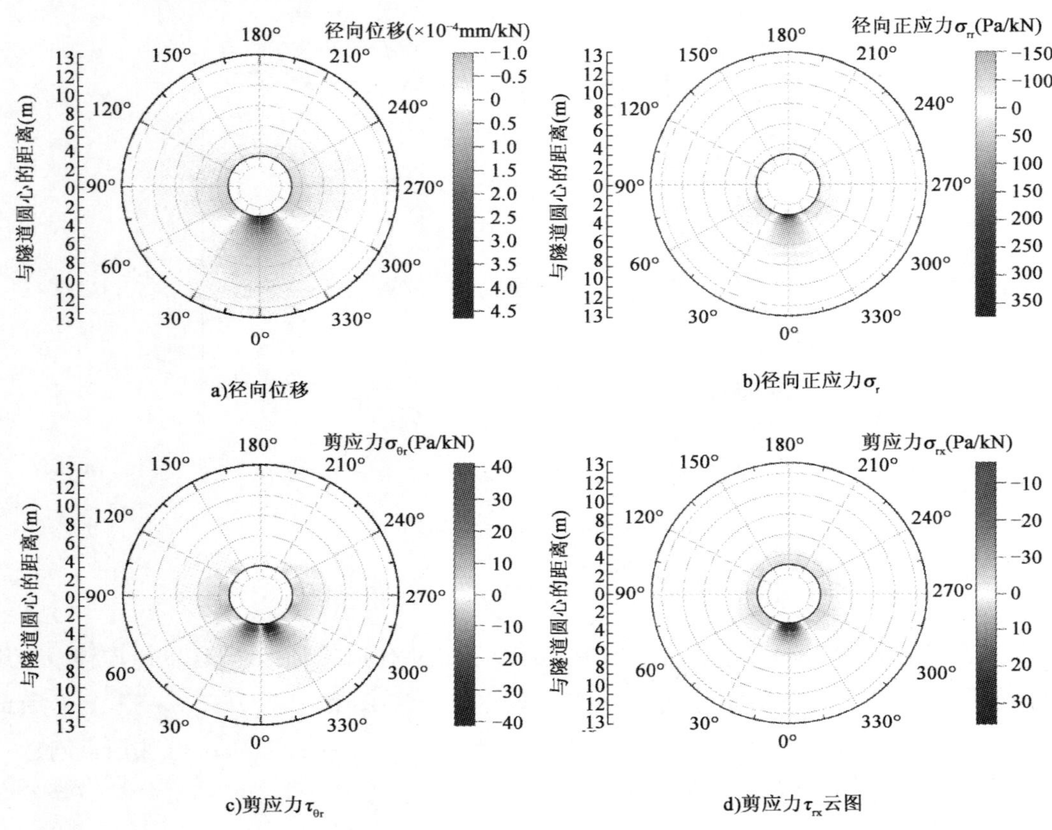

a)径向位移

b)径向正应力 σ_r

c)剪应力 $\tau_{\theta r}$

d)剪应力 τ_{rx} 云图

图 7-19　5Hz 简谐荷载作用下土体的动力响应

7.4.3　列车荷载引起的动力响应

列车荷载可简化为一系列以特定速度移动的轴载，如图 7-21 所示，荷载作用于隧道底部，方向竖直向下（即：$\theta_{pi} = 0, P_{xi} = 0, P_{ti} = 0, P_{vi} = P$），转换为模型中施加的应力表达形式为：

$$
\begin{cases}
q_{tx} = 0 \\
q_{t\theta} = 0 \\
q_{tr} = \dfrac{P}{R_0}\delta(\theta)\sum_{i=1}^{N_p}\delta(x - x_{pi} - v \cdot t)
\end{cases}
\tag{7-78}
$$

式中，P 为列车轴重，v 为车速，N_p 为列车轴载个数；x_{pi} 为第 i 个轴载的初始 x 坐标。

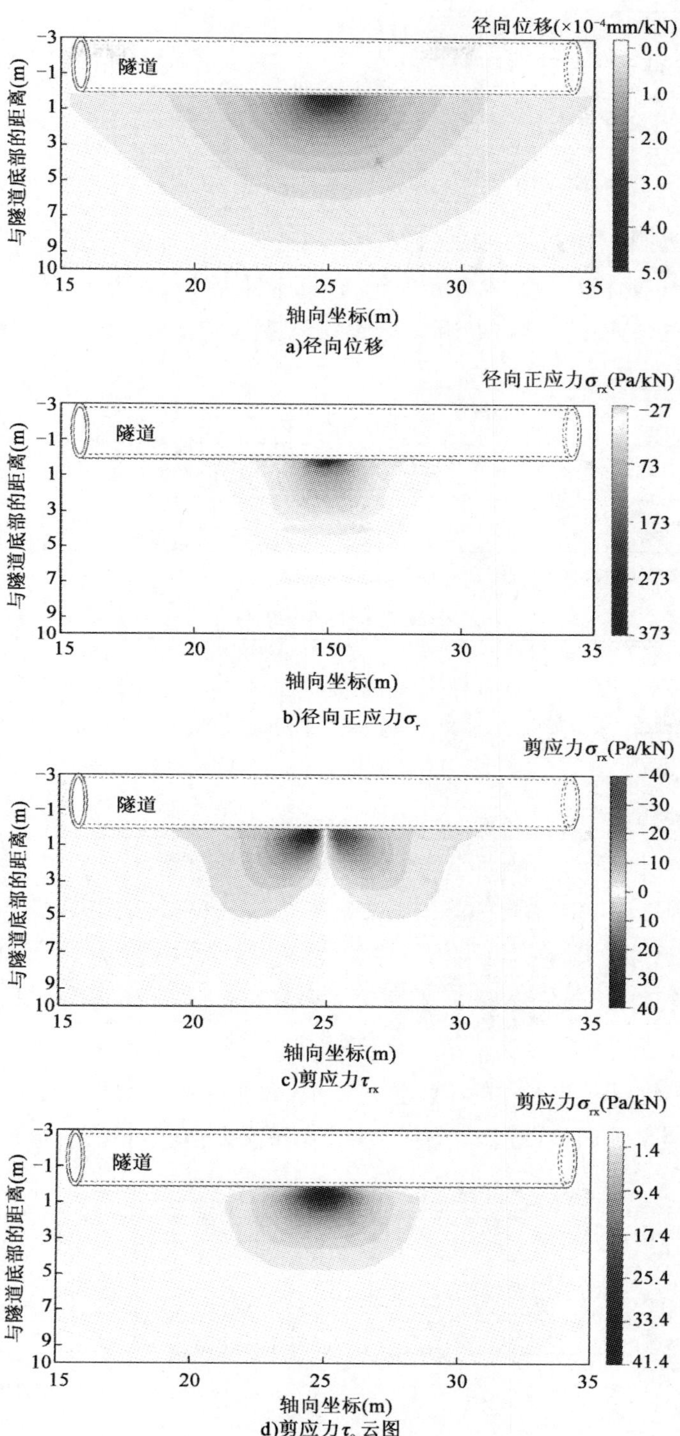

a)径向位移

b)径向正应力σ_r

c)剪应力τ_{rx}

d)剪应力$\tau_{\theta r}$云图

图 7-20 5Hz 简谐荷载作用下土体的动力响应

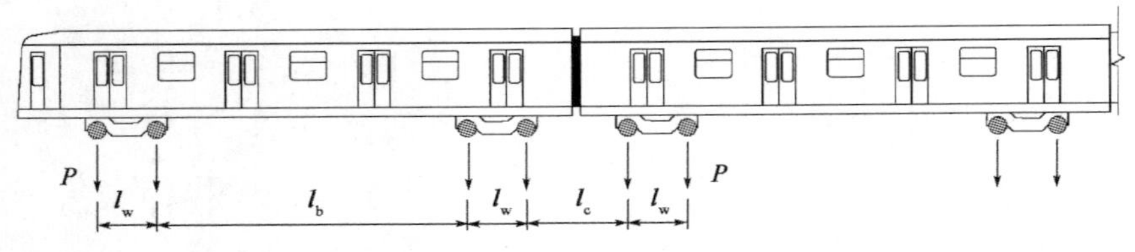

图 7-21　列车荷载简化

计算中简化列车荷载相关参数的选择基于地铁 B 型列车，轴重按满载情况取值 16t，列车行车速度为 80km/h 相关参数列于表 7-2。计算中隧道外径 6.2m，衬砌厚度 0.35m，土体动弹性模量 100MPa，动泊松比 0.44，隧道和土体的相关参数见表 7-3。模型轴向长度 300 米，其中土体环状层单元最大厚度 0.5m，最外层土体环状层单元外表面半径 18m。

列 车 轴 载 参 数　　表 7-2

l_w(m)	l_b(m)	l_c(m)	P(kN)	N_p(m)	θ_{pi}(°)	v(km/h)
2.3	10.3	4.1	160	24*	0	80

注：模型中一列地铁车辆包含 6 节车厢。

隧道和土体参数　　表 7-3

参数 结构	E(Pa)	ν	ρ(kg/m³)	h_0(m)	R_0(m)	L(m)
隧道	50e9	0.3	2500	0.35	3.1	300
土体	100e6	0.44	1800	0.5*	18**	300

注：土体参数中*表示最大土体单元厚度，**表示最大土体单元外表面半径。

为进一步了解隧道土体系统的车致动力响应规律，使用时域内隧道-土体振动的半解析动力子结构模型，计算分析了隧道结构的振动位移以及土体中应力的分布情况。图 7-22 显示了当列车通过隧道中点时隧道底部的振动位移分布。由图 7-22a）可知，隧道的径向位移共有 12 个峰值点，分别对应地铁列车六节车厢的 12 个转向架的作用，同时也意味着在目前的计算工况下每个轮对不能独立的产生位移峰值，每个转向架的两个轮对产生了叠加作用。图 7-22b）为隧道底部纵向位移沿隧道纵向的分布情况。由图可知，隧道纵向位移关于地铁

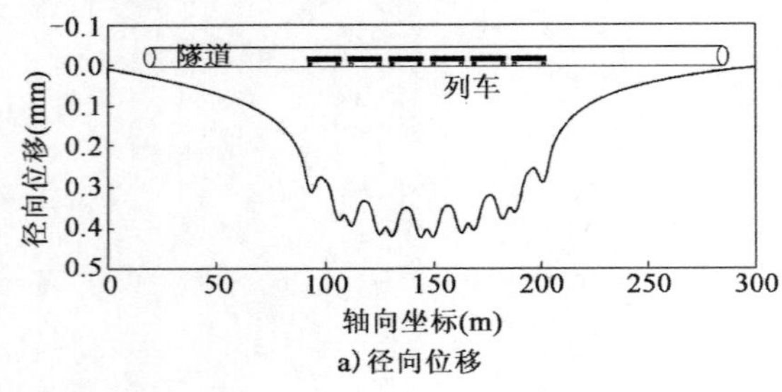

a）径向位移

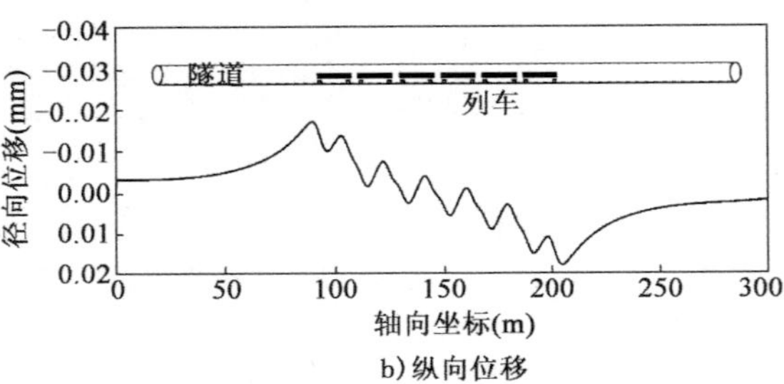

b）纵向位移

图 7-22　隧道振动位移沿纵向的分布

列车系列荷载的中点呈对称分布，纵向位移的最大值约为 0.018mm，大约为其径向位移的二十分之一。

图 7-23 为当列车通过隧道中点时隧道周围土体中车致动应力的分布情况。图 7-23a）为隧道底部正下方土体的正应力（σ_{rr}，σ_{xx}，$\sigma_{\theta\theta}$）沿纵向的分布，与图 7-22a）中径向位移的分布规律相似，对应地铁列车 12 个转向架的作用，土体正应力分布曲线中存在 12 个峰值。在这些正应力中，σ_{rr}最大，σ_{xx}其次，$\sigma_{\theta\theta}$最小。图 7-23b）为隧道底部土体正应力沿深度的衰减规律，由图可知，正应力在隧道正下方土体（即深度为 0m）中取得最大值，然后沿深度方向迅速衰减。在当前的计算工况下，当深度为 10m 时，正应力均衰减为小于其最大值的 10%。图 7-23c）为隧道底部土体中的车致剪应力沿纵向的分布规律。由于模型的对称性关系，剪应力$\tau_{r\theta}$和剪应力$\tau_{x\theta}$均为 0。与正应力情况相似，剪应力$\tau_{r\theta}$分布曲线亦存在 12 个峰值（正负方向均存在）。图 7-23d）为剪应力沿深度上的变化情况，由图可知，剪应力τ_{rx}沿深度方向先增加后逐渐减小，约在距离隧道 0.5m 的深度取得最大值。

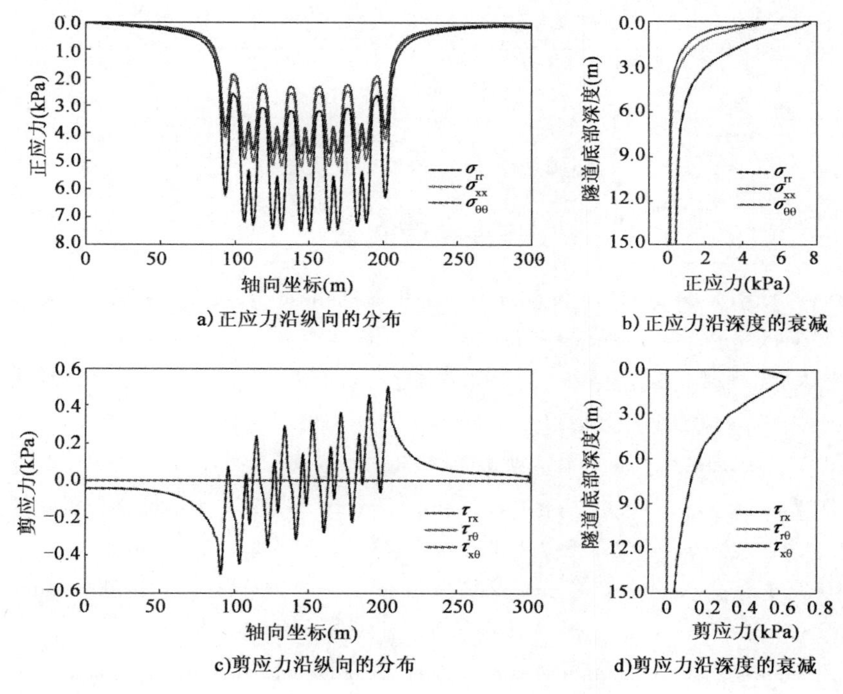

图 7-23　土体中动应力的分布

图 7-24 为在列车荷载作用下隧道下方土体中正应力σ_{rr}和剪应力τ_{rx}的空间分布情况。正应力σ_{rr}最大值约为 7.54kPa，剪应力τ_{rx}最大值约为 0.65kPa，在距离隧道约 10m 时，正应力和剪应力均衰减为接近 0。

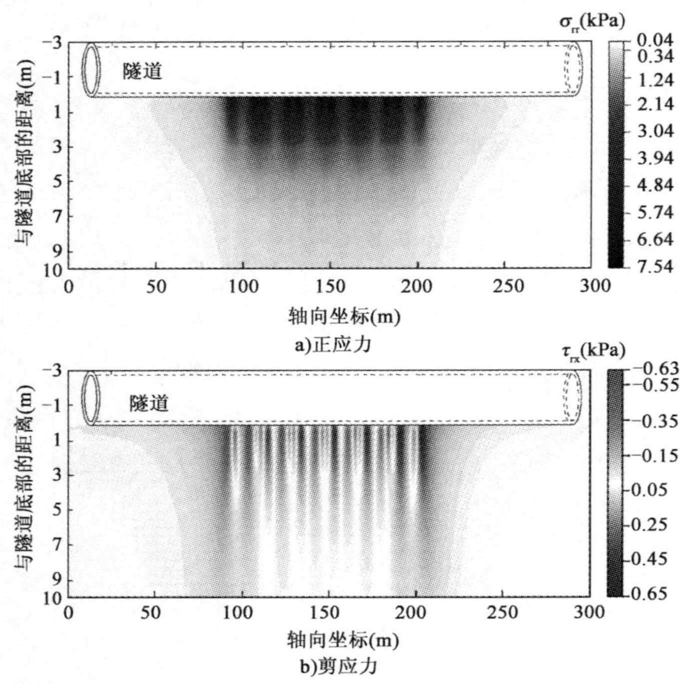

a)正应力

b)剪应力

图 7-24　动应力在平面 $\theta=0°$ 的分布

主要参考文献

[1] Zhou S,Zhang X,Di H,et al. Metro train-track-tunnel-soil vertical dynamic interactions-semi-analytical approach[J]. Vehicle System Dynamics,2018(7):1-24.

[2] 曾小清,曹志远. 半解析数值法在地铁工程双线隧道分析中的应用[J]. 工程力学,1998 (1):46-52.

[3] 王永岩. 动态子结构方法理论及应用[M]. 科学出版社,1999.

[4] Greenwood DT. Advanced dynamics. London:Cambridge University Press;2006.

[5] Elsgolc LD. Calculus of variations. New York:Courier Corporation,2012. [6] 刘晶波,谷音,杜义欣. 一致粘弹性人工边界及粘弹性边界单元[J]. 岩土工程学报,2006,28(9):1070-1075.

[7] Zhai W M. Two simple fast integration methods for large - scale dynamic problems in engineering[J]. International journal for numerical methods in engineering,1996,39(24):4199-4214.

[8] Forrest J A,Hunt H E M. A three-dimensional tunnel model for calculation of train-induced ground vibration [J]. Journal of Sound and Vibration,2006,294(4):678-705.

第8章　时域内车辆-轨道-隧道-土体耦合动力子结构方法

时域内隧道-土体动力响应的半解析子结构法解决了不同荷载(固定荷载和移动荷载)作用下隧道-土体的动力相互作用问题,而工程实际中轨道结构对于系统振动的计算有着重要的影响,且在车辆振动荷载以及非线性轮轨关系的作用下,时域内隧道-土体模型中简单的输入荷载无法准确反映系统特征。实际轨道交通隧道与地层形成的结构体系包含车辆子结构、轨道子结构、隧道子结构和土体子结构以及子结构之间的动力相互作用,如图8-1所示。将车辆视为垂向或空间多刚体系统,将混凝土整体道床和钢轨视为垂向或空间振动的Euler-Bernoulli梁,隧道和土体使用前述建立的半解析动力模型,进而在时域内建立了地铁盾构隧道的车辆-轨道-隧道-土体空间耦合计算方法。

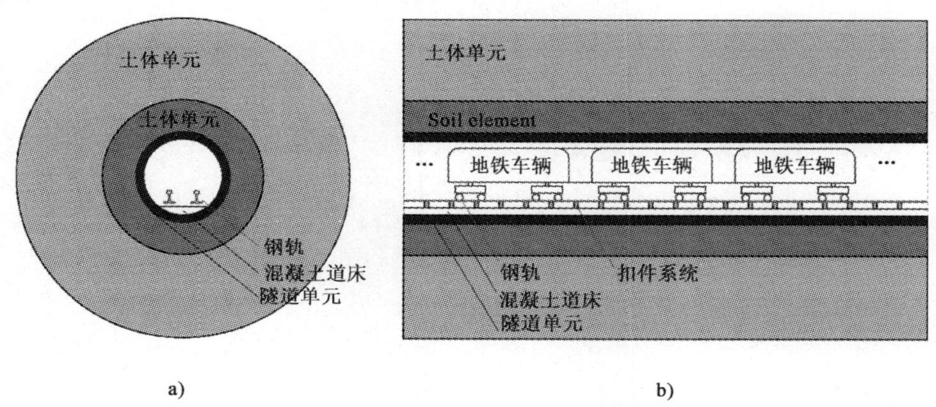

图8-1　车辆-轨道-隧道-土体耦合动力模型

8.1　车辆动力学模型

在进行车辆的动力响应分析时,通常依据研究对象的主要特点,对车辆系统进行不同程度的简化,从最初的单轮对模型、半车模型发展到垂向整车模型和空间整车模型,本章主要介绍车辆垂向作用模型。

车辆的垂向作用模型包括一个车体(质量m_c、转动惯量J_c)、两个转向架(质量m_t、转动惯量J_t)及4个轮对(质量m_w),轮对和转向架之间通过一系悬挂弹簧相连,转向架与车体之间通过二系悬挂弹簧相连,进而能够考虑车体的沉浮运动和点头运动,前后转向架的沉浮运动和点头运动,4个轮对的沉浮运动,共计10个自由度(表8-1),能够完整的反映相关结构的质量、转动惯量、连接刚度和阻尼等结构特性,其模型如图8-2所示。

车辆的垂向作用模型自由度 表8-1

车辆部件	自由度	
	垂向	点头
车体	Z_c	β_c
前构架	Z_{t1}	β_{t1}
后构架	Z_{t2}	β_{t2}
一位轮对	Z_{w1}	—
二位轮对	Z_{w2}	—
三位轮对	Z_{w3}	—
四位轮对	Z_{w4}	—

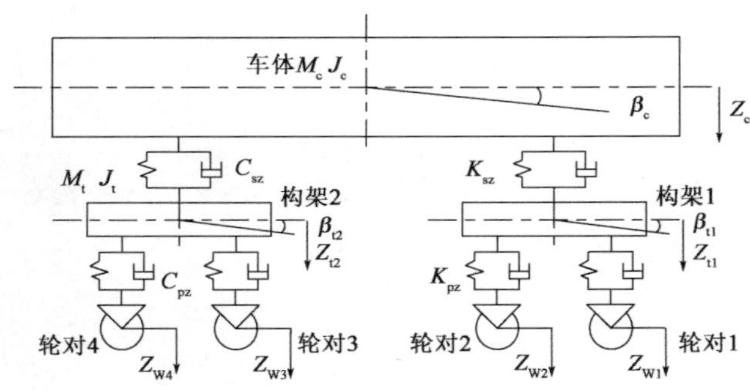

图8-2 车辆垂向动力学模型

车辆垂向运动的运动微分方程可以通过对各个刚体逐一应用达朗贝尔原理获得,通过整理可得车辆的动力学方程如下:

$$[\boldsymbol{M}_v]\{A_v\}+[\boldsymbol{C}_v]\{V_v\}+[\boldsymbol{K}_v]\{X_v\}=\{\boldsymbol{F}_v\} \tag{8-1}$$

其中,$\{A_v\}$、$\{V_v\}$和$\{X_v\}$分别为车辆自由度的加速度、速度和位移向量;$[\boldsymbol{M}_v]$、$[\boldsymbol{C}_v]$、$[\boldsymbol{K}_v]$和$\{\boldsymbol{F}_v\}$分别为车辆系统的质量矩阵、阻尼矩阵、刚度矩阵和荷载向量,其表达式如下:

$$[\boldsymbol{M}_v]=\mathrm{diag}[M_c\ J_c\ M_t\ J_t\ M_t\ J_t\ M_w\ M_w\ M_w\ M_w] \tag{8-2}$$

$$[\boldsymbol{K}_{\mathrm{v}}] = \begin{bmatrix} 2k_{sz} & 0 & -k_{sz} & 0 & -k_{sz} & 0 & 0 & 0 & 0 & 0 \\ & 2k_{sz}l_c^2 & k_{sz}l_c & 0 & -k_{sz}l_c & 0 & 0 & 0 & 0 & 0 \\ & & 2k_{pz}+k_{sz} & 0 & 0 & 0 & -k_{pz} & -k_{pz} & 0 & 0 \\ & & & 2k_{pz}l_t^2 & 0 & 0 & k_{pz}l_t & -k_{pz}l_t & 0 & 0 \\ & & & & 2k_{pz}+k_{sz} & 0 & 0 & 0 & -k_{pz} & -k_{pz} \\ & & & & & 2k_{pz}l_t^2 & 0 & 0 & k_{pz}l_t & -k_{pz}l_t \\ & & & & & & k_{pz} & 0 & 0 & 0 \\ & & & & & & & k_{pz} & 0 & 0 \\ & \text{对称} & & & & & & & k_{pz} & 0 \\ & & & & & & & & & k_{pz} \end{bmatrix} \tag{8-3}$$

$$[\boldsymbol{C}_{\mathrm{v}}] = \begin{bmatrix} 2c_{sz} & 0 & -c_{sz} & 0 & -c_{sz} & 0 & 0 & 0 & 0 & 0 \\ & 2c_{sz}l_c^2 & c_{sz}l_c & 0 & -c_{sz}l_c & 0 & 0 & 0 & 0 & 0 \\ & & 2c_{pz}+c_{sz} & 0 & 0 & 0 & -c_{pz} & -c_{pz} & 0 & 0 \\ & & & 2c_{pz}l_t^2 & 0 & 0 & c_{pz}l_t & -c_{pz}l_t & 0 & 0 \\ & & & & 2c_{pz}+c_{sz} & 0 & 0 & 0 & -c_{pz} & -c_{pz} \\ & & & & & 2c_{pz}l_t^2 & 0 & 0 & c_{pz}l_t & -c_{pz}l_t \\ & & & & & & c_{pz} & 0 & 0 & 0 \\ & & & & & & & c_{pz} & 0 & 0 \\ & \text{对称} & & & & & & & c_{pz} & 0 \\ & & & & & & & & & c_{pz} \end{bmatrix} \tag{8-4}$$

$$\{\boldsymbol{F}_{\mathrm{v}}\} = \{M_c g 0\ M_t g 0\ M_t g 0\ M_w g - 2P_1\ M_w g - 2P_2\ M_w g - 2P_3\ M_w g - 2P_4\} \tag{8-5}$$

其中，k_{pz}和c_{pz}分别为一系悬挂刚度和阻尼；k_{sz}和c_{sz}分别为二系悬挂刚度和阻尼；l_c和l_t分别为车辆定距之半和转向架轴距之半；P_1到P_4分别为单侧车轮轮轨垂向作用力。

8.2　轨道结构动力学模型

轨道子结构包含钢轨及整体道床部分，钢轨和整体道床均可由垂向振动弹性欧拉-伯努利梁模拟。

8.2.1 钢轨动力学模型

将钢轨视为垂向振动的梁单元,其梁单元单位长度的质量为 m_r,抗弯刚度为 $E_r I_r$,在垂向荷载$f(x,t)$的作用下的梁的运动方程为:

$$m_r \frac{\partial^2 u_{rv}(x,t)}{\partial t^2} + E_r I_r \frac{\partial^4 u_{rv}(x,t)}{\partial x^4} = f(x,t) \tag{8-6}$$

其中$u_{rv}(x,t)$为梁的垂向位移,求解此四阶偏微分方程可采用利兹法,钢轨的垂向位移可表示为:

$$u_{rv}(x,t) = [\boldsymbol{N}_r]\{\boldsymbol{\delta}_r\}^{T} \tag{8-7}$$

其中,$[\boldsymbol{N}_r]$为钢轨梁单元的形函数,$\{\boldsymbol{\delta}_r\}$为钢轨梁单元的广义位移坐标,将式 8-7 代入式 8-6 可得钢轨梁单元关于广义位移坐标的动力方程:

$$[\boldsymbol{M}_r]\{\ddot{\boldsymbol{\delta}}_r\} + [\boldsymbol{K}_r]\{\dot{\boldsymbol{\delta}}_r\} = \{\boldsymbol{F}_r\} \tag{8-8}$$

其中,$\{\ddot{\boldsymbol{\delta}}_r\}$为钢轨梁单元的广义加速度坐标,$\{\dot{\boldsymbol{\delta}}_r\}$为钢轨梁单元的广义速度坐标,$[\boldsymbol{M}_r]$,$[\boldsymbol{K}_r]$和$\{\boldsymbol{F}_r\}$分别为钢轨梁单元相应于广义坐标的质量矩阵、刚度矩阵和荷载向量,其取值如下:

$$[\boldsymbol{M}_r] = m_r \cdot diag\left\{\int_0^{l_r} X_{r1}(x)X_{r1}(x)dx \quad \int_0^{l_r} X_{r2}(x)X_{r2}(x)dx \quad \cdots \quad \int_0^{l_r} X_{rN_r}(x)X_{rN_r}(x)dx\right\} \tag{8-9}$$

$$[\boldsymbol{K}_r] = E_r I_r \cdot diag\left\{\int_0^{l_r} X_{r1}^{(4)}(x)X_{r1}(x)dx \quad \int_0^{l_r} X_{r2}^{(4)}(x)X_{r2}(x)dx \quad \cdots \quad \int_0^{l_r} X_{rN_r}^{(4)}(x)X_{rN_r}(x)dx\right\} \tag{8-10}$$

$$\{\boldsymbol{F}_r\} = \left\{\begin{matrix} \sum_{i=1}^{N_{ws}} F_{wvi}(t)X_{r1}(x_{wsi}) - \sum_{i=1}^{N_{fs}} F_{fvi}(t)X_{r1}(x_{fsi}) \\ \sum_{i=1}^{N_{ws}} F_{wvi}(t)X_{r2}(x_{wsi}) - \sum_{i=1}^{N_{fs}} F_{fvi}(t)X_{r2}(x_{fsi}) \\ \vdots \\ \sum_{i=1}^{N_{ws}} F_{wvi}(t)X_{rN_r}(x_{wsi}) - \sum_{i=1}^{N_{fs}} F_{fvi}(t)X_{rN_r}(x_{fsi}) \end{matrix}\right\}^{T} \tag{8-11}$$

其中,l_r 为钢轨的长度,$X_{ri}(x)$为钢轨垂向振动的梁函数,N_r 为钢轨梁单元的模态阶数,x_{wsi}为轮对 i 的 x 坐标,x_{fsi}为扣件 i 的 x 坐标,F_{wvi}为第 i 对轮对的轮轨力,F_{fvi}第 i 个扣件的扣件力。

当考虑隧道-土体受非轴对称荷载时,钢轨的振动应考虑其水平振动,其推导过程与钢轨受垂向荷载的振动计算类似,此处不赘述。

8.2.2　混凝土道床动力学模型

常见的地铁盾构隧道结构体系由钢轨、扣件、预制混凝土轨枕、现浇混凝土道床和衬砌构成，由于预制混凝土轨枕和下部现浇混凝土固结一体，将其合称为地铁盾构隧道的道床结构。

根据动态子结构法，在进行其盾构隧道结构动力计算时，可将道床结构和衬砌结构分别作为子结构进行考虑，通过二者之间的位移协调实现系统动力计算，本节将主要叙述道床结构的模型化处理和相关动力方程的推导。与钢轨振动的计算方法类似，本文将地铁盾构隧道的混凝土道床结构视为垂向振动。

将混凝土道床视为垂向振动的梁单元，其梁单元单位长度的质量为 m_b，抗弯刚度为 $E_b I_b$，其垂向位移$u_{bv}(x,t)$可表示为：

$$u_{bv}(x,t) = [\boldsymbol{N}_b]\{\boldsymbol{\delta}_b\}^T \tag{8-12}$$

其中，$[\boldsymbol{N}_b]$为混凝土道床梁单元的形函数，$\{\boldsymbol{\delta}_b\}$为混凝土道床梁单元的广义位移坐标，将式 8-31 代入式 8-18 同样可得混凝土道床梁单元关于广义位移坐标的动力方程：

$$[\boldsymbol{M}_b]\{\ddot{\boldsymbol{\delta}}_b\} + [\boldsymbol{K}_b]\{\dot{\boldsymbol{\delta}}_b\} = \{\boldsymbol{F}_b\} \tag{8-13}$$

其中，$\{\ddot{\boldsymbol{\delta}}_b\}$为混凝土道床梁单元的广义加速度坐标，$\{\dot{\boldsymbol{\delta}}_b\}$为混凝土道床梁单元的广义速度坐标，$[\boldsymbol{M}_b]$，$[\boldsymbol{K}_b]$和$\{\boldsymbol{F}_b\}$分别为混凝土道床梁单元相应于广义坐标的质量矩阵、刚度矩阵和荷载向量，其取值如下：

$$[\boldsymbol{M}_b] = m_b \cdot$$
$$diag\left\{\int_0^{l_b} X_{b1}(x)X_{b1}(x)dx \quad \int_0^{l_b} X_{b2}(x)X_{b2}(x)dx \quad \cdots \quad \int_0^{l_b} X_{bN_b}(x)X_{bN_b}(x)dx\right\} \tag{8-14}$$

$$[\boldsymbol{K}_b] = E_b I_b$$
$$diag\left\{\int_0^{l_b} X_{b1}^{(4)}(x)X_{b1}(x)dx \quad \int_0^{l_b} X_{b2}^{(4)}(x)X_{b2}(x)dx \quad \cdots \quad \int_0^{l_b} X_{bN_b}^{(4)}(x)X_{bN_b}(x)dx\right\} \tag{8-15}$$

$$\{\boldsymbol{F}_b\} = \begin{Bmatrix} \sum_{i=1}^{N_{fs}} F_{fvi}(t)X_{b1}(x_{fsi}) \\ \sum_{i=1}^{N_{fs}} F_{fvi}(t)X_{b2}(x_{fsi}) \\ \cdots \\ \sum_{i=1}^{N_{fs}} F_{fvi}(t)X_{bN_b}(x_{fsi}) \end{Bmatrix}^T \tag{8-16}$$

其中，l_b 为混凝土道床的长度，$X_{bi}(x)$为混凝土道床垂向振动的梁函数，N_b 为混凝土道床梁单元的模态阶数，x_{fsi}为扣件 i 的 x 坐标，F_{fvi}第 i 个扣件的扣件力。

当考虑隧道-土体受非轴对称荷载时，混凝土道床的振动应考虑其水平振动，其推导过程与混凝土道床受垂向荷载的振动计算类似,此处不赘述。

8.3 子结构相互作用关系

时域内车辆-轨道-隧道-土体耦合动力子结构模型中各子结构之间的动力相互作用(图8-3)通过以下方式实现:

(1)车辆子结构与轨道子结构之间的动力相互作用通过轮轨接触关系实现,使用赫兹非线性接触理论计算;

(2)钢轨与整体道床之间使用扣件进行连接并将其视为视为离散的弹簧-阻尼系统;

(3)整体道床与隧道则考虑其位移协调。

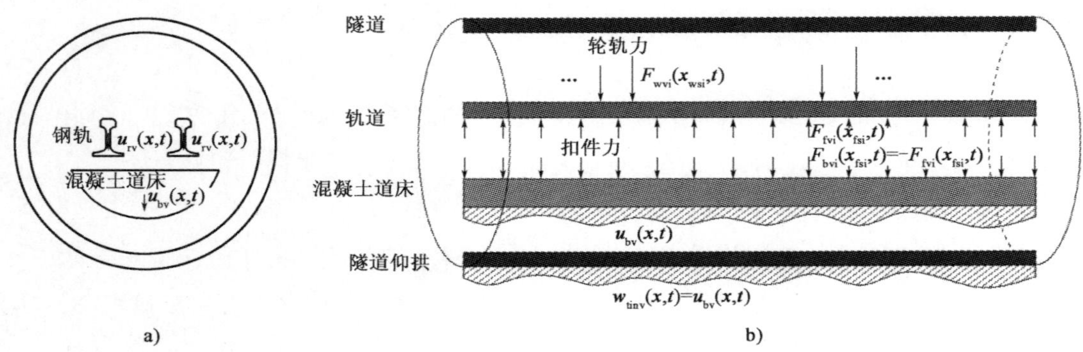

图8-3 车辆-轨道-隧道-土体耦合模型中子结构之间的动力相互作用

8.3.1 轮轨关系

轮轨动态耦合关系是沟通车辆子系统和钢轨子系统的之间的纽带,轮轨垂向作用力应用Hertz非线性弹性接触理论进行求解,其轮轨力表达式如下:

$$F_{wvi}(t) = \begin{cases} \{[u_{wi}(t) - u_{rv}(x_{wsi},t) - Z_{irri}(x_{wsi})]/G\}^{3/2} \\ 0 \quad 轮轨分离 \end{cases} \tag{8-17}$$

其中,G 为轮轨接触常数,u_{wi} 为第 i 位车轮的垂向位移,u_{rv} 为钢轨的垂向位移,Z_{irri} 为钢轨的高低不平顺。

计算出轮轨力之后可以将其作用于车辆子系统和钢轨子系统中作为荷载向量进而参与子系统的动力计算。

8.3.2 扣件力

钢轨与混凝土道床两个子系统之间通过扣件进行沟通,在耦合模型中扣件被视为离散的弹簧-阻尼系统,扣件力表达式如下:

$$F_{fvi}(t) = k_{fv}[u_{rv}(x_{fsi},t) - u_{bv}(x_{fsi},t)] + c_{fv}[\dot{u}_{rv}(x_{fsi},t) - \dot{u}_{bv}(x_{fsi},t)] \tag{8-17}$$

其中，k_{fv}和c_{fv}分别为扣件系统的刚度和阻尼；u_{bv}混凝土道床的垂向位移，$\dot{u}_{rv}$为钢轨的垂向速度；$\dot{u}_{bv}$为混凝土道床的垂向速度。

得到扣件力之后将其作用于钢轨子系统和混凝土道床子系统中作为荷载向量进而参与子系统的动力计算。

8.3.3 混凝土道床与隧道结构的协调关系

混凝土道床与隧道结构的相互作用关系通过位移协调来处理。根据动态子结构法的相关理论，隧道结构和混凝土道床结构的子结构相关矩阵明确之后，可通过其独立变换矩阵实现整体系统矩阵的组装，独立变换矩阵中混凝土道床与隧道结构的位移协调关系可以根据需要令混凝土道床底部部分区域与隧道底部对接区域位移相等来推导，以混凝土道床底部与隧道底部线位移相等为例推导其独立变换矩阵。

(1)轴对称荷载时：

考虑混凝土道床底部与隧道底部的垂向位移相等，即

$$w_{\rm tinv}(x,t) = u_{\rm bv}(x,t) \tag{8-18}$$

其中，$w_{\rm tinv}$为隧道内表面的垂向位移。将式(7-27)及式(8-12)代入式(8-18)，并令$\theta = 0°$，可得：

$$\sum_{m=1}^{N_{\rm tx}}\sum_{n=1}^{N_{\rm t\theta}} T_{\rm tmnw}(t) X_{\rm tm}(x) = \sum_{i=1}^{N_{\rm bx}} T_{\rm bvk}(t)\ Z_{\rm bi}(x) \tag{8-19}$$

在式8-18两端分别乘以$Z_{\rm bk}(x)(k=0\sim N_{\rm bx})$，并沿$0\sim l_{\rm b}$线进行积分，利用梁函数的正交性可得混凝土道床梁单元的广义位移坐标与隧道广义位移坐标之间的关系：

$$T_{\rm bvk}(t) = \sum_{m=1}^{N_{\rm tx}}\sum_{n=1}^{N_{\rm t\theta}}\left[T_{\rm tmnw}(t)\frac{\int_0^{l_{\rm t}} X_{\rm tm}(x)\ Z_{\rm bk}(x)dx}{\int_0^{l_{\rm t}} Z_{\rm bk}(x)\ Z_{\rm bk}(x)dx}\right] \quad k = (0\sim N_{\rm bx}) \tag{8-20}$$

(2)非轴对称荷载时：

考虑混凝土道床底部与隧道底部的水平位移相等，即

$$w_{\rm tinh}(x,t) = u_{\rm bh}(x,t) \tag{8-18}$$

将式(7-27)及式(8-12)代入式(8-18)，并令$\theta=0°$，可得：

$$\sum_{m=1}^{N_{\rm tx}}\sum_{n=1}^{N_{\rm t\theta}} T_{\rm tmnv}(t) X_{\rm tm}(x) = \sum_{i=1}^{N_{\rm bx}} T_{\rm bhk}(t)\ Z_{\rm bi}(x) \tag{8-19}$$

在式(8-18)两端分别乘以$Z_{\rm bk}(x)(k=0\sim N_{\rm bx})$，并沿$0\sim l_{\rm b}$线进行积分，利用梁函数的正交性可得混凝土道床梁单元的广义位移坐标与隧道广义位移坐标之间的关系：

$$T_{\rm bhk}(t) = \sum_{m=1}^{N_{\rm tx}}\sum_{n=1}^{N_{\rm t\theta}}[T_{\rm tmnv}(t)\frac{\int_0^{l_{\rm t}} X_{\rm tm}(x)\ Z_{\rm bk}(x)dx}{\int_0^{l_{\rm t}} Z_{\rm bk}(x)\ Z_{\rm bk}(x)dx}]k = (0\sim N_{\rm bx}) \tag{8-20}$$

在求得混凝土道床与隧道的独立变换矩阵之后，即可通过各单元的质量矩阵、刚度矩阵、阻尼矩阵和荷载矩阵得到不含非独立变量的整体系统的相关矩阵。

8.4 车辆-轨道-隧道-土体动力分析的数值计算方法

通过混凝土道床与隧道的独立变换矩阵处理，可以得到道床-隧道-土体系统的综合运动方程，结合车辆系统的运动方程和轨道系统的运动方程，可以得到车辆-轨道-隧道-土体耦合系统的动力学方程：

$$\begin{cases}[\boldsymbol{M}_{\mathrm{v}}]\{A_{\mathrm{v}}\}+[\boldsymbol{C}_{\mathrm{v}}]\{V_{\mathrm{v}}\}+[\boldsymbol{K}_{\mathrm{v}}]\{X_{\mathrm{v}}\}=\{\boldsymbol{F}_{\mathrm{v}}\}\\ [\boldsymbol{M}_{\mathrm{r}}]\{\ddot{\boldsymbol{\delta}}_{\mathrm{r}}\}+[\boldsymbol{K}_{\mathrm{r}}]\{\dot{\boldsymbol{\delta}}_{\mathrm{r}}\}=\{\boldsymbol{F}_{\mathrm{r}}\}\\ [\boldsymbol{M}_{\mathrm{bts}}]\{\ddot{\boldsymbol{T}}_{\mathrm{bts}}\}+[\boldsymbol{C}_{\mathrm{bts}}]\{\dot{\boldsymbol{T}}_{\mathrm{bts}}\}+[\boldsymbol{K}_{\mathrm{bts}}]\{\boldsymbol{T}_{\mathrm{bts}}\}=\{\boldsymbol{F}_{\mathrm{bts}}\}\end{cases} \tag{8-21}$$

其中，$[\boldsymbol{M}_{\mathrm{v}}]$、$[\boldsymbol{M}_{\mathrm{r}}]$和$[\boldsymbol{M}_{\mathrm{bts}}]$分别为车辆子系统、轨道子系统和道床-隧道-土体子系统的质量矩阵；$[\boldsymbol{C}_{\mathrm{v}}]$和$[\boldsymbol{C}_{\mathrm{bts}}]$分别为车辆子系统和道床-隧道-土体子系统的阻尼矩阵；$[\boldsymbol{K}_{\mathrm{v}}]$、$[\boldsymbol{K}_{\mathrm{r}}]$和$[\boldsymbol{K}_{\mathrm{bts}}]$分别为车辆子系统、轨道子系统和道床-隧道-土体子系统的刚度矩阵；$\{\boldsymbol{F}_{\mathrm{v}}\}$、$\{\boldsymbol{F}_{\mathrm{r}}\}$和$\{\boldsymbol{F}_{\mathrm{bts}}\}$分别为车辆子系统、轨道子系统和道床-隧道-土体子系统的广义荷载向量；$\{A_{\mathrm{v}}\}$、$\{\ddot{\boldsymbol{\delta}}_{\mathrm{r}}\}$和$\{\ddot{\boldsymbol{T}}_{\mathrm{bts}}\}$分别为车辆子系统、轨道子系统和道床-隧道-土体子系统的广义加速度坐标；$\{V_{\mathrm{v}}\}$、$\{\dot{\boldsymbol{\delta}}_{\mathrm{r}}\}$和$\{\dot{\boldsymbol{T}}_{\mathrm{bts}}\}$分别为车辆子系统、轨道子系统和道床-隧道-土体子系统的广义速度坐标；$\{X_{\mathrm{v}}\}$、$\{\boldsymbol{\delta}_{\mathrm{r}}\}$和$\{\boldsymbol{T}_{\mathrm{bts}}\}$分别为车辆子系统、轨道子系统和道床-隧道-土体子系统的广义位移坐标。

时域内车辆-轨道-隧道-土体耦合振动计算模型使用半解析法和动态子结构法有效的解决了既有模型中隧道-土体振动体系计算效率低的弊端，模型能够真实的考虑隧道的圆柱壳体结构和周边土体的振动响应，在时域内实现了车致结构振动的大系统的耦合计算分析，利用此模型可以计算简谐荷载、移动荷载和车辆荷载作用下隧道周边土体的动应力分布特征，为研究地铁隧道长期沉降提供基础手段；可以计算车轨隧的近场振动，为研究相关结构的动力响应和伤损奠定研究基础；可以计算相关减振型结构的系统响应，从而探究减振结构参数的合理选择。

车辆-轨道-隧道-土体耦合振动系统模型的计算流程为计算开始输入车辆、轨道、隧道、土体等参数及计算参数；利用新型显示积分方法求出车辆系统、轨道系统及道床-隧道-土体系统的位移和速度；根据各子系统的位移和速度求解子系统间的传递力：轮轨力和扣件力；明确各子系统所受的外荷载之后求解各子系统的加速度，至此各子系统的振动位移、速度和加速度均已求得，计入仿真结果后判断是否结束计算或开始下一循环。其流程如图 8-4 所示。

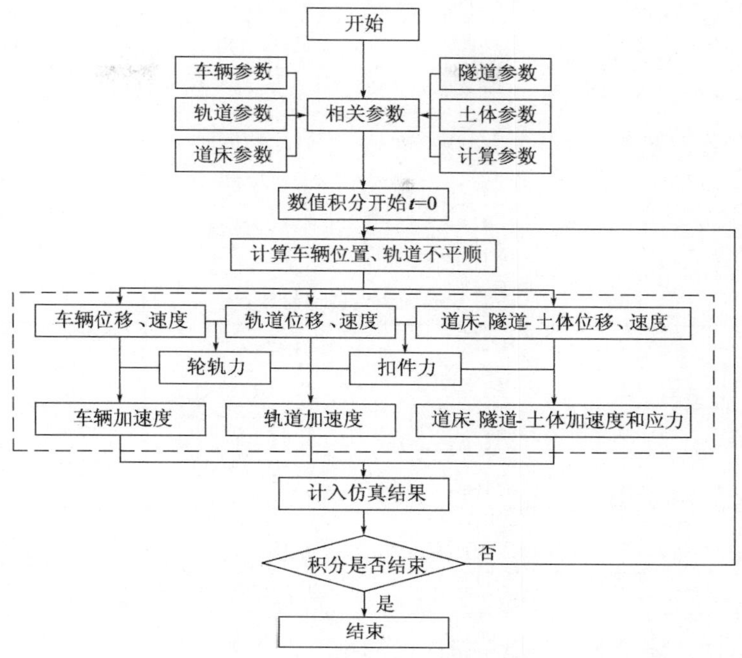

图 8-4　车辆-轨道-隧道-土体耦合模型计算流程图

8.5　列车荷载作用下整体道床隧道系统动力响应分析

使用时域内车辆-轨道-隧道-土体耦合计算模型，计算列车荷载作用下整体道床隧道系统动力响应情况，基本计算参数基于宁波地铁二号线外滩大桥站～鼓楼站区间隧道处进行实地测量场地的基本情况设置。

宁波地铁二号线运营车辆为六节编组的B型地铁车辆，经过测点位置处的行车速度约为75km/h，钢轨采用典型的60型钢轨，道床为整体道床，车辆、钢轨和整体道床的具体参数列于表8-2。测点位置处隧道外径6.2m，衬砌厚度0.35m，隧道埋深约9.0m，隧道周边土体多为粉质黏土和淤泥质粉质黏土，土层的部分物理力学指标见表8-3。

车辆、钢轨、整体道床的参数　　表8-2

项　目	值	项　目	值
转向架中心距(m)	12.6	一系悬挂阻尼(N s/m)	1.5e4
轮对轴距(m)	2.3	二系悬挂阻尼(N s/m)	2.5e4
车轮滚动半径(m)	0.84	钢轨截面积(m^2)	7.745e-3
车体质量(kg)	36 805	钢轨弹性模量(MPa)	2.1e5
转向架质量(kg)	2 533	钢轨惯性矩(m^4)	3.217e-5
轮对质量(kg)	1 488	扣件刚度(N/m)	60e6

续上表

项　目	值	项　目	值
车体点头惯量(kg m^2)	1.6e6	扣件阻尼(N s/m)	75e3
转向架点头惯量(kg m^2)	2 320	道床截面积(m^2)	1.09
一系悬挂刚度(N/m)	2.768e6	道床弹性模量(MPa)	3.3e4
二系悬挂刚度(N/m)	3.5e5	道床惯性矩(m^4)	0.21

土层及土体的物理力学指标　　表 8-3

土层	重度(kN/m^3)	黏聚力(kPa)	内摩擦角(°)	压缩模量(MPa)
①杂填土	18.0	0	22.0	5.1
②粉质黏土	19.1	29.8	13.7	4.6
③淤泥	18.8	12.9	25.3	6.7
④淤泥质粉质黏土	19.4	25.0	17.0	5.3
⑤粉质黏土	18.7	29.2	14.1	4.5
⑥粉质黏土	20.2	35.9	16.5	7.7

选取两类指标以评价地铁隧道系统的振动响应：

(1)第一类参数为确定地铁车辆和轨道子系统的动力响应，包括地铁车辆的振动加速度、轮轨力及扣件力，同时计算的还有相关的行车舒适度及安全性等功能性指标；

(2)第二类参数为确定隧道和土体子系统的动力响应，包括隧道和土体的振动加速度和振动速度以及土体中的动应力分布等。

计算时选取的列车速度为20km/h、40km/h、60km/h、80km/h、100km/h 和 120km/h。计算时所选取的钢轨高低不平顺值如图 8-5a)所示。图 8-5b)、图 8-5c)和图 8-5d)分别给出了地铁列车的第 1 节车辆的垂向加速度时程曲线、第 1 位车轮所经历的轮轨力时程曲线以及第 200 个扣件所经历的扣件力时程曲线。由图可知，车体垂向加速度在 $-0.15\mathrm{m/s^2}$ 至 $0.15\mathrm{m/s^2}$变化，由于钢轨高低不平顺的作用，轮轨力最大值可达 66kN，最小值为 52kN。从扣件力的时程曲线中可以明确观察到六节地铁车辆的 24 个轮轨的作用，扣件力的最大值小于 25kN。

图 8-6 列出了由车辆和轨道子系统的动力响应计算得到功能性指标(舒适性和安全性指标)随车速变化的曲线。由图可知，列车轮轨力和扣件力均随行车速度的增加而增加。车体的垂向加速度在车速 120km/h 时取得最大值，约为 $0.2\mathrm{m/s^2}$，小于规范中制定的 0.13g 限值。列车的动态轮重减载率也随着行车速度的增加而增加，且所有的工况下的动态轮重减载率均低于国家规范[2]。

研究车辆行车状态下隧道的动力响应至关重要，因为其直接影响到隧道结构安全及其服役状态。图 8-7 为列车荷载作用下隧道的混凝土道床(即隧道底部)及隧道壁(即距离隧道底部 45°角位置)处的竖向加速度和速度时程曲线。此处列车的行车速度为 80km/h。由图可知，混凝土道床的竖向振动加速度的最大值约为 0.743m/s²，约为隧道壁振动加速度的 2 倍。混凝土道床的竖向振动速度最大值约为 1.23mm/s，约为隧道壁振动速度的三倍。同时，从振动加速度和振动速度的时程曲线中可以清晰的观察到六节车辆中各转向架的作用特征，且由于相邻车辆中转向架作用的叠加效应，列车第一位转向架和最后一位转向架引起的隧道动力响应要低于其他转向架引起的动力响应。

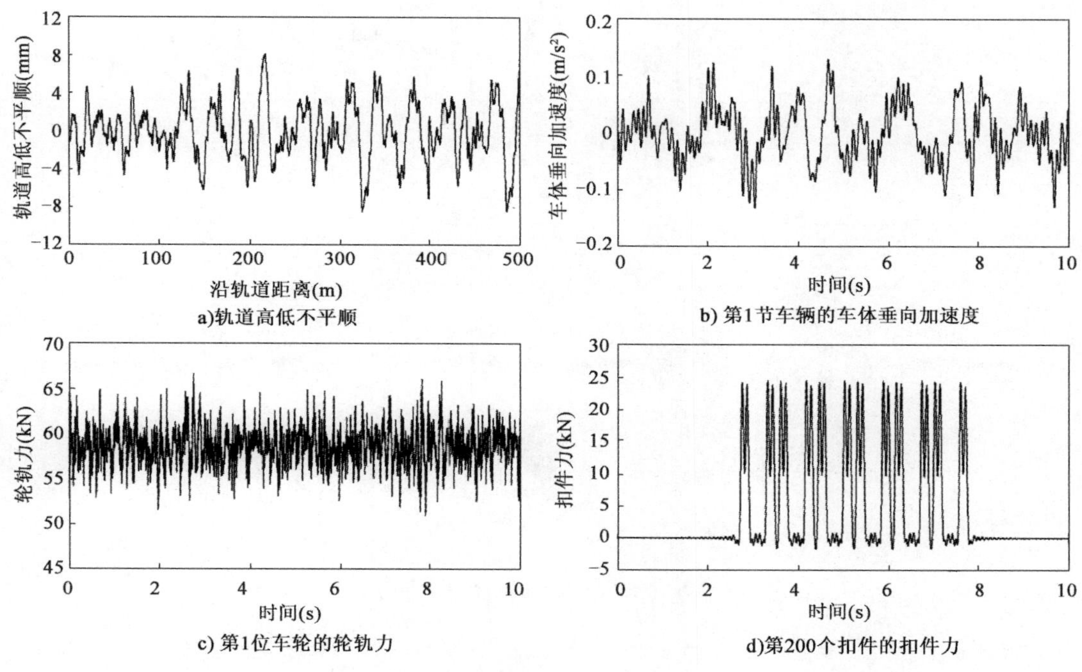

图 8-5 车辆和轨道子系统的动力响应

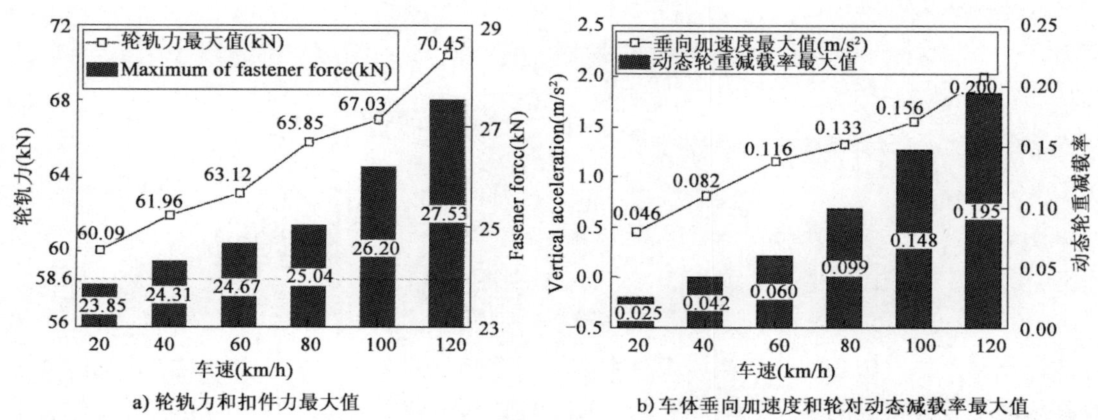

图 8-6 功能性指标

图 8-8 显示了与隧道底部不同距离的土体的振动加速度和速度的最大值随列车车速变化情况。由图可知，土体振动加速度和振动速度均随列车速度增加而增加，随与隧道底部距

离的增加而减小。当与隧道底部的距离大于 9m 时,此处土体的振动加速度最大值小于隧道底部土体振动加速度最大值的 10% ,而此处土体的振动速度最大值略大于隧道底部土体振动速度最大值的 10% 。

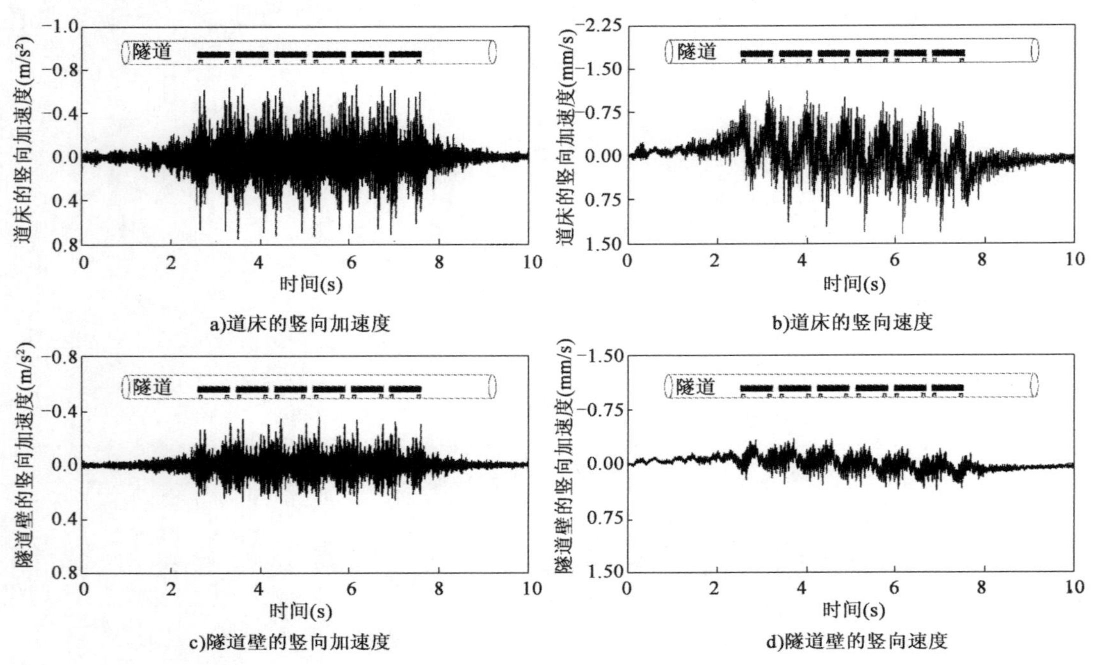

a)道床的竖向加速度 b)道床的竖向速度

c)隧道壁的竖向加速度 d)隧道壁的竖向速度

图 8-7 混凝土道床和隧道壁的动力响应

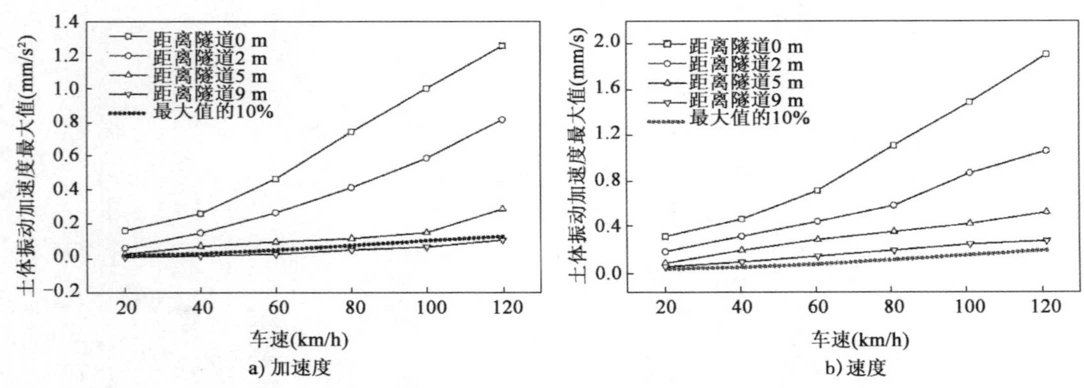

a) 加速度 b) 速度

图 8-8 土体振动响应的最大值随车速变化

探究列车运营引起的隧道周边土体附加应力的时间和空间分布对于研究地铁隧道的车致累计沉降有着重要的意义。图 8-9 为距离隧道底部不同距离的土体($\theta=0°$)车致附加正应力σ_{rr}和剪应力τ_{rx}的时程曲线。从图中的时程曲线中可以明确的观察到 12 个峰值,对应地铁列车的 8 节车厢共计 12 个转向架的作用。隧道底部土体的正应力σ_{rr}峰值约为距离隧道 2m 处土体的两倍,而隧道底部土体的剪应力τ_{rx}峰值则与距离隧道 2m 处土体大致相等。

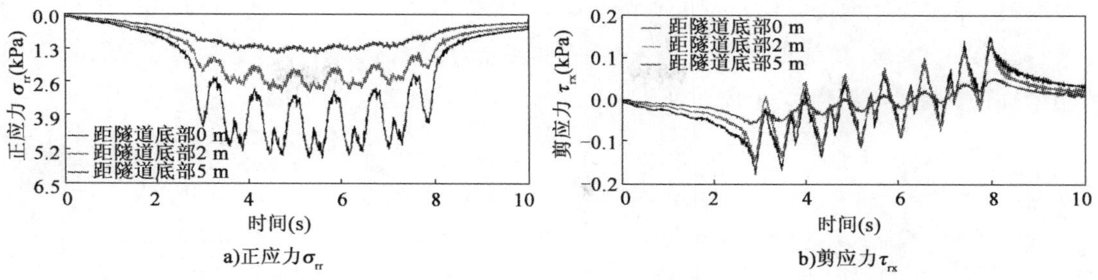

a)正应力σ_{rr}　　b)剪应力τ_{rx}

图 8-9　土体应力的时程曲线

图 8-10 为当地铁列车行车速度为 80km/h 时某一时刻隧道周边的土体($\theta=0°$)平面中车致附加正应力σ_{rr}和剪应力τ_{rx}的空间分布情况。由图可知，附加正应力σ_{rr}和剪应力τ_{rx}均随着与隧道底部距离的增加而减小，到距离隧道 10m 处土体的应力已小于最大值的 10%。正应力σ_{rr}在隧道底部取得最大值，然后迅速衰减；而剪应力τ_{rx}随与隧道底部的距离的变化趋势则是先增加后减小，在与隧道距离 1.0m 的位置取得最大值，这也解释了图 8-9 中隧道底部土体的剪应力τ_{rx}峰值则与距离隧道 2m 处土体大致相等的现象。

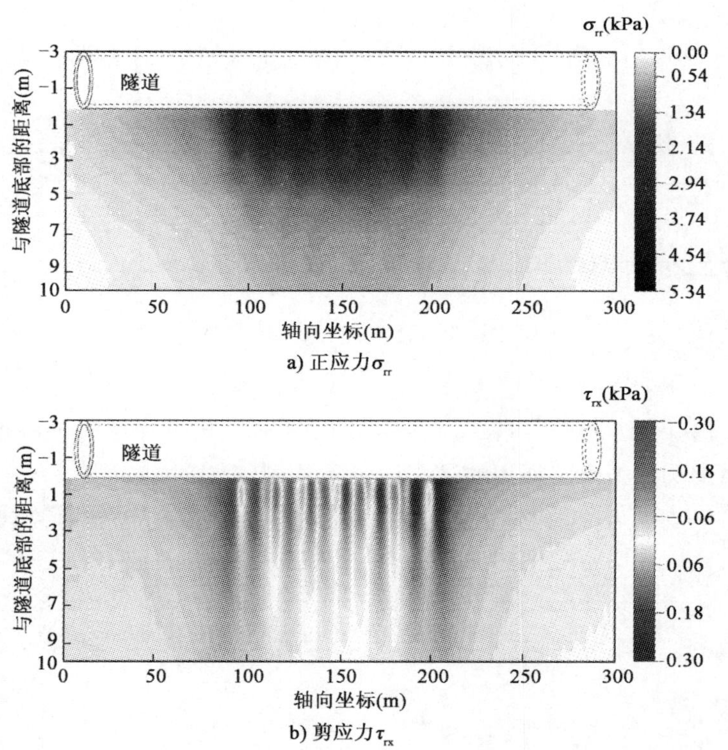

a) 正应力σ_{rr}

b) 剪应力τ_{rx}

图 8-10　某时刻土体($\theta=0°$)平面的应力的空间分布

图 8-11 为当地铁列车行车速度为 80km/h 时某一时刻隧道周边的土体($x=75$m)平面中车致附加正应力σ_{rr}和剪应力τ_{rx}的空间分布情况。由图可知，附加正应力σ_{rr}的最大值位于

隧道底部,并随与隧道底部的距离而迅速衰减。而剪应力τ_{rx}则在隧道列车荷载作用点两侧30°位置取得最大值,在隧道底部处为零。附加正应力σ_{rr}和剪应力τ_{rx}均随着与隧道底部距离的增加而减小,到距离隧道10m处土体的应力已小于最大值的10%。

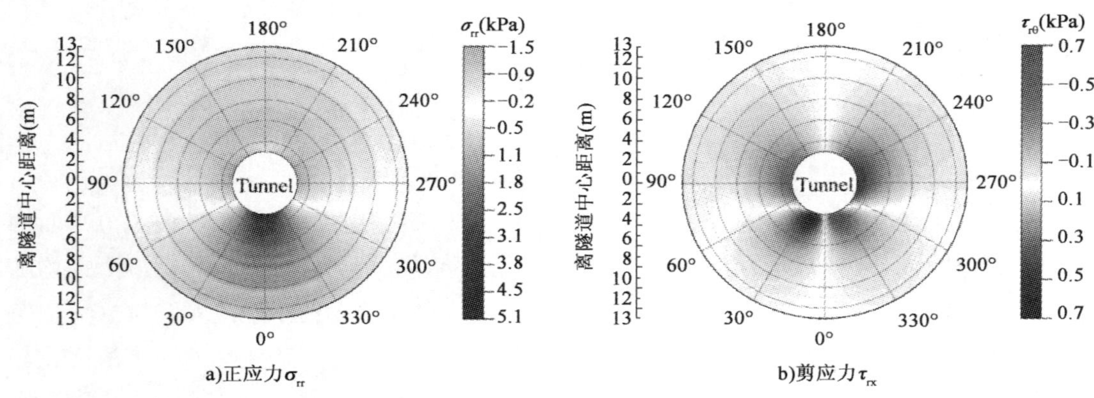

a)正应力σ_{rr}　　b)剪应力τ_{rx}

图 8-11　某时刻土体($x=75$m)平面的应力的空间分布

8.6　列车荷载作用下浮置板隧道系统动力响应分析

浮置板轨道是城市轨道交通中常用的减振措施,下面将介绍隧道系统动力计算中采用浮置板减振的计算方法。

8.6.1　浮置板轨道结构简介及模型化处理

随着我国城市轨道交通线网的逐渐加密,地铁线路与周边建筑的距离逐渐缩小,地铁车辆运行引起的环境振动问题逐步受到人们的关注,形式多样的减振措施被用于城市轨道交通结构的各个方面,其中浮置板轨道(图8-12)由于其优越的减振性能和较长的服役寿命逐步成为城市轨道交通减振最为得力的手段。

图 8-12　浮置板轨道结构

浮置板轨道结构根据其支承方式的不同可以分为钢弹簧浮置板和橡胶浮置板,相比之下,钢弹簧浮置板结构由于其施工及养护难度小、服役寿命长等优点更加适用于地铁地下线路区段,也是本章的主要研究对象。钢弹簧浮置板轨道结构主要包括钢轨、扣件系统、混凝土板、隔震器、剪力铰等结构组成(图8-13、图8-14)。剪力铰的目的是为了抑制轴向非连续浮置板结构之间的竖向错动,进而减轻车辆通过浮置板接缝位置时的系统冲击,可以分为上置式和内置式两种。

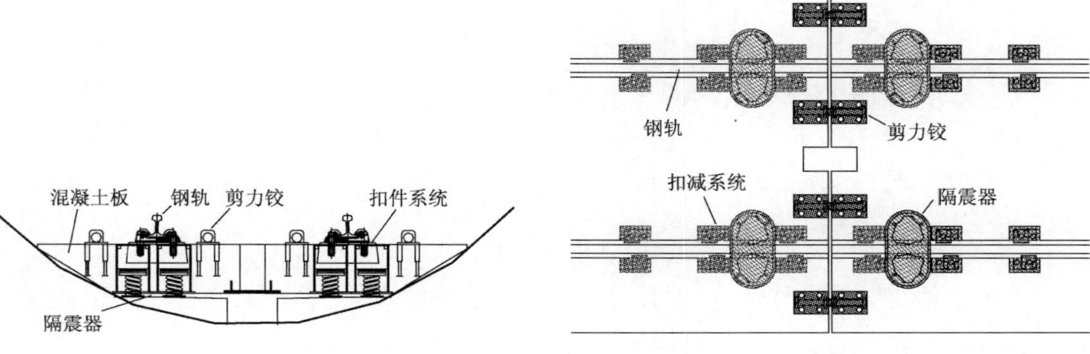

图8-13　钢弹簧浮置板结构设计横断面图　　图8-14　某种浮置板结构设计平面图

与整体道床隧道的车辆-轨道-隧道-土体耦合动力模型类似,在浮置板隧道的耦合模型中,隧道被视为薄壁圆柱壳体,隧道周边土体使用环状层单元模拟,隧道-土体子系统的模拟详见第7章所述,钢轨和浮置板仅考虑垂向振动,其振动采用模态叠加法计算。车辆-浮置板轨道-隧道-土体耦合动力模型的各子系统、相关自由度及子系统之间的动力相互作用如图8-15所示。

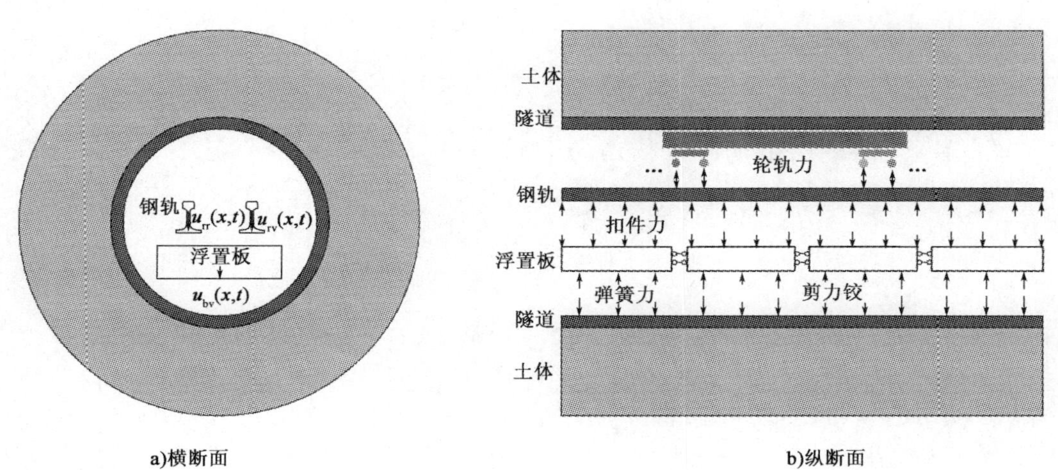

图8-15　车辆-浮置板轨道-隧道-土体耦合动力模型

使用利兹法求解钢轨和浮置板道床振动的四阶偏微分方程,其振动位移可表达为如下形式：

$$\begin{cases} u_{\mathrm{rv}}(x,t) = \{\boldsymbol{N}_{\mathrm{r}}\}\{\boldsymbol{\delta}_{\mathrm{r}}\}^{\mathrm{T}} \\ u_{\mathrm{fv}}(x,t) = \{\boldsymbol{N}_{\mathrm{f}}\}\{\boldsymbol{\delta}_{\mathrm{f}}\}^{\mathrm{T}} \end{cases} \tag{8-22}$$

其中，$u_{\mathrm{rv}}(x,t)$和$u_{\mathrm{fv}}(x,t)$分别为钢轨和浮置板的垂向位移，$\{\boldsymbol{N}_{\mathrm{r}}\}$和$\{\boldsymbol{N}_{\mathrm{f}}\}$分别为钢轨和浮置板单元的形函数，$\{\boldsymbol{\delta}_{\mathrm{r}}\}$和$\{\boldsymbol{\delta}_{\mathrm{f}}\}$分别为钢轨和浮置板的广义位移，将式 8-2 代入欧拉梁的垂向振动方程可得到钢轨和浮置板关于其广义位移的动力方程：

$$\begin{cases} [\boldsymbol{M}_{\mathrm{r}}]\{\ddot{\boldsymbol{\delta}}_{\mathrm{r}}\} + [\boldsymbol{K}_{\mathrm{r}}]\{\dot{\boldsymbol{\delta}}_{\mathrm{r}}\} = \{\boldsymbol{F}_{\mathrm{r}}\} \\ [\boldsymbol{M}_{\mathrm{f}}]\{\ddot{\boldsymbol{\delta}}_{\mathrm{f}}\} + [\boldsymbol{K}_{\mathrm{f}}]\{\dot{\boldsymbol{\delta}}_{\mathrm{f}}\} = \{\boldsymbol{F}_{\mathrm{f}}\} \end{cases} \tag{8-23}$$

其中，$\{\ddot{\boldsymbol{\delta}}_{\mathrm{r}}\}$和$\{\ddot{\boldsymbol{\delta}}_{\mathrm{f}}\}$分别为钢轨和浮置板的广义加速度，$\{\dot{\boldsymbol{\delta}}_{\mathrm{r}}\}$和$\{\dot{\boldsymbol{\delta}}_{\mathrm{f}}\}$分别为钢轨和浮置板的广义速度，$[\boldsymbol{M}_{\mathrm{r}}]$，$[\boldsymbol{K}_{\mathrm{r}}]$和$\{\boldsymbol{F}_{\mathrm{r}}\}$分别为钢轨单元的质量矩阵、刚度矩阵和荷载向量，$[\boldsymbol{M}_{\mathrm{f}}]$，$[\boldsymbol{K}_{\mathrm{f}}]$和$\{\boldsymbol{F}_{\mathrm{f}}\}$分别为浮置板单元的质量矩阵、刚度矩阵和荷载向量，相关矩阵的具体取值如下：

$$\begin{cases} [\boldsymbol{M}_{\mathrm{r}}] = m_{\mathrm{r}} \cdot diag\left\{\int_0^{l_{\mathrm{r}}} X_{\mathrm{r1}}(x)X_{\mathrm{r1}}(x)dx \quad \int_0^{l_{\mathrm{r}}} X_{\mathrm{r2}}(x)X_{\mathrm{r2}}(x)dx \quad \cdots \quad \int_0^{l_{\mathrm{r}}} X_{\mathrm{r}N_{\mathrm{r}}}(x)X_{\mathrm{r}N_{\mathrm{r}}}(x)dx\right\} \\ [\boldsymbol{K}_{\mathrm{r}}] = E_{\mathrm{r}}I_{\mathrm{r}} \cdot diag\left\{\int_0^{l_{\mathrm{r}}} X_{\mathrm{r1}}^{(4)}(x)X_{\mathrm{r1}}(x)dx \quad \int_0^{l_{\mathrm{r}}} X_{\mathrm{r2}}^{(4)}(x)X_{\mathrm{r2}}(x)dx \quad \cdots \quad \int_0^{l_{\mathrm{r}}} X_{\mathrm{r}N_{\mathrm{r}}}^{(4)}(x)X_{\mathrm{r}N_{\mathrm{r}}}(x)dx\right\} \\ \{\boldsymbol{F}_{\mathrm{r}}\} = \begin{Bmatrix} \sum_{i=1}^{N_{\mathrm{ws}}} F_{\mathrm{wv}i}(t)X_{\mathrm{r1}}(x_{\mathrm{ws}i}) - \sum_{i=1}^{N_{\mathrm{fs}}} F_{\mathrm{fv}i}(t)X_{\mathrm{r1}}(x_{\mathrm{fs}i}) \\ \sum_{i=1}^{N_{\mathrm{ws}}} F_{\mathrm{wv}i}(t)X_{\mathrm{r2}}(x_{\mathrm{ws}i}) - \sum_{i=1}^{N_{\mathrm{fs}}} F_{\mathrm{fv}i}(t)X_{\mathrm{r2}}(x_{\mathrm{fs}i}) \\ \vdots \\ \sum_{i=1}^{N_{\mathrm{ws}}} F_{\mathrm{wv}i}(t)X_{\mathrm{r}N_{\mathrm{r}}}(x_{\mathrm{ws}i}) - \sum_{i=1}^{N_{\mathrm{fs}}} F_{\mathrm{fv}i}(t)X_{\mathrm{r}N_{\mathrm{r}}}(x_{\mathrm{fs}i}) \end{Bmatrix}^{\mathrm{T}} \end{cases} \tag{8-24}$$

$$\begin{cases} [\boldsymbol{M}_{\mathrm{f}}] = m_{\mathrm{f}} \cdot diag\left\{\int_0^{l_{\mathrm{f}}} X_{\mathrm{f1}}(x)X_{\mathrm{f1}}(x)dx \quad \int_0^{l_{\mathrm{f}}} X_{\mathrm{f2}}(x)X_{\mathrm{f2}}(x)dx \quad \cdots \quad \int_0^{l_{\mathrm{f}}} X_{\mathrm{f}N_{\mathrm{f}}}(x)X_{\mathrm{f}N_{\mathrm{f}}}(x)dx\right\} \\ [\boldsymbol{K}_{\mathrm{f}}] = E_{\mathrm{f}}I_{\mathrm{f}} \cdot diag\left\{\int_0^{l_{\mathrm{f}}} X_{\mathrm{f1}}^{(4)}(x)X_{\mathrm{f1}}(x)dx \quad \int_0^{l_{\mathrm{f}}} X_{\mathrm{f2}}^{(4)}(x)X_{\mathrm{f2}}(x)dx \quad \cdots \quad \int_0^{l_{\mathrm{f}}} X_{\mathrm{f}N_{\mathrm{f}}}^{(4)}(x)X_{\mathrm{f}N_{\mathrm{f}}}(x)dx\right\} \\ \{\boldsymbol{F}_{\mathrm{f}}\} = \begin{Bmatrix} \sum_{i=1}^{N_{\mathrm{fs}}} F_{\mathrm{fv}i}(t)X_{\mathrm{f1}}(x_{\mathrm{fs}i}) - \sum_{i=1}^{N_{\mathrm{ss}}} F_{\mathrm{sv}i}(t)X_{\mathrm{f1}}(x_{\mathrm{ss}i}) - \sum_{i=1}^{N_{\mathrm{shs}}} F_{\mathrm{shv}i}(t)X_{\mathrm{f1}}(x_{\mathrm{shs}i}) \\ \sum_{i=1}^{N_{\mathrm{fs}}} F_{\mathrm{fv}i}(t)X_{\mathrm{f2}}(x_{\mathrm{fs}i}) - \sum_{i=1}^{N_{\mathrm{ss}}} F_{\mathrm{sv}i}(t)X_{\mathrm{f2}}(x_{\mathrm{ss}i}) - \sum_{i=1}^{N_{\mathrm{shs}}} F_{\mathrm{shv}i}(t)X_{\mathrm{f2}}(x_{\mathrm{shs}i}) \\ \cdots \\ \sum_{i=1}^{N_{\mathrm{fs}}} F_{\mathrm{fv}i}(t)X_{\mathrm{f}N_{\mathrm{f}}}(x_{\mathrm{fs}i}) - \sum_{i=1}^{N_{\mathrm{ss}}} F_{\mathrm{sv}i}(t)X_{\mathrm{f}N_{\mathrm{f}}}(x_{\mathrm{ss}i}) - \sum_{i=1}^{N_{\mathrm{shs}}} F_{\mathrm{shv}i}(t)X_{\mathrm{f}N_{\mathrm{f}}}(x_{\mathrm{shs}i}) \end{Bmatrix}^{\mathrm{T}} \end{cases} \tag{8-25}$$

其中，m_r、l_r 和 $E_r I_r$ 分别为钢轨的单位长度的质量、计算长度和抗弯刚度，m_f、l_f 和 $E_f I_f$ 分别为浮置板的单位长度的质量、计算长度和抗弯刚度，$X_{ri}(x)$ 和 $X_{fi}(x)$ 分别为钢轨和浮置板单元的梁函数，N_r 和 N_f 分别为钢轨和隧道单元的模态阶数，N_{fs}、N_{ss} 和 N_{shs} 分别为扣件个数、钢弹簧个数和剪力铰个数，x_{wsi}、x_{fsi}、x_{ssi} 和 x_{shsi} 分别为每个列车轮对、每个扣件、每个钢弹簧及每个剪力铰的 x 坐标，$F_{wvi}(t)$、$F_{fvi}(t)$、$F_{svi}(t)$ 和 $F_{shvi}(t)$ 分别为轮轨力、扣件力、钢弹簧力及剪力铰力。

如图 8-15 所示，车辆-浮置板轨道-隧道-土体耦合模型中各子系统之间的动力相互作用遵从如下假定：(1)车辆子系统和钢轨之间使用轮轨力进行联系；(2)钢轨和浮置板之间使用扣件力进行联系；(3)浮置板和隧道之间通过钢弹簧力进行联系；(4)浮置板之间通过剪力铰进行联系；(5)隧道和土体之间位移连续(见第 7 章)。相关力可以表达为：

$$\begin{cases} F_{wvi}(t) = \{[u_{wi}(t) - u_{rv}(x_{wsi},t) - Z_{irri}(x_{wsi})]/G\}^{3/2} \\ F_{fvi}(t) = k_{fv}[u_{rv}(x_{fsi},t) - u_{fv}(x_{fsi},t)] + c_{fv}[\dot{u}_{rv}(x_{fsi},t) - \dot{u}_{fv}(x_{fsi},t)] \\ F_{svi}(t) = k_{sv}[u_{fv}(x_{ssi},t) - w_t(x_{ssi},t)] + c_{sv}[\dot{u}_{fv}(x_{ssi},t) - \dot{w}_t(x_{ssi},t)] \end{cases} \tag{8-26}$$

其中，$u_{wi}(t)$ 为地铁车辆第 i 位轮对的垂向位移，$Z_{irri}(x_{wsi})$ 为钢轨在 $x = x_{wsi}$ 位置处的高低不平顺值，k_{fv} 和 c_{fv} 分别为扣件的垂向刚度和阻尼，$\dot{u}_{rv}(x_{fsi},t)$ 和 $\dot{u}_{fv}(x_{fsi},t)$ 分别为钢轨和浮置板在 $x = x_{fsi}$ 位置处的垂向速度，k_{sv} 和 c_{sv} 分别为钢弹簧的垂向刚度和阻尼，$w_t(x_{ssi},t)$ 和 $\dot{w}_t(x_{ssi},t)$ 分别为隧道在 $x = x_{ssi}$ 位置处的振动位移和速度。

在确定了浮置板隧道振动系统的各子系统的动力方程以及子系统之间的动力相互作用后，我们就可以建立车辆-浮置板轨道-隧道-土体耦合模型的整体动力方程：

$$\begin{bmatrix} \boldsymbol{M}_v & & & \\ & \boldsymbol{M}_r & & \\ & & \boldsymbol{M}_f & \\ & & & \boldsymbol{M}_{ts} \end{bmatrix} \begin{Bmatrix} A_v \\ \ddot{\boldsymbol{\delta}}_r \\ \ddot{\boldsymbol{\delta}}_f \\ \ddot{\boldsymbol{T}}_{ts} \end{Bmatrix} + \begin{bmatrix} \boldsymbol{C}_v & & \\ & [\boldsymbol{0}] & \\ & & [\boldsymbol{0}] & \\ & & & \boldsymbol{C}_{ts} \end{bmatrix} \begin{Bmatrix} V_v \\ \dot{\boldsymbol{\delta}}_r \\ \dot{\boldsymbol{\delta}}_f \\ \dot{\boldsymbol{T}}_{ts} \end{Bmatrix} + \begin{bmatrix} \boldsymbol{K}_v & & & \\ & \boldsymbol{K}_r & & \\ & & \boldsymbol{K}_f & \\ & & & \boldsymbol{K}_{ts} \end{bmatrix} \begin{Bmatrix} X_v \\ \boldsymbol{\delta}_r \\ \boldsymbol{\delta}_f \\ \boldsymbol{T}_{ts} \end{Bmatrix} = \begin{Bmatrix} \boldsymbol{F}_v \\ \boldsymbol{F}_r \\ \boldsymbol{F}_f \\ \boldsymbol{F}_{ts} \end{Bmatrix} \tag{8-27}$$

整体动力方程的求解与第 7 章中介绍的求解方法相同，即采用由翟婉明院士提出的新型快速数值积分方法。

8.6.2　浮置板轨道系统车致动力分析

使用车辆-浮置板轨道-隧道-土体耦合动力模型分析浮置板轨道设计参数对于系统动力响应的影响，可以优化浮置板轨道设计参数，在一定程度上确保浮置板轨道的减振作用，做到针对性涉及，下面将给出浮置板轨道系统车致动力分析的基本算例。

计算中选取的车辆、钢轨、隧道和土体相关参数与第 8.5 节中算例相同，即：隧道外径

6.2m，衬砌厚度0.35m，隧道动弹性模量 $E_t = 50 \times 10^9$，泊松比 $v_t = 0.3$，密度 $\rho_t = 2\,500\text{kg/m}^3$；土体动弹性模量 $E_s = 30 \times 10^6\text{Pa}$，泊松比 $v_s = 0.44$，密度 $\rho_s = 1\,770\text{kg/m}^3$；车辆为静轴重12t的地铁B型车，六节编组，行驶速度为80km/h。所建立的模型长度300m，土体单元的最大厚度不超过0.5m，最外层土体单元外结面半径18m。浮置板设计参数如下：单块浮置板长度20m，模型中共包含15块浮置板，浮置板修正宽度2.8m，厚度0.4m，浮置板支撑于两列钢弹簧上，钢弹簧垂向刚度6.9MN/m，钢弹簧间距1.0m，计算得到该设计参数下浮置板的主频约为8Hz。

图8-16为车辆和扣件的动力响应的时程曲线。如图8-16a）所示，车体垂向加速度在-0.15m/s² 至0.15m/s² 之间变化，车辆舒适性情况优（我国规范[2]中规定舒适性“优”的评定标准为1.3m/s²）。由于轨道不平顺的影响，轮轨力在52～66kN之间变化（静轮重58.6kN）。图8-20c）为位于单块浮置板中部的扣件的扣件力时程曲线，图8-20d）为位于单块浮置板首尾的扣件的扣件力时程曲线，图中正值表示扣件受压力，负值表示扣件受拉力。从图中我们可以清晰的辨认地铁列车12个转向架的作用，但是位于单块浮置板中部的扣件和位于其首尾的扣件的时程曲线有较大的差别。扣件力的最大值约为20 kN，此外位于单块浮置板首尾的扣件所受的拉力要远大于位于单块浮置板中部的扣件，相关研究[3]表明受拉力和压力动力循环作用的扣件要比主要受压力作用的扣件具有更短的服役寿命。

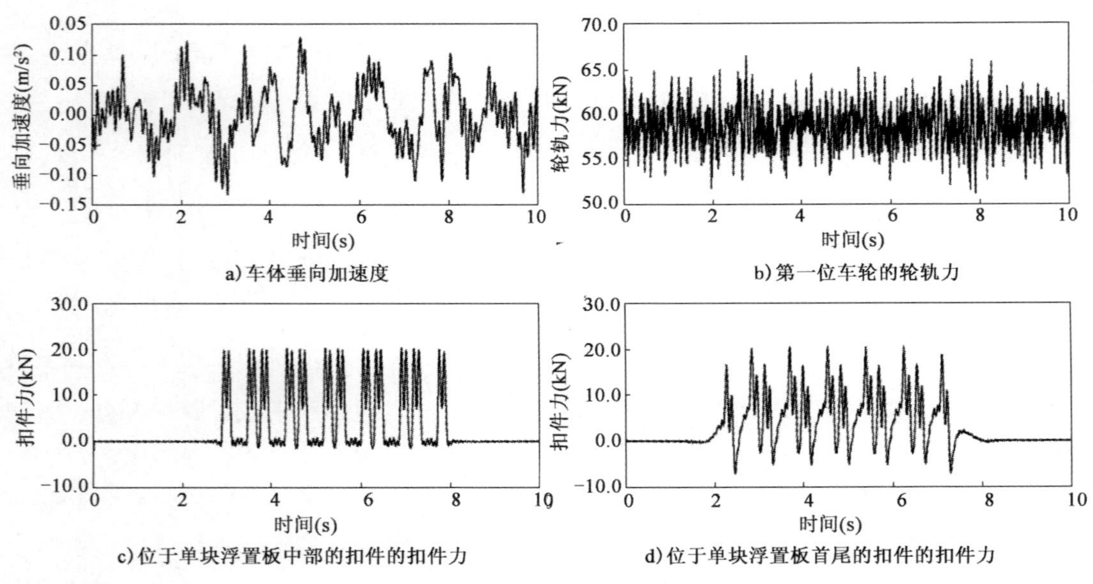

图8-16　车辆和扣件的动力响应

剪力铰的存在能够在一定程度上提升浮置板轨道刚度在纵向上的平顺性，协调钢弹簧受力。图8-17a）和图8-17b）比较了有无剪力铰情况下钢弹簧受力时程曲线。由图可知，在设置剪力铰的情况下，钢弹簧力最大值约为 21.0kN，远小于不设置剪力铰的情况。设置剪力铰后位于单块浮置板中部的钢弹簧受力时程曲线与位于单块浮置板首尾两端的钢弹簧受力时程曲线有较大的差别，而若不设置剪力铰则二者受力时程相差不大。图 8-17c）为当列车行驶至位于模型中部时设置与不设置剪力铰情况下钢弹簧力的分布对比。由图可知，在不设置剪力铰时，从钢弹簧力分布图中可以明确观察到与地铁列车的 12 个转向架对应的 12 个峰值，而在设置剪力铰时，由于前后车相邻转向架的叠加作用曲线峰值数量减少为 7 个，设置剪力铰情况下的钢弹簧力最大值要明显小于不设置剪力铰的情况，因此，设置剪力铰能够使浮置板结构具有更好的整体性。

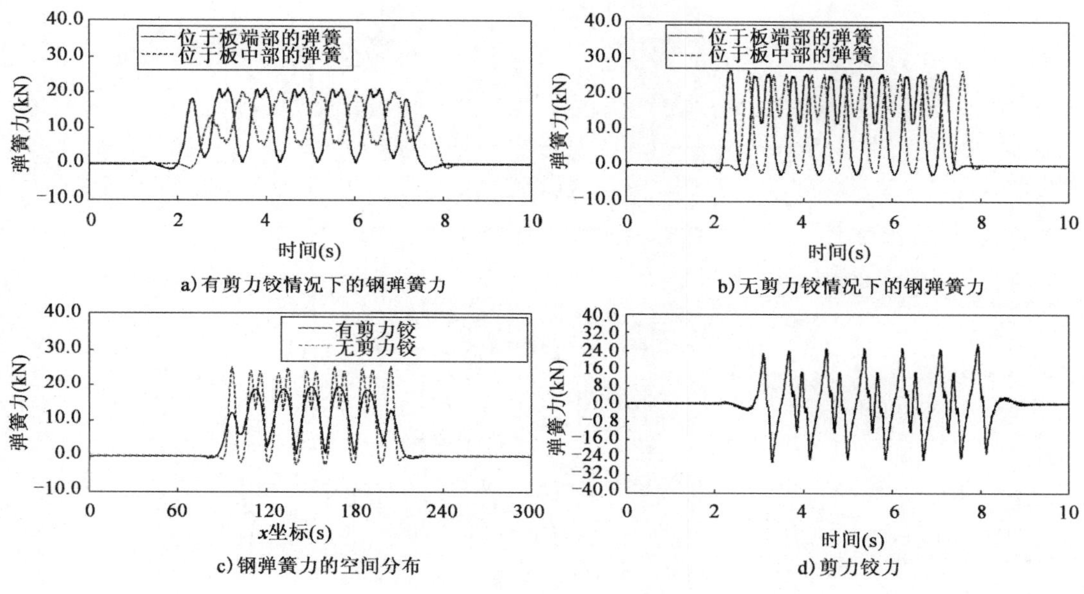

图 8-17　钢弹簧和剪力铰受力情况

图 8-18a）为设置与不设置剪力铰情况下钢弹簧位置处浮置板的振动加速度最大值的对比。由图可知，不设置剪力铰，则浮置板的振动加速度最大值在 1.53 m/s^2 至 5.14 m/s^2 广泛分布，其均值和均方差分别为 2.65 m/s^2 和 3.34 m/s^2，而设置剪力铰时浮置板振动加速度最大值变化范围为 0.80 m/s^2 至 1.79 m/s^2，其均值和均方差分别为 1.06 m/s^2 和 0.62 m/s^2，因而设置剪力铰可以有效减小浮置板的振动加速度并协调浮置板振动。图 8-18a）为设置与不设置剪力铰情况下钢弹簧位置处浮置板的振动位移最大值的对比。由图可知，设置剪力铰情况下的浮置板振动位移要明显小于不设置剪力铰的情况，而即使在相邻浮置板之间设置了剪力铰以求增加浮置板的整体性，从图中的振动位移曲线上我们依然能够观察到浮置板的相邻区域依然是其振动的薄弱位置。

在工程实践中，浮置板轨道结构能够有效的减小经由隧道和土体传播的振动，对其进行评估分析对于浮置板结构参数设计具有重要的意义。图 8-19 为浮置板结构隧道和普通整体道床隧道的车致振动加速度对比。由图可知，相比浮置板轨道结构而言，从普通整体道床隧道振动加速度曲线中可以明确地观察到每个轮对的作用。从浮置板轨道结构和普通整体道床结构的振动加速度去向均可以看出振动随着与隧道距离的增加而逐渐衰减。浮置板轨道结构中隧道和土体的最大振动加速度约为0.06 m/s²，约为普通整体道床结构隧道和土体最大振动加速度的十二分之一，因此浮置板结构对于地铁隧道系统的减振作用非常明显。

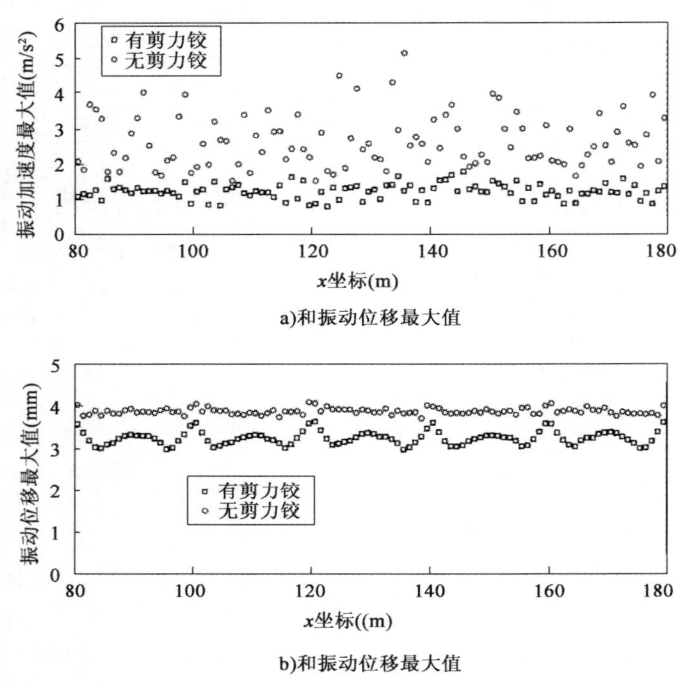

a)和振动位移最大值

b)和振动位移最大值

图 8-18　浮置板振动加速度最大值

图8-20为浮置板结构隧道和普通整体道床隧道的车致振动速度对比。从图中可以明显观察到浮置板轨道结构可以明显的衰减隧道和土体振动速度曲线中的高频成分。浮置板轨道结构中隧道和土体的最大振动速度约为0.47 mm/s，约占普通整体道床隧道和土体最大振动速度的二分之一到四分之一。

为进一步分析浮置板轨道结构的减振性能，计算浮置板轨道系统和整体道床轨道系统中隧道和土体振动的三分之一倍频程加速度振级（VAL）和速度振级（LV），并在图8-21中进行对比。由图所示，在目前的参数设计下浮置板轨道结构的最大减振效果超过20 dB，可见减振效果非常明显。此外详细的分频分析可以看出，浮置板轨道结构对于超过12.5 Hz的振动频段具有很好的减振效果，但是对于小于12.5 Hz的振动频段振动效果并不明显，甚至在浮置板轨道结构的自振频率（目前设计参数下中约为8Hz）附近振动有所放大。

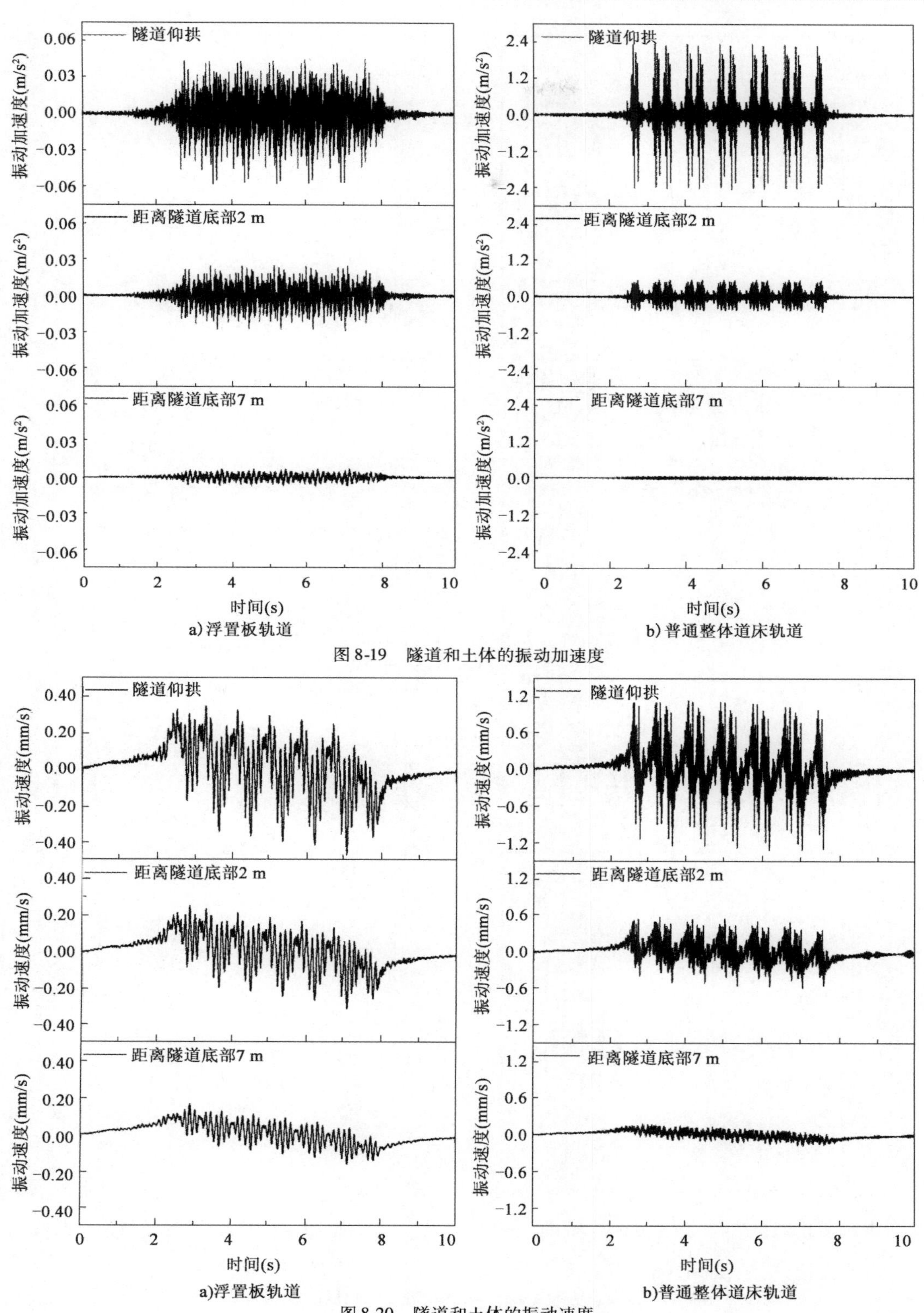

图 8-19　隧道和土体的振动加速度

图 8-20　隧道和土体的振动速度

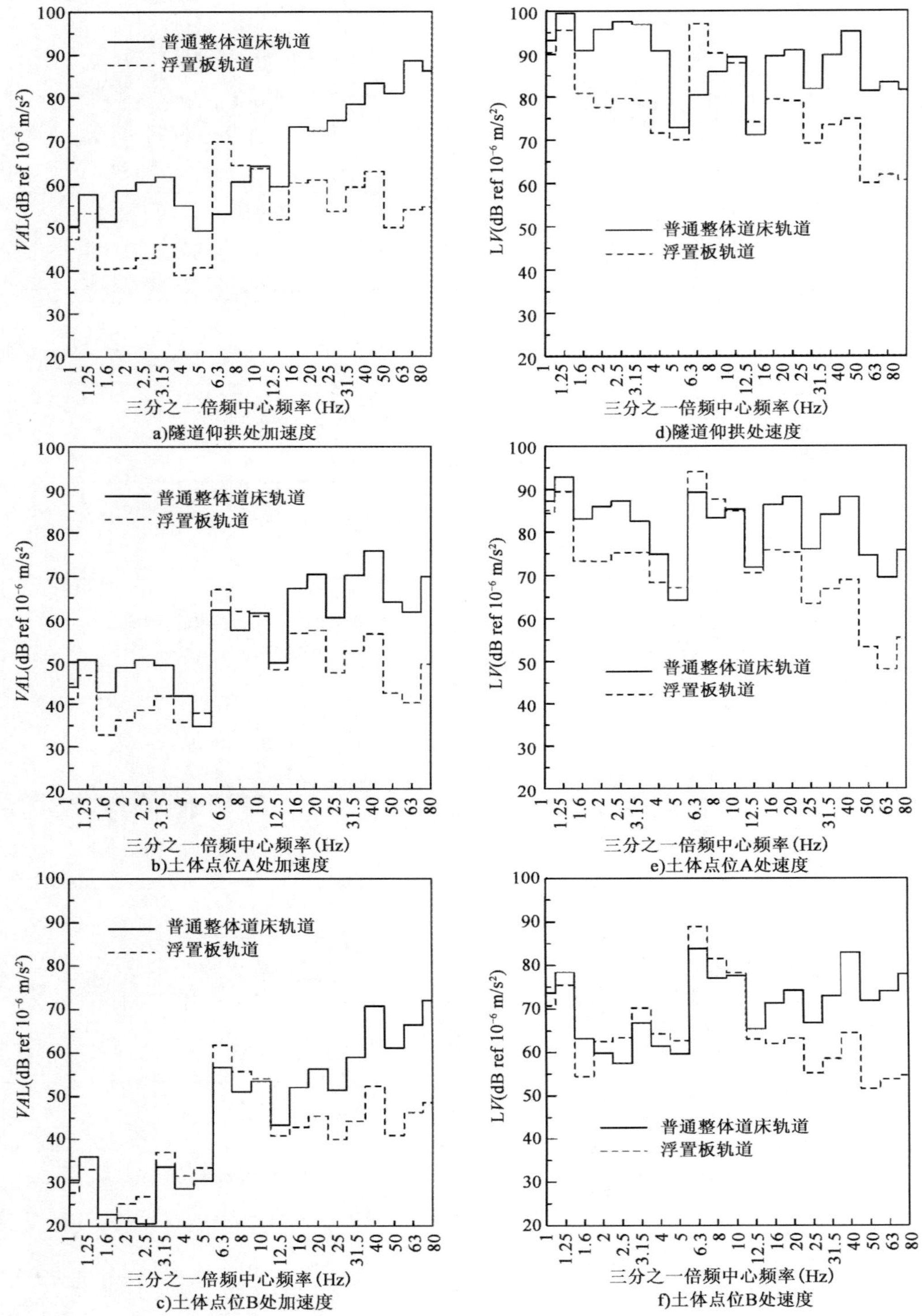

a)隧道仰拱处加速度

d)隧道仰拱处速度

b)土体点位A处加速度

e)土体点位A处速度

c)土体点位B处加速度

f)土体点位B处速度

图 8-21　隧道和土体振动的三分之一倍频程加速度级和速度级

隧道周边土体的车致动应力对于隧道的长期沉降有着重要的作用，图 8-22 为距离隧道底部不同距离的土体正应力σ_{rr}和剪应力τ_{rx}时程曲线。图中考虑了土体点位 A($x=75\text{m},\theta=0°,r=3.1\text{m}$)，B($x=75\text{m},\theta=0°,r=5.1\text{m}$)和 C($x=75\text{m},\theta=0°,r=10.1\text{m}$)。土体点位 A、B 和 C 距离隧道底部的距离分别为 0m、2m 和 7 m。从普通整体道床轨道的土体应力曲线中可以观察到与地铁列车转向架对应的十二个峰值，而由于浮置板的作用，部分高频动应力成分在浮置板轨道结构的土体应力曲线中观察不到。对于土体点位 A 而言，相比普通整体道床系统浮置板轨道系统中土体正应力最大值将减小 25%，而剪应力最大值将减小 50%。由于土体动应力中的高频成分在土体中会进行有效的衰减，点位 C 处土体的动应力曲线差别很小。

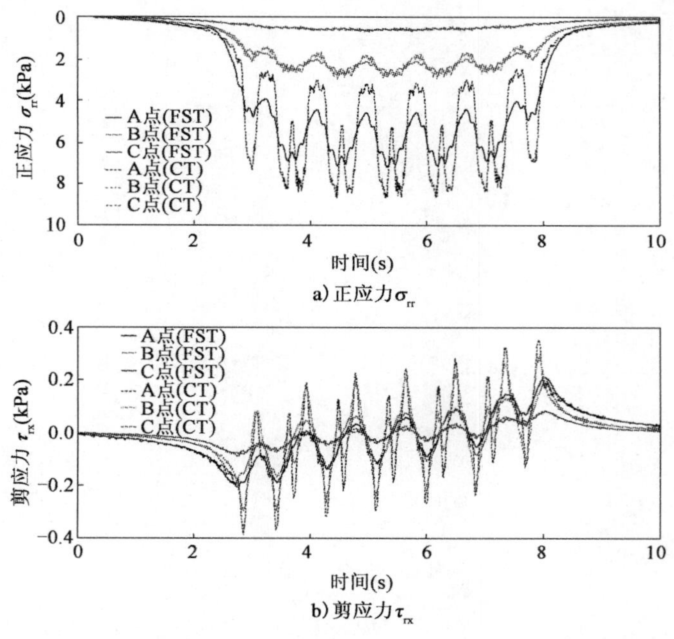

图 8-22　土体中的应力

图 8-23 ~ 图 8-25 为当地铁列车通过模型纵向中点时浮置板轨道系统和普通整体道床系统土体中应力空间分布对比情况。由图所示，在普通整体道床系统的土体正应力沿纵向平面的分布图中可以明显观察到与地铁 12 个转向架对应的 12 个峰值，而由于浮置板轨道的作用，在浮置板轨道系统的土体正应力分布中只能观察到 7 个峰值。浮置板轨道系统土体正应力和剪应力最大值均要小于普通整体道床系统。因此，浮置板轨道结构能够在一定程度上减小隧道周边土体的车致动应力作用，从而有利于地铁隧道的长期沉降控制。

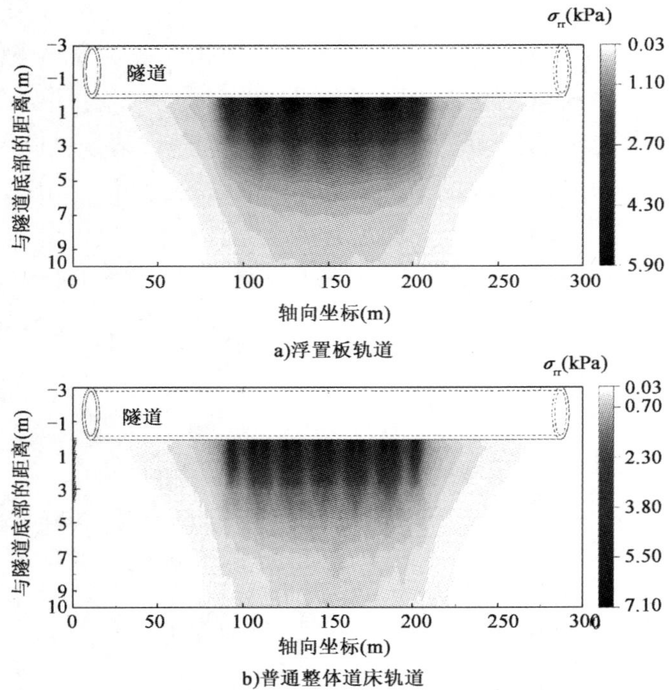

图 8-23　土体正应力的空间分布对比

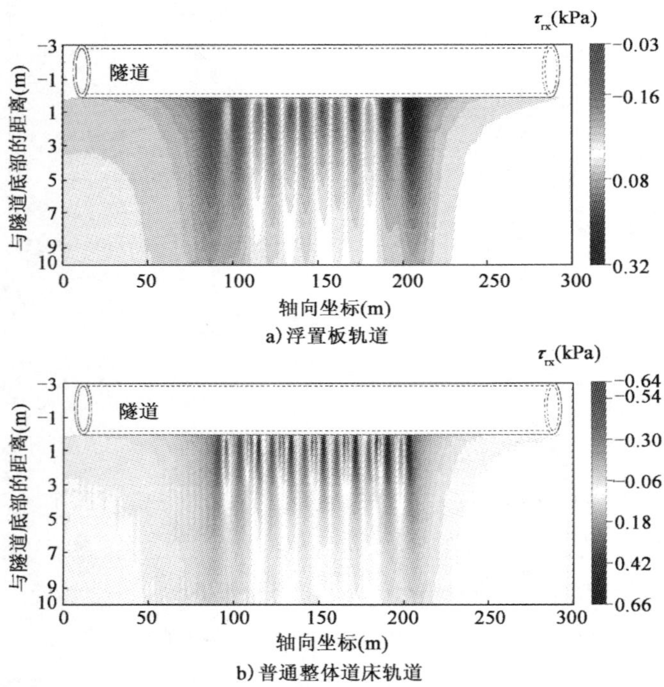

图 8-24　土剪应力的空间分布对比

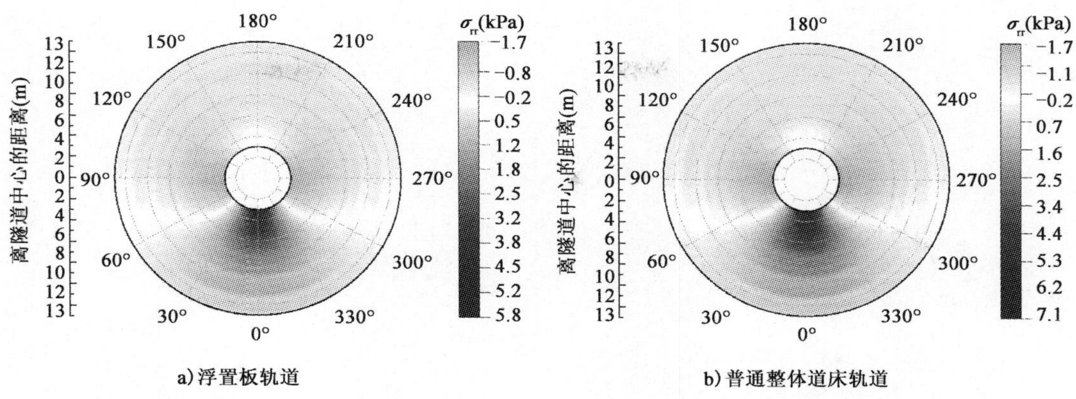

a)浮置板轨道

b)普通整体道床轨道

图8-25 土体正应力的空间分布对比

主要参考文献

[1] 翟婉明. 车辆-轨道耦合动力学[M]. 中国铁道出版社,2001.

[2] GB 5599—85:铁道车辆动力学性能评定和试验鉴定规范[S]. 1985.

[3] Zhang Xiaohui*, Michael Burrow, Zhou Shunhua. An investigation of subgrade differential settlement on the dynamic response of the vehicle-track system. Proceedings of the Institution of Mechanical Engineers, Part F: Journal of Rail and Rapid Transit, 2016, v 230: 1760-1773.